Christina Stoddard

Le tracce del Serpente

Da Inquire Within

Christina Stoddard
(Inquire Within)

Per alcuni anni è stato un Capo Governante del Tempio Madre della Stella Matutina e R.R. e A.C.

Autore di *Portatori di luce delle Tenebre*

Pubblicato per la prima volta da Boswell Publishing Co. Ltd.
10 Essex Street, Londra, W.C.2 - 1936

Le tracce del Serpente

Tradotto in italiano e pubblicato da Omnia Veritas Limited

© Omnia Veritas Ltd - 2024

⊘MNIA VERITAS®

www.omnia-veritas.com

"Ciò che è in alto è come ciò che è in basso, e ciò che è in basso è come ciò che è in alto per il compimento delle meraviglie di una cosa.

"Suo padre è il Sole, sua madre è la Luna; il vento lo porta nel suo ventre, la terra è la sua nutrice;

È il Principio Universale, il Telesma del Mondo".

La Tavola di smeraldo di Ermete.

"Il Serpente, ispiratore della disobbedienza, dell'insubordinazione e della rivolta, era maledetto dagli antichi Teocrati, sebbene fosse onorato tra gli iniziati...

Diventare come la Divinità, questo era l'obiettivo degli Antichi Misteri... Oggi il programma di iniziazione non è cambiato".

OSWALD WIRTH - Le *Livre du compagnon.*

PREMESSA

CINQUE anni fa abbiamo pubblicato *Light Bearers of Darkness (Portatori di luce delle Tenebre)*,[1] basato in gran parte su articoli apparsi sul *Patriot* tra il 1925 e il 1930, frutto delle nostre esperienze e indagini su varie società segrete individuali, sulle loro affiliazioni, sulle loro pratiche occulte, sulle loro attività pseudo religiose e politiche.

Oggi, in *The Trail of the Serpent,* pubblichiamo un'ulteriore puntata di queste ricerche, costruite quasi interamente con i contributi al *Patriot* dal 1930 al 1935. Risalendo ai tempi patriarcali, cerchiamo di ripercorrere, passo dopo passo, il culto dell'antico Serpente, il Principio Creativo, il Dio di tutti gli iniziati, dai primi Cabiri, attraverso il Paganesimo fino allo pseudo-cristianesimo degli Gnostici e dei Cabalisti, questi ultimi in gran parte emanati sotto l'influenza degli ebrei ellenizzati di Alessandria.

Abbiamo cercato di dimostrare che lo scopo, nei gradi più alti di questi variegati misteri e culti, è quello di risvegliare questo serpente, la forza sessuale o il "Dio dentro" l'uomo, innalzandolo con processi e metodi yogici, unendolo al Principio Creativo Universale senza sviluppare i sensi latenti o, per così dire, divinizzare l'adepto, ma solo per renderlo schiavo di qualche mente o gruppo di menti astute, esterne e più forti, che, a quanto pare, cercano di governare le nazioni attraverso adepti controllati ipnoticamente. Infatti, tutti questi misteri moderni sono dominati e governati da una gerarchia sconosciuta, proprio come negli

---

[1] *Light Bearers of Darkness,* di Inquire Within, tradotto in italiano e edito da Omnia Veritas Ltd, www.omnia-veritas.com.

Antichi Misteri i sommi sacerdoti egizi erano i padroni del vecchio mondo grazie alla loro conoscenza e al loro potere di manipolare le forze invisibili dei serpenti, le forze magnetiche di tutta la natura, per mezzo delle quali legavano e dominavano i mistici e persino gli epopti e, attraverso di essi, le masse.

Questi misteri rivoluzionari appaiono dapprima come pseudo-religioni, fino a quando, attraverso un qualche tipo di elevazione apparentemente religiosa, si forma il necessario legame con la mente maestra. Allora diventano apertamente politici e rivoluzionari, sovvertendo tutti gli aspetti della vita della nazione, cercando con l'internazionalismo e l'universalismo di unificare tutti i popoli, socialmente, economicamente, politicamente, nelle arti e nella religione, preparando una Nuova Era, un Nuovo Cielo e una Nuova Terra.

Abbiamo infine cercato di materializzare questi maestri invisibili e, lasciando che i cabalisti parlino da soli, arriviamo all'ebreo rivoluzionario e cabalista, il più cosmopolita dei popoli, che cerca la venuta della sua Era messianica. Per alcuni di loro il Messia è la loro razza e la loro razza è il loro Dio, il Tetragramma, il Principio Creativo, questo Potere Serpeggiante, che lega e unifica, portando alla speranza di fondere tutte le razze, tutte le fedi sotto la Legge di questa loro Unità di Razza, creando così il "Grande Giudaismo" di cui parla il *Mondo Ebraico*, 9 e 16 febbraio 1883.

CAPITOLO I

SABEISMO ELEUSINO E MITRAICO

N el 1871 il generale Albert Pike, Gran Maestro del Rito Scozzese, Giurisdizione Sud, U.S.A., scrisse in *Morals and Dogmas:*

"Tra le prime nazioni un entusiasmo selvaggio e un'idolatria sensuale della natura sostituirono presto il semplice culto di Dio onnipotente... Le grandi potenze e gli elementi della natura e il principio vitale della produzione e della procreazione attraverso tutte le generazioni; poi gli spiriti celesti o le schiere celesti, le schiere luminose delle stelle, il grande Sole e la misteriosa e mutevole Luna (che tutto il mondo antico considerava non come semplici globi di luce o corpi di fuoco, ma come sostanze viventi animate, potenti sul destino e sulle sorti dell'uomo); poi i geni e gli spiriti tutelari, e perfino le anime dei morti, ricevevano un culto divino... i cieli, la terra e le operazioni della natura erano personificati; i principi buoni e cattivi personificati diventavano anch'essi oggetto di culto."

Inoltre, a New York, il 15 agosto 1876, in occasione del Consiglio Supremo del 33° grado, dichiarò: "Non è possibile che il Consiglio Supremo non sia stato un'occasione di incontro con i membri del Consiglio Supremo":

"I nostri avversari, numerosi e formidabili, diranno, e avranno il diritto di dire, che il nostro *Principe Créateur* è identico al *Principe Générateur* degli Indiani e degli Egizi, e può essere adeguatamente simboleggiato come era simboleggiato anticamente, dal lingam... Accettare questo al posto di un Dio personale significa abbandonare il cristianesimo e il culto di Geova e tornare a sguazzare negli stanti del paganesimo".

Nel suo libro *Dieu et les Dieux, del* 1854, il Cavaliere Gougenot des Mousseaux fornisce un resoconto esaustivo di queste numerose forme panteistiche, pagane e falliche di culto antico. Egli ci dice che il sabeismo ha messo le sue radici nel cuore delle tradizioni patriarcali, pervertendo le prime rivelazioni. Questo sabeismo, che prendeva il nome non dal paese di Saba, ma da *Tzaba*, una truppa armata, faceva sì che gli uomini si inginocchiassero all'esercito stellare del firmamento; era stellare prima di diventare solare e adorava la Stella Polare, conosciuta in Caldea come I.A.O., il principio creativo. Un po' più tardi si mescolò con il culto più corrotto del Natura-Sabeismo, o culto delle Stelle e Naturalismo. Per seguire la graduale corruzione delle prime tradizioni patriarcali, la Pietra è una delle guide più sicure, poiché all'epoca del suo splendore era venerata dall'Impero della Cina fino agli estremi confini dell'Occidente. Inizialmente era il rude blocco staccato dalla roccia; divenne colonna, flangia, piedistallo sormontato prima da una e poi da due teste umane (dio ermafrodito), e infine fu modellata nelle linee magiche di Apollo e Venere.

La religione degli Ebrei si basa sulla rivelazione: i loro scritti e le loro tradizioni dicono che Dio apparve in diversi luoghi ai Patriarchi e parlò loro; lì gli Ebrei innalzarono altari, assumendo la forma di rozze pietre, generalmente chiamate Beth-el - la Casa di Dio. Ma presto si immaginò che Dio risiedesse in queste pietre; così divenne il Beth-aven - la Casa della Falsità - interamente materiale. I Beth-el abbondavano in Caldea, in Asia, in Egitto, in Africa, in Grecia, persino nelle parti più remote dell'Europa, tra i druidi, i galli e i celto-sciti, e nel Nuovo Mondo, a nord e a sud. L'immaginazione sensuale dell'uomo gli permise presto di "raccogliere i suoi dei nella polvere e di modellarli a suo piacimento". I Pagani imitarono le Bet-el di Giacobbe e le consacrarono con olio e sangue, rendendole divinità e chiamandole Betyles o Both-al-Jupiter, Cybele, Venus, Mithras. La maggior parte dei Betyles naturali erano meteoriti nere o palle di fuoco cadute dal cielo e considerate dai Sabeisti come divinità celesti. Questi meteoriti erano i Cabiri e i Pelasgi - uomini erranti o dispersi - erano i loro più noti adoratori. Inoltre, in questi Cabiri, così come nel Sabeismo, riconosciamo il culto delle stelle. Il Sabeismo nasce dal principio di unità trasferito dal Dio Invisibile al Dio della Natura, il Dio Sole; poi seguì la dualità, maschio-femmina, Sole-Luna, Dio-Dea della Natura. Si passò poi alla moltiplicazione degli dèi per il numero delle stelle e si ritornò all'unità. Infatti, "ben presto tutti gli astri insieme non furono che il Dio della Luce, il Dio della Natura, il Dio dei Fenomeni... tutto era emanazione, ogni cosa era *Dio-parte-di-Dio - il panteismo* era creato!". M. Creuzer sosteneva l'idea che i Cabiri dell'Egitto e della Fenicia, così come i Cabiri greci pelasgici (giapponesi), sono le grandi Divinità Planetarie: cioè gli Dei del Cielo, gli Dei universali, i molti Dei in Uno che dominano l'aria, la terra e le onde, e si mescolano con quelli dei Beti. Erano sempre i sette Pianeti - Saturno, Giove, Marte, Sole, Venere, Mercurio e Luna - che insieme alla Terra formavano gli otto Dei cabirici.

Avendo fatto del Creatore il Dio della Materia, il Dio della Natura, la sua funzione principale era quella di produrre; pertanto, gli organi di generazione divennero il simbolo della divinità. La Pietra prese la forma del Fallo e della Cteis, il Lingam-Yoni dell'India. Così il Naturalismo, unendosi alla Pietra dei Patriarchi, divenne per i dotti dell'idolatria il *Principe Generatore* di tutte le cose. Come scrisse il dotto convertito Rabbi Drach:

> "I nostri padri, figli di *Sem*, conservavano nel santuario del Tempio di Gerusalemme la Pietra di Bet-el di Giacobbe e in questa Pietra adoravano il Messia. Questo culto fu imitato dai nostri vicini della Fenicia, figli di *Cham*, che avevano una lingua comune con noi. Da lì si diffuse il culto delle pietre chiamate Betyles o Beth-el, che la stirpe di *Japhet* chiamava anche *lapides Divi*, pietre divine o viventi, e queste Betyles erano simili alle pietre animate del Tempio di Diana a Laodicea, di cui parla Lampridio".

Tra la pietra, l'albero, la sorgente o il pozzo non cessava mai di esistere una singolare e stretta alleanza; perciò, dopo aver racchiuso i loro dèi in Betyle di pietra, li racchiudevano in Betyle di albero, come l'antica Quercia, con la sua sorgente, venerata nel Tempio di Dodona, che rappresentava I.A.O. - il principio creatore - e che aveva i suoi oracoli e i suoi sacrifici di sangue. Ancora, troviamo il Betyle sotto la forma più antica, quella dell'Uovo, il germe universale di tutte le cose, e spesso insieme ad esso il Serpente delle forze duali della vita. Il risultato combinato di tutte queste forme fu il panteismo. L'uomo cercò allora di manipolare questa divinità, queste forze duali, e con la magia, gli incantesimi e le evocazioni il popolo fu sedotto e traviato. Inoltre, i Cabiri, Cibele e Atys, Venere e Adone, Iside e Osiride, Cerere e Iacco, erano rappresentati in tutti i luoghi dal Fallo Betyle, e poiché le basi di tutti i loro miti sono così sorprendentemente collegate, non si può fare a meno di vedere sotto la diversità dei nomi la stessa personificazione della Natura, celeste e terrestre - l'Universo - quindi il dio materiale.

Il più antico di questi Dio-Titani o Cabiri era *Axieros-Unità*, il Demiurgo, il Principio Creativo; da lui procedeva *Ariokersos-Axiokersa dualità dei* principi generativi, Cielo e Terra: da questa dualità nasceva *Cadmillus*, Eros o Hermes, completando così la Trinità Cabirica nell'Unità. Nelle forme più degradate si trattava del culto del lingam e della divinizzazione dei desideri sensuali ed erotici. Inoltre, nelle loro feste le passioni del popolo venivano spesso incendiate per poi spegnersi in orge e baccanali impossibili da descrivere.

Nelle cerimonie, dice des Mousseaux, i sacerdoti cabirici si univano così strettamente ai loro dèi che ne prendevano i nomi, i numeri e le attribuzioni, e nelle occasioni solenni rinunciavano persino alla propria personalità; inoltre, se il culto lo richiedeva, li imitavano nell'esatta mummia mistica. Inoltre, il generale Albert Pike scrive di questi Cabiri:

"La piccola isola di Samotracia fu a lungo depositaria di alcuni augusti Misteri... Si dice che sia stata colonizzata dagli antichi Pelasgi, primi coloni asiatici in Grecia; gli Dei adorati nei Misteri di quest'isola erano chiamati Cabiri, chiamati da Varrone 'potenti dei del Cielo e della Terra', simboli dei Principi Attivi e Passivi della generazione universale... Nelle cerimonie veniva rappresentata la morte del più giovane dei Cabiri, ucciso dai suoi fratelli, che fuggirono in Etruria, portando con sé l'arca che conteneva i suoi genitali; e lì il Fallo e l'arca sacra venivano adorati."

Tutti questi Misteri, scrive Clemente di Alessandria, mostrando omicidi e tombe, avevano come base la morte e la resurrezione fittizie del Sole, il principio della vita.

Oggi questo sabeismo è rintracciabile in tutti i Misteri moderni, occulti e illuminati. Prendiamo, ad esempio, la Stella Matutina, un ordine rosacrociano e martinista, e il suo grado 3 = 8, attribuito all'acqua e in cui *si* invoca e si adora *Elohim Tzabaoth*. I tre ufficiali principali e il candidato rappresentano insieme la Trinità Cabirica Samotracia nell'Unità; nel rituale si legge: *Ierofante - Così* parlò Axieros, il primo Cabir: "Io sono l'apice del Triangolo di Fiamma; sono il Fuoco Solare che riversa i suoi raggi sul mondo inferiore. Dando la vita, producendo la luce" (Zeus e Osiride). Hiereus-Axiokersos, il secondo Cabir: "Io sono l'angolo basale sinistro del Triangolo di Fuoco; sono il Fuoco, vulcanico e terrestre, che lampeggia, fiammeggia attraverso gli abissi della terra; che spara, che penetra, che squarcia le cortine della materia; che costringe al fuoco, che tormenta, che infuria e vortica nella tempesta" (Plutone e Tifone). Egemone-Axiokersa, il terzo Cabir: "Sono l'angolo basale destro del Triangolo di Fiamma; sono il Fuoco, astrale e fluido, che si snoda e corrompe attraverso il firmamento. Sono la vita degli esseri, il calore vitale dell'esistenza" (Proserpina e Iside). Rappresentano il Fuoco o il principio generatore, che agisce nella terra, nell'acqua e nell'aria. Il candidato è Casmillos o Cadmillus (Horus) e riceve il nome mistico di "Monokeros de Astris", l'"Unicorno delle stelle". Inoltre, le forme divine cabiriche, costruite secondo le istruzioni del loro misterioso Maestro in Mesopotamia, sono state assunte astralmente da questi ufficiali principali nella cerimonia, e per il momento sono diventati questi dei o forze della natura, e come questi sacerdoti cabirici hanno praticato la teurgia e la guarigione magnetica.

È quindi interessante trovare Dollinger, in *Paganesimo e Giudaismo, che* scrive degli astrologi caldeo-sabei: questi uomini trovavano un sostegno nella filosofia stoica che, identificando Dio con la Natura, era giunta a considerare gli astri come eminentemente divini e poneva il governo del mondo nel corso immutabile dei corpi celesti. Questi uomini insegnavano che una forza segreta scendeva ininterrottamente sulla terra; che esisteva una stretta simpatia tra i pianeti, i corpi celesti, la terra e gli esseri che la abitavano. Inoltre, credevano che l'uomo avesse il potere di aumentare l'influenza positiva o di scongiurare quella negativa per mezzo di invocazioni e cerimonie magiche. Nelle loro cerimonie magiche e nelle loro evocazioni, tutti i moderni ordini occulti segreti si dice che risveglino e risveglino i poteri invocando gli spiriti e le influenze planetarie, zodiacali ed elementali, usando sempre i cosiddetti nomi potenti, divini o "barbari".

DATTILI, CORIANDOLI E TELCHINE

In *Psychologie des sentiments,* M. Ribot scrive di queste sette più o meno primitive:

> "La storia di tutti i tempi abbonda di processi fisiologici, impiegati per produrre un'estasi artificiale... per così dire, avere la divinità dentro di sé. Ci sono forme inferiori, l'intossicazione meccanica prodotta dalla danza e dalla musica ritmica dei primitivi, che li eccita e li mette in una condizione matura per l'ispirazione. L'intossicazione da droghe, soma, vino, le dionisiache, le orge di Menade; lo spargimento di sangue così diffuso nei culti dell'Asia Minore: Atys, i Corybantes, i Galli che si mutilavano e si tagliavano con le spade; nel Medioevo i Flagellanti, e ai nostri giorni i fachiri e i dervisci".

Inoltre, come si trova nelle danze frenetiche dei Khlysty e di altre sette gnostiche primitive e persino nella moderna Euritmia dei seguaci del Dr. Steiner, tutte finalizzate alla divinizzazione. In *Les Mystères du Paganisme,* rivisto e curato da Silvestre de Sacy, 1817, Sainte-Croix ci fornisce molte informazioni preziose su questi primi Misteri. Come dice lui stesso, "non c'è nulla di più intrigante nell'antichità di ciò che riguarda i Cabiri, i Dactyles, le Curetes, i Corybantes e i Telchines. Designati con nomi diversi, erano dèi, geni, legislatori o sacerdoti? ... Spesso sono stati scambiati gli uni per gli altri". Senza dubbio si trattava di sacerdoti che assumevano il nome e le attribuzioni dei loro dèi, poiché il sacerdote druidico dice: "Sono un druido, sono un architetto, sono un profeta, sono un serpente", essendo il serpente un potente potere nel suo culto. Secondo Strabone:

> "Alcuni ritengono che i Cureti siano gli stessi dei Corybantes, dei Dactyles del Monte Ida e dei Telchines. Altri affermano che appartengono alla stessa famiglia, con alcune differenze. In generale sono tutti uguali per quanto riguarda l'estasi, la frenesia bacchica, il tumulto, il rumore che fanno con le braccia, i tamburi, i flauti e le loro grida straordinarie durante le loro feste sacre... tutto ciò aveva a che fare con la religione e non era estraneo alla filosofia".

Secondo Sainte-Croix, le cerimonie cabiriche si svolgevano di notte, spesso in una grotta, e tutta la conoscenza di loro e degli dei era come un segreto inviolabile nascosto ai profani. I Dactyles dell'Asia, a volte confusi con i Cabiri, erano originariamente Figli del Cielo e della Terra, e con incantesimi, illusioni e ammaliamenti, usati anche nei loro misteri, conquistarono i popoli della Frigia e della Samotracia, rendendosi indispensabili praticando la medicina e insegnando loro a lavorare i metalli. Tuttavia, si dice che i Frigi dovettero la loro prima civiltà ai giocolieri e agli indovini di Corybante, che coltivavano ardentemente anche la musica e la danza, tanto che il loro nome venne a significare una sorta di passione violenta per questi esercizi che, secondo de Sacy, "significava davvero l'idea di un'agitazione soprannaturale, una frenesia divina, reale o simulata, che manda l'uomo fuori di sé e non lo lascia più padrone delle sue azioni e dei suoi movimenti. Esprimeva una sorta di follia o di estasi, di origine divina, che sembra produrre effetti come quelli di una mente realmente squilibrata". Fino alla fine del Paganesimo qualcosa dei misteri dei Corybantes esisteva ancora.

Come i Cabiri, i Dactyles e i Corybantes, con i quali avevano tanti legami di abitudine e di occupazione, i Telchini furono dapprima semplici indovini, poi sacerdoti Pelasgi. Per aumentare il loro numero e il loro potere usarono le arti dell'illusione e della stregoneria, accompagnate da minacce di punizioni future, attirando così le popolazioni dalle loro montagne e dalle loro foreste, inducendole a coltivare la terra e ad adottare una nuova religione, abbandonando il loro antico culto di Saturno. Col tempo il nome di Telchine divenne sinonimo di ciarlatano, stregone, avvelenatore e persino di spirito maligno.

MISTERI DI ELEUSI

Nello stesso libro Sainte-Croix fa un lungo resoconto dei Misteri di Eleusi, che risalirebbero al 1423 a.C.; erano di origine egizia, anche se modificati e mascherati dai Greci per coprire la fonte dei loro prestiti. Come quelli egizi, i Misteri di Eleusi erano divisi in Minori e Maggiori, Miti ed Epopti, con prove intermedie di circa cinque anni. Eusebio indica gli ufficiali come: *Ierofante,* padre della generazione, o Demiourgos; *Dadoukos,* portatore di incenso, che rappresentava il Sole; *Epibomos,* portatore di altare, che rappresentava la Luna; *Hieroceryx, l'*araldo sacro che portava il Caduceo - i serpenti gemelli della generazione - che rappresentava Mercurio. Tutte le cerimonie si svolgevano in un tempio sotterraneo segreto, chiuso ai profani. Si praticavano molte cerimonie, una delle principali delle quali era l'elevazione del fallo, uno strano rito di origine egizia di cui parlano spesso Clemente di Alessandria, Tertulliano e altri. Secondo Diodoro Siculo, si svolgeva in memoria delle parti virili di Osiride gettate nel Nilo da Tifone, e che Iside aveva desiderato ricevessero gli onori divini nei sacrifici e nei misteri. Nei Grandi Misteri era rappresentato dalla figura dell'antico Mercurio fecondatore - detto il Logos, interprete e artefice delle cose che sono state, che sono e che saranno; lo spirito del seme, secondo i Nasseni, è la causa di tutte le cose esistenti ed è il mistero segreto e sconosciuto dell'universo celato dagli Egizi nei loro riti e nelle loro orge.

Le donne avevano i loro Misteri, noti come *Tesmoforie,* da cui tutti gli uomini, si dice, erano esclusi. I membri dovevano essere vergini o legalmente sposati, tutti nati legittimamente. Le *Tesmoforie* di Atene venivano celebrate di notte durante il mese di ottobre e duravano circa cinque giorni. Al posto del Fallo le donne veneravano la Cteis o organo sessuale femminile, e durante le cerimonie si svolgeva una danza gaia, simile a quelle della Persia, in cui tutte si prendevano per mano, formando un cerchio e danzando a ritmo di un flauto. Si conoscono pochi dettagli su questi Misteri, ma tutti si basavano sul mito di Cerere e Proserpina.

Le avventure di Cerere e Proserpina erano identiche a quelle di Osiride e Iside. Abbiamo quindi Iside - Bocca o Madre del mondo; Cerere - Demetra, la Madre della Terra - che significano entrambe la fecondità della terra. Proserpina era figlia di Cerere e Giove e sappiamo che il mito descrive il suo rapimento negli inferi da parte di Plutone, il suo soggiorno obbligatorio per sei mesi all'anno seguito da sei mesi al di sopra con la madre. Era chiamata simbolicamente "il seme nascosto nella terra". Inoltre, i più dotti tra i sacerdoti egizi, secondo i filosofi, consideravano

Osiride come la sostanza spermatica, e molti affermano che la sepoltura del Dio era emblematica del seme nascosto nel seno della terra. Era anche considerato come la forza solare, principio di fecondità in relazione con la Luna - anche Cerere e Iside - che governa la generazione.

Secondo la sottile filosofia dei neoplatonici sull'origine delle anime umane e la loro emanazione dall'anima del mondo o principio vitale universale, il rapimento di Proserpina da parte di Plutone rappresentava la discesa dell'anima, che abbandonava le regioni superiori, precipitando nella materia e unendosi a un corpo. Iaco e Bacco fatti a pezzi dai Titani rappresentavano la Mente Universale divisa e dispersa dalla generazione in una moltitudine di esseri (panteismo), e Platone insegnava che lo scopo dei Misteri era quello di ricondurre le anime alla regione superiore e al loro primitivo stato di perfezione da cui erano originariamente discese. Senza dubbio la conoscenza segreta dei sacerdoti, impartita a pochi, era il potere ermetico, personificato da Mercurio e dal suo caduceo, di agire sulla forza sessuale dell'uomo, elevandola e unendola alla forza vitale universale, la loro Divinità, producendo una forma di cosiddetta illuminazione.

Essendosi diffuso il cristianesimo in Grecia, i sacerdoti furono costretti a diventare più attenti nella scelta degli epopti, nel caso in cui avessero ammesso uomini, inclini a lasciare il paganesimo e a diventare cristiani, che avrebbero potuto rivelare i segreti dell'iniziazione. Perciò all'apertura della cerimonia fu dato un avvertimento: "Se è presente qualche ateo, cristiano o epicureo, testimone di questi Misteri, che se ne vada e permetta a coloro che credono in Dio di essere iniziati sotto felici auspici".

MISTERI DELL'EGITTO

In *Les Sectes et Sociétés Secrètes* - politiche e religiose - Le Couteulx de Canteleu, 1863, osserva che l'obiettivo delle società segrete

> "Tutte le società segrete hanno iniziazioni quasi analoghe, da quella egizia a quella degli Illuminati, e la maggior parte di esse forma una catena e dà origine ad altre".

Tra gli Illuminati moderni, "La Fratellanza della Luce", Los Angeles, California, si professa come

> "una Fraternità occidentale di studenti ermetici che, realizzando la verità della Fratellanza Universale, stanno dedicando le loro energie all'elevazione fisica, mentale e spirituale dell'Umanità. Indagano tutti i regni della natura affinché le forze latenti e attive possano essere scoperte e sottomesse alla Volontà Imperiale dell'uomo".

Il loro insegnamento è per

> "lo scopo preciso di far rivivere la *Religione delle Stelle*, che è una religione della legge naturale - come compresa e insegnata dagli iniziati ermetici dell'Antico Egitto e della Caldea".

L'alto massone Albert Pike afferma che: "Le sette grandi nazioni primitive, da cui discendono tutte le altre, i Persiani, i Caldei, i Greci, gli Egizi, i Turchi, gli Indiani e i Cinesi, erano tutte originariamente sabeiste e adoravano le stelle". I Caldei consideravano la Natura come la grande divinità che esercitava i suoi poteri attraverso l'azione delle sue parti, il sole, la luna, i pianeti e le stelle fisse, la rivoluzione delle stagioni e l'azione combinata del cielo e della terra, cioè le forze cosmiche e le forze magnetiche della terra. Erodoto, Plutarco e tutta l'antichità considerano unanimemente l'Egitto come l'origine dei Misteri. In quel libro anonimo che è il *Canone* ci viene detto che i sacerdoti egiziani erano praticamente i padroni del mondo antico, tutto e tutti erano sottomessi alla loro giurisdizione, e gli antichi storici greci affermano con enfasi che le dottrine essenziali della religione greca provenivano dall'Egitto. I segreti mistici degli antichi sacerdoti venivano trasmessi di generazione in generazione da iniziati e mistici, e questo misticismo era sinonimo di gnosticismo ed era comune a egiziani, greci ed ebrei.

Secondo Le Couteulx de Canteleu, questi sacerdoti egizi formarono una Confederazione di filosofi uniti per studiare l'arte di governare gli uomini e per concentrarsi su ciò che concepivano come verità. Era composta da tre classi: (1) quella dei sacerdoti, che solo potevano contattare gli dèi, usando l'illusione e gli oracoli per imporli al popolo; (2) quella degli iniziati maggiori, scelti, come i sacerdoti, tra gli egiziani e ai quali non c'era nulla da nascondere; (3) quella degli iniziati minori, in gran parte stranieri, ai quali veniva confidato ciò che i Sommi Pontefici ritenevano opportuno dire loro. I Misteri erano diretti da un Consiglio Supremo composto da cinque ministri, il cui capo era chiamato Re, Ierofante o Sacro Oratore. Erano divisi in Misteri Maggiori, gli Epopti, e Misteri Minori, i Miti; la celebrazione dei Misteri Maggiori era l'iniziazione di coloro che erano stati accolti nei Misteri Minori, dopo essere stati sottoposti alle prove necessarie. Secondo Faber, nel suo *Idolatria pagana*, "si supponeva che gli epopti avessero sperimentato una certa rigenerazione [...] e si riteneva che avessero acquisito un grande aumento di Luce e di conoscenza", cioè l'Illuminazione, o deificazione. Non appena i sacerdoti sentivano parlare di un uomo il cui genio, talento e valore si era guadagnato la considerazione dei popoli, la Confederazione usava tutti i mezzi possibili per attirarlo e iniziarlo, e tutti erano portati ad agire secondo il suo sistema e le sue vedute. La conoscenza dei sacerdoti egiziani era immensa. Erano padri dell'astronomia e della geometria e lo studio della natura era per loro familiare; avevano sale per la botanica, la storia naturale e la chimica, oltre a immense biblioteche dove si trovavano libri di scienza e di storia e persino libri sacri comunicati solo agli iniziati. L'Egitto era il *punto di ritrovo* di tutti gli uomini celebri che cercavano istruzione.

Tutti questi Misteri sembrano provenire dalla stessa fonte, avendo una cosmogonia completa e una spiegazione della natura primitiva e dell'origine dell'uomo. Ovunque apparivano i geni impuri del paganesimo, poiché tutti i loro miti avevano un lato osceno oltre che cosmogonico, e queste feste notturne erano piene di canti e cerimonie impure. L'Iniziato veniva prima sottoposto a prove terrificanti con le tenebre, il fuoco e l'acqua, lunghi digiuni, visioni, ecc. e se le superava e rimaneva sano di mente, cosa che molti non facevano, veniva accolto tra i sacerdoti. L'allucinazione era uno dei grandi metodi della teurgia egizia; l'oppio bruciato, la datura, il giusquiamo, l'hasheesh, la cannella e l'alloro formavano questi vapori che provocavano la frenesia della pitonessa o dell'iniziato.

"Le idee del mistero, della magia, dell'invocazione dei morti e degli spiriti erano allora così potenti che le menti dei più saggi non potevano resistervi, i più grandi geni e i grandi filosofi venivano iniziati. Ma la negazione epicurea e il panteismo stoico si mescolarono ai Misteri di Cerere... la poesia della religione che invocavano scomparve a poco a poco, i loro bei sogni divennero panteismo sinistro, gli elementi erano gli unici veri dei, e le visioni poetiche della notte dell'iniziazione svanirono a poco a poco, portando l'iniziato allo scetticismo".

Come continua Le Couteulx de Canteleu, la generazione era la base di tutti i Misteri. Nell'intero universo, nascere, morire e riprodurre la propria specie è la legge imposta a tutto ciò che esiste. È una rotazione perpetua di creazione, distruzione e rigenerazione, e questa era la base e l'origine di tutte le mitologie e le religioni antiche. Gli Egizi, dice Diodoro Siculo, riconoscono due grandi divinità, il Sole e la Luna, o Osiride e Iside; attraverso di loro avviene la generazione degli esseri. Tutta la natura è mantenuta da loro in combinazione con le loro cinque qualità - etere, fuoco, aria, acqua e terra. O come spiega Le Couteulx de Canteleu, cinque principi distinti si uniscono nella generazione degli esseri:

(1) *La Causa* - il padre, il principio attivo, il maschio, il creatore; rappresentato tra gli antichi dal Sole, dal fuoco, da Osiride, padre della luce; simboleggiato dal Ptah degli Egizi, dal triangolo e dalla piramide.

(2) *Il Soggetto* - la madre, la materia, la natura femminile, passiva, rappresentata dall'acqua. È la Natura adorata da tutti i popoli sotto diverse forme: la Luna, Cibele, Venere, Cerere e Iside degli Egizi.

(3) *L'Intermediario* - il seme, l'etere, il fluido vitale, lo strumento della riproduzione; rappresentato dal Fallo o dall'aria, lo spirito della vita, il fluido magnetico del Sole, Eros, Bacco, Ercole, Hermes e Thoth degli Egizi.

(4) *L'Effetto* - fecondazione, che produce fermentazione, putrefazione, disintegrazione, da cui nasce la vita; è rappresentato dalla Terra, madre di tutti i corpi, e in cui si sviluppano vegetali e minerali.

(5) *Il Risultato* - la creazione di una nuova vita destinata a riprodurre la sua specie; è l'etere, il quinto elemento, l'Horus degli antichi, la Stella Ardente dei massoni, il pentagramma, l'adepto divinizzato.

L'iniziazione, l'illuminazione o la deificazione significano la fissazione dell'etere o della luce astrale in una base materiale, mediante dissoluzione, sublimazione e fissazione; l'opera viene compiuta in conformità al suo principio riproducendo tale principio. Pertanto, tra i sovversivi questi principi di generazione o rigenerazione sono applicati alla vita religiosa, politica, sociale, morale e mentale. Come dice il cabalista: "Il formulato deve prima diventare disformulato per poter essere riformulato in nuove condizioni" (morte e disintegrazione); o come dice il rivoluzionario: "Tutto deve essere distrutto poiché tutto deve essere rinnovato". Nell'Illuminismo la personalità dell'adepto deve essere uccisa e si deve formare un nuovo essere - lo strumento controllato dalla fissazione della luce astrale, il legame eterico!

H. P. Cooke, nel suo studio su *Osiride,* parlando di Amen o Amoun dice: "La parola o radice *Amen* significa certamente 'ciò che è nascosto'... e si riferisce a qualcosa di più del 'sole che è scomparso sotto l'orizzonte'; uno degli attributi applicati a lui era quello di *eterno.* Assomiglia molto alla fonte di ogni vita".

Albert Pike ci dice che Amùn o Amoun, il Dio del Basso Egitto, era "il Signore celeste che fa luce sulle cose nascoste". "Era la fonte di quella vita divina di cui la *crux ansata* è il simbolo, la fonte di ogni potere... Era la Luce, il Dio-Sole". La crux ansata era il simbolo egizio della vita, della duplice forza di generazione in tutte le cose.

Per un'ulteriore delucidazione di questi Misteri egizi, passiamo al moderno Ordine Rosacrociano della Stella Matutina e al suo Ordine Interno del R.R. et A.C. Nella cerimonia di iniziazione del S.M. lo Ierofante sulla Dais, a Oriente, rappresenta Osiride; il suo potere, rappresentato dai colori del suo lume - rosso e verde - è "come la luce sfolgorante del fuoco del Sole che fa nascere la vegetazione verde della terra altrimenti arida". Anche il suo simbolo, la croce del calvario con la rosa al centro, "rappresenta il potere di autosacrificio richiesto a chi vuole essere iniziato ai sacri Misteri". È l'Osiride della Terra di Mezzo. Ancora, Hiereus in Occidente è Horus, il vendicatore degli dei; è il guardiano dei Misteri contro coloro che abitano nelle tenebre. I quattro elementi, le "creature viventi" della visione di Ezechiele, il leone, il toro, l'uomo e l'aquila, rappresentano la Sfinge. I loro vicegerenti sono i Figli di Horus-Amset, a sud; Hapi, a nord; Taumutef, a est; Qebhsennuf, a ovest. Inoltre, il pasto mistico di S.M. rappresenta la comunione nel corpo di Osiride e, quando si inverte la coppa alla fine, il Kerux - Anubi, il guardiano degli dei - grida ad alta voce: "È finito", la rigenerazione attraverso il sacrificio di sé è compiuta. Infine, nell'Iniziazione Interiore, dopo essersi alzato dalla tomba, l'Adepto Capo proclama: "Io sono il Sole nel suo sorgere. Ho attraversato l'ora della nuvola e della notte. Io sono Amoun, il Celato, l'Apripista del Giorno. Io sono Osiride On-nopheris, il Giustificato. Sono il Signore della Vita che trionfa sulla morte. Non c'è parte di me che non sia degli dèi". Il celato, o il "dio nascosto" nell'uomo, è la kundalini, e grazie alla sua unione con la forza vitale universale si dice che l'adepto diventi uno con gli dei. Come disse Lepsius: "Quando sarai liberato dal corpo salirai nell'etere libero, sarai un Dio immortale sfuggito alla morte".

Ora, il rituale R.R. e A.C. ci dice che gli dei rappresentano una certa azione materiale simbolica delle Forze della Natura, e tutte le cerimonie magiche hanno lo scopo di attirare le Forze Solari e la Luce della Natura, utilizzandole per un determinato scopo, nel caso dell'iniziazione, liberando il dio stregato o "nascosto" nell'uomo. È interamente panteista e, come sappiamo, gli antichi Magi consideravano il Sole come il grande pozzo magnetico dell'universo. Grazie alla loro profonda e segreta conoscenza di queste forze, i sacerdoti d'Egitto potevano diventare padroni del vecchio mondo, così come oggi una misteriosa gerarchia che opera dietro e attraverso tutti i misteri moderni cerca di unire e dominare l'umanità per mezzo della stessa conoscenza segreta.

In *Morals and Dogma*, Albert Pike racconta che Apuleio rappresenta Lucio, ancora in forma di asino, che rivolge le sue invocazioni a Iside, che è Cerere, Venere, Diana e Proserpina, sostituendo, come la Luna, la sua luce tremolante ai raggi luminosi del Sole. Rivolgendosi a Lucio, Iside dice:

> "La genitrice della natura universale assiste alla tua chiamata. La padrona degli elementi, iniziativa germe delle generazioni... Ella governa con il suo cenno le altezze luminose del firmamento, le brezze salubri dell'oceano, le silenziose e deplorevoli profondità

delle ombre sottostanti; un'unica Divinità sotto molte forme, adorata dalle diverse nazioni della Terra con molti titoli e con vari riti religiosi".

Descrivendo l'iniziazione ai misteri di Iside, Apuleio continua:

"Mi sono avvicinato alla dimora della morte; con il piede ho premuto la soglia del palazzo di Proserpina. Fui trasportato attraverso gli elementi e ricondotto indietro. A mezzanotte vidi brillare la luce del Sole. Mi trovai alla presenza degli Dei, gli Dei del Cielo e delle Ombre sottostanti; mi avvicinai e venni adorato".

Osiride che chiama

"il Grande Dio, Genitore Supremo di tutti gli altri Dei, l'invincibile Osiride...".

Nel grado 6 = 5 del R.R. et A.C., l'adepto viene cerimonialmente sepolto nella tomba, entra in trance con le sue inevitabili visioni, viene risvegliato dalla Shekinah, velata, con la mezzaluna sulla fronte, che, tenendo in alto una lampada accesa, dice: "Alzati, risplendi, perché la tua luce è venuta e la Gloria del tuo Signore è su di te". È l'Illuminazione o l'Iniziazione, un potere da usare non per se stesso, ma per essere messo al servizio del suo sconosciuto Signore e Maestro.

MITRAISMO

Dopo l'ascesa dello zoroastrismo - talvolta chiamato fede di Ormuzd o mazdaismo - Mitra, un dio persiano della luce, prese il suo posto tra Ormuzd e Ahriman o Plutone dei persiani - la luce eterna e le tenebre eterne - per aiutare, si dice, nella distruzione del male e nell'amministrazione del mondo. Era il dio della vegetazione, il dio della generazione e dell'incremento, ed era accettato nella religione ufficiale della Persia. Era anche considerato il mediatore tra l'umanità e il Dio inconoscibile, che regnava nell'etere. Il suo culto si diffuse, con l'Impero di Persia, in tutta l'Asia Minore e Babilonia fu un centro importante; si rafforzò in seguito alle conquiste di Alessandro. L'inizio della sua caduta fu intorno al 275 d.C., ma sopravvisse ancora nel V secolo. In Asia fu modificato dal contatto con gli adoratori caldei delle stelle, che identificavano Mitra con Shamash, dio del sole, e dai Greci dell'Asia, che lo consideravano Helios. Solo alla fine del I secolo si affermò a Roma, dove sia la politica che la filosofia ne favorirono il successo. Adriano, tuttavia, proibì questi Misteri a Roma a causa dei crudeli sacrifici umani che accompagnavano alcuni dei loro riti, quando gli eventi futuri venivano divinati nelle viscere. Tuttavia, essi riapparvero sotto Commodo e si diffusero anche in Britannia.

La leggenda, la teologia e la simbologia mitraiche sono state ricostruite da Franz Cumont nel suo *Textes et monuments figures relatifs aux mystères de Mithra*, 1896. La leggenda, così come è riportata su questi famosi rilievi mitraici, descritti anche da Sainte-Croix, è breve: Nato da una roccia, Mitra mangiò del frutto di un fico e si vestì delle sue foglie. Il rilievo mostra le avventure di Mitra con il toro sacro, creato da Ormuzd; egli afferrò l'animale per le corna, si fece trasportare finché, sottomettendolo, lo trascinò infine in una caverna e, per ordine del Dio Sole, lo sacrificò. Il rilievo centrale rappresenta Mitra con vesti fluenti e berretto frigio, che uccide il toro sacro; il toro sacrificato per far nascere la vita terrestre. Lo scorpione che ne attacca i genitali è stato inviato da Ahriman dal mondo inferiore per distruggere il potere generativo e impedire così la fertilità; il cane che si dirige verso la ferita nel fianco del toro era venerato dai Persiani come compagno di Mitra; il serpente è il simbolo della terra resa fertile bevendo il sangue del toro sacrificale. Il corvo che dirige Mitra è l'araldo del Dio Sole che ha ordinato il sacrificio; varie piante vicino al toro e teste di grano simboleggiano il risultato fecondo. I tedofori rappresentano uno dei tre aspetti: il sole agli equinozi di primavera e d'autunno e al solstizio d'estate, il rinnovamento della natura e la sua fecondità. I Misteri mitraici venivano celebrati al solstizio d'inverno - "il giorno della Natività dell'Invincibile".

La grotta o la grotta artificiale utilizzata per le loro iniziazioni rappresentava l'Universo, cioè i sette pianeti, i dodici segni dello Zodiaco, i quattro elementi, ecc. perché la scienza dei Misteri aveva un'intima connessione con l'astrologia e la fisica; inoltre, l'Uovo mistico simbolico rappresentava il loro dualismo di Luce e Tenebre, Bene e Male, Notte e Giorno, negativo e positivo. Un testo di San Girolamo e delle iscrizioni conservano la conoscenza dei sette gradi di iniziazione. La scala di sette pianeti rappresenta, secondo loro, i sette stadi attraverso i quali l'uomo è sceso nella materia e attraverso i quali deve tornare all'etere e all'illuminazione. Secondo Celso l'ordine di ritorno è: Saturno, Venere, Giove, Mercurio, Marte, Luna, Sole, differenziandosi così dal sistema cabalistico, che va dalla Terra alla Luna, Mercurio, Venere, Sole, Marte, Giove e Saturno. I gradi mitraici erano:

(1) *Corvo,* il servitore del Sole;

(2) *Occulto* o velato;

(3) *Soldato,* la guerra contro il male al servizio di Mitra;

(4) *Leone,* l'elemento del fuoco;

(5) *Persiano,* vestito in abiti asiatici;

(6) *Eliodromo,* corriere del Sole. *Pater* o *padre - Patres Sacrorum,* direttori del culto.

Nei primi tre gradi erano solo servi.

Nel primo grado veniva prestato un giuramento di segretezza, preceduto da purificazioni e digiuni. Nel grado di Soldier, secondo Tertulliano, il myste veniva segnato o marchiato sulla fronte con un Tau. Nel Leone e nel Persiano si applicava del miele sulle mani e sulla lingua. C'era anche una comunione mistica di pane e acqua consacrati; più tardi il vino forse sostituì il soma usato in riti simili del mazdaismo. Nei gradi più alti, tra i partecipanti, gli effetti del bere il vino sacro, la manipolazione della luce nella cripta, la somministrazione del giuramento e la ripetizione di formule sacre contribuivano a indurre uno stato di esaltazione estatica. Springett, nel suo *Secret Sects of Syria,* parla di lustrazioni con fuoco, acqua e miele, che dopo molte prove terminavano con un digiuno di cinquanta giorni, trascorso in perpetuo silenzio e solitudine. "Se il candidato sfuggiva alla pazzia parziale o completa, evento molto frequente, e superava le prove della sua forza d'animo, poteva accedere ai gradi superiori". Yarker, nel suo *Arcane Schools,* ci dice che in alcuni monumenti mitraici Mitra appare con una torcia in ogni mano, mentre una spada fiammeggiante esce dalla sua bocca; in altri ha un uomo su ciascun lato, uno che tiene una torcia fiammeggiante verso l'alto, l'altro che la tiene rovesciata. La spada fiammeggiante è anche un simbolo delle moderne sette rosacrociane e cabalistiche, dove, sull'Albero della Vita cabalistico, Adam Kadmon, il Logos, è raffigurato con la spada fiammeggiante che esce dalla sua bocca; è la luce astrale, che può uccidere o rendere vivi, messa in moto da una volontà potente e da un adepto addestrato che la controlla.

In questi Misteri, quindi, vediamo ancora una volta il culto della natura e della generazione applicato alla cosiddetta rigenerazione dell'uomo, all'illuminazione mentale attraverso l'azione della luce astrale, che in molti casi porta all'illusione, al fanatismo e a volte persino alla follia.

CAPITOLO II

CABALISTI, GNOSTICI
E LE SETTE SEGRETE SIRIANE

Una preziosa serie di articoli sui movimenti sovversivi nel corso dei secoli, *The Anatomy of Revolution,* di G. G., meglio conosciuto come "Dargon", autore di *The Nameless Order,* è stata pubblicata dal *Patriot, nell'*ottobre 1922. In uno di questi scrive:

"Per secoli sono esistite alcune scuole esoteriche di filosofia mistica che hanno avuto origine, apparentemente, da diverse correnti di pensiero orientali che si sono incontrate nel Levante, in Egitto e nel vicino Oriente. In queste scuole troviamo elementi del buddismo, dello zoroastrismo e dell'occultismo egiziano mescolati ai misteri greci, al cabalismo ebraico e a frammenti di antichi culti siriani. Da questo miscuglio di filosofia, magia e mitologia orientale nacquero, nei primi secoli dell'era cristiana, numerose sette gnostiche e, dopo l'ascesa del maomettanesimo, diverse sette eretiche tra i seguaci dell'Islam - come gli Ismaeliti, i Drusi e gli Assassini - che trovarono la loro ispirazione nella Casa della Saggezza del Cairo. Alle stesse fonti possono essere ricondotte le idee che hanno ispirato movimenti politico-religiosi del Medioevo come quelli degli Illuminati, degli Albigesi, dei Catari, dei Valdesi, dei Trovatori, degli Anabattisti e dei Lollardi. Alle stesse ispirazioni va attribuito il sorgere delle prime società segrete. Si dice che i Templari siano stati iniziati dagli Assassini a misteri anticristiani e sovversivi, e troviamo tracce simili di un'origine antica e occulta negli Alchimisti, nei Rosacroce e nei successivi culti mistici di cui lo Swedenborgiano è un esempio familiare".

Inoltre, Albert G. Mackay, Segretario Generale del Supremo Consiglio 33° per la Giurisdizione del Sud, U.S.A., scrive nel suo *Lexicon of Freemasonry:*

"Gli Esseni, tuttavia, erano indubbiamente legati al Tempio (di Salomone), poiché la loro origine viene fatta derivare dal dotto Scaligero, con ogni apparenza di verità, dai Kassidei, una confraternita di devoti ebrei che, nella lingua di Laurie, si erano associati come 'Cavalieri del Tempio di Gerusalemme'.Dagli Esseni Pitagora derivò gran parte, se non tutte, le conoscenze e le cerimonie con cui rivestì la scuola esoterica della sua filosofia".

Dice anche che Pitagora incontrò gli ebrei a Babilonia, dove si recò durante la cattività, e, secondo Oliver, "fu iniziato al sistema ebraico della Massoneria". Della Cabala Mackay scrive:

"La Cabala è di due *tipi* - *teorica* e *pratica* - con la Cabala pratica, che si occupa della costruzione di talismani e amuleti, non abbiamo nulla a che fare. Quella teorica si divide in letterale e dogmatica. La dogmatica non è altro che il riassunto della dottrina metafisica insegnata dai dottori cabalisti. È, in altre parole, il sistema della filosofia ebraica".

Scrivendo del *Sepher Yetzirah,* che è più antico dello *Zohar,* Adolphe Franck nel suo libro *La Kabbale, del* 1843, dice:

"Le nubi di cui l'immaginazione dei commentatori l'ha circondata si dissolveranno da sole se, invece di cercare in essa, come hanno fatto, misteri di ineffabile saggezza, vedremo semplicemente uno sforzo della ragione, al momento del risveglio, per percepire il piano dell'universo e il legame che lega tutti gli elementi a un principio comune, di cui ci offre l'assemblaggio".

Rappresenta ed espone i trentadue sentieri dell'Albero della Vita cabalistico - le dieci Sephiroth o centri di luce, uniti insieme dai ventidue sentieri a cui sono attribuite le lettere ebraiche, considerate come forze potenti. Queste lettere sono divise in tre *lettere madri - shin,* fuoco; *mem,* acqua; *aleph,* aria; sette lettere *doppie,* attribuite ai pianeti; dodici lettere *singole,* attribuite ai segni dello Zodiaco. E al di sopra, a unire il tutto, c'è lo spirito o etere. Secondo alcuni raffigura la discesa dell'anima nella materia e il suo ritorno e l'unione con la forza vitale universale, producendo illuminazione, estasi, deificazione e condizioni simili. Per quanto riguarda il Dio cabalistico, egli è prima *Ain- negativo;* poi *Ain Soph* - spazio senza limiti; infine, *Ain Soph Aur* - luce senza limiti. Il Dio negativo è stato risvegliato, è diventato attivo. Ancora, Jehovah, il Tetragramma ebraico, tanto usato nelle operazioni cabalistiche e magiche, è Yod, He, Vau, He, il

Principio Creativo nell'unità - il padre, la madre, il figlio e la figlia o base materiale, talvolta chiamata sposa. Come si dice: l'Essere Assoluto e la Natura hanno un solo nome, che significa Dio; esso rappresenta tutte le forze della natura. Nella creazione, si dice, c'è stata dapprima una mera emanazione, come le scintille che volano da un'incudine, ma essendo sbilanciate sono svanite tutte, come i re edomiti; poi sono apparsi i due sessi come forze separate, e con loro è arrivata la creazione equilibrata.

Franck sostiene che lo Zohar o Libro della Luce, la genesi della luce della natura, inizia dove il Sepher Yetzirah ha lasciato. Dal punto di vista cabalistico, l'Assoluto è chiamato la *Testa Bianca*, perché tutti i colori si mescolano nella sua luce. È l'Antico dei Giorni o la prima Sephira dell'Albero della Vita cabalistico, è la testa suprema, la fonte di tutta la luce, il principio di tutta la saggezza, l'unità. Da questa unità scaturiscono due principi paralleli ma apparentemente opposti, anche se in realtà inseparabili; l'uno maschile, attivo, chiamato Saggezza, l'altro passivo, femminile, la Comprensione, poiché "tutto ciò che esiste, tutto ciò che è stato formato dall'Antico dei Giorni può esistere solo attraverso un maschio e una femmina". L'Antico dei Giorni, paragonato da Franck all'Ormuzd dei Persiani, è il padre che genera tutte le cose per mezzo di vie meravigliose, attraverso le quali la forza si diffonde nell'universo, imponendo una forma e dei limiti a tutto ciò che esiste. La comprensione è la madre, che riceve e riproduce. Dalla loro misteriosa ed eterna unione nasce un figlio, che ha i tratti del padre e della madre, testimoniando così entrambi. Questo figlio è la conoscenza e la scienza. Queste tre persone racchiudono e uniscono tutto ciò che è e a loro volta sono unite nella Testa Bianca. A volte sono rappresentate come tre teste che formano una sola, a volte sono paragonate al cervello che, senza perdere la sua unità, è diviso in tre parti e per mezzo di trentadue paia di nervi agisce in tutto il corpo, il *microcosmo*, così come con l'aiuto delle trentadue vie della saggezza, la divinità si diffonde nell'universo, il *macrocosmo*. Rappresenta anche tre fasi successive e assolutamente necessarie nella generazione universale.

Citando Corduero, Franck prosegue: Le prime tre Sephiroth - Corona, Kether; Saggezza, Chokmah; Comprensione, Binah -

devono essere considerate come i Tre in Uno, perché sono il Padre, il Figlio e lo Spirito Santo o madre. Anche le altre sette Sephiroth della costruzione si sviluppano in trinità, in ciascuna delle quali due estremi sono uniti da un terzo. La seconda trinità è: Misericordia, Chesed, maschile; Severità, Geburah, femminile, cioè espansione e concentrazione della volontà. Queste sono unite dalla Bellezza, Tiphareth, o Sole, la trinità che rappresenta la forza morale. La terza trinità è puramente dinamica e mostra la divinità come forza universale, il *Principe Generatore* di tutti gli esseri; è la Vittoria, Netzach, femminile; lo Splendore, Hod, maschile, che significa l'estensione e la moltiplicazione di tutte le forze nell'universo. Anche queste sono unite dalla Fondazione, Yesod, la Luna, e sono rappresentate dagli organi della generazione, radice di tutto ciò che è. La decima Sephira è Malkuth, il Regno o base materiale, in cui si trova l'azione permanente e immanente delle Sephiroth unite, la presenza reale di Dio in mezzo alla creazione espressa dalla Shekinah. L'opera del Sole e della Luna è quella di diffondere e perpetuare con la loro unione l'opera della creazione. La terza trinità è la kundalini o caduceo, che con la mistica e lo yoga viene risvegliata e sale attraverso le Sephiroth fino alla Corona, fonte di ogni luce, unendosi al Principio Creativo universale. Così, secondo la Cabala, ogni forma di esistenza, dalla materia alla saggezza eterna, è una manifestazione di questo potere infinito. Non è sufficiente che tutte le cose provengano da Dio per avere realtà e continuità; è anche necessario che Dio sia sempre presente in mezzo ad esse, che viva, si sviluppi e si riproduca eternamente all'infinito sotto queste forme. La Cabala è, quindi, interamente panteista.

Sulla sua origine Franck scrive: "Quando si esamina lo *Zohar*, alla ricerca di qualche luce sulla sua origine, non si tarda a percepire nella sua disuguaglianza di stile, nella mancanza di unità nell'esposizione, nel metodo e nell'applicazione dei principi generali, e infine nel suo pensiero dettagliato, che è del tutto impossibile attribuirlo a una sola persona". Si innalza a grandi altezze, ma poi sprofonda in grandi puerilità, ignoranza e superstizione. "Siamo quindi costretti a concludere che si è formata successivamente nel corso di diversi secoli e per opera di diverse generazioni di cabalisti". Egli indica tre frammenti che formano di per sé, a differenza degli altri, un insieme coordinato: (1) il *Libro dei Misteri*, considerato il più antico; (2) l'*Assemblea Maggiore*, i discorsi di Rabbi Simon ben Jochai, intorno al 160 d.C., in mezzo ai suoi dieci discepoli; (3) l'*Assemblea Minore*, dove Simon, in punto di morte, dava istruzioni ai suoi discepoli, ormai ridotti dalla morte a sette. In esse si trova, a volte in linguaggio allegorico, a volte in linguaggio metafisico, una descrizione degli attributi divini e delle loro varie manifestazioni, dell'origine del mondo e delle relazioni di Dio con l'uomo.

Alcuni dichiarano che la Cabala si sviluppò solo verso la fine del XIII secolo, ma Adolphe Franck sostiene che, in base alle prove che fornisce, deve aver avuto origine durante i settant'anni di cattività ebraica a Babilonia, e quindi deve molto alle antiche religioni della Caldea e della Persia. Lì, sotto l'autorità civile e religiosa, i capi della cattività costruirono la Sinagoga di Babilonia, che si unì a quella della Palestina, e furono fondate molte scuole religiose, nelle quali infine fu prodotto il Talmud di Babilonia, ultima e completa espressione del giudaismo. Tutti i cronologi, ebrei e cristiani, concordano sul fatto che la prima liberazione di Israele, prigioniero in Caldea dai tempi di Nabucodonosor, avvenne, guidata da Zorobabele, nei primi anni del regno di Ciro su Babilonia, intorno al 536-530 a.C. Zoroastro aveva già iniziato la sua missione religiosa, insegnando la dottrina del dualismo Luce e Tenebre, Bene e Male, nel 549 a.C., quattordici anni prima del primo ritorno degli israeliti prigionieri nel loro Paese, e senza dubbio portarono con sé l'impronta di questo insegnamento. Sembra che nessun'altra nazione abbia esercitato un'influenza così stretta sugli ebrei come la Persia e il sistema religioso di Zoroastro con le sue lunghe tradizioni.

La Cabala Pratica o Magica, con le sue combinazioni e corrispondenze, era la base astrologica, magica e magnetica utilizzata dagli alchimisti e dai maghi del Medioevo per operare le loro trasmutazioni ed evocazioni. Era impregnata della "magia fluidica" derivata da culti molto antichi e praticata ancora al tempo della Cattività tra i Persiani e i Caldei. Oggi, tutti i Rosacroce e le sette cabalistiche utilizzano questa Cabala Magica per le loro opere di divinazione, chiaroveggenza, guarigione ipnotica e magnetica, creazione di talismani e contatto con i loro misteriosi maestri. Come disse lo scrittore ebreo Bernard Lazare:

"Le società segrete rappresentavano i due lati della mente ebraica, il razionalismo pratico e il panteismo, quel panteismo che, riflesso metafisico della credenza in un Dio unico, sfociava a volte nella teurgia cabalistica".

CABALISTI E GNOSTICI

Albert Pike, in *Morals and Dogmas,* ci dice che, dopo la mescolanza di diverse nazioni, che risultò dalle guerre di Alessandro, le dottrine di Grecia, Egitto, Persia e India si incontrarono e si mescolarono ovunque. La gnosi, dice, è la scienza dei misteri tramandata di generazione in generazione nelle tradizioni esoteriche.

"Gli gnostici derivarono le loro dottrine e idee principali da Platone e Filone, dallo Zend-avesta, dalla Cabala e dai libri sacri dell'India e dell'Egitto; e così introdussero nel seno del cristianesimo le speculazioni cosmologiche e teosofiche, che avevano costituito la maggior parte delle antiche religioni dell'Oriente, unite a quelle delle dottrine egiziane, greche ed ebraiche, che i neoplatonici avevano ugualmente adottato in Occidente... Si ammette che la culla dello gnosticismo va probabilmente cercata in Siria e persino in Palestina. La maggior parte dei suoi esegeti scrisse in quella forma corrotta del greco usata dagli ebrei ellenisti... e c'era una sorprendente analogia tra le loro dottrine e quelle del giudeo-egiziano Filone di Alessandria; essa stessa sede di tre scuole, allo stesso tempo filosofiche e religiose - la greca, l'egiziana e l'ebraica. Anche Pitagora e Platone, il più mistico dei filosofi greci (il più grande erede delle dottrine del primo), e che avevano viaggiato, il secondo in Egitto e il primo in Fenicia, India e Persia, insegnavano la dottrina esoterica... Le dottrine dominanti del platonismo si ritrovano nello gnosticismo...

"La Scuola giudaico-greca di Alessandria è conosciuta solo da due dei suoi capi, Aristobulo e Filone, entrambi ebrei di Alessandria d'Egitto. Appartenente all'Asia per la sua origine, all'Egitto per la sua residenza, alla Grecia per la sua lingua e i suoi studi, si sforzava di dimostrare che tutte le verità contenute nelle filosofie di altri Paesi erano state trapiantate lì dalla Palestina. Aristobulo dichiarò che tutti i fatti e i dettagli delle Scritture ebraiche erano tante allegorie che nascondevano i significati più profondi e che Platone aveva preso in prestito da esse tutte le sue idee più belle. Filone, vissuto un secolo dopo di lui, seguendo la stessa teoria, cercò di dimostrare che gli scritti ebraici, con il loro sistema di allegorie, erano la vera fonte di tutte le religioni e le dottrine filosofiche. Secondo lui, il significato letterale era solo per il volgo.

... Gli ebrei della Siria e della Giudea furono i diretti precursori dello gnosticismo; e nelle loro dottrine c'erano ampi elementi orientali. Questi ebrei avevano avuto con l'Oriente, in due periodi diversi, relazioni intime, familiarizzando con le dottrine dell'Asia e soprattutto della Caldea e della Persia... Vivendo per quasi due terzi di secolo, e molti di loro anche molto tempo dopo, in Mesopotamia, la culla della loro razza; parlando la stessa lingua e allevando i loro figli con quelli dei Caldei, degli Assiri, dei Medi e dei Persiani, adottarono necessariamente molte delle dottrine dei loro conquistatori... e queste aggiunte all'antica dottrina furono presto diffuse dai continui scambi commerciali in Siria e Palestina...

"Dall'Egitto o dalla Persia i nuovi platonici presero in prestito l'idea, e gli gnostici la ricevettero da loro, che l'uomo, nella sua carriera terrestre, è successivamente sotto l'influenza della Luna, di Mercurio, di Venere, del Sole, di Marte, di Giove e di Saturno, fino a raggiungere i Campi Elisi".

Quest'ultimo insegnamento, in una forma o nell'altra, si ritrova in tutte le moderne sette gnostiche e cabalistiche. Così, negli Ordini Esterno e Interno della Stella Matutina, i gradi sono collocati sull'Albero della Vita cabalistico, e si dice che il candidato passi successivamente sotto l'influenza di questi pianeti nella sequenza sopra indicata, finché a I0 = I, il grado più alto, diventa illuminato e non è più padrone di se stesso. Queste influenze rappresentano nei loro colori lo spettro della cosiddetta "Divina Brillanza Bianca" - fluido elettromagnetico - dei Rosacroce, che gli adepti vengono istruiti ad attirare su di sé e a proiettare per scopi magici. Come dice Albert Pike:

"Le fonti della nostra conoscenza delle dottrine cabalistiche sono i libri della Yetzirah e dello Zohar, il primo redatto nel secondo secolo, il secondo un po' più tardi; ma contengono materiali molto più antichi di loro... In essi, come negli insegnamenti di Zoroastro, tutto ciò che esiste emana da una fonte di Luce infinita".

SCUOLA EBRAICA DI ALESSANDRIA

La Fratellanza della Luce", California, di cui abbiamo già scritto, sostiene che "questo venerabile Ordine diede l'*impulso all'apprendimento ad Alessandria* che rese quella città così giustamente famosa". E ancora: "È stata la Confraternita della Luce a preservare il cero dell'apprendimento dalla completa estinzione durante i secoli bui". È quindi interessante trovare Dion Fortune, capo della "Fraternità della Luce Interiore", che, scrivendo dell'Ermetismo, dice:

"Il massimo sviluppo si ebbe nei sistemi egiziani e cabalistici, e si fuse con il pensiero cristiano nelle scuole dei neoplatonici e degli gnostici... I suoi studi si mantennero vivi durante l'Alto Medioevo solo tra gli ebrei, che furono i principali esponenti del suo aspetto cabalistico... ed è ancora vivo ai giorni nostri".

Ora il massone Springett ci dice nel suo libro, *Secret Sects of Syria*, che

"in tempi successivi Gnosi fu il nome dato a quella che Porphery chiama Filosofia Antica e Orientale per distinguerla dai sistemi greci. Ma il termine fu usato per la prima volta (secondo Matter) nel suo senso ultimo di conoscenza *superna* e *celeste* (cosmica), dai filosofi ebrei della celebre scuola alessandrina. Una produzione molto caratteristica di questa gnosi ebraica è giunta fino a noi nel *Libro di Enoc*, il cui soggetto principale è la descrizione dei corpi celesti e i loro nomi corretti sono rivelati al patriarca dall'angelo Uriel. Questa professione tradisce di per sé la fonte magica da cui è derivata l'ispirazione".

Georges Batault, in *Le Problème Juif*, scrive di questi filosofi ebrei alessandrini che erano ardenti propagandisti, desiderosi di fare proseliti, e a tal fine si sforzavano di adattare il giudaismo all'ellenismo, convinti che senza la Legge e senza Israele che la praticasse, il mondo avrebbe cessato di essere, il mondo sarebbe stato felice solo se sottoposto a questa Legge universale, cioè all'impero dell'ebreo. Come ammetteva lo scrittore ebreo Bernard Lazare in *L'Antisémitisme:*

"Da Tolomeo Filadelfo fino alla metà del III secolo gli ebrei alessandrini, con l'obiettivo di mantenere e rafforzare la loro propaganda, si dedicarono a una straordinaria opera di falsificazione di testi reali come sostegno alla loro causa. I versi di Eschilo, Sofocle, Euripide, dei pretesi Oracoli di Orfeo, conservati in Aristobulo e negli Stromata di Clemente di Alessandria, celebravano così il Dio unico e il sabato. Gli storici venivano falsificati, e ancor più attribuivano loro intere opere, ed è così che hanno posto una Storia degli Ebrei sotto il nome di Hécatee d'Abdère. La più importante di queste invenzioni fu quella degli Oracoli sibillini, interamente fabbricati dagli ebrei alessandrini, che annunciavano l'era futura, quando si sarebbe realizzato il regno di un unico Dio. Gli ebrei tentarono persino di attribuirsi la letteratura e la filosofia greca. In un commento al Pentateuco che Eusebio ci ha conservato, Aristobulo si sforzò di mostrare come Platone e Aristotele avessero trovato le loro idee metafisiche ed etiche in un'antica traduzione greca del Pentateuco".

Georges Batault continua:

"L'esegesi che consiste nel distorcere i testi per trarne ciò che si vuole è l'unica "scienza" che si può far risalire agli ebrei. Essa divenne, nelle mani dei giudeo-alessandrini, un braccio formidabile che, con la forza perfida delle sue menzogne velate, arruolò l'ellenismo, suo malgrado, *al* servizio dell'esclusivismo e del proselitismo religioso degli israeliti. Il tentativo di "giudaizzare" l'ellenismo, che oggi ci appare perfettamente assurdo e disastroso, ha avuto tuttavia il risultato di oscurare l'intelligenza dell'umanità per centinaia di anni".

Il massone italiano Reghellini de Schio, scrivendo nel 1833, afferma:

"Alessandria, appena costruita, fu colonizzata dagli ebrei, che vennero in massa a popolare la nuova città. Il risultato fu una mescolanza di uomini di diverse nazioni e religioni, che diedero vita a diverse associazioni filosofiche e religiose. Il platonismo, insegnato pubblicamente dai greci ad Alessandria, fu accolto con entusiasmo dagli ebrei alessandrini, che lo trasmisero agli ebrei della Giudea e della Palestina... In Egitto e in Giudea, prima dell'inizio del cristianesimo, la filosofia di Pitagora e Platone aveva messo radici profonde tra gli ebrei, dando origine ai dogmi degli Esseni, dei Terapeuti, dei Sadducei, dei Carpocraziani, dei Cabalisti-Gnostici, dei Basilidiani e dei Manichei; tutti questi dogmatici adattarono parte della dottrina dei Magi e dei Sacerdoti egiziani alla suddetta filosofia. Col tempo si diffusero in Asia, Africa ed Europa. Questi diversi giudeo-cristiani conservarono i misteri del Tempio di Salomone con l'allegoria del Grande Architetto, che era il Messia ebraico, un'idea conservata ancora oggi dagli ebrei".

Come nota des Mousseaux, gli gnostici e i manichei hanno conservato la cabala di questa massoneria primitiva, di cui un ramo ha messo radici profonde tra i Drusi, e quando i crociati hanno inondato l'Asia, hanno contagiato con essa gli antenati della nostra massoneria - i Templari, i Rosa-Croce e gli organi dell'occultismo occidentale.

MANICHEVOLI

I manichei insegnavano sia il panteismo che il dualismo - il bene e il male, la luce e le tenebre; l'immanenza in tutti gli esseri viventi del loro Dio, il Principio Creativo con i suoi aspetti negativi e positivi. Secondo Matter, i Carpocraziani erano i comunisti più universali; la loro teoria era: "La natura rivela i due Grandi Principi, la comunità e l'unità di tutte le cose. Le leggi umane contrarie a quelle naturali sono colpevoli violazioni dell'ordine legittimo e divino; quindi, per ristabilire questo ordine, è necessario istituire la comunità delle terre, dei beni e delle donne". Inoltre, Manes ripudiava la guerra, anche se condotta per motivi giusti, e i suoi seguaci condannavano i magistrati politici e civili in quanto creati e istituiti dal Dio malvagio. Manes condannava anche il possesso di case, terre o denaro. Infine, sia gli gnostici che i manichei erano noti per la loro morale disordinata. Manes proibiva il matrimonio, pur permettendone i piaceri; alcuni si scusavano dicendo: "Per i puri tutto è puro". Secondo Baronio, i manichei seducevano gli uomini con parole sublimi e grandi promesse, e intrappolavano le loro sfortunate vittime in reti così potenti che, una volta catturate, era quasi impossibile liberarsi. I discepoli si impegnavano con il giuramento più inviolabile a mantenere i segreti della setta. Erano autorizzati a giurare e a spergiurare, ma mai a rivelare i segreti, secondo la loro celebre massima: *Jura, perjura secretum prodere noli.*

Uno degli esiti del mitraismo fu il manicheismo, che derivò il suo nome da Manes, che alcuni dicono essere Cubricus, uno schiavo e studioso persiano, mentre altri sostengono che fu educato dal padre a Ctesifonte, fu educato nella religione dei "battisti" della Babilonia meridionale, che erano collegati ai mandeani, e in seguito viaggiò molto e lontano, anche in Cina e in India, diffondendo le sue credenze. Osteggiato dai sacerdoti magiari dominanti, fu infine crocifisso. Il manicheismo era un sistema intransigente di dualismo sotto forma di una filosofia fantastica della natura interamente materialista. Si tratta di un conflitto tra Luce e Tenebre, Bene e Male, maschile e femminile; le tenebre cercavano di legare gli uomini con la sensualità, la luce cercava di salvarli attraverso la conoscenza della Natura e delle sue forze. Manes non aveva un "redentore", ma solo un processo fisico e gnostico di redenzione, che liberava la scintilla di luce dalle tenebre o dalla materia, cioè dall'interno del corpo dell'uomo, restituendola *alla* luce universale. In questo c'è tutta la base delle moderne sette cabalistiche e gnostiche.

M. de Beausobre, nella sua *Histoire Critique de Manichee et du Manichéisme,* 1734, riassume così questo sistema: Manes rivendicava l'autorità di apostolo e profeta di Gesù Cristo, illuminato direttamente dal "Paraclito", per riformare tutte le religioni e rivelare *al* mondo quelle verità che erano state nascoste ai primi discepoli. Rifiutò l'Antico Testamento e riformò il Nuovo. Negando l'ispirazione dei Profeti ebraici, oppose loro i libri di Seth, Enoch e di altri Patriarchi, che si diceva fossero verità ricevute dagli angeli buoni. Questa cosiddetta saggezza esiste ancora nei libri e nelle scuole di filosofia orientale. Manes pensava alla Divinità come a una Luce vivente, un Padre di tutte le Luci, immateriale, eterno, residente in un Supremo Cielo luminoso, anch'esso eterno, perché nulla può essere fatto dal nulla, e sempre accompagnato da Eoni, emanazioni di questa essenza divina ma inferiori. Dio era una Causa in perpetua ed eterna azione (Principio Creativo). Dall'essenza del Padre emanarono il Figlio e lo Spirito Santo, co-sostanziali ma subordinati *al* Padre. Dalla creazione del mondo e fino alla consumazione, il Figlio risiede nel Sole come potenza e nella Luna come saggezza riflessa della Madre della Vita; lo Spirito Santo risiede nell'aria, entrambi eseguono gli ordini del Padre. Qui abbiamo apparentemente una variazione della Tavola di Smeraldo di Ermete.

M. de Beausobre spiega poi le tenebre. In un angolo dell'immenso spazio si trova una potenza maligna, anch'essa eterna, chiamata filosoficamente materia, misticamente tenebra e dal volgo diavolo. Sia la Luce che le Tenebre erano divise in cinque elementi: acqua, terra, fuoco, aria e Luce o Tenebre, altrimenti etere; cioè le quattro proprietà di dissolvere, coagulare, riscaldare e raffreddare. La Luce conosceva le Tenebre, ma le Tenebre si accorsero della Luce solo quando sorse una rivolta all'interno di quel Regno (Lucifero) in cui le Tenebre invasero la Luce e, sebbene l'Uomo Primordiale (Cristo), assistito dallo Spirito Vivente, composto da cinque elementi, si opponesse e la sopraffacesse, una parte della Luce fu rubata e le Tenebre e la Luce si mescolarono insieme. Lo Spirito Vivente separò allora la sostanza luminosa che non era stata afferrata dalla materia e la formò nel Sole e nella Luna e in altri pianeti, nonché nel nostro cielo inferiore; il resto andò a formare il nostro mondo sublunare, con materia e luce mescolate insieme. Volendo trattenere la scintilla di luce, il principe delle tenebre o della materia formò due corpi sul modello dell'uomo primordiale, ma con sessi diversi, e racchiuse queste scintille o anime, affascinandole con le emozioni dei sensi, e man mano che si generava un numero sempre maggiore di persone rimase intrappolato e bevve la coppa dell'oblio. Poi, secondo Manes, apparvero angeli buoni, saggi e profeti per insegnare le verità dimenticate, e infine arrivò il "fantomatico" Salvatore. Egli sosteneva la convinzione docetica che, essendo la materia malvagia, il corpo di Cristo fosse un mero fantasma, che i suoi atti e le sue sofferenze, comprese la crocifissione, la risurrezione e l'ascensione, fossero solo apparenti e in realtà insegnamenti mistici. Negò anche l'incarnazione. Per gli eletti disapprovava il matrimonio in quanto inventato dalle tenebre per ritardare il ritorno alla luce (per questo ritorno è necessaria una forza sessuale inutilizzata!); le austerità, niente carne, niente vino, erano raccomandate per indebolire la carne e liberare la scintilla interiore. Gli eletti dovevano abbracciare la povertà e gli unici piaceri consentiti erano la musica e i profumi, che scioglievano la scintilla o l'anima dalle catene della materia. Quando era sufficientemente purificata, quest'anima passava nella luna, ricevendo un'illuminazione superficiale, e da lì veniva scaricata nel sole, dove diventava luminosa, e infine veniva rimessa nel "Pilastro della Gloria", libera da ogni materia. La trasmigrazione era ammessa, poiché una sola vita non era sufficiente a liberare la scintilla dalla macchia della materia.

La consumazione finale avverrà quando tutta questa sostanza luminosa sarà stata separata dalla materia; il fuoco maligno sarà allora liberato dalle caverne; l'angelo che sostiene la terra la lascerà cadere in fiamme e l'intera massa sarà relegata nelle tenebre esterne. Coloro che non sono riusciti a liberarsi in tempo, saranno nominati guardiani dei diavoli, impedendo loro di portare nuovamente la materia nel regno della Luce. Questa è la meravigliosa favola sotto la quale si cela il culto della natura del magismo antico e moderno, oggi conosciuto come illuminismo, spesso chiamato cristiano! - come, ad esempio, l'Antroposofia o lo Steinerismo, con le sue due forze contrapposte Lucifero e Ahriman, luce e materia, e il suo Cristo solare e illuminante. La redenzione consiste in un processo fisico e gnostico di liberazione, per mezzo della forza sessuale inutilizzata, dell'elemento di luce dalla materia o dal corpo, e di unione con l'agente magnetico universale senza, più di dieci che collegano una mente all'altra in una catena magnetica, la più debole dominata dalla più potente, producendo un'inondazione mondiale di comunicazioni da parte dei cosiddetti "Saggi e Profeti" distruttive sia per il cristianesimo che per la civiltà occidentale.

Yarker, in *Scuole arcane,* dà i gradi manichei come: Discepoli, Uditori o mistici, e i Perfetti o eletti, i sacerdoti; da questi ultimi si formava il Magistri o Consiglio dei Dodici e un tredicesimo come presidente, come nel sistema caldeo. Inoltre, avevano forme segrete di riconoscimento: la parola, la presa e il petto. Infine, si dice che, poiché il corpo era considerato malvagio, doveva essere contaminato o umiliato, da cui le pratiche erotiche e sessuali che si trovavano tra i manichei e altre sette gnostiche, più di dieci dopo le loro danze frenetiche; tutte queste pratiche dovevano liberare la scintilla e accelerare la deificazione.

Come afferma Gibbon, il grande sistema manicheo fiorì in epoca bizantina dalla Persia alla Spagna, nonostante le persecuzioni degli imperatori ariani e ortodossi. E Springett ci dice, in *Sette segrete della Siria:*

"Le dottrine manichee si stavano diffondendo nel periodo in cui i Templari erano all'apice della loro prosperità e del loro potere, e King dedica diverse pagine della sua opera alla considerazione della stretta somiglianza tra questi Ordini.

Lo gnosticismo, sottolinea, in una forma o nell'altra, sopravviveva ancora nel quartier generale dell'Ordine, tra i suoi più stretti alleati o nemici, i montanari della Siria".

ISMAILIS

Secondo von Hammer, nella sua *Histoire de l'Ordre des Assassins, del* 1835, il fondatore della setta Ismaili, Abdallah, figlio di Maimoun, profondamente erudito in tutte le scienze e istruito dalle sanguinose rivolte del suo tempo, si rese conto del pericolo di dichiarare guerra aperta contro la religione e le dinastie regnanti, soprattutto se sostenute dal popolo e da un potente esercito. Pertanto, formò un piano attentamente ponderato per minare segretamente ciò che non poteva attaccare apertamente. La sua dottrina, sovversiva per il Khalifat, doveva essere velata di mistero e rivelata solo quando, grazie a un intrigo segreto, il potere era stato conquistato. Infine, sognava di distruggere non solo quelli che chiamava gli errori del dogma e della religione positiva, ma anche le basi di tutta la religione e di tutta la morale. Divise la sua dottrina in sette gradi, in questo modo si impadronì gradualmente delle menti dei suoi seguaci e le sovvertì. Da questa dottrina nacque la setta dei Karmati, più aperta e più violenta nella sua rivolta contro il Khalifat, sia politicamente che moralmente. Per un secolo le spaventose dottrine dei karmati mantennero il loro dominio, finché alla fine la setta si estinse nel suo stesso sangue. Infine, uno dei loro dais più zelanti, Abdallah, che sosteneva di essere un discendente di Maometto, figlio di Ismail, fuggì dalla prigione e si insediò sul trono, fondando la dinastia dei Fatimiti a Kairwan intorno al 910, con il nome di Obeid-allah.

CASA DELLA SAGGEZZA

Le nostre autorità sui nove gradi di iniziazione, così come sono stati impartiti dagli Ismailiti nella Grande Loggia o Casa della

Saggezza, al Cairo, sono von Hammer e *Expose de la Religion des Druzes*, di Silvestre de Sacy, 1838; entrambi citano Macrisi e Nowairi. Come scrive van Hammer:

> "I dettagli che Macrisi ci ha trasmesso sull'origine di questa dottrina e sui diversi gradi di iniziazione, che si estendevano da sette a nove, sono i più preziosi e i più antichi che abbiamo sulla storia delle società segrete dell'Oriente, sui cui passi hanno poi camminato quelle dell'Occidente. Da notare lo stretto accordo tra questa dottrina e quella degli Assassini".

Questa dottrina di Abd'allah, figlio di Maimoun, fin dalla fondazione dell'Impero fatimita dominò sia la corte che il governo, prima a Mahadia e poi al Cairo. Il capo del *Darol-Hikmet*, o Casa della Saggezza, era conosciuto come *Daial-Doat*, o Gran Priore della Loggia. Sostenevano Ismail come fondatore della "Via" e ammettevano uomini e donne. Lì, sotto El Hakem, il sesto Khalifa fatimita, un vero e proprio mostro di crudeltà e crimine, che oggi è venerato dai drusi come un uomo fatto da Dio, fu insegnata la dottrina segreta e furono conferiti i nove gradi.

In breve, riassunti da de Sacy, che cita sia Macrisi che Nowairi, che apparentemente hanno attinto le loro informazioni da una stessa fonte, erano:

(1)   Il Dai, o missionario, fingeva di essere devoto per sedurre il suo proselito; con i dotti applaudiva e concordava con le loro opinioni, facendo attenzione che i suoi progetti e il suo segreto non venissero traditi. Ai semplici, facilmente seducibili, spiegava che la religione era una scienza nascosta e astrusa, il cui significato interno era noto solo agli Imam. Con domande sulle contraddizioni della religione positiva e della ragione, sulle oscurità e le assurdità del Corano, suscitava dubbi e perplessità e una violenta curiosità, rifiutandosi di soddisfare questa curiosità, e prima di impartire ulteriori insegnamenti il Dai esigeva un giuramento inviolabile, in cui il proselito giurava di non tradire il segreto, di non mentire o di allearsi contro la Loggia. Se acconsentiva, veniva richiesto un impegno in denaro, la cui somma era stabilita dal Dai. Se si rifiutava di prestare giuramento o di pagare il denaro, veniva lasciato alle sue perplessità e non gli veniva detto più nulla.

(2)   Si convinse allora che solo attraverso gli imam divinamente nominati si poteva ricevere la dottrina.

(3)   Inoltre, il numero di questi Imam "rivelati" degli Ismailiti era di sette, contro i dodici Imam degli Imami, screditando così l'Imamat e il suo capo Mousa.

(4)   Al proselito veniva detto che fin dall'inizio del mondo ci sono stati sette legislatori divini o profeti parlanti - Adamo, Noè, Abramo, Mosè, Gesù, Maometto (Mahomet) e Ismail, figlio di Djafar - che potevano per comando divino abrogare la religione precedente e sostituirne una nuova. A ciascuno di questi "oratori" era legato un altro, che riceveva la sua dottrina e gli succedeva dopo la sua morte; sette di questi *muti*, che portavano avanti la religione esistente, si succedevano ininterrottamente a ciascun legislatore, finché alla fine il settimo di questi legislatori abrogò tutte le religioni precedenti. Secondo gli Ismailiti, quest'ultimo fu Maometto, figlio di Ismail, che istituì e rivelò la nuova scienza del significato interiore e mistico di tutte le cose esteriori. Solo lui era il maestro e tutto il mondo doveva seguirlo e obbedirgli. Accettando questo, il proselito rinunciava alla Legge del Profeta Maometto, diventando così un apostata.

(5)   Gli fu insegnata la virtù dei numeri e alcuni principi di geometria, e gli fu detto che ogni Imam aveva dodici ministri - i dodici segni dello Zodiaco. Il Dai preparò poi il proselito ad abbandonare tutte le religioni stabilite dai profeti, conducendolo alle dottrine dei filosofi.

(6)   Sicuro del suo silenzio e dopo aver riorientato le sue convinzioni, il Dai iniziò a minare la sua fede, allegorizzando i precetti della preghiera, delle decime, dei pellegrinaggi e di altre osservanze religiose, facendoli apparire come semplici mezzi per dominare le masse. Il Dai lodava poi i principi di filosofi come Platone, Aristotele, ecc. e parlava invece con leggerezza di coloro che avevano istituito queste osservanze religiose, criticando e trattando con disprezzo gli Imam. Privato di tutte le sue convinzioni, il proselito era una facile preda.

(7)   Passò dalla filosofia al misticismo, il misticismo panteistico orientale dei Sufee. Dall'unità di Dio è passato al dualismo e al materialismo.

(8)   Il Dai ha poi esposto la missione del vero profeta, che, a suo dire, consisteva nell'istituire alcune istituzioni politiche che formassero un governo ben costituito, un sistema filosofico e dottrine spirituali applicate allegoricamente alle cose intellettuali, e infine un sistema religioso sull'autorità di questo profeta. Gli insegnamenti del Corano erano spiegati come se non significassero altro "che la rivoluzione periodica delle stelle e dell'universo, la produzione e la distruzione di tutte le cose, secondo la disposizione e la combinazione degli elementi, conformemente alla dottrina dei filosofi" (Forze cosmiche e generazione universale).

(9)   Arrivati a questo punto, alcuni adottarono gli insegnamenti di Manes, dei Magi o dei filosofi, oppure li mescolarono insieme, finendo per abbandonare tutte le religioni rivelate. Per adattarsi alla nuova dottrina, i Dai, attraverso interpretazioni allegoriche, stravolgevano le parole di qualsiasi religione fosse professata dal proselito sempre a favore del profeta Maometto, figlio di Ismail, come unico profeta ispirato da Dio. Riguardo a questo profeta, dapprima dissero che sarebbe tornato nel mondo, poi, modificando questa affermazione, dissero che "lo si poteva contattare spiritualmente attraverso la meditazione delle dottrine mistiche; quanto alla sua manifestazione, essa consisteva nella predicazione delle sue dottrine, comunicate agli uomini dalle lingue dei suoi fedeli servitori".

Come ha scritto van Hammer:

"Non appena il proselito arrivava al nono grado era maturo per servire da strumento cieco a tutte le passioni, e soprattutto a un'ambizione di dominio senza limiti. L'intera filosofia potrebbe essere riassunta in due parole: *non credere a nulla e osare tutto*. Questi principi distruggevano da cima a fondo ogni religione, ogni morale, e non avevano altro scopo che quello di realizzare sinistri progetti portati avanti da abili ministri, per i quali nulla era sacro. Vediamo così coloro che avrebbero dovuto essere i protettori dell'umanità abbandonati a un'ambizione insaziabile, sepolti sotto le rovine di troni e altari in mezzo agli orrori dell'anarchia, dopo aver portato la sventura sulle nazioni e aver meritato la maledizione degli uomini".

Infine, questo curioso ordine fu impartito al Dai da chi era al di sopra di lui: "Devi esercitarti e acquisire grandi giochi di prestigio in modo da affascinare gli occhi (illusione ipnotica) per poter fare i miracoli che ci si aspetta da te". Come abbiamo già mostrato, tra i Dactyles, i Corybantes e nei Grandi Misteri, le illusioni, i giochi di prestigio e le evocazioni erano i mezzi usati per ingannare non solo gli epopti e i mistici, ma anche il popolo ignorante.

Oggi, in queste numerose sette, cabalistiche e illuminate, si utilizzano più o meno gli stessi metodi degli ismailiti e si insegna la stessa dottrina. Si tratta sempre di un riorientamento graduale, prima un tentativo di adattare le dottrine dei Magi, dei Manes e dei filosofi al cristianesimo, distruggendo la dottrina. Manes e dei filosofi al cristianesimo, distruggendo l'essenza stessa delle credenze cristiane, portando al panteismo, al dualismo e al materialismo, spesso finendo nel misticismo panteista. Attraverso la meditazione mistica e lo yoga raggiungono un'unione magnetica ma controllata con i loro maestri sinistri, dai quali ricevono gli insegnamenti universali necessari per la "Grande Opera" del loro maestro, l'unificazione e il controllo del mondo - religioso, politico e intellettuale.

Parlando della Casa della Saggezza, Springett cita il libro di Ameer Ali, *A Short History of the Saracens,* in cui si legge:

> "Il resoconto di Makrisi sui diversi gradi di iniziazione adottati nella Loggia costituisce un documento inestimabile della Massoneria. Infatti, la Loggia del Cairo divenne il modello di tutte le Logge create successivamente nella cristianità".

ASSASSINI E TEMPLARI

Come dimostreremo, le idee sovversive moderne hanno origine nel vicino Oriente e si sono diffuse in gran parte attraverso le sette cabalistiche primitive e i loro prestiti più antichi. Nel suo libro, *Le Juif, le Judaisme et la Judaïsation des Peuples Chrétiens,* 1869, Gougenot des Mousseaux, parlando dei manichei, degli gnostici, degli yezidi, dei drusi, ecc:

> "Il cabalismo primitivo era ciò che questi settari sono, perché rimangono sabeisti; adorano il sole, le stelle, lo spirito delle stelle e

il principio maligno, chiamato dai persiani Ahriman... Tra questi settari, tutte le passioni, anche le più vergognose, sono considerate sacre... Questo dispotismo assoluto dei Gran Maestri del cabalismo caldeo era quello del Principe degli Assassini, e i Drusi conservano la dottrina e la morale di questa cabala. È quello del Gran Maestro segreto dell'Alta Massoneria che è governato dagli ebrei".

Gli Ismailiti orientali o Assassini furono fondati intorno al 1090 da Hassan Sabah, che, dopo essere stato ammesso alla Casa della Saggezza del Cairo, dovette fuggire a causa dei suoi intrighi. Rendendosi conto che una società politica doveva avere una fortezza, con ulteriori intrighi acquistò il castello di Alamoot, sul Mar Caspio, dove alla fine fondò il suo Ordine. Ottenne molti castelli in Persia, ottenendo un grande potere, incutendo terrore nei cuori di tutti con improvvisi assassinii di califfi e visir. Il loro capo o Sceicco era conosciuto come "Il Vecchio della Montagna" e si diceva che "gli iniziati lavoravano con le loro teste e guidavano le armi dei Fedavis in esecuzione degli ordini dello Sceicco che con la sua penna guidava i pugnali". In seguito fu dispersa, ma esiste ancora in India e in altri Paesi.

Nel suo *Secret Sects of Syria,* Springett traccia l'influenza dei filosofi ebrei della celebre scuola alessandrina sugli gnostici e sui manichei e, attraverso di loro, sui Templari. Egli cita King e von Hammer per dimostrare che la costituzione dell'Ordine Templare

> "è una copia servile di quello degli Assassini. Gli statuti di questi ultimi dimostrano il fatto in modo inconfutabile; sono stati trovati sui prigionieri della loro capitale Alamoot dal Mogul Halakoo, nell'anno 1335, quando, per una singolare coincidenza, il Califfo e il Papa erano impegnati a sterminare il modello e la copia in Oriente e in Occidente, nello stesso momento".

Da questi documenti sono stati verificati gli "Otto gradi di iniziazione" stabiliti da Hassan, il primo Gran Maestro o "Principe o Vecchio della Montagna". Al numero 3 troviamo la negazione della verità del Corano e di tutte le altre scritture sacre; al numero 4 la prova di obbedienza silenziosa e perfetta; al numero 5 la rivelazione dei nomi dei grandi Fratelli dell'Ordine, reali, sacerdotali e patrizi, in tutte le parti del mondo; al numero 7 l'interpretazione allegorica del Corano e di tutte le altre scritture. In quest'Ordine si negava allo stesso modo la divinità di tutti i fondatori di sistemi religiosi. La religione veniva mostrata come un mero passo verso la conoscenza, le sue narrazioni come meramente allegoriche, e mostravano il progresso della società civile; così, la Caduta dell'uomo significava la schiavitù politica; la Redenzione la sua restaurazione alla libertà e all'uguaglianza. 8, che tutte le azioni erano indifferenti, purché fossero fatte per il bene dell'Ordine, non esistendo in assoluto vizi o virtù. Questi principi sono quasi identici a quelli degli Illuminati.

Von Hammer, nella sua *Storia degli Assassini,* chiarisce ulteriormente questo "Catechismo dell'Ordine", come lo chiama lui stesso. Del quarto dice che, dopo aver prestato giuramento, il candidato prometteva un'obbedienza cieca e allo stesso tempo giurava "di non comunicare a nessuno, se non ai suoi superiori, eventuali dubbi sui misteri e sulle dottrine degli Ismaeliti". Curiosamente, al defunto dottor Felkin, capo della Stella Matutina, che nel 1909 desiderava ricevere ulteriori insegnamenti dai "Capi Nascosti" o Maestri del Sole, fu detto che doveva prima prendere un impegno "per tutto ciò che riteneva più terribile e sacro, di non tradire mai il metodo agli uomini mortali". Parte dell'impegno era: "Se in futuro sarò assalito da dubbi, li rivelerò solo ai Maestri... Se in qualsiasi momento dovessi trovarmi nell'impossibilità di mantenere questo impegno, non dirò nulla ai miei fratelli o sorelle dell'Ordine per indebolire la loro fede, ma passerò tranquillamente in secondo piano". La promessa fu presa.

Per quanto riguarda il settimo grado, troviamo la stessa idea nella scuola ebraica di Alessandria, poiché, come abbiamo già detto, Aristobulo dichiarò che tutti i fatti e i dettagli delle Scritture ebraiche erano altrettante allegorie, che nascondevano i significati più profondi. Anche Filone seguì la stessa teoria e si sforzò di dimostrare che gli scritti ebraici, con il loro sistema di allegorie, erano la vera fonte di tutte le religioni e le dottrine filosofiche. Il significato letterale era solo per il volgo. Come Filone, anche Steiner, dell'Antroposofia, insegnò la stessa interpretazione, ovvero che la Bibbia era semplicemente un'allegoria della graduale e mistica deificazione dell'uomo, come simbolicamente rappresentata in tutti i misteri antichi e moderni. Questa divinizzazione è simboleggiata dal "Dio nascosto" Amoun degli Egizi e dalla *crux ansata, che* è il centro del simbolo teosofico e significa le forze duali della generazione - la kundalini; ancora, il caduceo di Ermete, posto sulla parte inferiore della figura panteistica di Baphomet del culto templare, rappresenta le forze generative all'interno dell'uomo, i mezzi della divinizzazione.

Inoltre, tra i Khlysty e altri gnostici primitivi si trova questa stessa interpretazione allegorica dei Vangeli e dell'Antico Testamento, con la stessa deificazione o creazione di "Cristi" in vista. Come dice M. Ribot, ci sono molti modi per produrre l'estasi artificiale o per avere la divinità dentro di sé: danze ritmiche, soma, vino, sangue, orge e intossicazione da droghe, tra cui senza dubbio l'hasheesh, come quello usato dal "Vecchio della Montagna", che preparava ai suoi fanatici Fedavis, inebriati da ogni richiamo dei sensi, una cosiddetta anticipazione del paradiso, o forse ipnotizzati, così da essere pronti e disposti a portare a termine con il pugnale o il veleno gli omicidi pianificati delle vittime del Gran Maestro.

Secondo von Hammer esistevano sette gradi di Assassini molto simili a quelli dei Templari:

1. Gran Maestro, o "Vecchio della Montagna".
2. Dailkebir, o Gran Priore.
3. Dais, o Maestri iniziati, reclutatori.
4. Refik, o compagni.
5. Fedavis, strumenti ciechi, le guardie dell'Ordine.
6. Lassiks, aspiranti.
7. Batini, o fratelli segreti, affiliati.

Tra i sette Imam silenziosi c'era l'"Imam invisibile", in nome del quale il Gran Maestro esigeva l'obbedienza del popolo. Come gli istigatori segreti della Rivoluzione francese, secondo Louis Blanc, Gran Maestri dei Templari legati agli Illuminati di Weishaupt, Hassan desiderava rovesciare troni e altari, ma riconosceva che l'anarchia, sebbene spesso utile ai governati, non dovrebbe mai essere l'obiettivo di chi governa. La sua ambizione era quella di fondare un impero sulle rovine del Khalifat e della famiglia di Abbas.

Gli Assassini non erano un principato, ma solo una confraternita o un Ordine simile a quello dei Cavalieri di San Giovanni, dei Cavalieri Teutonici o dei Templari. Come dice von Hammer:

"La natura delle funzioni che nell'ultimo Ordine erano ricoperte dal Gran Maestro e dai Gran Priori, le sue istituzioni religiose, la tendenza politica del suo spirito e delle sue dottrine, fino all'abbigliamento, gli conferivano una certa somiglianza con quello degli Assassini... La regola fondamentale dei due Ordini era quella di impadronirsi di fortezze e castelli nei paesi vicini per controllare più facilmente il popolo; entrambi erano pericolosi rivali dei principi e formavano uno Stato nello Stato".

Oggi non si tratta semplicemente di uno Stato nello Stato, governato da sette segrete, ma di uno Stato mondiale universale governato da "superuomini" sconosciuti.

DRUSI

Secondo Springett, i Drusi avrebbero preso il nome da Mohammed Ibn, Ismail el-Dorazi, un persiano giunto in Egitto intorno al 1017. Provocando tumulti fanatici al Cairo proclamando la divinità del Khalifa El-Hakem, fu costretto dal popolo a fuggire e fu inviato in Libano da El-Hakem, dove, sotto le sue istruzioni, i Drusi riconobbero la divinità di El-Hakem. Alcuni anni dopo, il vero fondatore della loro religione, Hamzeh, un Dai o missionario della Casa della Saggezza, inviò Moktana Baha-edeen a sostituire Dorazi e convinse i Drusi ad accettare il sistema iniziatico della Grande Loggia del Cairo, formando così la religione così come è oggi. L'insegnamento di Dorazi era una forma di misteri che "gettava un mantello sull'indulgenza delle peggiori passioni della natura umana", e queste in una certa misura prevalgono ancora, dividendo i Drusi in due sette - l'insegnamento morale e religioso più ortodosso di Hamzeh e la licenziosità di Dorazi. Mackenzie descrive la loro religione come un composto di ebraismo, cristianesimo e maomettanesimo; hanno un sacerdozio, una sorta di gerarchia, parole d'ordine e segni, e sono ammessi entrambi i sessi.

Come afferma Mme Blavatsky, che era un membro dell'Ordine Druso, è gnostica e magica; essi credono nell'Unità di Dio, che è l'essenza della vita, invisibile ma conosciuta attraverso occasionali manifestazioni in forma umana. La definisce un'ultima sopravvivenza dell'arcaica religione della Saggezza, oggi conosciuta come "cabalismo, teosofia e occultismo". È panteista. Esternamente, come inculcato nei loro libri sacri, professano di leggere il Corano e i Vangeli, mentre segretamente seguono le loro dottrine misteriche. L'autrice sostiene inoltre che esiste una stretta affinità tra i lamaisti turanici e gli El-Hammisti o Drusi semitici. I Turaniani dell'India sono, scrive la Yarker, una razza di costruttori, adoratori di alberi e serpenti. In un primo numero del *Theosophist* Mme Blavatsky cita Laurence Oliphant che scrive:

"I Drusi sono fermamente convinti che la fine del mondo sia vicina... [che] sarà segnalata dall'avvicinarsi di un potente esercito dall'Oriente contro le potenze contendenti dell'Islam e del Cristianesimo... sotto il comando della Mente Universale [Illuminismo!] e sarà composto da milioni di Unitari cinesi. I cristiani e i maomettani si arrenderanno e marceranno davanti ad esso verso la Mecca, El-Hakem apparirà allora (come ultima incarnazione divina)... I Drusi sono in trepidante attesa di un Armageddon in cui si ritengono destinati a svolgere un ruolo di primo piano".

Yarker dice di Mme Blavatsky:

"La Blavatsky, che era un'iniziata della setta (drusa), ci informa... che la sua base è il vecchio gnosticismo ofita (o nasseno)".

Sappiamo che apparteneva anche ai Carbonari rivoluzionari, dominati dagli ebrei, e che in seguito affermò di essere in contatto con i Maestri in Tibet. Vale la pena di sottolineare alcuni punti su di lei riportati dall'orientalista francese Rene Guenon in *Le Théosophisme.* Prima di fondare la Società Teosofica fu molto influenzata da Palos Metamon, un copto o, come alcuni sostengono, un caldeo, esperto di magia e spiritismo; inoltre, Sinnet dichiarò che "Mme Blavatsky coronò una carriera di trentacinque o quarant'anni di studi mistici con un ritiro di sette anni nelle solitudini dell'Himalaya"; questo prima di recarsi in America nel 1873, quando aveva solo quarantadue anni! Come osserva Rene Guenon, "dovremmo concludere che deve aver iniziato i suoi studi alla sua nascita, se non addirittura un po' prima!". Ripercorrendo la sua vita e fornendo dati, conclude che il suo viaggio in Tibet fu una pura invenzione. Per quanto riguarda i suoi controlli, fu per un certo periodo membro della Fratellanza Ermetica di Luxor, che insegnava che *"questi fenomeni erano dovuti non a spiriti dei morti, ma a certe forze dirette da uomini vivi"*. Spiega inoltre che i suoi "spiriti guida" - John King, Serapide e il fratello Kashmiri - rappresentano semplicemente le influenze successive che la utilizzavano, e che "è legittimo concludere che Mme Blavatsky era soprattutto, in molte circostanze, un "soggetto" o uno strumento nelle mani di individui o gruppi occulti, che si nascondevano dietro la sua personalità, così come altri erano a loro volta strumenti nelle sue mani". E questo è ciò che si ritrova in tutta la storia, antica e moderna, di queste sette - illusione, giocoleria, magia - l'uso di questa "magia fluidica", che risale al passato più remoto, è il fuoco rubato da Prometeo agli dei.

SUFEE E DERVISCI

Sempre da Springett, nel suo *Secret Sects of Syria,* apprendiamo che "i Sufi sono una società segreta di filosofi mistici e asceti persiani, la cui religione originaria potrebbe essere stata quella dei Caldei o dei Sabei, che credevano nell'unità di Dio, ma adoravano le schiere del cielo (Tsaba), specialmente i sette pianeti, come sua rappresentazione". I Maestri Sufi intendono per Dio il potere che sottende tutti i fenomeni e che è ovunque e in ogni cosa. È un misticismo panteistico. Questi principi Sufee sono sostenuti dai gradi più alti dei Dervisci. La dottrina Sufee, dice King, implica l'idea di un credo universale che può essere segretamente sostenuto sotto qualsiasi professione di fede esteriore. La guida derviscia istruisce il candidato nella filosofia mistica e, se in qualche modo la scuote, gli fornisce un doppio senso in modo che possa allontanare ogni timore o obiezione. Allo stesso modo, gli insegnamenti panteistici della Stella Matutina di oggi potrebbero essere distorti in modo da convincere anche un sacerdote cristiano a vedervi il cristianesimo.

Parlando dell'iniziazione di un derviscio, Springett dice dell'Ordine dei *Kadiri* che, dopo molti mesi di prova nel monastero, lo sceicco, durante l'assemblea dei confratelli, pone sul capo del candidato un berretto di feltro bianco, con attaccata una rosa di stoffa di diciotto petali con al centro i triangoli intrecciati del Sigillo di Salomone - il simbolo ebraico delle doppie forze della natura, come sopra così sotto. Prima di essere pienamente accettato come derviscio, passa attraverso fasi intermedie sotto la guida di un Superiore o di un iniziato di grado superiore.

> "Gli viene insegnato a concentrare i suoi pensieri così completamente sulla sua 'Guida' da diventare mentalmente assorbito da lui come un legame spirituale con l'oggetto supremo di tutta la devozione. La Guida deve essere lo scudo del neofita contro tutti i pensieri e i desideri mondani (lasciate andare la materia!); il suo spirito deve aiutarlo in tutti i suoi sforzi, accompagnandolo ovunque si trovi, ed essere sempre presente nella sua visione mentale. Questo stato d'animo viene definito "annientamento nel Murshid" e la Guida scopre, attraverso le proprie visioni, il grado di spiritualità raggiunto dal discepolo e fino a che punto la sua anima è stata assorbita dalla sua".

A questo punto entra nel "Sentiero" e, a seconda delle sue attitudini e della sua disponibilità ad accettare la filosofia mistica della Guida, anche se in contrasto con i suoi sentimenti religiosi, il suo avanzamento sarà altrettanto rapido.

> "A questo punto si suppone che egli venga a trovarsi sotto l'influenza spirituale del *Pir* o fondatore dell'Ordine, nel quale a sua volta viene assorbito mentalmente a tal punto da essere virtualmente un tutt'uno con lui, acquisendo i suoi attributi e il potere di compiere atti soprannaturali. La fase successiva della vita mistica è quella che i dervisci chiamano "conoscenza spirituale" e il discepolo... è ritenuto dallo sceicco... ispirato... Entra ora in comunione spirituale con il Profeta stesso, nella cui anima è stato assorbito".

Infine, nel quarto grado "durante quaranta giorni di digiuno e di isolamento... in uno stato estatico egli crede di essere diventato parte della Divinità e di vederla in tutte le cose". Lo sceicco allora "risveglia dolcemente il discepolo dalla sua estasi e, dopo averlo riportato alla sua condizione normale, gli conferisce il grado di *Khalifeh* (successore). Il mistico riprende ora l'osservanza esteriore dei riti dell'Islam e si prepara per il pellegrinaggio alle Città Sante".

Oggi il mondo intero è diventato un vero e proprio alveare di sette cabalistiche e gnostiche, e in tutte si ritrova lo stesso sistema di assorbimento mentale graduale, come nei Dervisci, della personalità dell'adepto man mano che avanza verso l'alto, successivamente da parte dell'insegnante ufficiale dell'Ordine, da un Maestro sul piano astrale, negli Ordini Rosacroce dal suo cosiddetto fondatore Christian Rosenkreutz, e infine l'assorbimento completo da parte di qualche Potenza Centrale sconosciuta, ancora nel corpo materiale. Così si formano gli oracoli, apparentemente ispirati, che impartiscono insegnamenti, che a loro volta vengono trasmessi attraverso i vari gradi dell'ordine orientando i membri. Infine, essi escono tra la gente diffondendo le idee, spesso in nome della Libertà, dell'Uguaglianza e della Fraternità, portandola fuori strada sotto l'influenza diretta o indiretta di queste sette e delle loro manifestazioni esterne, internazionali, universali, socialiste, comuniste e atee.

YEZIDIS

Come scrive Springett:

> "La tradizione vuole che gli Yezidi siano originari di Bassora e del paese bagnato dalla parte inferiore dell'Eufrate; che, dopo la loro emigrazione, si siano stabiliti prima in Siria e che in seguito abbiano preso possesso della collina di Sindjar e dei distretti che ora abitano nel Kurdistan... C'è in loro una strana mescolanza di sabeanesimo, cristianesimo e maomettanesimo, con una tintura delle dottrine degli gnostici e del manicheismo; il sabeanesimo, tuttavia, sembra essere la caratteristica prevalente."

Hanno un grande rispetto per il Sole e il suo simbolo del fuoco. In *Le Juif*, des Mousseaux, citando autorità, ci dice che la Caldea è sempre stata la culla della cabala demoniaca, discendente dai cainiti e dai sabei, che adoravano il sole, le stelle, lo spirito delle stelle e il principio maligno. Questa cabala è penetrata tra gli Yezidi e i Drusi.

Ora W. B. Seabrook, nel suo *Adventures in Arabia*, dice che nel "Libro Nero" degli Yezidi, Shaitan ordina: "Non pronunciate il mio nome e non menzionate i miei attributi, per non essere colpevoli, perché non ne avete una vera conoscenza, ma onorate il mio simbolo e la mia immagine". A Seabrook è stato detto che "Shaitan" era lo "Spirito Luminoso Melek-Taos" (Angelo Pavone), lo "Spirito del Potere e il dominatore del mondo" - Lucifero! Parla anche delle sette Torri di Shaitan, o "case del potere", che si dice formino una catena attraverso l'Asia, dalla Manciuria settentrionale, attraverso il Tibet, a ovest attraverso la Persia e terminando in Kurdistan, e in ogni torre c'è un sacerdote che si dice faccia magia mondiale. Ne vide una a Sheikh-Adi; era imbiancata a calce, scanalata e a forma di cono, con una sfera d'oro o d'ottone lucidata sul pinnacolo, che lampeggiava quando veniva colpita dal sole; spesso, gli fu detto, uno speciale operatore magico vi trascorreva molti giorni da solo. All'ingresso del loro santuario c'era un serpente nero!

Secondo des Mousseaux, gli Yezidi erano governati da un Emiro Supremo, che era Patriarca e Pontefice, con potere assoluto; per mezzo di emiri subordinati trasmetteva i suoi ordini a tutti gli Yezidi (Sciamaniti) sparsi nel Kurdistan, in Media, in Mesopotamia e sui Monti Zindjar. Ed "è probabile che per misteriose ramificazioni i suoi ordini raggiungessero anche le estremità più remote dell'Asia e forse persino l'Europa". Altro,

> "Tutte le passioni, anche le più vergognose, sono considerate sacre... il diavolo per loro è solo un angelo caduto... Dio, dicono, è infinitamente buono, incapace di fare del male agli uomini. Il diavolo, al contrario, è infinitamente malvagio e nella sua malvagità ha come unico piacere quello di torturarli. È dunque soprattutto prudente, se si vuole essere felici quaggiù, abbandonare il culto di Dio, che non può fare alcun male... e mettersi sotto la protezione dell'essere che solo può esentare gli uomini dai mali di questa vita, poiché solo lui può infliggerli...".

Si dice che siano dediti alle più straordinarie pratiche teurgiche, a tutto ciò che c'è di più diabolico nella magia e nella stregoneria. A conferma di quanto detto, Springett scrive ancora:

> "Se, in effetti, la credenza degli Yezidi è una deprecazione del Diavolo, e se, come il sig. Layard suggerisce, il pavone è simbolo di Satana, che ai loro occhi è solo il capo degli angeli ribelli, allora

il Malek Taoos rappresenterebbe il principio cattivo piuttosto che quello buono, e in questo modo sarebbe affine al vitello d'oro dei Drusi, e implicherebbe anche l'origine persiana della setta, e le antiche idee di Ahura Mazda (o Ormuzd) e Ahriman".

Lo stesso capo degli Yezidi ha detto che il "Malek Taoos" era un simbolo tenuto in grande considerazione.

Springett afferma che gli Yezidi sono governati da due sceicchi, uno che dirige gli affari civili, l'altro che presiede ai riti religiosi, in particolare incaricato della cura del loro santuario che prende il nome dal loro santo principale, lo *sceicco Adi. La* gerarchia comprende quattro ordini di sacerdoti - Pirs, Sheikh, Kawal e Fachiri - che sono ereditari e che possono essere ricoperti dalle donne, se in linea di successione. Per quanto riguarda le loro credenze, credono in un Essere Supremo, l'essenza della bontà,

"e venerano anche Satana, anche se non pronunciano mai il suo nome o qualcosa che gli si avvicini... Sembrano, quindi, adorare sia il Bene che le divinità malvagie degli antichi persiani, ma dicono che, poiché le seconde possono talvolta fare del bene mentre le prime non possono assolutamente fare del male, è il principio del Male che devono conciliare".

Parla anche del "preziosissimo libro sacro posseduto dagli yezidi", che secondo Badger e Layard è scritto in arabo e consiste in una rapsodia poetica sui meriti e gli attributi dello sceicco Adi.

Come riportato dalla *Revue Internationale des Sociétés Secrètes,* I maggio 1932, Pierre van Passen, del *Toronto Daily Star, ha raccontato* di una cerimonia di Messa Nera a cui ha assistito nel Tempio di rue de Montparnasse, a Parigi. Ha detto che a Parigi ci sono undici templi e, secondo le stime, circa 10.000 adoratori del diavolo - uomini e donne che hanno superato un lungo apprendistato. Questi adoratori del Diavolo sono in comunione con una setta ancora esistente nel deserto siriano, nei pressi di Bagdad, che adora "Shaitan", il cui nome non deve mai essere pronunciato, nemmeno le parole che iniziano con le prime due lettere. Da dieci o vent'anni ci sono state molte lamentele dall'esterno, ma, in base al decreto sulla "libertà di culto", questo culto è permesso dal governo francese a condizione che non venga fatta alcuna propaganda aperta.

CAPITOLO III

ROSACROCE E ILLUMINISTI

L'origine dei Rosacroce è ancora un mistero irrisolto, come scriveva Disraeli nel 1841:

> "Questo Ordine mistico si diffuse tra i tedeschi, un popolo mistico, dove la sua origine fu effettivamente discussa come quella di altre società segrete; infatti, le sue fonti nascoste sfidano la ricerca". -

D'altra parte, come tutti i cosiddetti Ordini delle Rose-Croix, il R.R. et A.C. - *Rosae Rubeae et Aureae Crucis* - nel suo rituale 5 = 6 pretende di risalire alle epoche più remote, persino mitiche, dell'antichità, poiché dice:

> "Sappiate che l'Ordine della Rosa e della Croce esiste da tempo immemorabile e che i suoi riti mistici sono stati praticati e la sua saggezza insegnata in Egitto, a Eleusi, a Samotracia, in Persia, in Caldea, in India e in terre molto più antiche, tramandando così ai posteri la saggezza segreta dei tempi antichi. Molti furono i suoi Templi e molte le nazioni in cui si stabilirono, anche se col passare del tempo alcuni persero la purezza della loro conoscenza primordiale".

I misteriosi Fratelli della Croce Rosata si definivano *Invisibili* e la loro storia leggendaria era in breve questa: la Fraternità fu fondata da un certo Christian Rosenkreutz, nato, si dice, nel 1378, da una nobile famiglia tedesca. Per dodici anni, a partire dall'età di cinque anni, fu educato in un chiostro, poi si recò a Damasco e da lì in un luogo chiamato Damcar in Arabia, dove fu ben accolto dai Magi. Questi saggi lo aspettavano come colui che, come era stato predetto, avrebbe rigenerato il mondo e lo iniziarono alla loro magia araba. Dopo aver visitato Fez e la Spagna, tornò in Germania dove, insieme a tre discepoli, fondò la Fraternità e costruirono la loro casa chiamata "Domus Sancti

Spiritus", nella quale C. R. visse fino alla sua morte. Lì scrissero il libro "*M*" - *Magicon,* secondo il dottor Wynn Westcott - compilato, si dice, dalla magia insegnata a C. R. dagli arabi di Damcar. Anche i libri Axiomata, Rota Mundi e Protheus.

Christian Rosenkreutz morì, a quanto si dice, nel 1484, all'età di cento anni e più, e per centoventi anni il luogo della sua tomba rimase sconosciuto. Nel 1604, mentre stavano riparando l'edificio, si imbatterono nella porta della volta e, una volta aperta, vi trovarono il corpo del loro fondatore e molti oggetti magici e manoscritti occulti. Dopo la sua morte, i fratelli si dedicarono allo studio dei segreti della natura e delle sue forze nascoste, oltre a praticare gratuitamente la medicina, utilizzando alcuni rimedi misteriosi. Il loro accordo era: (1) che nessuno di loro avrebbe dovuto professare altro che curare i malati e questo *gratuitamente.* (2) Nessuno dei posteri doveva essere obbligato a indossare un certo tipo di abito, ma doveva seguire le usanze del paese. (3) Che ogni anno, nel giorno C. (Corpus Domini, solstizio d'estate), si riuniscano insieme nella casa Sancti Spiritus, o scrivano la causa dell'assenza. (4) Ogni fratello cerchi una persona degna che, dopo la sua morte, possa succedergli. (5) Le lettere R. C. siano il loro sigillo, il loro marchio e il loro carattere. (6) La Fraternità deve rimanere segreta per cento anni.

Questi Invisibili attendevano quella che chiamavano la purificazione della Chiesa, quando, prima della fine del mondo, speravano di ristabilire tutto nella sua integrità primitiva. Dopo l'apertura del sepolcro, trascorsi i centoventi anni previsti, emanarono due manifesti - *Fama Fraternitatis R.C.,* 1614, e *Confessio Fraternitatis Rosae Crucis,* 1615 - e li inviarono a tutti i dotti e ai governi d'Europa, invitandoli a unirsi all'Ordine nella riforma universale. Per un certo periodo questi documenti fecero molto scalpore, ma con scarsi risultati esteriori. Molti attribuirono questi documenti a Jean Valentin Andrea, anche se lui stesso ne negò sempre la paternità.

Nel suo libro *Les Rose-Croix Lyonnais au XVIIIe Siècle,* 1929, Paul Vulliaud approfondisce questi manifesti, ecc. collegandoli a Paracelso e Cornelio Agrippa, alla Teosofia e all'Illuminismo. Parlando del *Livre du Monde* (Magia della Natura) di Ch. Fauvety, Vulliaud scrive:

"In uno studio molto interessante Fauvety sostiene che ha a che fare con il *Magnetismo... Ha* fatto bene a mostrare l'importanza attribuita, al tempo di Paracelso, al *fluido magnetico* nelle dottrine teosofiche-scientifiche... Dopo aver osservato che i seguaci di Paracelso e di van Belmont ne facevano un mistero, Fauvety aggiunge che il *potere magnetico* "potrebbe, in effetti, secondo alcuni scrittori, essere stato il segreto della Rose Croix, che nel XVI secolo si diceva possedesse un rimedio universale. A sostegno di questa supposizione c'è il fatto che persino gli avversari del magnetismo rimproveravano ai medici, seguaci di Paracelso, di curare con processi magnetici simili a quelli della Rose-Croix".

Come scrive Gustave Bord in *La Franc-Maçonnerie en France,* 1908:

"La dottrina di Paracelso era tratta dalla Cabala, dalla filosofia ermetica e dall'alchimia. Egli sosteneva di conoscere ed esporre l'intero sistema delle forze misteriose che agiscono nella natura e nell'uomo... L'uomo deve unirsi alle forze necessarie per produrre fenomeni fisici o intellettuali. L'Universo era il Macrocosmo, l'uomo il Microcosmo, ed erano simili (come sopra così sotto)".

Inoltre, Vulliaud afferma che anche J. J. Monnier sapeva che in alcune logge gli iniziati praticavano il magnetismo. Secondo Monnier, "magnetizzavano per grazia divina *[sic]*, con la forza della fede e della volontà, attraverso i muri fino a grandi distanze, da Parigi fino alla Dominica". Infine, Vulliaud conclude:

"In sintesi, il rosacrocianesimo è composto dall'illuminismo mistico, in combinazione con l'alchimia, l'astrologia, il magnetismo e la comunicazione con gli spiriti [astrale!], se non con il Verbo stesso; è composto a volte da una, a volte da diverse di queste forme del meraviglioso e dell'occulto. In alcune logge... praticano ardentemente la teurgia".

In un libro anonimo, *Mysteries of the Rosie Cross,* pubblicato nel 1891 e ricco di informazioni documentate, si legge:

"Per quanto riguarda l'origine e il significato del termine Rosacroce, sono state espresse opinioni diverse. Alcuni hanno pensato che fosse composto da *rosa* e *crux* (una rosa e una croce), ma altri sostengono, sulla base di un'autorità apparentemente valida, che sia un composto di *ros* (rugiada) e *crux* (croce).

... Una croce nel linguaggio dei filosofi del fuoco è la stessa cosa di *Lux* (luce), perché la figura di una croce mostra tutte e tre le lettere della parola *Lux* in una sola vista... Un Rosacroce, quindi, è un filosofo che, per mezzo della *rugiada* cerca la *luce*, cioè la sostanza della pietra filosofale".

la Quintessenza o i cinque elementi, terra, aria, fuoco, acqua ed etere; l'uomo illuminato!

Per quanto riguarda l'interpretazione di Rosa-Crux, il rituale R.R. et A.C. ci informa che la chiave di lettura è la seguente

"Tomba di Osiride On-nopheris, il Giustificato (illuminata), il luogo di sepoltura simbolico del nostro Fondatore mistico Christian Rosenkreutz che ha fatto rappresentare l'Universo... è la forma della Rosa e della Croce, l'antica Crux Ansata, il simbolo egizio della Vita, che riprende la Vita della Natura e i poteri nascosti nelle parole I.N.R.I."

Come sappiamo, I.N.R.I. è *Igne Natura Renovatur Integra* - *l'*intera natura viene rinnovata dal fuoco. Rappresenta le tre fasi della generazione universale: creazione, distruzione e rigenerazione. I segni dati sono L.V.X. che rappresentano la stessa idea. Spiegando ulteriormente il L.V.X., lo stesso rituale dice: Arrivati alla porta della tomba,

"Esaminando più attentamente la porta si noterà... che sotto la CXX nell'iscrizione sono stati posti i caratteri L.V.X., l'insieme equivale a 'Post CXX Annos Lux Crucis Patebo' - alla fine di 120 anni io la luce della Croce mi rivelerò. Infatti le lettere L.V.X. sono formate dagli angoli smembrati e congiunti di una croce +".

Inoltre, i Rosacroce erano dotti cabalisti e Adolphe Franck, ne *La Kabbale*, cita Simon ben Jochai nello *Zohar*, parlando dell'Antico dei Giorni, la prima delle Sephiroth dell'Albero della Vita:

"Egli è seduto su un trono di scintille che assoggetta alla sua volontà... Dalla sua testa scuote una *rugiada* che risveglia i morti e fa nascere in loro una nuova vita. Per questo è scritto: 'La tua rugiada è una rugiada di luce'. È il nutrimento dei santi del più alto ordine. È la manna preparata per i giusti per la vita futura. Scende nei campi dei frutti sacri (adepti della Cabala). L'aspetto di questa rugiada è bianco come un diamante, il cui colore comprende tutti i colori'".

Questa rugiada è la "Divina Luce Bianca o Brillanza" dei Rosacroce, il fluido magnetico della loro magia. Inoltre, nello

LE TRACCE DEL SERPENTE

stesso rituale R.R. et A.C. si dice: "I colori sono forze e la firma delle forze, e tu sei il Figlio dei Figli delle Forze e, pertanto, intorno al trono del Potente c'è un arcobaleno di Gloria e ai suoi piedi c'è il Mare di Cristallo". È la forza dell'Illuminismo, una luce della Natura!

Ancora, Jane Lead, principale ispiratrice della Panacea Society, parlando delle proprietà dell'Albero della Vita cabalistico, descrive il quinto come: "La dolcezza della rugiada, che giace sempre sui rami dell'Albero... È tutto potere paradisiaco (o illuminante)". Questo stesso potere, il fluido magnetico, è la base del loro rimedio universale rosacrociano. Inoltre, secondo lo scrittore de *I misteri della Croce di Rosie:* "Un'opera notevole fu pubblicata a Strasburgo nell'anno 1616, intitolata *Il romanzo ermetico, o le nozze chimiche. Scritto in olandese alto da Christian Rosencreutz.* Questo libro... si dice che sia esistito manoscritto... già nel 1601, il che lo rende il più antico libro rosacrociano esistente". Alcuni sostengono che sia opera di Valentin Andrea; in ogni caso, sembra raffigurare l'unione dell'adepto con l'agente universale, ed è possibile che l'intera leggenda di Christian Rosenkreutz rappresenti semplicemente la stessa idea mistica presente in tutti gli yogi e i mistici, che risveglia poteri misteriosi.

Come scrisse Gustave Bord:

> "In tutti i tempi ci sono state sette segrete che pretendevano di comprendere le leggi che regolano l'Universo; alcune credevano di possedere davvero l'ineffabile segreto; altre, quelle più intelligenti, facevano dei loro misteri un'esca per la folla, pretendendo così di dominarla e di guidarla; almeno trovavano il modo di utilizzarla a loro vantaggio".

Nella Prefazione di un curioso libro, *The Long Livers,* di Robert Samber, scritto sotto lo pseudonimo di "Eugenius Philalèthes Junior", che fu dedicato alla Gran Loggia di Londra nel 1722, e a cui hanno fatto riferimento gli storici massoni Mackay, Whytehead e Yarker, è chiaramente indicato che al di sopra dei tre gradi tradizionali c'è un'*illuminazione* e una gerarchia, la cui natura non è rivelata, ma il linguaggio usato è interamente quello dell'alchimia e di Rose-Croix. Louis Daste, parlando della Massoneria durante la Rivoluzione francese, osserva:

Questa misteriosa illuminazione dei bassi gradi della Massoneria, questa gerarchia di cui Philalèthes Junior ha così gelosamente custodito il segreto, quei "Superiori Sconosciuti" venerati dai Martinisti giudaizzanti e da Philalèthes, che pretendono di dominare le logge ordinarie - non è forse tutta questa la catena indissolubile che lega la Cabala ebraica alla Massoneria, e non abbiamo d'ora in poi il diritto di sospettare che il Potere Occulto nascosto dietro le Logge massoniche sia il cervello del Giudaismo che vorrebbe conquistare e dominare il mondo intero?"

MARTINES DE PASQUALLY

Nel suo libro sull'Ordine degli *Élus Coens* del XVIII secolo, R. le Forestier ci dice che quest'Ordine fu fondato - e continua ad essere Martinista ancora oggi - intorno al 1760, da Martines de Pasqually, che si dice fosse un ebreo portoghese. Si trattava di uno dei gruppi occulti più interessanti dell'epoca, "che costituiva, sotto la copertura della Massoneria, uno degli ultimi anelli della lunga catena di associazioni misteriose e gelosamente chiuse, i cui membri pretendevano di comunicare con il divino attraverso processi magici per partecipare a una benedetta immortalità" - l'Illuminismo! Il nome *Coen* dato da Pasqually ai suoi membri è un adattamento del termine ebraico *Cohanim*, che designava la casta sacerdotale più alta, costituita a Gerusalemme, sotto Salomone, per assicurare il servizio divino nel Tempio; si diceva che discendessero in linea diretta da Aronne. I Coen sostenevano quindi di essere eredi e depositari della tradizione segreta ebraica. Pasqually costruì un curioso sistema metafisico e mistico, "preso in prestito da tradizioni segrete, rappresentava un'eco debole ma molto chiara delle diverse dottrine esoteriche originatesi in Oriente durante i primi secoli della nostra era dopo aver adottato altre tradizioni più antiche, e che in seguito penetrarono in Occidente attraverso l'intermediazione della Cabala ebraica". I suoi discepoli erano i successori dei mistici dell'Asia, dell'Egitto, della Grecia e dell'Italia, dei Valentiniani, degli Orfici e dei seguaci di Mitra; professavano le dottrine mistiche dei neoplatonici, degli gnostici e dei cabalisti e coltivavano, all'epoca dell'*Enciclopedia*, la "Saggezza segreta degli antichi".

La Cabala teorica, come sappiamo, tratta della natura della Divinità, delle sue relazioni con l'uomo e dell'origine del mondo.

La Càbala pratica o magica, invece, si occupava di "magia dinamica e teurgica, insegnava l'arte di comandare gli spiriti, la divinazione del futuro, la chiaroveggenza a distanza e la fabbricazione di amuleti". Nelle sue correnti mistiche si ritrovava l'influenza dell'astrologia e della demonologia caldea, della filosofia naturale ionica, dei concetti mazdei, manichei, sabei e mitraici, nonché dell'aritmetica e della geometria pitagorica. Si trattava di un residuo dei culti primitivi fondati sulla "magia fluidica" - il fluido magico magnetico degli alchimisti, dei Rosacroce e degli Illumina - e che ancora, durante la cattività, persistevano nelle religioni babilonese e persiana. Nel XVII secolo J. B. van Helmont, nel suo *Hortus Medicine,* scriveva: "Una forza magica, addormentata dal peccato, è latente nell'uomo; può essere risvegliata dalla grazia di Dio o dall'arte della Cabala". Si tratta del risveglio della kundalini mediante processi magici o yoga! Questi riti teurgici della Cabala Pratica erano esistiti fino al XVIII secolo nel cuore delle sette ebraiche legate ai Frankisti, così diffuse nell'Europa centrale.

Infine, le Forestier afferma che il processo teurgico, sostenuto in particolare dalla Cabala Pratica, era fondato sul meraviglioso potere dei nomi divini; esso deriva da uno dei fondamenti di tutti i tipi di magia, risalente ai tempi più remoti. Pasqually enfatizzò anche l'idea, familiare ai cabalisti, che il nome soprattutto manifesta il suo potere quando viene pronunciato a voce alta. Qui abbiamo il "modo vibratorio di pronunciare i nomi divini", usato nella Stella Matutina e nel R.R. et A.C., un Ordine Martinista, che i loro obblighi impongono di non rivelare mai! Il potere è notevolmente aumentato, come nelle evocazioni magiche, pronunciando il nome insieme a tutte le sue corrispondenze, come mostrato nel libro *777* di Crowley. Inoltre, le operazioni dei Coen, con i loro diagrammi, le lustrazioni, la combustione dell'incenso, le prostrazioni, le invocazioni e le evocazioni, mostrano chiaramente i cerimoniali magici a cui si dedicavano i discepoli di Pasqually. Ritroviamo le stesse operazioni nella S.M. e nella R.R. et A.C. di oggi. Per passare a Eliphas Levi, un altro e più tardo Martinista, che scrive nella sua *Storia della Magia:*

"Inoltre, la legge dell'equilibrio per analogia porta alla scoperta di un agente universale che era il grande segreto degli alchimisti e dei maghi del Medioevo. È stato detto che questo agente è una luce di vita grazie alla quale gli esseri animati sono resi magnetici, mentre l'elettricità è solo una perturbazione transitoria. La pratica della meravigliosa Cabala si basa interamente sulla conoscenza e sull'uso di questo agente. Solo la Magia Pratica apre il Tempio segreto della Natura a quel potere della volontà umana che è sempre limitato ma sempre progressivo".

Lo *Zohar,* dice, è una genesi della luce (della natura). Il *Sepher Yetzirah* è la scala della realizzazione e dell'applicazione; ha trentadue gradini - dieci Sephiroth o centri di luce, e ventidue sentieri o canali che collegano le Sephiroth e attraverso i quali scorre la luce o il fluido magico. È l'Albero della Vita cabalistico. Applicato, come negli Ordini cabalistici e magici, al Microcosmo o al cervello e al sistema nervoso dell'uomo, è pieno di pericoli e illusioni, mentali, morali e fisiche. Eliphas Levi afferma inoltre che la scienza del fuoco e del suo dominio era il segreto dei Magi, che dava loro la padronanza dei poteri occulti della natura: "Da ogni parte incontriamo l'incantatore che uccide il leone e controlla i serpenti. Il leone è il fuoco celeste (cosmico o stellare), mentre i serpenti sono le correnti elettriche e magnetiche della terra. A questo stesso segreto dei Magi sono riconducibili tutte le meraviglie della magia ermetica".

Infine, questi "superuomini" che controllano dietro le quinte sono, a quanto pare, maestri nella conoscenza e nel funzionamento di questa Cabala Pratica costruita a partire da culti del passato più remoto. Non è quindi giustificabile supporre che questi superuomini siano ebrei che lavorano con la magia, cabalistici e rivoluzionari?

PERNETÀ

Joanny Bricaud, in *Les Illuminés d'Avignon*, 1927, ci fornisce alcuni dettagli curiosi sulla crescita di questo movimento:

> "Strano! L'epoca degli *Enciclopedisti* e dei filosofi fu anche l'epoca dei profeti e dei taumaturghi. Di fronte a Voltaire, Diderot, d'Alembert, increduli e scettici, sorsero Swedenborg, Martines de Pasqually, Saint-Martin, Mesmer e Cagliostro, fondatori di gruppi mistici dediti a ogni pratica di teurgia, magia e illuminismo".

Come dice Bricaud, Dom Pernety, il fondatore del gruppo di Avignone, nacque a Roanne, nel Forez, nel 1716, e divenne benedettino di Saint-Maur. Mentre si trovava nell'abbazia di Saint-Germain-des-Prés, si imbatté in molti libri di ermetismo e di alchimia e si inoculò a fondo in questa febbre dell'epoca. Trovando la vita monastica intollerabile, la abbandonò e si recò ad Avignone, dove fondò il suo Rito Ermetico nel 1766. Più tardi lo vediamo a Berlino, sempre in contatto con i suoi adepti. A poco a poco il suo ermetismo fu invaso dal misticismo di Swedenborg e Boehme, divenne veggente e illuminatore, avendo come guida un cosiddetto Angelo Assadai, ricevendo comunicazioni da una potenza invisibile nota come Sainte-Parole.

M. Bricaud afferma inoltre che nella Biblioteca Calvet di Avignone esiste uno strano manoscritto di 155 pagine di mano di Pernety, sequestrato nella sua casa durante la Rivoluzione. Risale a Berlino, 1779-1783, e ad Avignone, 1783-1785, ed è un resoconto delle evocazioni e delle domande dei suoi iniziati a questa Sainte-Parole e delle risposte di quel potere. Gli iniziati sono contrassegnati da numeri occulti, che costituiscono la base delle loro operazioni cabalistiche, quando consultano Sainte-Parole. Nulla veniva fatto senza l'approvazione di questa potenza sconosciuta. Come ha detto Weishaupt: "Non possiamo usare gli uomini così come sono; devono essere modellati in base all'uso che se ne vuole fare". Allo stesso modo Pernety e i suoi iniziati vennero messi alla prova, ammoniti e confusi finché il potere non ottenne da loro fede e obbedienza assolute. Furono consacrati su una collina sopra Berlino, rigenerati e illuminati; Pernety era destinato a fondare una società per il "nuovo popolo di Dio" e a costruire una nuova città in preparazione di un "nuovo cielo e una nuova terra". Egli sarebbe stato il centro e il pontefice, mentre un altro adepto, il conte Grabianka, sarebbe stato il re. La figlia di quest'ultimo, di sei anni, doveva essere isolata dai genitori e dal paese per sette anni, per essere preparata come oracolo attraverso il quale avrebbe governato. Infine, il tempio chiamato *Thabor* fu fondato vicino ad Avignone e il gruppo divenne noto come gli *Illuminati di Avignone. Il* loro culto era assolutamente segreto e in generale le loro idee erano quelle di Swedenborg, ma professavano anche un culto della Vergine, apparentemente la

Grande Madre degli gnostici. Don Pernety morì nel 1796 e gli ultimi sopravvissuti entrarono nel Martinismo.

SAINT-MARTIN

L'Illuminismo Martinista fu fondato, come abbiamo visto, da Martines de Pasqually, che insegnò la dottrina della reintegrazione; dal 1754 al 1768 propagò i suoi gradi superiori tra le Logge massoniche di Francia.

M. de Maistre, nel 1810, scrisse che i Martinisti avevano un culto e degli iniziati superiori o sacerdoti chiamati con il nome ebraico di *Cohen*, e osservò che tutti questi grandi iniziati parteciparono alla Rivoluzione, anche se non in modo eccessivo. Saint-Martin, il filosofo sconosciuto, fu discepolo di Pasqually e in seguito sviluppò notevolmente il movimento, fondando la sua *Loge maçonnique des Chevaliers de la bienfaisance* a Lione. Secondo Louis Blanc:

> "Il Martinismo progredì rapidamente a Parigi; regnava ad Avignone; a Lione aveva un centro da cui si irradiava in Germania e in Russia. Innestate sulla Massoneria, le nuove dottrine costituivano un rito composto da dieci gradi... attraverso i quali gli adepti dovevano passare successivamente; e si formarono numerose scuole con l'unico scopo di trovare la chiave del codice mistico e di diffonderlo. Così, da un solo libro (*Des Erreurs et de la Verité par un philosophe inconnu*) nacque una vasta schiera di... sforzi che contribuirono ad ampliare la miniera scavata sotto le vecchie istituzioni." [Aggiunge: "In nome del pio spiritualismo, il filosofo sconosciuto si erge contro la follia dei culti umani. Per vie allegoriche conduce al cuore del Regno Misterioso che l'uomo nel suo stato primitivo aveva abitato".

Gli Illuminati, organizzati sotto la legge della segretezza, esercitarono importanti influenze nei movimenti rivoluzionari, e sia i martinisti che gli svedesi si allearono agli Illuminati di Weishaupt, come si vede nel convento di Wilhelmsbad del 1782, *il cui* oggetto fu così espresso da un delegato inorridito, il conte de Virieu, che era stato ingannato dal misticismo di Saint-Martin:

> "È in atto una cospirazione così ben pianificata e così profonda che sarà molto difficile per la religione e i governi non soccombere ad essa".

Nel *Rituel de l'Ordre Martiniste,* edito da Teder, 1913, l'adepto del terzo grado è avvertito di non rivelare i misteri:

"Ma se, con la forza del tuo libero arbitrio e la benedizione del Divino, arriverai a contemplare la Verità faccia a faccia, ricorda che devi mantenere il silenzio sul Mistero che hai penetrato, anche se la tua fedeltà dovesse costarti la vita. Ricorda sempre il destino dei Grandi Iniziatori che, anche con le migliori intenzioni, hanno cercato di sollevare, davanti alla moltitudine, un angolo del sacro Velo di Iside".

"Ecco alcuni nomi: Gesù, Jacques Molay, Paracelso, Cazotte, Cagliostro, Saint-Martin, Wronski, Eliphas Levi, Saint-Yves d'Alveydre e centinaia di altri. E continuano: Se dovessi rivelare anche la più piccola delle Arti Segrete o una qualsiasi parte dei misteri nascosti che la meditazione ti ha portato a comprendere, non c'è tortura fisica che non sia dolce rispetto alla punizione che la tua follia ti procurerà". Nessun simbolo materiale può esprimere l'orrore dell'annientamento sia spirituale che fisico che attende il misero rivelatore della Vera Parola, perché Dio *[sic]* è senza pietà per chiunque profani il Suo santuario ed esponga brutalmente a occhi indegni l'indicibile Segreto.

Infine, il Superiore Inconnu nel Secondo Tempio deve giurare di "lavorare con tutte le mie forze per stabilire sulla terra l'Associazione di tutti gli Interessi (Profitti), la Federazione di tutte le Nazioni, l'Alleanza di tutti i culti e la Solidarietà Universale". Nel 1913 "Papus", il dottor G. Encausse, era Gran Maestro e Presidente del Consiglio Supremo dei Martinisti.

SVEZIA

Per quanto riguarda lo Swedenborgianesimo, in *Les Sectes et Sociétés Secrètes,* dalla penna di Le Couteulx de Canteleu, troviamo un breve ma interessante schizzo di Swedenborg e dei suoi sistemi: Emanuel Swedenborg era figlio di un vescovo luterano di Skara, in Svezia, e nacque a Upsala intorno al 1688. Nel 1743 iniziò a diffondere le sue credenze, un misto di misticismo, magnetismo e magia. Come per tutte le dottrine di questo tipo, aveva due sistemi: uno per gli imbroglioni e gli sciocchi, che apparentemente doveva riformare il cristianesimo con un deismo fantastico, la fede regnante nella sua Nuova Gerusalemme; i suoi seguaci credevano nelle sue meravigliose visioni e profezie, nei suoi colloqui con gli angeli e gli spiriti.

L'altro conduceva direttamente all'empietà, all'ateismo e al materialismo, dove, come nell'Ermetismo, Dio era solo un sole, uno spirito di Luce, un calore spirituale che vivificava il corpo. A questi ultimi egli rappresentò la sua dottrina come quella degli Egizi e dei Magi, e questi adepti si schierarono a favore della Rivoluzione per restituire all'uomo la sua primitiva uguaglianza e libertà.

Solo in Inghilterra, nel 1780, aveva 20.000 seguaci di questo tipo, che aspettavano la Rivoluzione per rovesciare tutte le altre credenze; il Dio di Swedenborg doveva essere l'unico Re rimasto! Ad Avignone aveva molti adepti che si mescolavano ai martinisti, noti come teosofi illuminati, e tra questi si trovavano gli stessi voti a favore di una rivoluzione antisociale e antireligiosa.

In una prefazione a uno dei libri di Emanuel Swedenborg sulla *Dottrina della Nuova Chiesa* - la Nuova Gerusalemme, tradotto nel 1797, dal latino dell'edizione di Amsterdam del 1769, si dice a spiegazione di questa dottrina:

> "Essere allo stesso tempo nel mondo naturale e nel mondo spirituale, vivere nel primo nella società degli uomini e trovarsi nel secondo nella società degli angeli, vederli, parlare con loro, ascoltarli, muoversi in un regno di sostanze spirituali; qui, senza dubbio, è più di quanto sia necessario per sconcertare la comprensione materialistica dei saggi di oggi".

Non sorprende quindi che de Luchet ritenesse che "i teosofi, gli svedesi, i magnetizzatori e gli illuministi fossero un pericolo nazionale".

TEMPLARI

Con l'avvicinarsi della Rivoluzione francese, si scoprì che il terreno veniva minato e preparato per il sinistro sconvolgimento del 1789, tra gli altri, dal potere ancora attivo dell'ex Ordine dei Templari. Eliphas Levi ci informa che, sebbene esteriormente cattolici, il culto segreto dei Templari era il Johannesimo, e il loro scopo segreto era quello di ricostruire il Tempio di Salomone sul modello della visione di Ezechiele - le armi dei massoni del Tempio, un leone, un bue, un uomo e un'aquila, erano gli stendardi delle quattro principali tribù ebraiche. I Giovanniti, cabalisti e gnostici, adottarono parte delle tradizioni ebraiche e dei racconti talmudici; considerarono i fatti dei Vangeli come allegorie di cui San Giovanni aveva la chiave; i loro Gran Pontefici assunsero il titolo di Cristo. Col tempo i Templari divennero un pericolo per la Chiesa e lo Stato, minacciando il mondo intero con una gigantesca rivoluzione, e alla fine furono soppressi. Come scrisse l'alto massone Albert Pike in *Morals and Dogmas*:

> "L'Ordine scomparve subito... Tuttavia viveva sotto altri nomi e si governava con capi sconosciuti, rivelandosi solo a coloro che, passando attraverso una serie di gradi, si erano dimostrati degni di essere affidati al pericoloso segreto... I movimenti segreti della Rivoluzione francese avevano giurato di rovesciare il Trono e l'Altare sulla tomba di Jacques de Molai".

Secondo Louis Blanc, nella sua *Storia della Rivoluzione Francese del* 1848, Cagliostro fu iniziato a Frankfort, nel 1781, sotto l'autorità dei "Gran Maestri dei Templari", gli Illuminati di Weishaupt, dai quali ricevette istruzioni e fondi per portare avanti i loro intrighi diabolici contro Maria Antonietta in preparazione della successiva presa del potere attraverso le Logge del Grande Oriente illuminato. Parlando dei progetti di Weishaupt, Louis Blanc scrisse:

> "Con la sola attrazione del mistero, con il solo potere dell'associazione, assoggettare alla stessa volontà, animare con lo stesso respiro migliaia di uomini in ogni paese del mondo... fare di questi uomini nuovi esseri attraverso una lenta e graduale educazione, renderli, fino alla frenesia o alla morte, obbedienti a capi invisibili e sconosciuti; con una tale legione pesare segretamente sulla Corte, circondare i sovrani, all'insaputa dei governi diretti, e condurre l'Europa a quel punto in cui tutte le superstizioni saranno annientate, tutte le monarchie abbattute, tutti i privilegi di nascita dichiarati ingiusti, il diritto persino di proprietà abolito; questo era il gigantesco piano dei fondatori dell'Illuminismo"."

In *Orthodoxie Maçonnique,* 1853, l'ebreo e autorità massonica J. M. Ragon fornisce dettagli sui due gradi dell'Ordine "Juges Philosophes Inconnus", un regime templare. Egli li colloca come appartenenti, probabilmente, all'"Ordine di Cristo", un Ordine che, dopo la soppressione dei Templari, fu costituito in Portogallo da re Denis, e nel quale furono ammessi Templari riformati, privi, tuttavia, delle loro precedenti immunità e interamente dipendenti dal Capo dello Stato. Si ammette che i Templari moderni hanno usato il velo della Massoneria come migliore per diffondere le loro idee, ma è massonico solo nella forma. Il gioiello dell'adepto è un pugnale e il suo lavoro è la vendetta. Il grado di Novizio di questi "Philosophes Inconnus" è il primo dell'ultimo grado della Massoneria-Kadosch, 30th - il fratello deve essere almeno Rose-Croix (18th grado) e già istruito nell'arte reale. Il Presidente si rivolge a lui:

> "Sei stato a lungo oggetto della nostra osservazione e del nostro studio... non appena avrai assunto il tuo nuovo obbligo, cesserai di appartenere a te stesso; la tua vita, addirittura, sarà diventata proprietà dell'Ordine. L'obbedienza più assoluta, l'abnegazione totale della tua volontà, la pronta esecuzione, senza riflettere, degli ordini che ti verranno trasmessi da parte del Potere Supremo, saranno i tuoi principali doveri. Le punizioni più terribili sono riservate agli spergiuri... e chi è uno spergiuro agli occhi dell'Ordine? Colui che anche nella cosa più leggera viola gli ordini che ha ricevuto dal Capo o si rifiuta di eseguirli, perché nulla è senza importanza nel nostro sublime Ordine... Il vostro compito in futuro sarà quello di formare gli uomini... Dovete imparare qui come si possono legare i piedi e le mani di coloro che usurpano i diritti degli uomini; dovete imparare a governare gli uomini e a dominarli, non per paura, ma per virtù *[sic]*. Dovete consacrarvi interamente all'Ordine che si è impegnato a ristabilire l'uomo nella sua dignità primitiva... Il Governo segreto, ma non per questo meno potente, deve guidare gli altri Governi verso questo nobile scopo, senza però lasciarsi percepire se non attraverso l'opinione e l'assenso universale della società. Esiste un numero considerevole di nostri fratelli; siamo sparsi nelle terre più lontane, tutti guidati da una forza invisibile... Se desideri solo essere uno spergiuro e un falso fratello, non impegnarti tra noi, sarai maledetto e infelice; la nostra vendetta ti raggiungerà ovunque".

Se esita, viene bendato e condotto fuori; se acconsente, assume l'obbligo e viene ricevuto. Dopo tre anni di studio e di preparazione può ottenere il grado finale di Juge-Commandeur. A questo punto prende un altro obbligo, in cui promette e giura di lavorare per la propagazione dell'Ordine e la sua sicurezza, di obbedire ai suoi Superiori in tutti i modi, che siano conosciuti o meno. Infine, gli si dice:

"Giuri e prometti di mantenere inviolabili i segreti che ti confiderò; di non perdonare mai i traditori e di sottoporli alla sorte che l'Ordine riserva loro... Di guardarti dagli eccessi del vino, della tavola e delle donne, cause ordinarie di indiscrezione e di debolezza" [in caso di tradimento di segreti dell'Ordine!].

Alla fine di entrambi i gradi viene letta all'adepto una parte della storia abbreviata della distruzione dei Cavalieri Templari. E del loro Ordine è stato detto:

"Non si può più negare che nei primi tempi non abbiamo mai riconosciuto più di cinque gradi di conoscenza; il numero di venticinque o trentatré gradi che formano l'ossatura della Massoneria scozzese è il risultato dell'amore per le innovazioni o il prodotto dell'autostima; perché è certo che dei trentatré gradi praticati oggi ce ne sono ventotto apocrifi che non meritano alcuna fiducia".

Nel loro regolamento, l'articolo 32 recita:

"Le pene contro i frati che si sono resi colpevoli di qualsiasi reato sono: l'ammonizione, l'espulsione e pene ancora più gravi se il reato compromette la Società. Le sentenze di quest'ultima natura non possono essere eseguite senza la conferma del giudizio da parte del Potere Supremo".

Nel suo discorso finale sull'infelice destino dei Templari, il capo dei Philosophes Inconnus disse:

"... Poiché il numero dei Templari scampati alla spada assassina della persecuzione era molto esiguo e poiché, per vendicare il crimine inaudito di cui erano stati vittime, era necessario riparare alle perdite subite, essi ammisero nel loro Ordine uomini di riconosciuto merito, che cercarono e trovarono tra i massoni... Offrirono loro l'iniziazione al loro Ordine, che fu accettata con entusiasmo, e in cambio i Templari furono iniziati ai misteri massonici".

Per concludere riportiamo due passi di Le Couteulx de Canteleu, che nel suo documentatissimo libro fa riferimento al processo ai Templari:

"Certo, lungi da me il pensiero di difendere la crudele procedura seguita contro alcuni membri dell'Ordine e le torture applicate durante gli interrogatori; lungi da me il pensiero di credere a tutte le assurdità di cui erano accusati. Ma in mezzo a tutte queste crudeltà e a tutte queste infamie, il fondamento dell'accusa era vero; Lo sapevano, ed era questo che faceva ammettere a più di 300 membri, non ancora sottoposti a tortura, fatti che ci apparivano così straordinari, ma che si comprendevano quando si conoscevano i fondamenti della loro dottrina, ripresa dalle iniziazioni egiziane ed ebraiche, anche la loro affiliazione ai massoni d'Oriente (gli Assassini), e i vizi che i Gran Maestri avevano permesso di introdurre nell'Ordine, per accrescere, probabilmente, il loro potere."

Egli considera anche positivo che il Templare Guillaume de Monthard abbia ricevuto l'iniziazione massonica dal Vecchio della Montagna in una grotta del Libano, e che gli Assassini avessero alcune delle credenze degli Ofiti, adoratori del serpente o del doppio sesso, da cui, dice, Baphomet! Ancora una volta dice che Papa Clemente V era lento a credere a questa formidabile eresia:

"Solo dopo aver fatto interrogare settantadue Cavalieri in sua presenza, come uomo interessato a trovarli innocenti, non esigendo da loro altro giuramento che quello di rispondere alle domande poste; solo dopo le loro ammissioni, fatte in presenza di notai, fu costretto a riconoscere la loro colpevolezza e a revocare la sospensione (precedentemente ordinata) dei Vescovi, permettendo loro di proseguire gli accordi presi da Philippe le Bel per arrivare a un giudizio".

CAPITOLO IV

GLI ILLUMINATI DI WEISHAUPT E LA RIVOLUZIONE FRANCESE

Scrivendo degli Illuminati nel suo *Essai sur la secte des Illuminés*, pubblicato nel 1789, il massone de Luchet afferma:

"C'è un certo numero di persone che è arrivato al più alto grado di impostura. Hanno concepito il progetto di regnare sulle opinioni e di conquistare non regni o province, ma la mente umana. Questo progetto è gigantesco e ha qualcosa di folle, che non provoca né un braccio né un'inquietudine; ma quando scendiamo nei dettagli, quando consideriamo ciò che passa davanti ai nostri occhi dei principi nascosti, quando percepiamo un'improvvisa rivoluzione a favore dell'ignoranza e dell'incapacità, dobbiamo cercarne la causa; e se troviamo che un sistema rivelato e conosciuto spiega tutti i fenomeni che si susseguono con una rapidità terrificante, come non crederci?... Osservate che i membri della Confederazione Mistica sono abbastanza numerosi in sé, ma non relativamente agli uomini che devono ingannare... In effetti, per rendersi conto di questa proporzione bisogna avere una giusta idea della forza dell'uomo combinato (il grido di Mazzini non era forse: "Associati, Associati"?). Un filo non può sollevare il peso di una libbra, mille fili solleveranno l'ancora di una nave... anche l'uomo è un essere debole, imperfetto... ma se più uomini mescolano insieme mezze qualità si temprano e si rafforzano a vicenda... i deboli cedono ai più forti, i più abili traggono da ciascuno ciò che può fornire. Alcuni osservano mentre altri agiscono, e questo formidabile insieme raggiunge il suo obiettivo, qualunque esso sia... È secondo questo principio che si è formata la setta degli Illuminati. Non si può, è vero, né nominare i suoi fondatori, né dimostrare le epoche della sua esistenza, né segnare le tappe della sua crescita, perché la sua essenza è il segreto; i suoi atti si svolgono nell'oscurità, i suoi evasivi Gran Sacerdoti si perdono nella folla. Tuttavia, ha penetrato cose sufficienti per stupire e attirare l'attenzione degli osservatori, amici dell'umanità, sui passi misteriosi dei settari".

Jean Adam Weishaupt, fondatore dell'Ordine degli Illuminati, nacque a Ingolstadt, in Baviera, il 6 febbraio 1748, secondo il libro di R. le Forestier, *Les Illuminés de Bavière et la Franc-Maçonnerie Allemande*, 1914, da cui prendiamo i seguenti dettagli: Suo padre, allora professore all'Università, aveva sposato una nipote di Mme Ickstatt, il cui marito era curatore della stessa Università. Nel 1756 il barone Ickstatt ottenne una borsa di studio per il figlio Adam, presso il Collegio dei Gesuiti di Ingolstadt, che a quindici anni entrò all'Università come studente di Legge, immergendosi allo stesso tempo nella letteratura dei filosofi atei del tempo. Gli elettori di Baviera erano fermi sostenitori della fede cattolica e Ingolstadt divenne gradualmente una roccaforte dell'insegnamento dei gesuiti dal 1556 fino alla loro soppressione da parte di Clemente XIV nel 1773; anche allora, per mancanza di altri uomini qualificati, furono mantenuti nelle cattedre di teologia. L'Università di Ingolstadt e tutte le scuole secondarie equivalenti in Baviera erano state affidate ai gesuiti. Fu nel 1775 che Weishaupt, allora professore di diritto canonico a Ingolstadt, "formò il progetto di un'associazione di cui sarebbe stato il capo... che avrebbe opposto alle forze unite della superstizione e della menzogna (religione) gruppi sempre più numerosi di libertinaggio e di progresso".

Lui e i suoi collaboratori ritenevano "che gli avversari di ogni progresso, intellettuale e morale, fossero i preti e i monaci... volendo combattere contro la religione di Stato e, soprattutto, contro i soldati più vigili del cattolicesimo, i gesuiti, era necessario nascondere l'esistenza dell'Ordine... Gli storici che hanno visto nell'Ordine degli Illuminati una macchina da guerra inventata da un ex allievo dei gesuiti per combatterli con le loro stesse armi, non hanno quindi tutti i torti". René Fülöp-Miller, nel suo libro *Il potere e il segreto dei gesuiti*, del 1930, sostiene questa opinione. Egli ci dice che gli *Enciclopedisti* "si sono serviti di molte delle idee dei gesuiti per costruirvi una filosofia rivoluzionaria inimica di tutte le credenze della Chiesa". E ancora dice:

Oltre ai massoni, sorse un'associazione affine, l'"'Ordine degli Illuminati", che fin dall'inizio fu concepita come un'organizzazione antigesuitica. Il suo fondatore, Weishaupt, professore di Ingolstadt, odiava profondamente i gesuiti e formò la sua lega di Illuminati con l'intenzione esplicita di 'usare a fin di bene i mezzi che l'ordine dei gesuiti aveva usato a fin di male'; questi mezzi consistevano principalmente nell'introduzione di un obbligo di obbedienza incondizionata, che ricordava le *Costituzioni* di Loyola; *di* una sorveglianza reciproca di vasta portata tra i membri dell'ordine; e di una sorta di confessione auricolare, che ogni inferiore doveva fare al suo superiore".

Del potere ebraico in queste società segrete, Bernard Lazare, in *L'Antisémitisme*, 1894, scrive:

"È certo che alla nascita della Massoneria c'erano degli ebrei, ebrei cabalisti, come dimostrano alcuni riti esistenti; molto probabilmente negli anni che precedettero la Rivoluzione francese entrarono in numero ancora maggiore nei consigli della società e fondarono essi stessi delle società segrete. C'erano ebrei intorno a Weishaupt; e Martinez Paschalis, un ebreo di origine portoghese, organizzò numerosi gruppi di Illuminati in Francia".

In un numero de *La Vieille France,* 31 marzo - 6 aprile 1921, si afferma che cinque ebrei erano coinvolti nell'organizzazione e nell'ispirazione degli Illuminati: Bessely, Moses Mendelssohn e i banchieri Itzig, Friedlander e Meyer. È inoltre curioso scoprire che l'importante Illuminato Mirabeau, sotto l'influenza dei discepoli di Mendelssohn, scrisse un libro, *On Moses Mendelssohn; on the Political, Reform of the Jews,* 1787.

La Massoneria finì per svolgere un ruolo considerevole nell'Ordine degli Illuminati. Weishaupt vi si affiliò nel 1777 e nel 1778 decise di collegare il suo Ordine alla Massoneria. Nei Misteri Maggiori due gradi erano estremamente importanti, quelli di Sacerdote e di Reggente. "Il Collegio dei Sacerdoti dovrebbe costituire nell'Ordine un seminario di atei... il grado di Reggente corrispondeva in politica a quello di Sacerdote in religione". "Weishaupt, tuttavia, lo considerava "incomparabilmente meno importante di quest'ultimo". Al vertice della gerarchia c'era il Supremo Collegio degli Areopagiti, che si teneva, secondo Weishaupt, a Monaco di

Baviera ed era composto da sette membri, tre dei quali erano presidi.

Inoltre, Weishaupt, tra le altre norme, stabilì che senza un permesso speciale "ebrei, pagani, donne, monaci e membri di altre società erano esclusi dall'Ordine". Per quanto riguarda gli ebrei, Louis Daste parla di documenti che dimostrano che, sebbene le prime logge massoniche inglesi ammettessero tutte le religioni, in seguito i capi segreti della massoneria in Olanda, Germania e Francia, a causa di ostacoli transitori, riservarono le loro logge solo ai cristiani. Ma al Congresso di Wilhelmsbad, nel 1782, si decise che gli ebrei non dovevano più essere esclusi dalle Logge. Esiste tuttavia una massa di prove che dimostrano l'influenza degli ebrei su e dietro tutte le società segrete, e come disse Disraeli a *Lothair* nel 1870:

> "Se per libertà politica intendete i piani degli Illuminati e dei Massoni che torturano continuamente il Continente, tutte le oscure cospirazioni delle società segrete, allora ammetto che la Chiesa è in antagonismo con tali aspirazioni alla libertà... I poteri civili si sono separati dalla Chiesa.
>
> ... Non è una loro scelta: sono spinti da un potere invisibile che è anticristiano e che è il vero, naturale e implacabile nemico dell'unica Chiesa visibile e universale".

In *Marie-Antoinette et le Complot Maçonnique,* 1910[2] , Louis Daste cita un raro opuscolo, *The Role of Freemasonry in the XVIIIth Century,* di F.-. Brunellière, che dice:

> "Weishaupt mirava nientemeno che al completo rovesciamento dell'autorità, della nazionalità e dell'intero sistema sociale, in una parola, alla soppressione della proprietà, ecc. Il suo principio era l'obbedienza assoluta e cieca, lo spionaggio universale, il fine che giustifica i mezzi". Questo sistema di cospirazione così fortemente organizzato, che avrebbe sconvolto il mondo, si diffuse in Germania, dove si impadronì di quasi tutte le logge massoniche. Weishaupt inviò in Francia Joseph Balsamo, il cosiddetto Conte Cagliostro, per illuminare la Massoneria francese. Infine, nel 1782, riunì un Congresso a Wilhelmsbad, al quale convocò tutte le logge

---

[2] Pubblicato da Omnia Veritas Ltd, www.omnia-veritas.com.

tedesche e straniere... Nel 1785 gli Illuminati furono rivelati al governo bavarese, che, terrorizzato, si appellò a tutti i governi, ma i principi protestanti non mostrarono molta fretta nel reprimerli. Weishaupt trovò rifugio presso il Principe di Saxe-Gotha. Per il resto si era guardato bene dal dire tutto ai Principi, e anche a molti dei suoi iniziati; aveva nascosto loro l'appello alla forza delle masse; aveva nascosto loro la Rivoluzione" (Rapporto massonico, *l'Ordre de Nantes*, 23 aprile 1883).

I sospetti del governo bavarese, secondo le Forestier, furono seriamente destati e, grazie a continue ricerche, i documenti di Zwack legati all'Ordine e quelli in possesso di Bassus furono trovati e sequestrati in due diverse occasioni. L'Elettore ordinò di pubblicarle come segue:

1. Il 26 marzo 1787:

> "Alcuni scritti originali dell'Ordine degli Illuminati trovati in casa di Zwack, ex consigliere di governo, durante una perquisizione fatta a Landshut, l'11 e 12 ottobre 1786, e pubblicati per ordine di Sua Altezza Elettorale".

La prefazione invitava tutti coloro che dubitavano dell'autenticità dei documenti a recarsi all'Archivio Privato dove sarebbero stati mostrati i documenti originali.

> 2. "Supplemento agli scritti originali riguardanti in generale la Setta degli Illuminati e in particolare il suo fondatore, Adam Weishaupt, già professore a Ingolstadt, documenti trovati nel Castello del Barone Bassus a Sandersdorf durante la perquisizione effettuata in questo celebre covo degli Illuminati, pubblicati immediatamente per ordine dell'Elettore e depositati nell'Archivio Privato per essere esaminati da tutti coloro che hanno mostrato il desiderio di farlo". (Due parti, Monaco 1787).

Finiti all'esterno, gli Illuminati continuarono a scavare nel sottosuolo.

Come racconta Crétineau-Joly, il cardinale Caprara, in un promemoria confidenziale dell'ottobre 1787, disse: "Il pericolo si avvicina, perché da tutti questi sogni folli di Illuminismo, Swedenborgianesimo e Massoneria, deve evolversi una realtà terrificante. I visionari hanno fatto il loro tempo, la rivoluzione che essi presagiscono avrà il suo tempo".

Fu nelle logge degli *Amis réunis* che Mirabeau e Bonneville introdussero gli Illuminati di Weishaupt. Uno dei suoi capi era il famoso rivoluzionario Savalette de Langes, custode del Tesoro Reale, ma segretamente addentro a tutti i misteri e le logge, e a tutti i complotti contro la religione e i Reali. Si chiamavano *Philalèthes* - cercatori *di* Verità; era una forma di Martinismo e, secondo Clavel, portava alla divinizzazione dell'uomo, essendo un misto dei dogmi di Swedenborg e de Pasqualis. Per coprire i suoi intrighi, Savalette de Langes a volte lasciava la Loggia comune ad adepti, fratelli e sorelle di alto rango, che ballavano e cantavano di uguaglianza e libertà, mentre a loro insaputa, nella Loggia superiore, c'era il comitato segreto sorvegliato sopra e sotto da due *frères terribles*. Tra i principali membri di questo comitato c'erano Willermoz, Chappe de la Heuziére, Mirabeau, Comte de Gebelin e Bonneville. Per essere ammessi a questi consigli dovevano giurare, come *Chevalier du Soleil, di* odiare il cristianesimo e, come *Chevalier kadosch, di* odiare le corone e il papato. Avevano una filiale a Parigi, frequentata da Saint-Germain, Raymond, Cagliostro, Condorcet, Dietrich, fratelli di Avignone e studenti di Swedenborg e Saint-Martin. All'esterno si presentavano come ciarlatani, veggenti, evocatori di spiriti e prodigi, mentre cercavano segretamente complici nelle logge massoniche.

Consorziato con i principali discepoli di Weishaupt, Mirabeau fu iniziato a Brunswick ai Misteri finali dell'Illuminismo. Conosceva già il valore della Massoneria nella rivoluzione e, al suo ritorno in Francia, introdusse questi misteri tra i *Filalèthes*. Si decise allora di illuminare tutte le logge di Francia; a questo scopo furono incaricati di assistere gli Illuminati, Bode, o *Aurelius,* e il barone de Busche o *Bayard,* allievo di Knigge. Dopo molte discussioni si decise di adottare i misteri bavaresi senza modificare le vecchie forme delle logge, di illuminarle senza rivelare il nome della setta da cui erano stati ricevuti i misteri e di utilizzare il codice di Weishaupt solo nella misura in cui avrebbe accelerato la rivoluzione (Le Couteulx de Canteleu).

Da allora l'obiettivo politico fu accentuato, fu aggiunto un nuovo grado, che conservava gli emblemi e i riti massonici, e questo fu trasmesso alle province. L'alleanza più stretta fu conclusa e un

Convento generale dei massoni in Francia e all'estero fu convocato dal Comitato segreto per il 15 febbraio 1785. Savalette de Langes fu eletto presidente e tra i deputati c'erano: Saint-Germain, Saint-Martin, Etrilla, Mesmer, Cagliostro, Mirabeau e Talleyrand, Bode, Dalberg, il barone di Gleichen, Lavater, il principe Luigi d'Assia, oltre ai deputati dei Grandi Orienti di Polonia e Lituania. Il Duca d'Orléans era allora Gran Maestro del Grande Oriente di Francia e il suo comitato aveva sotto la sua giurisdizione e i suoi ordini le logge di 282 città in Francia e all'estero (Mirabeau). In questo Congresso si decise di portare la Rivoluzione francese e la sua propagazione in tutta Europa fino al decreto di regicidio. La parte, secondo Mirabeau, che il popolo doveva prendere è così descritta nelle sue Memorie da Marmontel:

"Dobbiamo temere la gran parte della nazione che non conosce i nostri progetti e non sarebbe disposta a darci il suo sostegno?

... Se li disapproveranno, sarà solo timidamente, senza clamore. Per il resto, la nazione sa cosa vuole? Noi le faremo desiderare e dire ciò che non ha mai pensato... La nazione è un grande gregge che pensa solo a pascolare e che, con buoni cani, i pastori conducono a piacimento... Si dovrà imporre alla borghesia che non vede nulla da perdere, ma tutto da guadagnare dal cambiamento. Per agitarla si hanno i motivi più potenti: la povertà, la fame, il denaro, le voci di allarme e di paura, la frenesia del terrore e della rabbia con cui colpiremo le loro menti... Che cosa faremo con tutto questo popolo, mettendo la museruola ai suoi principi di onestà e di giustizia? Gli uomini buoni sono deboli e timidi; sono i traditori ad essere determinati. È vantaggioso per i popoli durante le rivoluzioni non avere morale... non c'è una sola delle nostre vecchie virtù che possa servirci... Tutto ciò che è necessario per la rivoluzione, tutto ciò che le è utile è giusto - questo è il grande principio".

All'inizio della rivoluzione, il comitato del Grande Oriente pubblicò un manifesto indirizzato a tutte le Logge e i Consigli massonici, da utilizzare in tutta Europa. Con esso

"Tutte le logge sono state chiamate a riunirsi per unire i loro sforzi per il mantenimento della Rivoluzione, per cercare ovunque seguaci, amici e protettori, per propagare la sua fiamma, per incitare il suo spirito, per eccitare lo zelo e l'ardore per essa in tutti i paesi e con tutti i mezzi in loro potere".

Dopo la ricezione di questo manifesto le idee antimonarchiche e repubblicane divennero ovunque dominanti, e le idee antireligiose furono usate solo per minare le nazionalità (Deschamps, *Les Sociétès Secrètes et la Société*, vol. ii). .

L'ebreo e massone Crémieux, fondatore e presidente de *L'Alliance-israélite-universelle, ha* affermato nel suo manifesto del 1860:

> "La rete che Israele getta ora sul globo terrestre si allarga e si estende... Il nostro potere è immenso; imparate a rivolgerlo alla nostra causa. Non è lontano il giorno in cui tutte le ricchezze, tutti i tesori della terra, diventeranno proprietà dei figli di Israele".

Nel suo libro *Marie-Antoinette et le complot maçonnique*, Louis Dasté mostra come questa rete sia stata stesa prima e dopo la Rivoluzione francese del 1789. Scrive: "Dal 1774 al 1783 abbiamo visto la Massoneria ricoprire incessantemente Maria Antonietta con il fango dei suoi pamphlet. Si avvicinava l'ora in cui la setta avrebbe sferrato il colpo per cui la regina morì".

Si tratta dell'Affare della Collana che, secondo G. Bord, fu "organizzato dalla *Stretta Osservanza* e dagli *Amis réunis* di Parigi". "L'ebreo Cagliostro", ha detto l'ex massone Doinel 33°, "fu l'agente spregevole di questo intrigo che fece naufragare la popolarità della Regina e rovinò il prestigio dello sfortunato Luigi XVI". Inoltre, Louis Blanc scrisse, nel 1848:

> "La sua iniziazione ebbe luogo a breve distanza da Frankfort, in un sotterraneo, (gli fu mostrato) un libro manoscritto nella cui prima pagina si poteva leggere: Noi Gran Maestri dei Templari", seguito da una formula di giuramento tracciata col sangue. Il libro... sosteneva che l'Illuminismo era una cospirazione ordita contro i troni, che i primi colpi sarebbero caduti sulla Francia; che dopo la caduta della monarchia francese avrebbero attaccato Roma. Cagliostro apprese dai suoi iniziatori che la società segreta a cui d'ora in poi sarebbe appartenuto possedeva una massa di denaro sparsa nelle banche di Amsterdam, Rotterdam, Londra, Genova e Venezia.

> ... Per quanto riguarda lui stesso, gestì un'enorme somma destinata alle spese di propaganda, ricevette istruzioni dalla Setta e si recò a Strasburgo".

Sui sigilli della loggia da lui fondata a Lione c'erano le tre lettere *L.P.D.* - *Lilia pedibus destrue,* calpesta i gigli (borbonici) (cfr. Bernard Picard, rituale, 1809). Questa, dunque, era la sua missione diabolica. Quando, quindi, Cagliostro arrivò a Strasburgo, nel 1781, la sua prima preoccupazione fu quella di controllare e mettere in moto i suoi strumenti. Il Cardinale Principe di Rohan, il suo inganno, e la Contessa de la Motte, la sua complice, furono messi a conoscenza l'uno dell'altra; essendo quest'ultima in condizioni ridotte, il Cardinale le consigliò di rivolgersi direttamente alla Regina, confidandole allo stesso tempo le sue ambizioni e la sua amarezza per il rifiuto della Regina di riceverlo. Da quel momento Mme de la Motte, fingendo di essere in contatto con la Regina, su istruzioni di Cagliostro, fece da intermediaria in una corrispondenza tra la Regina, il cui nome era stato contraffatto, e il Cardinale, che doveva nominalmente portare al ripristino del favore reale e alla realizzazione delle sue ambizioni, ma che finì per infangare e compromettere l'inconsapevole Regina. Nulla fu fatto senza consultare Cagliostro. Nei mesi di maggio, giugno e luglio 1784 si moltiplicarono le lettere false, scritte da Retaux de Villette e dettate da Mme de la Motte. Poi, a mezzanotte del II agosto, ci fu il breve finto colloquio nel parco di Versailles tra la regina e il cardinale. Nicole d'Oliva, vestita come la Regina, le assomigliava molto; il Cardinale credeva di aver visto e parlato con Maria Antonietta. Quando, quindi, altre lettere contraffatte gli chiesero per due volte di trovare 60.000 livree per le taglie della Regina, entrambe le somme furono volentieri prese in prestito dal Cardinale dall'ebreo Cerfbeer. Il denaro fu trattenuto da Mme de la Motte!

A dicembre, essendo entrata in contatto con il gioielliere di corte Boehmer, ansioso di disfarsi di una collana di diamanti del valore di 1.800.000 livres, progettò rapidamente di acquistarla, allo stesso modo, per sé. Altre lettere contraffatte della Regina, insieme ai consigli del suo oracolo Cagliostro, rassicurarono il Cardinale e il 1° febbraio 1785 le trattative con Boehmer furono concluse; la collana passò in possesso di Mme de la Motte e le pietre più belle furono vendute a Londra dal marito. Non avendo ricevuto il primo pagamento di 100.000 écus, che scadeva il 30 luglio, Boehmer si rese conto della frode; la Regina indignata fu informata di tutto e in agosto il Cardinale, Mme de la Motte e Cagliostro furono arrestati, ma non prima che la maggior parte delle lettere compromettenti fossero segretamente bruciate. Il Cardinale rifiutò l'offerta del Re di fungere da giudice; furono quindi processati dal Parlamento, che era ampiamente massificato. Il Cardinale e Cagliostro furono assolti, Mme de la Motte fu condannata a essere bollata come ladra, frustata e rinchiusa, ma in seguito fu segretamente aiutata a fuggire.

Da Londra intraprese la sua campagna di calunnie contro Maria Antonietta; nel 1788 fu pubblicata la sua *Mémoire justificatif*, formata, secondo de Nolhac, da rabbia e menzogne, trascinando la regina in un fango infame. Fu quasi interamente ritoccata da M. de Calonne in un fermento di odio contro la Regina, che incolpava della sua disgrazia dalla carica ministeriale. Nel 1789 apparve il *Secondo mémoire justificatif*, sempre attribuito a Mme de la Motte ma da lei ripudiato, che superò il primo in sporcizia e veleno. Seguì una valanga di opuscoli indecenti, tutti basati sul *Mémoire* con il duplice scopo di diffamare la regina e di infangare le menti con immagini immonde, uccidendo in anticipo ogni pietà nel cuore del popolo e dei suoi carnefici - *Lilia pedibus destrue*. Ma Cagliostro era finito, il Potere Segreto, temendo rivelazioni, lo fece crollare senza pietà; costretto a lasciare Londra, braccato attraverso l'Europa, fu infine arrestato a Roma dalla Polizia Pontificia. Dopo un lungo processo, riportato nella *Vie de Joseph Balsamo*, 1791, fu condannato a morte, commutata in carcere a vita, e morì nel 1795. In una misera soffitta di Londra, nel 1791, Mme de la Motte terminò la sua vita con terribili sofferenze, abbandonata da tutti. Il Potere Segreto, non avendo alcuna utilità per gli strumenti rotti, aveva smesso di proteggerli.

In *La Revue*, 1 marzo 1909, il direttore scrive di un pamphlet indecente, *O Marquez de Bacalhoa*, pubblicato nel febbraio 1908, un mese prima dell'assassinio di Don Carlos:

> "È pubblicato nella forma dei romanzi apparsi intorno al 1780 sulla vita privata di Luigi XVI e Maria Antonietta.
>
> ... Ha soffocato il Re nel fango e non ha risparmiato la Regina Amelia... Le pagine consacrate alla Regina erano un mero tessuto di infami bugie...".

E la Rivoluzione portoghese del 1910 fu opera di ebrei dell'*Alliance-israélite-universelle* uniti alla Massoneria. Ancora una volta Proudhon scrive:

"Quali misteri di iniquità verrebbero svelati se gli ebrei, come la talpa, non si impegnassero a lavorare al buio".

MASSONERIA FRANCESE

La Massoneria, nata e organizzata in Inghilterra, dove i cabalisti giudaizzanti della Rose-Croix l'avevano innestata sulle vecchie Corporazioni di massoni-operai, fu introdotta ovunque in Europa dal 1725 al 1730. E come scrive de Poncins: "In Francia, dove le menti erano in aperto fermento, la Massoneria trovò un terreno favorevole e sotto la doppia influenza degli *Enciclopedisti* e degli Illuminati di Baviera si evolse rapidamente fino a diventare uno degli elementi preponderanti dei grandi movimenti rivoluzionari del 1789". E in un resoconto di una riunione delle Logge *Paix et Union* e *La Libre Conscience,* all'Oriente di Nantes, il 23 aprile 1883, si legge: "Fu dal 1772 al 1789 che la Massoneria elaborò la grande Rivoluzione che avrebbe cambiato il volto del mondo... Fu allora che i massoni volgarizzarono le idee che avevano assorbito nelle loro Logge" (vedi Dasté). Dasté aggiunge: "Fu infatti il 23 dicembre 1772 che venne proclamata la formazione del Grande Oriente di Francia. In questo giorno si realizzò la concentrazione di tutte le armi massoniche per l'assalto alla Francia". E Ragon, l'autorità massonica ebraica, ci dice che in quella data fu "solennemente dichiarato che la precedente Gran Loggia di Francia cessava di esistere, che era sostituita da una nuova Gran Loggia Nazionale che sarebbe stata parte integrante di un nuovo organismo che avrebbe amministrato l'Ordine, sotto il nome di Grande Oriente di Francia" (*Orthodoxie maçonnique,* 1853).

E in *Vérité-Israélite,* 1861, è stato scritto: "Lo spirito della massoneria è lo spirito dell'ebraismo nelle sue convinzioni più fondamentali".

"È quindi perfettamente comprensibile" - scrive il Freiherr von Stolzinger nel 1930 - "che l'ebraismo si sia presto orientato verso la Massoneria e che, grazie alle sue notevoli capacità di adattamento, abbia esercitato un'influenza crescente al suo interno. Non si sbaglia se si afferma che oggi il maggior numero di Logge è soggetto all'influenza ebraica e che esse costituiscono le truppe d'assalto spirituali del giudaismo".

Infine, come spiegato nella *Freimaurer-Zeitung del* 15 dicembre 1866:

"In una conferenza sull'elemento religioso della Massoneria... F. Charles de Gagern ha fatto la seguente dichiarazione: 'Sono fermamente convinto che arriverà il momento in cui l'ateismo sarà l'opinione generale di tutta l'umanità, e quando quest'ultima considererà il deismo come una fase passata, proprio come i massoni deisti sono al di sopra delle divisioni religiose. Non solo dobbiamo porci al di sopra delle diverse religioni, ma anche al di sopra di ogni credenza in qualsiasi Dio".

MASONERIA BLU

Di seguito riportiamo un breve resoconto dei gradi più importanti della Massoneria del Grande Oriente, ovvero: La Massoneria Blu, i gradi Rose-Croix e Kadosch come vengono praticati in Francia. In essi si ritrovano le stesse idee panteistiche e naturalistiche espresse nel loro simbolismo.

Secondo Bazot, segretario generale del Grande Oriente, 1812:

"La massoneria non è altro che il culto primitivo dell'uomo scoperto dopo che i suoi primi bisogni sono stati soddisfatti. I brahmani e i sacerdoti egiziani trasmisero i suoi misteri a Salomone. Gerusalemme, vittima delle rivoluzioni, essendo stata distrutta, il popolo ebraico si è disperso, questa massoneria si è diffusa con loro su tutta la terra".

Il posto dell'uomo in questo culto è espresso in un documento ufficiale della Massoneria olandese: "Una sacra unità regna e governa nel vasto firmamento. C'è una sola missione, una sola morale, un solo Dio... noi uomini formiamo un tutto con il Grande Essere. Tutto si conclude con questa rivelazione: *Noi siamo Dio!"*. Qui troviamo l'idea panteistica dell'ebraismo, della sua razza, del suo Dio Yahveh. Come scrissero Claudio Jannet e Louis d'Estampes in *La Franc-Maçonnerie et la Révolution,* 1884:

"Questa divinizzazione dell'umanità non è inizialmente dichiarata apertamente dalla Massoneria, ma è insinuata in tutti i suoi riti ed espressa in tutti i suoi simboli. Un grande tempio deve essere costruito, apprendisti, compagni di lavoro e maestri vi lavorano; Hiram o Adonhiram, uno di questi maestri, viene ucciso da tre artigiani per ottenere la parola di Maestro; il corpo di questo Maestro, nascosto nella terra, deve essere trovato e rimpiazzato e la sua morte vendicata; la costruzione del tempio viene ripresa e deve essere terminata; questa è l'allegoria fondamentale e universale, la base e l'essenza della Massoneria e di tutte le società segrete. Così la insegnano tutti i loro riti e manuali, i loro oratori e interpreti più autorizzati. Questa allegoria è indicata nei gradi di Apprendista e Compagno, è sviluppata a lungo in quello di Maestro, è completata e spiegata nei gradi di Rose-Croix e Kadosch, e negli ultimi gradi del rito Misraim raggiunge il suo sviluppo finale".

I tre assassini da perseguire e sterminare sono: le superstizioni, i pregiudizi e la tirannia; cioè la religione, il controllo morale, la monarchia e tutta l'autorità, la famiglia, la proprietà e la nazionalità.

Come abbiamo già mostrato, la Massoneria francese fu catturata, poco prima della Rivoluzione francese del 1789, da Weishaupt e illuminata segretamente da alcuni dei suoi alti adepti. In questo modo ottenne la direzione di tutte le logge e ancora oggi la macchia del suo pernicioso sistema permane tra di esse e tra tutti coloro che sono in qualche modo legati ad esse. Il pensiero fondamentale di questo sistema è espresso dallo stesso Weishaupt:

"L'uguaglianza e la libertà sono i diritti essenziali che l'uomo nella sua perfezione originale e primitiva ha ricevuto dalla natura. Il primo attacco a questa uguaglianza è stato sferrato dalla proprietà; il primo attacco alla libertà è stato sferrato dalle società politiche o dai governi; gli unici supporti della proprietà e dei governi sono le leggi religiose e civili. Perciò, per stabilire l'uomo nei suoi diritti primitivi di uguaglianza e libertà, dobbiamo iniziare distruggendo tutta la religione, tutta la società civile, e finire abolendo la proprietà".

A cui Claudio Jannet aggiunge: "Queste poche righe indicano l'idea di fondo della Massoneria e di tutte le società segrete; il germe si trova nei gradi simbolici, viene sviluppato scientificamente nei gradi alti, e realizzato brutalmente nel comunismo dell'Internazionale e nell'anarchismo di Bakunin e della democrazia socialista". E aggiungiamo: nel sistema sovietico, nella Russia di oggi, e di nuovo tentato in Spagna, in Sudamerica e altrove. In breve, i tre gradi rappresentano la generazione, la putrefazione e la rigenerazione. Il Tempio, quello della natura, è mantenuto, come dice Clavel, da due Pilastri, "Boaz e Jakin, i principi generatori; l'uno, luce, vita e bene, l'altro tenebre, morte e male; essi mantengono l'equilibrio del mondo". È il dualismo degli gnostici, dei manichei, della cabala magica ebraica e di tutti gli antichi misteri. In ogni grado si presta un giuramento di segretezza, ecc. Nel primo grado, non ancora vestito, il candidato entra come l'uomo di natura che deve ricevere la luce; è la pietra grezza su cui deve lavorare, sotto la direzione dei suoi capi, per liberarsi da pregiudizi, vizi e superstizioni. L'Apprendista così liberato passa dal Pilastro Jakin al Pilastro Boaz, dalla scienza naturale alla saggezza, entrando nel secondo grado, il Fellow-craft, in cui deve imparare a conoscere la lettera G, il Dio della Massoneria. Parlando della consacrazione del triangolo nelle logge, Ragon scrive: "Al centro c'è la lettera ebraica Yod, spirito vivificante, o fuoco, principio generativo, rappresentato dalla lettera G, iniziale della parola Dio nelle lingue del nord, e il cui significato filosofico è generazione". Inoltre, secondo Ragon, il grado di Maestro rappresenta allegoricamente la morte del Dio-Luce, la putrefazione solare, filosofica o fisica, poiché la vita viene ritirata, come espresso nella parola di grado *Macbenac* - la carne lascia le ossa, da cui sorge la forma rigenerata. Infine, come spiega Ragon:

> "Il triangolo intero ha sempre significato Dio o la natura, e le allegorie delle verità, fondamento dei primi misteri, gli atti successivi ed eterni della natura: (1) che tutto è formato dalla generazione; (2) che la distruzione segue la generazione in tutte le sue opere; (3) e che la generazione ristabilisce sotto altre forme le azioni della distruzione".

Nella massoneria rivoluzionaria e nelle società segrete questo credo panteistico e cabalistico viene applicato a tutti gli aspetti della vita; le vecchie idee e opinioni vengono distrutte, altre, nuove e sovversive, vengono insinuate e più o meno inconsciamente assorbite e affermate; le credenze cristiane vengono pervertite e annullate; l'uomo, illuminato, diventa apparentemente il suo stesso redentore e Dio, sebbene in verità asservito alla gerarchia invisibile - secondo alcuni la kundalini è il redentore dell'uomo! I re vengono detronizzati e sostituiti da una qualche forma di repubblica o democrazia socialista in via di disintegrazione. È la morte di tutte le vecchie tradizioni e civiltà, e dall'inevitabile caos e putrefazione sorgerà il "Nuovo Cielo e la Nuova Terra", la Fratellanza Universale di tutte queste sette sovversive e giudaiche.

ROSE-CROIX

Come ci dice Gaston Martin: "Tutti i massoni delle tre obbedienze in rapporti amichevoli, appartengono a quella che in politica si chiama 'la sinistra'. Le sfumature nella dottrina non sono tali da impedire che regni l'accordo tra tutti i membri". Queste tre obbedienze sono: il Grande Oriente, la Gran Loggia e il Droit Humain.

"Poiché i tre gradi della massoneria ordinaria [dice Louis Blanc] comprendono un gran numero di uomini contrari per posizione e principi ad ogni progetto di sovversione sociale, gli innovatori hanno moltiplicato i gradi della scala mistica da salire; hanno creato logge segrete riservate alle anime ardenti; istituirono gli alti gradi di *élus, di chevalier du soleil, di Rose-Croix, di osservanza rigorosa*, di *Kadosch* o di uomo rigenerato, santuari misteriosi le cui porte si aprono all'adepto solo dopo una lunga serie di prove, calcolate per stabilire i progressi della sua educazione rivoluzionaria, per provare la fermezza della sua fede, per saggiare la tempra del suo cuore. In mezzo a una folla di pratiche, a volte puerili, a volte sinistre, non c'era nulla che si riferisse alle idee di libertà o di uguaglianza" *(Storia della Rivoluzione francese)*.

Nel grado Rose-Croix, quando si tiene il Capitolo, la loggia deve essere tappezzata di rosso e ad Est deve essere posto un altare triangolare, con una faccia rivolta ad Ovest. Su questo altare deve esserci un grande quadro trasparente che rappresenta un Calvario; due croci ai lati (il bene e il male, la luce e le tenebre, dei manichei), e su quello al centro una rosa e un drappeggio intrecciato, sopra il quale c'è l'iscrizione I.N.R.I. In basso, davanti al quadro, ci sono dei pilastri spezzati, sulle cui rovine ci sono le sentinelle addormentate; in mezzo a loro c'è una specie di tomba la cui pietra superiore è stata spostata e da cui esce un sudario. Quando c'è un ricevimento, le tende, la trasparenza e l'altare devono essere coperti di nero seminato di lacrime. Ci dovrebbero essere tre grandi pilastri triangolari sopra i quali si trovano le tre virtù, Fede, Speranza e Carità, o come suggerisce Ragon: attiva, passiva e manifestazione del Principio Creativo.

All'apertura della Loggia il "Très-sage" è seduto sul terzo dei sette gradini dell'altare, con la testa sorretta dalla mano. Dopo i primi ordini, dice: "Fratello mio, mi vedi sopraffatto dalla tristezza; tutto è cambiato; il velo del tempio è squarciato, i pilastri della muratura sono spezzati, la pietra cubica suda sangue e acqua, il Verbo è perduto, *et consummatum est"*. Al primo e al secondo cavaliere viene chiesto, con l'aiuto di altri valenti cavalieri, di guardare sui pilastri e trovare la Parola perduta. Ogni fratello dà la Parola, sussurrata all'orecchio - la Parola perduta è trovata e, rendendo omaggio all'Architetto Supremo, tutti si alzano e, rivolgendosi verso Oriente, fanno segno e si inchinano con un ginocchio a terra. In Oriente si trova la Stella Fiammeggiante, il Delta e la lettera G o J, segni di fuoco. Si apre il Capitolo.

Il candidato preparato viene condotto nella loggia, ora tappezzata di nero, e quando viene interrogato risponde che è nato da nobili genitori della Tribù di Giuda, che il suo paese è la Giudea e che professa l'arte della Massoneria. Gli viene poi detto che il Verbo è perduto e che sperano di ritrovarlo grazie al suo coraggio; è disposto a usarlo per questo scopo? Acconsente, presta giuramento e infine, nella loggia, ora tappezzata di rosso, risponde alle domande che gli vengono rivolte: viene dalla Giudea, passando per Nazareth, guidato da Raffaele, ed è della Tribù di Giuda. Unendo le iniziali di questi quattro nomi, fa I.N.R.I. - ha trovato la Parola perduta. Il candidato si inginocchia quindi ai piedi dell'altare, il "Très-sage" gli pone la sua spada nuda sul capo e lo ammette, lo riceve e lo costituisce ora e per sempre *Chevalier prince de l'aigle et du pélican, perfetto libero muratore di Hérédon, con il titolo sovrano di Rose-Croix.* Viene quindi innalzato, gli viene consegnata la fascia, la parola, il segno e la presa; la parola è I.N.R.I. *(Recueil précieux, Avignone, 1810;*

Teissier, *Manuel*, 1854). Questo è il grado di *Rose-Croix del* Rito scozzese. Il rito francese si differenzia solo per la stesura delle formule e degli accessori. È il Venerdì Santo che i Rosa-Croce tengono i loro Capitoli e i loro ricevimenti (Deschamps, 1881).

Alcune spiegazioni del simbolismo fornite dallo scrittore ebreo Ragon, autorità "sacra" del Grande Oriente, nel suo *Cours philosophique*, etc., 1841, sono illuminanti:

> "Tre eventi principali dovrebbero fissare l'attenzione della Rose Croix: la creazione del mondo (generazione), il diluvio di Noè (distruzione) e la redenzione dell'umanità (rigenerazione). La triplice considerazione dovrebbe essere, infatti, sempre presente nella mente di tutti i massoni, poiché l'arte reale non ha, come gli antichi misteri, altro scopo che la conoscenza della natura, dove tutti nascono, muoiono e si rigenerano... Questa rigenerazione dell'uomo è stata e sarà sempre l'opera della filosofia praticata nei misteri... L'aquila è la libertà, la Rosa-Croce l'umanità, simboleggiata dal pellicano... La rosa era anche l'emblema della donna, e poiché la croce o il triplice fallo simboleggiavano la virilità o il sole in tutta la sua forza, la combinazione di questi due emblemi offre un ulteriore significato che esprime, come il *lingam* indiano, l'unione dei due sessi, simbolo della generazione universale.

> Il fuoco (o energia vitale) è nascosto ovunque, abbraccia tutta la natura, produce, rinnova, divide, consuma, mantiene l'intero corpo... il calore e la luce non sono che le sue modificazioni, la fecondità, il movimento e la vita gli effetti (delle lettere I.N.R.I., dice). La loro combinazione formava un significato misterioso molto prima che il cristianesimo e i saggi dell'antichità vi attribuissero uno dei più grandi segreti della natura: quello della rigenerazione universale".

Così si esprime: *Igne Natura Renovatur Integra, l'*intera natura è rinnovata dal fuoco.

Infine, c'è la cena:

> "Tutte le antiche mistagogie terminavano spezzando il pane e degustando il vino da una coppa comune, per ricordare tra loro la comunità dei beni e che gli iniziati non hanno nulla di proprio. Il pane e il vino sono consacrati. Questo nutrimento mistico, che doveva nutrire anima e corpo, era un emblema dell'immortalità".

forze attive e passive!

Così vediamo che questo grado Rose-Croix è una completa perversione del simbolismo cristiano e delle credenze sacre, è il culto della natura dalle cui forze, generazione, distruzione e rigenerazione l'adepto, sotto la maschera della divinizzazione o dello sviluppo di poteri latenti, è condotto alla schiavitù dell'illuminismo, per cui diventa uno strumento volontario nelle mani di alcuni leader potenti e senza scrupoli, ma sconosciuti, che professano come loro obiettivo l'emancipazione dell'umanità, attraverso la quale sperano di governare il mondo.

KADOSCH

Nel *Tuileur de l'ecossisme,* 1821, si legge:

"30 grado, grand inquisitor, grand élu, chevalier Kadosch, chiamato anche Aquila Bianca e Nera. Sebbene gli scozzesi, a loro dire, non conferiscano mai questo grado se non per comunicazione, e che esso occupi, nel rito antico, solo il trentesimo grado, esso deve essere considerato come il fine ultimo, il vero scopo del Rito scozzese, così come è il *nec plus ultra* della Massoneria templare. In esso si commemora l'abolizione dell'Ordine dei Templari da parte di Philippe le Bel e di Papa Clemente V, e la punizione del primo Gran Maestro Jacques Molay, che morì tra le fiamme l'11 marzo 1314".

Come scrive Deschamps, 1881:

"Invano ripetono con compiacimento che il Kadosch di Francia è puramente filosofico... Guerra al trono e all'altare è il grande grido dell'Ordine. Il feroce *Nekam Adonai* (Signore della Vendetta!) ha prodotto gli Illuminati e i Carbonari. Nelle mani di uomini fanatici, aiutati da circostanze favorevoli, dà costantemente risultati simili".

Secondo i manuali di Willaume e Teissier, autorizzati dal Grande Oriente, il grido, quando si fa il segno del grado, è *Nekam Adonai,* e le tre parole d'ordine per entrare nel Consiglio Supremo iniziano tutte con Nekam - Vendetta!

Ragon scrive inoltre:

"Il maggiore o minore sviluppo, estensione o applicazione data alla vendetta introduce nel Kadosch una moltitudine di varianti, o meglio, lo rende simile a tanti gradi diversi (alcuni, ammette, sono orribili). Si trova in manoscritti molto antichi della Massoneria inglese che il Kadosch è chiamato *Killer".*

Apparentemente appartiene a tutti i riti, tra gli altri: 30 grado del Rito Scozzese, 66 Rito Egiziano o di Misraim, 25 Rito di Hérédon o Rito di Perfezione o Ordine del Tempio, che si ritiene sia la sua fonte, 10 grado del Rito di Saint-Martin, anche nella Loggia di Lione, che servì in seguito come culla dell'Illuminismo francese sotto il nome di *chevaliers bienfaisants de la sainte cité,* 1743 (Deschamps). Ancora, nel suo *Cours d'initiations,* 1842, Ragon scrive di questo grado:

> "Il Kadosch non è solo il massone delle Logge, il massone dei Capitoli, ma ammesso al terzo santuario, è a lui che saranno rivolti questi due precetti dell'antica iniziazione. Dedicati alla scienza della natura, studia la politica per il bene dei tuoi simili. Penetra i segreti della religione e delle alte scienze, e comunica le tue idee con prudenza... L'iniziato, quindi, studiava la politica e la religione".

Ci dice poi che ci sono quattro appartamenti nel grado e che l'iniziazione si compie nel quarto. Dice: "La parola ebraica *Kadosch* significa *santo,* consacrato, purificato. Non si deve pensare che i Cavalieri dell'Aquila Bianca e Nera abbiano pretese di santità, essi vogliono esprimere con questa parola che solo loro sono gli eletti, gli uomini *per eccellenza,* purificati da tutte le scorie dei pregiudizi".

Nella quarta sala, tappezzata di rosso, siede il Consiglio Supremo.

> "Raggiunto questo santuario divino, il candidato apprende gli impegni che contrae. In questo santuario c'è una croce, un serpente a tre teste che porta, la prima una corona, la seconda un diadema e la terza una spada; gli danno un pugnale con lama bianca e nera. La croce, dice Ragon, è il Tau fallico. Il serpente rappresenta il principio del male; le sue tre teste sono l'emblema degli abusi o del male che si è insinuato nelle tre alte classi della società. La testa del serpente che porta una corona indica i *sovrani,* quella che porta una tiara o una chiave indica i *papi,* quella che porta una spada l'*esercito*".

Il pugnale mitraico o la falce di Saturno,

> "ricorda moralmente al grande eletto che deve continuamente lavorare per combattere e distruggere i pregiudizi, l'ignoranza e la superstizione, o ciò che si trova sulle tre teste del serpente".

Infine, viene detto al nuovo grande eletto Kadosch:

"... Tu conosci te stesso; non dimenticare mai che non esiste alcun grado di fortuna a cui l'uomo che rientra nei suoi diritti primitivi non possa aspirare. Non dimenticare che hai in te stesso il filo prezioso (kundalini) con il quale sei in grado di uscire dal labirinto delle cose materiali... Reintegrato (dall'illuminismo) oggi nei tuoi diritti naturali (o primitivi), vediti per sempre liberato dal giogo dei pregiudizi; applicati senza sosta per liberare i tuoi simili da esso" (Ragon; Willaume; e Teissier).

Nel *Morning Post del* 14 luglio 1920, *Causa dei disordini mondiali,* parlando di questa Massoneria rivoluzionaria, si legge: "Quando alla fine il candidato viene ammesso al grado 30th e, dopo aver affrontato prove terrificanti per testare la sua obbedienza e segretezza, diventa Cavaliere Kadosh, apprende che non è più Adoniram o Hiram la cui morte grida vendetta". E il loro catechismo dice:

"Comprendete pienamente che questo grado non è, come gran parte della cosiddetta Massoneria, una messinscena che non significa nulla e che non ha alcun valore... che ciò in cui siete ora impegnati è *reale*, richiederà l'adempimento del *dovere*, richiederà *sacrifici*, vi esporrà al *pericolo*, e che questo Ordine intende occuparsi degli affari delle nazioni, ed essere ancora una volta una *Potenza* nel mondo".

DONNE IN MURATURA

E anche le donne furono trascinate nella rete massonica. Minosse, uno dei capi di Weishaupt, scrisse: "Le donne esercitano un'influenza troppo grande sugli uomini perché si possa sperare di riformare il mondo se esse stesse non sono riformate... ma avranno bisogno di qualcosa che le diriga e le stimoli: un ordine, riunioni di ricevimento, segreti ecc...". Secondo Albert Lantoine, scrittore massone: della Gran Loggia di Francia, la Costituzione di Anderson, 1723, dice: "Non possono essere ammessi schiavi, donne, persone immorali e disonorate, ma solo uomini di buona reputazione". Tuttavia, Clavel ci informa che la Massoneria femminile fu istituita per la prima volta nel 1730 in Francia, ma fino a dopo il 1760 le forme variavano nel nome e nel rituale, e fu riconosciuta e sanzionata dal Grande Oriente solo nel 1774, a condizione che le riunioni fossero tenute da ufficiali di logge regolari. In seguito furono aggregate a una loggia maschile, ricevendo il nome di "Loge d'adoption". Nel 1743 le sorelle dell'Ordine dei *Félicitaires*, con l'immaginazione, navigarono sotto il pilotaggio dei fratelli verso l'Isola della Felicità, e nel 1747 fu istituito l'Ordine dei *Fendeurs*, o taglialegna, copiato dalla coterie dei Charbonniers. La sede era il Chantier o il cantiere del legno, i membri erano cugini e cugine. Un altro ancora era l'Ordine dei *Chevaliers e delle Nymphes de la Rose*. Questi erano frequentati da uomini e donne di corte che, vestiti da contadini, si univano a tutti gli schiamazzi dell'allegria popolare.

A queste si aggiunsero in seguito altre più vicine alla massoneria ordinaria e, intorno al 1760 e oltre, le più famose furono le Logge *des Neuf soeurs*, presieduta da Mme Helvétius, la *Contrat social*, con la Principessa di Lamballe come Presidente e la Duchessa di Chartres come Gran Maestra (o Maestro!), e *La Candeur*. In *The Power and Secret of the Jesuits*, 1930, Fülöp-Miller scrive:

> "I leader dell'Illuminismo *(Enciclopedisti)*, Montesquieu, d'Alembert, Diderot, Lamettrie, Helvétius, La Chalotais e, poco prima della sua morte, Voltaire, erano membri della Loggia parigina 'Alle Nove Sorelle'... Il successo dei grandi *Enciclopedisti* fu in larga misura dovuto all'iniziativa e al sostegno della Grande Loggia parigina".

Eppure non riuscirono a salvare la Principessa di Lamballe dalla sua orribile morte per mano dei rivoluzionari! Le feste e i balli di queste logge femminili erano frequentati da tutto il meglio della letteratura, dell'arte e della nobiltà; l'intera Corte era infatuata dalla Massoneria. Ma, come dice Ragon, sebbene frivole in apparenza, queste società erano potenti agenti per seminare nelle menti dei membri i germi dei principi massonici di uguaglianza.

La Massoneria di adozione, dice Teissier, consiste in cinque gradi principali, di cui tre obbligatori: Apprendista, Compagno, Maestro; gli altri erano Maestro Perfetto e *Souveraine illustré écossaise*. Quest'ultimo grado era politico, e una rivista di Firenze, *Vera buona novella*, riporta il discorso del Gran Maestro prima del ricevimento. Dopo il giuramento di segretezza dice: "... Un compito arduo ma sublime vi è d'ora in poi imposto. Il primo dei vostri obblighi sarà quello di incensare il popolo contro i re e i sacerdoti, nei caffè, nei teatri e nei lavori serali con questa sacrosanta intenzione" (Deschamp). Questa infatuazione persistette durante l'Impero, la Restaurazione e i regimi successivi.

RITO MISRAIM

All'inizio del XIX secolo riapparve la Massoneria di Cagliostro, combinata con i cosiddetti gradi francesi e scozzesi sotto il nome di Misraim o Rito Egiziano. Aveva 90 gradi. Come scrive Clavel:

"Questo sistema, a cui si attribuisce una grande antichità, è diviso in quattro classi, chiamate: simbolica, filosofica, mistica e cabalistica. I gradi di istruzione sono stati presi in prestito dal Rito Scozzese, dal Martinismo, dalla Massoneria Ermetica e da varie riforme in vigore in Germania e in Francia, i cui libri di testo si trovano oggi solo negli archivi degli intenditori. All'inizio i postulanti potevano raggiungere solo l'87° grado[th] . Gli altri tre, che completano il sistema, erano riservati ai Superiori ignoti, e persino i nomi di questi gradi erano nascosti ai confratelli dei gradi inferiori. Così organizzato, il Rito di Misraim si diffuse, durante la seconda invasione francese del primo Impero, nel Regno d'Italia e a Napoli... Fu riportato in Francia nel 1814 e si diffuse poi in Belgio, Irlanda e Svizzera".

Secondo Ragon, nel suo *Cours Philosophique des Initiations, 1841,* le loro feste solenni si tenevano agli equinozi; durante quello di primavera con il nome di *risveglio della natura;* durante quello di autunno con il nome di *riposo della natura*. Inoltre scrive:

"L'87° grado[th] ha tre appartamenti. Il primo è appeso in nero e rappresenta il *caos;* è illuminato da una sola luce. Il secondo è illuminato da tre luci e appeso al verde, che simboleggia la *speranza*. Il terzo è illuminato da 72 candele e sulla porta d'ingresso c'è la trasparenza di un Geova in trono - segno della creazione eterna e del fuoco vitale della natura".

Ora, secondo Eliphas Levi

"Il nome Geova si risolve in *72* nomi, chiamati *Shemahamphoras. L'*arte di utilizzare questi 72 nomi e di scoprirvi la chiave della scienza universale è chiamata dai cabalisti le Chiavi di Salomone... con l'aiuto di questi segni e delle loro infinite combinazioni è possibile arrivare alla rivelazione naturale e matematica di tutti i segreti della natura".

Anche qui, come in tutti i gradi, è l'eterno Pan con il suo flauto a sette voci!

CAPITOLO V

CARBONARI, MAZZINI, L'ALLEANZA ISRAELITA-UNIVERSALE E KARL MARX

In una lettera prefatoria a *World Significance of the Russian Revolution* di George Pitt-Rivers, *del* 1920, l'ebreo Oscar Levy scrisse:

"Non c'è razza al mondo più enigmatica, più fatale e, quindi, più interessante degli ebrei. Ogni scrittore che, come lei, è oppresso dall'aspetto del presente e imbarazzato dalle sue ansie per il futuro deve cercare di chiarire la questione ebraica e il suo impatto sulla nostra epoca. Perché la questione degli ebrei e della loro influenza sul mondo, passato e presente, va alla radice di tutte le cose".

Uno dei più potenti strumenti dell'universalità ebraica del secolo scorso è stato il *Carbonaro* e le sue affiliazioni, di cui si dice facessero parte sia Mme Blavatsky, nel 1856, sia più tardi il dottor Steiner. Due dei più formidabili leader della Haute-Vente, noti, tranne che a pochi, solo con i loro pseudonimi, erano *Nubius* e il suo collega ebreo, *Petit-Tigre* o *Piccolo-Tigre;* e i loro sinistri metodi per attirare gli incauti nella loro rete universale sono stati esposti da quest'ultimo nella seguente lettera di istruzioni inviata da lui agli agenti superiori della Vente piemontese, il 18 gennaio 1822:

"È essenziale isolare l'uomo dalla famiglia e fargli perdere la morale... Ama le lunghe chiacchierate del caffè, l'ozio degli spettacoli. Attiratelo, allontanatelo, dategli un'importanza qualsiasi, insegnategli con discrezione a stancarsi del lavoro quotidiano, e in questo modo... dopo avergli mostrato quanto siano faticosi tutti i doveri, inculcategli il desiderio di un'altra esistenza. L'uomo nasce ribelle. Stimolate il suo desiderio di ribellione fino al fuoco, ma non lasciate che la conflagrazione scoppi! È una preparazione alla grande opera che dovete iniziare. Quando avrete insinuato in molte menti il disgusto per la famiglia e la religione, lasciate cadere alcune parole che inciteranno il desiderio di affiliarsi alla loggia più vicina. Questa vanità del borghese di identificarsi con la Massoneria ha qualcosa di così banale e universale che rimango sempre ammirato davanti alla stupidità umana...".

Sia des Mousseaux che Crétineau-Joly raccontano come Nubius, questo formidabile capo dell'occultismo, si sia guadagnato la fiducia del principe di Metternich, primo ministro d'Austria, e gli abbia carpito la maggior parte dei segreti politici d'Europa. *Gaetano,* pseudonimo di un nobile lombardo di nome V-, membro della Haute-Vente, fu messo vicino a Metternich, a Vienna, per spiare, osservare e riferire a Nubius. In uno di questi rapporti, il 23 gennaio 1844, confessò timori e dubbi:

"Aspiriamo a corrompere per arrivare a governare... Abbiamo corrotto troppo... Comincio a temere che non riusciremo ad arginare il torrente che abbiamo liberato. Ci sono passioni insaziabili che non immaginavo, *appetiti sconosciuti, odi selvaggi* che fermentano intorno e sotto di noi... È stato molto facile pervertire; sarà anche sempre facile mettere la museruola ai pervertiti?... Sono turbato, perché sto invecchiando, ho perso le mie illusioni, non voglio, povero e spogliato di tutto, assistere come soprannumerario teatrale al trionfo che ho creato e che mi ripudierebbe confiscandomi il patrimonio e togliendomi la testa. Ci siamo spinti troppo all'estremo in molte cose. Abbiamo tolto al popolo tutti gli dei del cielo e della terra che avevano il loro omaggio. Abbiamo strappato loro la fede religiosa, la fede nella monarchia, l'onestà e le virtù familiari, e sentiamo in lontananza i loro ruggiti sinistri. Tremiamo, perché il mostro potrebbe divorarci... Il mondo è lanciato sul baratro della democrazia, e da qualche tempo per me democrazia significa demagogia. I nostri vent'anni di intrighi rischiano di essere spazzati via da ciarlatani che vorrebbero adulare il popolo, tirare le gambe alla nobiltà, dopo aver mitragliato il clero... Non ho ancora rimorsi, ma sono agitato dai timori, e al vostro posto, per come percepisco lo spirito in Europa, non vorrei prendermi una responsabilità che potrebbe portare Giuseppe Mazzini in Campidoglio. Mazzini in Campidoglio! Nubius sulla rupe Tarpea o nell'oblio!... Questo sogno ti sorride, o Nubius!".

Nel 1849 Metternich, rendendosi finalmente conto della verità, esclamò:

"In Germania gli ebrei occupano i ruoli principali e sono rivoluzionari di prim'ordine. Sono scrittori, filosofi, poeti, oratori, pubblicisti e banchieri, e sulla loro testa e nel loro cuore tutto il peso dell'antica ignominia! Un giorno saranno terribili per la Germania... *probabilmente seguiti da un domani terribile per loro"* (Rougeyron, 1861).

E questo "consumato furfante" Nubius, secondo des Mousseaux, "fu avvelenato da uno dei suoi stessi seguaci dopo aver compiuto prodigi a favore della rivoluzione anticristiana". Sempre des Mousseaux scrive:

"Ma da dove viene questa sinistra meraviglia (il progressivo potere giudaico)? Viene dal fallimento della fede cristiana... dal progresso delle società segrete, piene di cristiani apostati che desiderano ciò che desidera l'ebreo; cioè la civiltà giudaica come ci è stata data dal nostro maestro e padrone, l'ebreo filosofo, l'ebreo dell'Alliance universelle".

Il carbonarismo fu un terreno di forzatura per la propagazione e la costruzione della Repubblica Universale, e Domenico Anghera, scrivendo nel 1864, ci dice che intorno al 1820-21 l'opera dei carbonari fu diretta dalle logge massoniche e condotta dai loro adepti. Ma non tutti i massoni erano carbonari, solo quelli decisamente repubblicani. Queste società segrete sono state agenti in tutte le insurrezioni e rivoluzioni in Italia, Spagna e Francia. In Italia erano note come *Carbonarismo,* in Francia come *Charbonnerie* e in Spagna come *Communeros,* ed erano tutte legate da una direzione occulta, formando il peso irresistibile dell'opinione pubblica che influenzava le elezioni. La Haute-Vente era composta da alcuni grand seigneur corrotti e da ebrei, ed era la continuazione dell'*Ordine Interno* costituito prima della rivoluzione del 1789. Nell'ultimo grado, che pochi raggiungevano,

"Si apprende che lo scopo dei Carbonari è del tutto identico a quello degli Illuminati... L'iniziato giura la rovina di ogni religione e di ogni governo positivo, sia esso dispotico o democratico. Tutti i mezzi per l'esecuzione dei loro piani sono consentiti, omicidio, veleno, spergiuro, tutti sono a loro disposizione".

Così ci dice Jean Witt nel suo *Les Sociétés Secrétes de France et d'Italie,* 1830.

Nella loro organizzazione furono prese tutte le precauzioni per evitare la penetrazione della polizia nell'insieme. Perciò il carbonarismo consisteva in un'autorità sovrana, la Haute-Vente, di Ventes centrali, e sotto di esse di Ventes individuali, entrambe di numero illimitato, queste ultime comunicanti con la Vente Suprema (Parigi) solo attraverso i deputati delle Ventes centrali; a ogni membro era inoltre vietato, pena la morte, cercare di entrare in qualsiasi altra Vente che non fosse la propria. Per penetrare nell'esercito c'erano la legione, le coorti, i secoli e i manipoli. I membri erano chiamati "bons cousins" e avevano ciascuno uno pseudonimo e un numero speciale.

Il loro lavoro è stato così descritto dall'ebreo carbonaro *Piccolo-Tigre* al suo collega Nubius, il 5 gennaio 1846:

"... Ovunque ho trovato menti molto inclini all'esaltazione. Tutti sentono che il vecchio mondo sta crollando e che i re sono finiti... Il raccolto fatto deve fruttificare... La caduta dei troni non fa più dubitare me, che sono venuto a studiare il lavoro delle nostre società in Francia, Svizzera e Germania, e persino in Prussia. L'assalto che tra qualche anno, o forse tra qualche mese, sarà sferrato ai principi della terra, li seppellirà sotto le rovine dei loro *eserciti impotenti* e delle loro monarchie decrepite. *Ovunque c'è entusiasmo tra i nostri popoli e apatia e indifferenza tra i nemici* (come vediamo oggi!). È un segno certo e infallibile di successo... Per uccidere definitivamente il vecchio mondo abbiamo creduto necessario soffocare il germe cattolico e cristiano... Questo coraggioso Mazzini, che ho incontrato in varie occasioni, ha sempre il suo sogno umanitario nel cervello e nella bocca. Ma, a parte le sue piccole mancanze e i suoi metodi di assassinio, ha del buono in sé. Con il suo misticismo colpisce l'attenzione delle masse che non capiscono nulla delle sue grandiose arie da profeta o dei suoi discorsi da Illuminato cosmopolita...".

Mazzini, tuttavia, con la sua attività e la sua audacia che non si tirava indietro di fronte a nulla, riuscì a diventare una sorta di direttore supremo di tutto ciò che di più giovane e democratico c'era nelle logge, nelle ventes e nei club clandestini; nel 1832 fondò a Marsiglia il giornale e la società della *Jeune-Italie*, e da un capo all'altro dell'Italia fu subito come su un vulcano. Tra i loro articoli di adesione c'erano: "Art. 2 - Avendo riconosciuto gli orribili mali del potere assoluto, e quelli ancora maggiori delle monarchie costituzionali, dobbiamo lavorare per fondare una repubblica una e indivisibile. Art. 30.- Coloro che non obbediranno agli ordini delle società segrete, o che ne riveleranno i misteri, saranno pugnalati senza pietà. La stessa punizione per i traditori. Art. 31.- Il Tribunale Segreto pronuncerà la sentenza e nominerà uno o due affiliati per la sua immediata esecuzione. Art. 32.-Chiunque si rifiuterà di eseguire l'ordine sarà considerato uno spergiuro e come tale ucciso immediatamente...". La *Jeune-Allemagne*, largamente dominata dagli ebrei, stava lavorando per la rivoluzione del 1848; e, come scrisse Eckert: "Mazzini era a capo della Jeune-Europe e del potere guerriero della Massoneria". La Repubblica Universale preparata da Mazzini e da Jeune-Europe sembrava destinata a trionfare ovunque, ma era prematura!

Molto più tardi, nel 1865, fondò in America l'*Alliance-républicaine-universelle* e nel gennaio 1867 lanciò un appello, sperando così di diffondere la sua idea in quel vasto Paese. La sua organizzazione era in realtà una Società delle Nazioni:

> "L'associazione dovrebbe essere composta da sezioni distinte... Queste sezioni saranno tanti rappresentanti delle future repubbliche, mentre i loro delegati, riuniti in un Consiglio Centrale, rappresenteranno la solidarietà delle repubbliche, la cui realizzazione è lo scopo supremo che si propone l'opera dell'Alleanza. Il Consiglio Centrale dovrebbe essere composto da un presidente, un segretario delle finanze, un segretario dei registri e tanti segretari quante sono le nazionalità rappresentate nel Consiglio. Ogni segretario, che rappresenta una repubblica presente o futura, sarà il membro accreditato della propria sezione e l'intermediario per essa... I lavori del Consiglio Centrale saranno segreti... Ordini e regolamenti generali emaneranno dal Consiglio Centrale. Agenti speciali nominati dal Consiglio Centrale per tutti gli affari necessari all'organizzazione o all'estensione dell'*Alliance-républicaine-universelle*..." (Deschamps, 1881).

Inoltre, troviamo il massone ebreo Crémieux, fondatore e presidente dell'*Alliance-israélite-universelle, che* proclama a nome del governo provvisorio, nel 1848: "La Repubblica farà ciò che fa la Massoneria, diventerà lo splendido pegno dell'unione dei popoli su tutti i punti del globo, su tutti i lati del nostro triangolo. Cittadini e fratelli della Massoneria! Viva la Repubblica!".

Infine Mazzini, sognatore di questa Repubblica Universale, nelle sue istruzioni ai suoi seguaci, il 1° novembre 1846, disse:

> "Associato, associato, associato! Tutto sta in questa parola. Le società segrete danno una forza irresistibile alla parte che può invocarle. Non temete di vederle dividersi; più si dividono e meglio è; tutti si muovono verso lo stesso fine per strade diverse... Il segreto è necessario per dare sicurezza ai membri, ma è necessaria una certa trasparenza per incutere timore a chi sta fermo. Quando un gran numero di associati riceverà l'ordine di diffondere un'idea e di formare l'opinione pubblica, e potrà per un momento lavorare insieme, troverà il vecchio edificio penetrato in tutte le sue parti e cadrà come per miracolo al minimo soffio del Progresso. Si stupiranno nel vedere re, nobili, ricchi e preti, che costituiscono la carcassa del vecchio edificio sociale, volare di fronte all'unico potere dell'opinione. Coraggio, dunque, e perseveranza!".

Sapere, osare, volere, tacere! Questo è il sistema comune a tutte le società occulte, sovversive e segrete, sempre apparentemente controllate da alcuni Superiori sconosciuti che lavorano per il dominio universale.

L'ALLEANZA ISRAELITA-UNIVERSALE

Nel 1869, nel suo libro *Le Juif*, lo Chevalier Gougenot des Mousseaux scriveva:

> Gli sforzi antireligiosi, ma soprattutto anticristiani, che contraddistinguono l'epoca attuale hanno un carattere di concentrazione e di *universalità* che segna l'impronta dell'Ebreo, il supremo patrono dell'unificazione dei popoli, perché è il popolo cosmopolita *per eccellenza;* perché l'Ebreo prepara, con la licenza della *libre-pensée*, l'epoca da lui chiamata "messianica" - il giorno del suo trionfo universale. Egli attribuisce la sua prossima realizzazione ai principi diffusi dai filosofi del XVIII secolo, uomini allo stesso tempo miscredenti e cabalisti, la cui opera ha preparato la giudaizzazione del mondo. Il carattere di *universalità* si noterà ne *L'Alliance-israélite universelle*, nell'*Associazione Universale della Massoneria,* e nei più recenti ausiliari, *L'Alliance-universelle-religieuse*, aperta a coloro che sono ancora spaventati dal nome di israeliti e infine nella *Ligue-universelle de l'enseignement...*"

L'Alliance-israélite-universelle, quella vasta associazione rivoluzionaria di difesa, attacco e propaganda, con la sua sorprendente diversità di membri, fu fondata dall'ebreo Adolphe Cremieux, che, secondo gli *Archives israélites,* fu "eletto nel 1869 Sovrano Gran Maestro del Rito Scozzese della Massoneria, la più alta dignità dell'Ordine massonico in Francia". L'Alleanza nacque dal rallentamento della religione ebraica e dalla diffusione del movimento rivoluzionario riformato *libre-pensée*, e i suoi dogmi erano quelli della Massoneria e dell'Occultismo. Nel 1861, la stessa rivista ebraica scriveva:

> *"L'Alliance-israélite-universelle...* si rivolge a tutte le religioni... Desidera penetrare in tutte le religioni come è penetrata in tutti i paesi. Quante nazioni sono scomparse? Quante religioni scompariranno a loro volta? *Israele non cesserà di esistere...* la religione di Israele non perirà: è l'unità di Dio".

Da *La France Juive* di Edouard Drumont, 1886, traiamo le seguenti informazioni su questa stessa Alleanza. Come sappiamo, Cremieux, il suo fondatore, fu un importante leader della democrazia francese, e più di ogni altro diede un carattere strettamente ebraico al movimento rivoluzionario francese; "preparò e proclamò a gran voce, negli ultimi anni della sua vita, il regno messianico, il tempo tanto atteso in cui tutte le nazioni saranno soggette a Israele e tutti gli uomini lavoreranno per i rappresentanti della razza benedetta da Geova". L'Alleanza fu fondata nel 1860 e la sua prima Assemblea Generale ebbe luogo il 30 maggio 1861. "In realtà funzionava già segretamente da molti anni, ma alcuni ebrei, sicuri della vittoria, sentivano il bisogno di un potere ufficiale, di un rappresentante effettivo della loro nazione che potesse parlare all'Europa in suo nome".

La costituzione dell'Alleanza è apparentemente molto semplice. Ogni ebreo, pagando una quota annuale di sei franchi, può farne parte. È governata da un Comitato Centrale a Parigi, composto inizialmente da quaranta membri e successivamente da sessanta, eletti per nove anni dal voto di tutti i membri dell'Alleanza. Il Comitato centrale elegge ogni anno al suo interno un ufficio di presidenza composto da un presidente, due vicepresidenti, un tesoriere e un segretario generale. Un comitato poteva essere costituito ovunque la società avesse dieci aderenti, e un comitato regionale poteva essere costituito in ogni paese in cui vi fossero più comitati locali. Per le questioni locali e regionali i comitati agivano sotto la propria responsabilità, mentre per le questioni riguardanti l'Associazione agivano in base alle comunicazioni ricevute dal Comitato centrale. Le sottoscrizioni venivano raccolte e versate all'organo centrale. Nel 1886 i membri erano circa 28.000 e il bilancio dell'Associazione era di circa un milione di franchi, ma le risorse reali erano quasi illimitate.

Tra le società ad essa collegate vi erano: L'Associazione Anglo-Ebraica, l'Unione delle Congregazioni Ebraiche Americane, il B'nai B'rith d'America, ecc. Controllando con il denaro la maggior parte della grande stampa europea e agendo attraverso di essa sui popoli, gli israeliti avevano tuttavia numerose riviste rivolte esclusivamente agli ebrei, come *Archives israélites*, *l'Univers israélite* di Parigi, il *Jewish Chronicle*, il *Jewish World* di Londra, il *Jewish Messenger* di New York, ecc. Come ha detto Crémieux: "L'Alliance non è un'Alliance francese, tedesca o inglese; è ebraica, è universale. Per questo progredisce, per questo ha successo". L'Alleanza è stata trattata alla pari dalle Potenze; ha inviato note, proteste e persino ultimati che sono stati ricevuti e presi in considerazione dai Sovrani, come ad esempio la questione della Romania nel 1867-68, e l'oppressione del suo popolo da parte degli usurai ebrei. Cremieux intervenne con successo a favore degli ebrei.

I dogmi dell'*Alliance-israélite-universelle* sono quelli dell'ebraismo riformato che, secondo il razionalista Kluber, "sono stati preparati da Moise Mendelssohn - amico di Mirabeau - ... [e] porterebbero con ogni probabilità a un deismo puro o a una religione naturale i cui seguaci non devono necessariamente appartenere alla razza ebraica". Spera di giudaizzare il mondo e di aprire la strada all'espansione e allo sviluppo del giudaismo, penetrando in tutte le religioni e in tutte le nazioni. Secondo Leon de Poncins, 1928, l'Ordine massonico ebraico B'nai B'rith fu fondato a New York nel 1843:

> "Divide il mondo in undici distretti, di cui sette negli Stati Uniti. Il numero di Logge è di circa 500, con quasi 100.000 aderenti... Secondo fonti ben informate, nel B'nai B'rith c'è una sovrapposizione di società segrete che terminano in un unico potere di governo. Al di sopra del B'nai B'rith ci sono il B'nai Moshé, poi il B'nai Zion e infine il centro nascosto del comando supremo".

L'ultima affermazione è priva di prove.

In questo stesso libro, *I poteri segreti dietro la rivoluzione,* de Poncins ci dice che la Società delle Nazioni fu in gran parte dovuta all'influenza mondiale dell'*Alliance-israélite-universelle* e fu la realizzazione di un'idea e di un'ambizione ebraica a lungo perseguita e persistente. Ad esempio: Nel marzo del 1864, gli *Archives israelites* pubblicarono una lettera scritta da un membro dell'Alleanza, Levy Bing, in cui diceva:

> "Se, in una parola, non è più permesso di giudicare da soli, ma di rimetterlo a giudici generalmente accettati e disinteressati alla controversia, non è forse naturale, necessario e, soprattutto, importante vedere presto un altro tribunale, che si occupi delle grandi controversie pubbliche, dei reclami tra le nazioni, che giudichi come un appello finale, e la cui parola sia legge? E questa parola, è la parola di Dio pronunciata dai suoi figli maggiori, gli Ebrei, e davanti alla quale tutti i figli minori [le nazioni] si inchineranno con rispetto, cioè l'Universalità degli uomini, i nostri fratelli, i nostri amici, i nostri discepoli".

VEHM SANTO

Le società segrete hanno svolto di volta in volta un ruolo importante nella vita del popolo germanico. C'era il "Santo Vehm", una società segreta unica al mondo, il cui nome per secoli ha fatto tremare di paura i potenti e i semplici in tutto l'Impero tedesco. Ammetteva apertamente di essere rivoluzionaria, un Tribunale segreto che emetteva ed eseguiva decreti e, durante il Medioevo, agiva in nome dell'Imperatore anche quando gli si opponeva. Nel XIV e XV secolo il suo numero era stimato in 100.000. Si differenziava essenzialmente dalla società segreta di tipo massonico, anche se i suoi membri si qualificavano come "veggenti" e "illuminati", cioè *Wissend,* mentre descrivevano gli estranei di ogni grado dicendo che "non avevano ricevuto la luce".

Il massone Clavel, nella sua *Histoire Pittoresque de la Franc-maçonnerie et des Sociétés Secrètes del* 1843, fornisce un lungo e interessante resoconto del "Santo Vehm", collegandolo anche, nel suo scopo generale, agli Assassini. Egli afferma che:

"Ciò che, agli inizi, aveva un'apparenza di equità e di risultato salutare, degenerò in seguito in un abuso clamoroso. L'associazione non usò più il suo potere per proteggere i deboli dall'oppressione dei forti; lo usò per soddisfare la vendetta personale;... [avendo finito per perdere l'appoggio del popolo] fu costretta a soccombere sotto il peso della riprovazione universale che aveva suscitato".

Egli riporta il giuramento fatto durante un ricevimento; i ricevimenti si tenevano sempre in una grotta o nelle profondità solitarie di qualche foresta, sotto un albero di biancospino:

"Giuro di essere fedele al Tribunale segreto, di difenderlo contro me stesso, contro l'acqua, il sole, la luna, le stelle, le fronde degli alberi, tutti gli esseri viventi, tutto ciò che Dio ha creato tra il cielo e la terra; contro il padre, la madre, i fratelli, le sorelle, la moglie, i figli, infine tutti gli uomini, tranne il capo dell'Impero [l'Imperatore era di regola un *Wissend*]; di sostenere il giudizio del Tribunale segreto, di aiutare nelle sue esecuzioni e di denunciare al presente o a qualsiasi altro Tribunale segreto tutti i misfatti contro la sua giurisdizione, che dovessero venire a mia conoscenza... affinché il colpevole sia giudicato come per legge o il giudizio sia sospeso con l'assenso dell'accusatore. [Nessuno e niente creato da Dio] potrà persuadermi a rompere questo giuramento... Che Dio e i suoi santi mi aiutino".

Inoltre, Le Couteulx de Canteleu scrive di questo terribile Tribunale:

"Nei vecchi atti, ancora conservati a Dortmund, i membri di questi tribunali erano spesso designati con il nome di Rose-Croix; c'erano tre gradi di iniziazione: i Francs-juges, i Francs-juges veri e propri che eseguivano le sentenze dei primi, e i Saints-juges del Tribunale segreto, il cui compito era quello di osservare, perlustrare il paese e riferire su ciò che accadeva".

Avevano segni e parole di riconoscimento. Nel 1371, dopo la pace di Westfalia, essi, rafforzati dai Templari erranti e proscritti, secondo Clavel, si stabilirono in tutta la Germania orientale, il Paese Rosso, e la sede principale del Santo Vehm era allora a Dortmund e in Westfalia. Nonostante gli abusi fossero diventati così grandi e il loro potere così formidabile, fu solo verso il XVII secolo che il loro potere fu spezzato. Come dice il barone de Bock nella sua *Histoire du Tribunal Secret*, 1801: "Questi Tribunali, secondo alcuni, non furono mai formalmente aboliti dalle leggi dell'Impero; furono solo riportati alla loro destinazione originaria e circoscritti ai distretti in cui avevano il diritto di esercitare la loro giurisdizione", che era in definitiva pubblica e molto limitata.

Gli ebrei non erano ammessi nel "Sacro Vehm" e fino al XVI secolo non erano punibili sotto i Tribunali. Che esistesse ancora o meno in qualche organismo segreto, il vecchio spirito vehmico segnò fortemente le prime logge massoniche create in Germania durante il XVIII secolo, approvate e sostenute da Federico il Grande e dai suoi successori. La sua politica era quella di rompere l'alleanza franco-austriaca del 1756 e di stabilire una Germania unita sotto la dominazione prussiana.

Sempre secondo Clavel:

> "Federico il Grande fu ricevuto a Brunswick, il 14-15 agosto 1738, all'insaputa del padre, il re regnante, che si era sempre opposto all'istituzione della società nello Stato... Diventato re, la propaganda massonica templare non incontrò più ostacoli".

Nel 1740 incoraggiò la fondazione, a Berlino, de *La Grande Loge Nationale Aux Trois Globes*. Si dice che abbia organizzato, nel 1762, i 25 gradi della Massoneria scozzese sovrapposti alla Massoneria di Saint-John, mettendola così in relazione più diretta con il sistema templare. Dopo l'apparente dissoluzione degli Illuminati di Weishaupt, Fessler, come dice Eckert, si assunse il compito di dare una forma esteriore agli scopi e ai metodi dell'Illuminismo. Organizzò quindi in Prussia la *Grande Loge Royal York À l'Amitié*, sotto il patrocinio del Principe Reale, poi Federico Guglielmo III, che servì come centro di cospirazione anticristiana e antisociale. L'idea della riunione della Germania sotto la Prussia non cessò mai di essere l'obiettivo di queste logge, e dopo il 1848 Bismarck fu l'uomo che raggruppò tutte le forze delle società segrete sotto la propria direzione, e gli ebrei, alleati con lui dal 1866, furono i suoi più attivi sostenitori in questa unificazione.

E della recente massoneria tedesca, la *Revue Internationale des Sociétés Secrètes*, 21 giugno 1931 e I giugno 1933, ha dato le seguenti informazioni. Dopo la guerra tutte le logge tedesche, sotto qualsiasi obbedienza, tendevano a rinnegare l'universalismo classico della Massoneria e ammettevano un germanesimo altrettanto rigoroso.

"Si è ripiegata su se stessa e ha pensato di scoprire che il mondo poteva essere curato solo dalla cultura e dall'esaltazione del germanesimo. E lo proclamarono dogmaticamente come specificamente tedesco. La dominazione ariana, la spiritualità cristiana, il principio della proprietà privata e un germanesimo che si oppone a qualsiasi influenza esterna" (Dr. R. Teilhaber - An. *Mac. Uni.*, 1930).

O come disse il dottor Steiner, ultimo capo dell'Antroposofia o "Illuminismo cristiano", a Stoccarda nel 1918, l'unica nazione al mondo che sa distinguere il bene dal male è la nazione tedesca, e la Germania deve compiere la sua missione, altrimenti la civiltà europea sarà rovinata.

KARL MARX

È stato detto a ragione che all'origine del leninismo e del bolscevismo ci sono stati in primo luogo gli *Enciclopedisti* e in secondo luogo i sistemi marxisti e altri sistemi socialisti. I primi erano gli atei, i *philosophes* e gli *economisti* dell'Hôtel d'Holbach, una loggia o accademia letteraria fondata intorno al 1769, di cui Voltaire era presidente onorario e permanente, con d'Alembert, Condorcet, Diderot, La Harpe e altri come membri. La maggior parte dei libri e degli opuscoli contro la religione, la morale e il governo furono scritti e controllati da loro; in questa loggia furono rivisti, aggiunti, tagliati e corretti per adattarsi alla loro propaganda rivoluzionaria, creando la prospettiva mentale, morale e politica che portò alla Rivoluzione francese del 1789. Inoltre, abbiamo mostrato come la Massoneria, il carbonarismo e il martinismo abbiano diffuso i loro cancri, iniziando segretamente le idee che alla fine hanno portato in parte alla Rivoluzione russa del 1917. Da questa massoneria segreta sono nate le manifestazioni esterne più semplici, il sistema marxista e altri sistemi socialisti, che in Russia sono culminati nell'attuale regime sovietico di collettivismo, schiavitù, immoralità e ateismo. Il loro obiettivo era quello di Weishaupt: libertà e uguaglianza delle foreste, sulle rovine della religione e della proprietà.

Nel 1850 diverse città della Germania possedevano associazioni di lavoratori chiamate *comuni*. I capi di questa cospirazione erano Engels e Marx, e in testa al loro manifesto del 1851 c'era scritto: "Proletari di tutti i Paesi unitevi!". Nel 1862 l'associazione si sviluppò enormemente sotto il nome di *Associazione Internazionale dei Lavoratori*, e infine nel 1864, in un'assemblea di lavoratori a Londra, fu nominato un comitato di cinquanta membri, che elaborò gli statuti. Il manifesto e gli statuti di Mazzini furono respinti e quelli di Marx furono adottati all'unanimità e ratificati successivamente al Congresso di Ginevra del 1866. L'Internazionale aveva due caratteristiche: i socialisti semplici, non politici, e i socialisti politici giacobini; è anche curioso notare che i secondi quasi inevitabilmente eliminavano o assorbivano i primi. Ogni anno il Congresso supremo indicava la sede del Consiglio Generale e ne nominava i membri. Inizialmente la sede era a Londra, ma nel 1873 fu trasferita a New York.

Dal 1864 al 1870 l'Internazionale continuò a svilupparsi; ai suoi congressi furono ascoltati e applauditi i moti più rivoluzionari e nel 1870 fu promotrice dell'effimera *Comune* di Parigi. Ovunque si fa sentire; il veleno delle sue dottrine intacca la vita sociale di tutti i Paesi. Come disse Dupont al Congresso di Bruxelles: "Non vogliamo più governi, perché i governi ci schiacciano con le tasse... non vogliamo più eserciti, perché gli eserciti ci massacrano; non vogliamo più religione, perché la religione soffoca l'intelligenza". E in una riunione degli Internazionali a Londra, nel 1869, Vezinier disse: "La negazione della Divinità è affermare l'uomo nella sua forza e libertà. Quanto alla famiglia, la ripudiamo con tutta la nostra forza in nome dell'emancipazione dell'umanità...".

Oltre all'Internazionale proletaria e all'Internazionale repubblicana universale, c'era quella de *L'Alliance Internationale de la democratie-socialiste,* organizzata da Bakunin, 1850-60, che pubblicò il suo manifesto nel 1868. Essa mirava al completo livellamento di tutti gli uomini, si dichiarava atea, auspicava l'abolizione dei culti, la sostituzione della scienza alla fede e della giustizia umana alla giustizia divina. L'Internazionale dei lavoratori inscriveva sulla sua bandiera:

"Comunità di proprietà"; l'Internazionale dei repubblicani: "Comunità di potere"; l'Internazionale dei democratici: "Comunità di proprietà, potere, donne e guerra contro Dio".

Quest'ultima era più terribile per le sue negazioni avanzate. Nel 1860 questa Internazionale socialista-democratica si affiliò all'Internazionale dei lavoratori, mantenendo un'organizzazione segreta, diventando uno Stato nello Stato. Sorsero problemi e l'alleanza fu sciolta, ma fu presto riorganizzata da Bakunin come *Fédération jurassienne, per* poi essere scomunicata dal Congresso internazionale dell'Aia. Di questi *anarchici* il nichilista Kropotkin scrisse: "Sono state individuate due grandi correnti di idee, lo Stato popolare e l'anarchia - 'anarchia', cioè abolizione completa degli Stati e organizzazione di una libera federazione di forze popolari, produzione e consumo".

In Russia i nichilisti sono ciò che altrove sono stati i socialisti democratici o la *Fédération jurassienne*, solo che hanno esaltato al massimo i principi dell'anarchia e della distruzione. Il loro dogma, che ha dato loro il nome, è che tutto è il nulla, lo zero, come troviamo tra i manichei e i martinisti; professano un materialismo grossolano, un ritorno alla natura. Come ha scritto Winterer: "Il nichilismo non è un sistema, è la negazione di ogni ordine religioso, morale, politico e sociale". Si diffuse come un cancro in tutta la Russia e attaccò profondamente tutti gli organi del corpo sociale; comprendeva tutti i ranghi della società russa - nobiltà, clero, borghesi e funzionari, ma pochi contadini. I suoi membri più validi erano le donne colte delle università. I capi del nichilismo non erano in Russia, ma nell'Europa occidentale, soprattutto in Svizzera. Come continua Winterer:

> "Se il nichilismo potesse disporre solo per un breve periodo delle enormi risorse dell'immenso Impero, vedremmo un torrente devastante come il mondo non ha mai visto prima precipitare da est a ovest, portando sull'intero continente le sue terribili devastazioni".

I creatori del marxismo teorico erano ebrei, o di famiglia ebraica, da Karl Marx a Trotsky e al suo gruppo. L'ebreo Angelo Rappoport, membro del Bund e del Poale Sion, nel suo libro *I pionieri della Rivoluzione russa*, 1918, ha scritto:

> "Il Bund, o Unione Generale dei Lavoratori Ebrei, fu fondato nel 1897. È un'associazione politica ed economica degli ebrei

proletari... Svolgeva un'attiva propaganda in yiddish... [serviva da modello a coloro che lottavano per la libertà ed erano i pionieri della Rivoluzione russa. Non c'era organizzazione politica nel vasto Impero che non fosse influenzata dagli ebrei o diretta da loro - i socialdemocratici, i partiti socialisti rivoluzionari e il Partito socialista polacco avevano tutti degli ebrei tra i loro dirigenti...".

Inoltre, il *Mondo Ebraico, il* 25 giugno 1931, disse: "Il vero autore del Piano dei Cinque Anni, Kaganovitz, è un ebreo, e per di più un grande favorito di Stalin".

Non stiamo forse assistendo, nel bolscevismo, a quel torrente devastante, temuto da Winterer, che dispone delle enormi risorse dell'immenso Impero, riversando le sue devastazioni - economiche, sociali, religiose e politiche - nella vita di tutti i Paesi, lavorando per questa Rivoluzione mondiale ebraica e per il dominio del mondo?

Nel suo libro *Le Temps de la Colère,* 1932, R. Vallery-Radot scrive: "È bene osservare che nell'aprile del 1917, il giudeo-massone e finanziere di Wall Street, Jacob Schiff, capo della società Kuhn Loeb and Co, si era pubblicamente vantato di aver avuto una parte nella Rivoluzione russa". E della filosofia bolscevica, M. Pierre Dominique, brillante editore de *La République,* dice:

> "I bolscevichi hanno quindi una filosofia. Chiediamoci da dove l'hanno presa? Ad essere sinceri, hanno tratto questa filosofia da *L'Encyclopédie,* che è stata una vasta impresa di ateismo e che, politicamente parlando, si è espressa in modo preciso alla fine del XVIII secolo con la Rivoluzione francese. Sono legati a una filosofia che troviamo alla base di tutti i sistemi socialisti propagati nel corso del XIX secolo, e in particolare alla base del sistema di Marx. Così la sua fonte iniziale: *L'Encyclopédie;* fonte successiva e molto diversa: la serie dei sistemi socialisti contemporanei... Queste sono le origini profonde del leninismo e della rivoluzione sovietica".

Inoltre, sia il bolscevismo che la giudaico-massoneria lavorano per una Repubblica Universale attraverso la Rivoluzione Mondiale.

Nel suo famoso *Catechismo,* pubblicato sulla *Revue des Deux Mondes* del giugno 1880, Bakunin descrive così lo strumento rivoluzionario:

"Il rivoluzionario è un uomo *impegnato*. Non deve avere interessi personali, affari, sentimenti o proprietà. Deve essere assolutamente assorbito da un unico interesse esclusivo, un unico pensiero, un'unica passione, la *rivoluzione*. Disprezza e odia la morale attuale; per lui è morale tutto ciò che favorisce il trionfo della rivoluzione, immorale e criminale ciò che la ostacola. Tra lui e la società c'è una lotta all'ultimo sangue, incessante e inconciliabile. Deve essere pronto a morire, a sopportare la tortura, a mettere a morte con le proprie mani tutti coloro che ostacolano la rivoluzione. Tanto peggio per lui se ha in questo mondo legami di famiglia, amicizia o amore. Non è un vero rivoluzionario se i suoi affetti gli bloccano il braccio. Ciononostante, deve vivere in mezzo alla società fingendo di essere ciò che non è. Deve penetrare dappertutto, tra le classi alte come tra le medie, nelle botteghe, nella Chiesa, nell'esercito, nel mondo letterario, nella polizia segreta e persino nel salotto imperiale. Deve considerare i suoi subordinati come parte del capitale rivoluzionario messo a sua disposizione, e deve disporne economicamente per trarne tutto il profitto possibile".

Si legge inoltre negli statuti de *L'Alliance humanitaire universelle:*

"I re, i nobili, l'aristocrazia del denaro, gli impiegati della polizia o dell'amministrazione, i sacerdoti e gli eserciti permanenti sono i nemici dell'umanità. Contro di loro si ha ogni diritto e ogni dovere. Tutto è permesso per annientarli: la violenza, lo stratagemma, il colpo e la granata, il veleno e il pugnale; il fine santifica i mezzi".

Oggi la rivista massonica *L'Accacia,* scrive:

"Tra Chiesa e Massoneria è una guerra all'ultimo sangue, senza pietà". E facendo un paragone tra la Massoneria e la Rivoluzione giudaica, M. Xavier Vallat spiega giustamente: "Abbiamo quindi da un lato un'organizzazione in apparenza essenzialmente antireligiosa, la Massoneria, e si scopre che in più segue uno scopo rivoluzionario, sociale e politico! Dall'altra una Rivoluzione in apparenza politica e sociale, che oggi si rivela profondamente atea! Questo singolare incontro dietro la maschera di un violento antagonismo è di natura tale da far riflettere le menti sveglie" (*R.I.S.S.*, 1 gennaio 1933).

I mezzi rivoluzionari di propaganda differiscono da quelli di ieri solo per il loro campo e le loro strutture più estese, che comprendono le intercomunicazioni internazionali come la stampa, la radio, il cinema, ecc. Abbiamo anche i nostri moderni

Enciclopedisti, non meno potenti o persistenti di quelli del XVIII secolo. Scrivendo di quel secolo nelle sue *Paroles d'un révolté*, il noto nichilista Kropotkin disse:

"L'opuscolo metteva a portata di mano delle masse le idee dei *filosofi* e degli economisti, precursori della Rivoluzione; gli opuscoli e i volantini fomentavano l'agitazione attaccando i tre principali nemici: il Re e la sua corte, l'aristocrazia e il clero. Non teorizzavano, deridevano... invano la polizia faceva irruzione nelle biblioteche e arrestava i colporteurs; gli autori sconosciuti fuggivano per continuare il loro lavoro... Cartelli stampati o scritti a mano apparivano in ogni occasione in cui accadeva qualcosa che interessava il pubblico... Risvegliava nei cuori dei contadini, degli operai e dei borghesi l'odio contro i loro nemici, annunciava il giorno della liberazione e della vendetta... Invadeva i villaggi e preparava le menti".

Oggi in ogni paese i comunisti diretti da Mosca hanno i loro centri di attività, i loro pamphlet e i loro giornali di rivolta contro il capitale, l'autorità civile e religiosa; il loro unico pensiero, la loro unica passione, la creazione di una macchina sovietica che lavori per la Rivoluzione Mondiale che porterebbe, non come pensano loro, il regno della democrazia, ma quello di ignoti padroni di cui alla fine diventerebbero schiavi. E per citare ancora M. R. Vallery-Radot:

"Avendo esiliato gli dei dalla Città, il mondo moderno cerca qualcosa che li sostituisca, non sa cosa, che non esiste da nessuna parte... Come alla vigilia della Rivoluzione, percepiamo in superficie un diffuso odore di eresia: gli stessi tradimenti di parole, la stessa confusione di principi... strani apostoli cercano di conciliare con il cristianesimo le ideologie massoniche della democrazia, dell'umanità, della società, del progresso, del pacifismo e dell'internazionalismo; per endosmosi inevitabile ma unilaterale i loro dogmi si diluiscono in astrazioni, i loro misteri in politica."

Di nuovo:

"È che la Pace, di cui stiamo assaggiando i frutti oggi, non dovrebbe avere nulla in comune con i trattati precedenti. Essa realizzerebbe il grande piano massonico abbozzato nel 1789, ripreso nel 1830, poi nel 1848 e nel 1870, proclamando l'avvento della Democrazia Universale".

Ciò che Disraeli disse nel 1876 potrebbe ancora essere applicato alle attuali condizioni del mondo: -

"I governi di questo Paese devono fare i conti non solo con i governi, gli imperatori, i re e i ministri, ma anche con le società segrete, elementi di cui bisogna tenere conto, che all'ultimo momento possono far fallire tutti i piani, che hanno agenti dappertutto, agenti senza scrupoli, che incitano agli assassinii e possono, se necessario, condurre un massacro".

Secondo Disraeli, a capo di ogni società politica segreta di questo tipo si trovavano uomini di razza ebraica. Anche George Sand scrisse: "Ci sono momenti in cui la storia degli imperi esiste solo nominalmente, e in cui non c'è nulla di veramente vivo se non le sette nascoste al loro interno". La madre di tutte queste società segrete è la Massoneria giudaica, i cui principi sono identici a quelli realizzati con la Rivoluzione. Come dice Claudio Jannet:

"Si estende in tutto il mondo, si copre di mistero, agisce in tutte le parti del corpo sociale... lega al suo interno, con legami segreti, le singole società apparentemente più diverse. Le sue dottrine sono ovunque le stesse; la sua unità, la sua universalità spiega così l'unità e l'universalità della Rivoluzione".

Per quanto riguarda il potere direttivo, nella relazione del Terzo Congresso di Nancy, 1882, l'oratore, il Cavaliere Kadosch, riteneva che gli ultimi gradi portassero avanti un lavoro massonico internazionale di grandissima penetrazione, e che probabilmente da lì provenissero quelle parole misteriose che in mezzo alle rivolte passavano a volte attraverso le folle, incendiandole "per il bene dell'umanità". Si dice che questa gerarchia segreta fosse anche rosacrociana, una sorta di Terzo Ordine, come i "Capi Nascosti" della Stella Matutina.

René Guénon, orientalista, spiega inoltre nel *Voile d'Isis,* gennaio 1933:

"Anche se alcune di queste organizzazioni, tra le più esterne, si trovano in opposizione tra loro, ciò non impedirà in alcun modo l'effettiva esistenza di un'unità di direzione. In sintesi, c'è qualcosa di paragonabile al ruolo giocato dai diversi attori di una stessa commedia in un teatro, e che, sebbene opposti l'uno all'altro, nondimeno concordano nel progresso dell'insieme; anche ogni organizzazione gioca il ruolo a cui è destinata; e questo può estendersi anche al dominio esoterico, dove gli elementi che lottano l'uno contro l'altro nondimeno obbediscono tutti, sebbene in modo del tutto inconsapevole e involontario, a un'unica direzione di cui non sospettano nemmeno l'esistenza".

E come disse Henri Misley, che partecipò attivamente alle rivoluzioni italiane intorno al 1830:

"Conosco un po' il mondo e so che in tutto questo grande futuro che si sta preparando, ci sono solo quattro o cinque persone che hanno le carte in mano. Un numero maggiore crede di averle in mano, ma si inganna".

Di nuovo, nel Congresso di Nancy del 1882, è stato detto:

"Quale forza non avrà la Massoneria sul mondo esterno, quando intorno ad ogni loggia esisterà una folla di società i cui membri, dieci o quindici volte più numerosi dei massoni, riceveranno ispirazione e scopo dai massoni, e uniranno i loro sforzi ai nostri per la grande opera che perseguiamo. All'interno di questo circolo, una volta fondato, si deve perpetuare con cura un nucleo di giovani massoni in modo tale che i giovani delle scuole si trovino direttamente sottoposti alle influenze massoniche".

Nel Convento, Grande Oriente di Francia, 1923, è stato deliberato:

"È urgente una propaganda attiva, affinché la Massoneria torni ad essere l'ispiratrice, la padrona delle idee attraverso le quali la democrazia deve essere portata alla perfezione... Influenzare gli elementi sociali diffondendo ampiamente l'insegnamento ricevuto all'interno dell'istituzione". Alcuni di questi elementi erano "società sportive, boy scout, circoli artistici, gruppi corali e strumentali. Tutte le organizzazioni che attirano la gioventù repubblicana in opere di educazione, fisica e intellettuale". Ma come esclamò Mazzini: "La difficoltà non sta nel convincere i popoli, a questo bastano alcune grandi parole, libertà, diritti dell'uomo, progresso, uguaglianza, fraternità, dispotismo, privilegio, tirannia e schiavitù; la difficoltà sta nell'unirli. Il giorno in cui saranno uniti sarà il giorno della nuova era".

In *La Temps de la Colère*, M. Vallery-Radot, 1932, chiarisce ulteriormente i metodi:

"Ciò che è stato chiamato conquista della rivoluzione non è in realtà che un dogma implacabile affermato da un partito che esclude tutti gli altri... questo partito ha saputo estendere le sue conquiste con un metodo ammirevole, a volte sotterraneo, come sotto il Primo Impero; a volte combinando l'infiltrazione con la dimostrazione violenta, come sotto la Restaurazione, la Monarchia di Luglio, la Repubblica del 1848; poi riprendendo i suoi intrighi nascosti sotto il Secondo Impero, e, infine, svelando francamente il suo gioco sotto la Terza Repubblica... Questa intangibile Volontà generale rivelata al mondo da un mezzo matto come sacra emanazione di un'umanità autonoma, che non deve rendere conto a nessuno se non a se stessa, questa Volontà generale si chiama Democrazia, Progresso, Rivoluzione, Repubblica, Umanità, Laicità, ma è sempre lo stesso Potere, che non la condivide con nessuno, gelosamente custodito dai suoi sacerdoti e dottori."

E mostra cosa può accadere nel mondo se le nazioni non si svegliano e non si rendono conto della forza segreta che sta cercando di distruggere la civiltà cristiana:

"Ai tropici ci sono case che sembrano solide, anche se lentamente e inesorabilmente le formiche bianche sono impegnate a rosicchiare la struttura interna. Un giorno gli abitanti si siedono sulle sedie, le sedie cadono nella polvere; si appoggiano alle pareti, e le pareti si sgretolano. Così è per la nostra civiltà, di cui siamo tanto orgogliosi".

Quanto segue è tratto da un articolo di de Fremond, apparso sulla *Revue Internationale des Sociétés Secretes*, il 1° luglio 1932:

Non dimentichiamo che, anche secondo i più ottimisti, il popolo è quasi completamente scristianizzato... *(Mercure de France,* 1 aprile 1932).

"E secondo il cardinale Verdier: "Ogni giorno vediamo aumentare il numero dei pagani"....

"Le cause...

"Senza risalire al Rinascimento e nemmeno alla Riforma, che hanno entrambi preparato il terreno, troviamo come prima causa la Rivoluzione, detta francese, ma in realtà europea, anzi mondiale; la Rivoluzione diffonde ovunque idee nazionalistiche e applica, più apparentemente che realmente, i falsi principi dei 'Diritti dell'Uomo': *Libertà, Uguaglianza* e *Fraternità...* Non tralasciamo la Reggenza, che precedette di così poco la Rivoluzione. La grande crisi, dice Demolins nella sua *Histoire de France del* 1880, *a proposito* del sistema di diritto, ha avuto conseguenze deplorevoli:

ha sviluppato soprattutto nelle classi superiori la cupidigia, la brama di poteri materiali, l'amore per la speculazione; ha spostato le fortune e le ha rese instabili staccandole dai beni immobili per fondarle sulle operazioni di cambio della Borsa; ha prodotto anche nell'organizzazione della proprietà e della fortuna pubblica uno sconvolgimento che dovrebbe presto contribuire all'intero crollo della società.

"Dove siamo mezzo secolo dopo?

"L'enorme progresso materiale realizzato grazie alle grandi scoperte del XIX secolo e il balzo che hanno fatto ancora di più nel XX portando queste scoperte alla perfezione; le nuove facilitazioni dell'esistenza che ne derivano, invece di mantenere la gente nell'ammirazione di queste meraviglie, nell'uso ragionevole di esse, nella gratitudine insomma verso il Creatore, da cui dipendono e che ce le dispensa, la gente ha, al contrario, voltato le spalle alle pratiche religiose e persino alla fede.

"Questo movimento agisce forse da solo, spontaneamente, a causa delle passioni umane del piacere, dell'orgoglio, eccetera? Non per la prima volta, è intervenuto un potere che ha spinto la ruota sempre di più: quello che, sistematicamente, accredita tutto all'uomo, alla sua sagacia, al suo potere di portare a perfezione, e così lo sostituisce, gradualmente e quasi impercettibilmente, al posto del Creatore divino, sopprimendo allo stesso tempo ogni obbligo nei suoi confronti. Prima l'indifferenza, poi l'incredulità. La mescolanza di idee razionaliste e materialiste...

"Mette tutte le religioni sullo stesso piano: cioè non riconosce nessuna religione... Qual è il risultato? Una società squilibrata e demoralizzata, dove i crimini abbondano, tanto più che la provocazione della stampa rimane più spesso impunita, dove la materializzazione generale si accentua di giorno in giorno... Dall'alto al basso della scala sociale non c'è più che un solo motivo, il piacere, ma un solo agente, il denaro...".

Non è forse "il più grande giudaismo, che gradualmente inserisce pensieri e sistemi non ebraici in stampi ebraici", come descritto dal *Jewish World* del 9 febbraio 1883?

CAPITOLO VI

LA QUESTIONE EBRAICA

Per illustrare la storia del popolo ebraico dalle sue origini fino ai giorni nostri, vista e rappresentata dalla mente ebraica stessa, riportiamo di seguito il resoconto di un corteo ebraico, i cui dettagli ci sono stati forniti da un amico che ne è stato testimone a Chicago e dal *Chicago Tribune del* 4 luglio 1933.

Questa meravigliosa, impressionante e spettacolare rappresentazione de "Il romanzo di un popolo", che ripercorre la storia della razza ebraica negli ultimi quaranta secoli, è stata tenuta in occasione della Giornata dell'Ebraismo al Soldier Field di Chicago, il 3-4 luglio 1933. Fu ascoltato quasi in silenzio da 125.000 persone, per la maggior parte ebrei. La maggior parte degli interpreti, 3.500 attori e 2.500 coristi, erano dilettanti, ma con il dono innato della loro razza per il dramma vivido, e ai loro rabbini e cantori, profondamente istruiti in secoli di rituali ebraici, gran parte della musica e della pantomima autorevole era dovuta. "Si pensi al curioso accostamento del pollice al pollice e dell'indice all'indice da parte del Sommo Sacerdote quando solleva le mani, con i palmi rivolti verso l'esterno, per benedire la folla... Gran parte del testo del dramma era tratto dall'Antico Testamento e dal rituale ortodosso dell'ebraismo". Un canto ebraico all'unisono, dolce e basso, è stato subito ripreso con effetto magico da molti spettatori, e gli ebrei ortodossi si sono uniti a molti dei canti e ad alcuni dei rituali parlati.

La storia rappresentata nel corteo è stata trasmessa al pubblico da voci nascoste, che hanno amplificato quasi perfettamente il dramma della schiavitù egiziana, la vergogna dell'idolatria, le pene dell'esilio, l'amarezza della sconfitta e della desolazione da parte delle legioni di Roma. Il ritorno al monoteismo, la gioia e i trionfi della costruzione del tempio e della nazione. Ovunque si vedevano i triangoli intrecciati della stella a sei punte e la bandiera bianca della Palestina con le due barre blu e la stessa stella in mezzo. Come ha dichiarato il dottor Chaim Weizmann, in Palestina c'erano ormai circa 200.000 ebrei e si proponeva di farne uscire dalla Germania altri 250.000 per portarli in Palestina. Ma che dire dei diritti degli arabi!

Il nostro corrispondente cita il programma ufficiale, con la sua prefazione, e *Il visionario in cima alla montagna*, e in essi si trova il significato nascosto di tutto l'imponente spettacolo. "Si è trattato della più grande assemblea ebraica dai tempi del Tempio", come dice il *Visionario*:

> "All'interno di tutte le correnti incrociate della vita ebraica, tra le divisioni interne che testimoniavano sia la debolezza dell'ebreo che la forza delle convinzioni ebraiche, una verità si affermava con una forza che metteva a tacere tutti i dubbi: il popolo ebraico *viveva*... In numero, superiore a qualsiasi generazione ebraica del passato, nel calibro del suo materiale umano, potente come sempre, nella coscienza di sé, più vigile e più orgoglioso di quanto non fosse stato per secoli, stava entrando, non in un declino, ma in una nuova efflorescenza".

Si tratta di un sogno razziale, non di uno spettacolo religioso, e forse è inteso come "profetico" dell'imminente potenza mondiale.

Secondo il programma ufficiale, l'ebreo si trova in difficoltà sotto Alessandro di Macedonia, in Assiria, in Persia, a Roma, in Spagna, in Russia, nell'antica Inghilterra, in Polonia, in Romania e ora in Germania. Perché? Il nostro corrispondente conclude: "Credo che il segreto si trovi nella questione dell'*imperium in imperio* e nel programma comune verso il quale ogni *imperium in imperio* si muove, e si è mosso per quaranta secoli". Come dice il *Visionario*:

> "Chi sta troppo vicino alla tela della storia mentre viene tessuta, sbaglia la stima delle forze. Piccole battute d'arresto assumeranno gli aspetti di sconfitte decisive, piccoli progressi gli aspetti di grandi vittorie. Solo nella prospettiva di tutta la nostra storia - la prospettiva più lunga che un popolo possa vantare - potremo valutare il

significato degli eventi recenti. Oggi i cuori degli ebrei sono oppressi dagli amari avvenimenti in Germania; mentre prestano aiuto alle vittime di un regime crudele, ricordano che i governi e i governanti cambiano, il popolo ebraico rimane. In altre terre, oltre che in Germania, continua a gravare una pericolosa minaccia contro la vita degli ebrei. Che gli ebrei siano preparati... Che le loro paure siano mitigate dalla comprensione del loro lungo passato e che le loro speranze siano rese sobrie dalla valutazione del lungo futuro che li attende. Misurino tutti i compiti, tutte le difficoltà e tutte le prospettive con lo standard di una prospettiva mondiale".

Ancora una volta il nostro corrispondente osserva:

Mentre guardavo quello spettacolo, mentre vedevo le bandiere delle nazioni portate al loro posto davanti alla riproduzione del Tempio ebraico di Gerusalemme, e mentre vedevo la stella a sei punte, i triangoli intrecciati illuminati, brillare sopra tutte le bandiere di tutti i popoli del mondo, la mia mente tornava a ciò che il giudice Harry M. Fisher, presidente del Comitato per la Giornata Ebraica, aveva detto in anticipo sull'idea di questo corteo: "L'idea riassunta dal profeta Isaia - Alla fine dei giorni tutti i popoli verranno a visitare il Tempio ebraico. Fisher, presidente del Comitato per la Giornata Ebraica, ha detto in anticipo sull'intera idea di questo corteo: "L'idea riassunta dal profeta Isaia - Alla fine dei giorni tutti i popoli verranno al monte del Signore - sarà rappresentata".

Ma nel corteo è stato omesso ogni riferimento al fondatore del cristianesimo.

Per quanto riguarda il significato dei simboli e l'unità ebraica di razza e di scopo, il Sommo Sacerdote che unisce i pollici e gli indici nel benedire il popolo, rappresenta il triangolo divino ebraico, la Trinità nell'unità del Nome Ineffabile - Yod, He, Vau - il Principio Creativo che diventa manifesto e potente nell'He finale, la base materiale in cui agisce. È Yahveh, il Tetragramma, simbolo di creazione o generazione, la misteriosa unione del loro Dio con le sue creature e che si dice sia onnipotente nell'operare miracoli o magie. Questo Nome Ineffabile era considerato dagli ebrei troppo santo e sacro per essere pronunciato, ma per non perderlo il Sommo Sacerdote lo pronunciava una volta all'anno nel tempio durante la grande festa dell'Espiazione. Inoltre, essi ritengono che il vero nome sarà rivelato alla venuta del loro Messia; e *per molti il Messia significa la razza!*

Dei triangoli intrecciati o del Sigillo di Salomone, si dice nella *Piccola Assemblea,* par. 720: "Così anche qui, quando il Maschio è unito alla Femmina, entrambi costituiscono un corpo completo, e tutto l'universo è in uno stato di felicità perché tutte le cose ricevono benedizione dal loro corpo perfetto. E questo è un arcano". È la stella del macrocosmo, le forze duali in tutta la natura, il segno di un potere a cui nulla può resistere. Costituisce il potere segreto dell'Ebreo attraverso il quale domina la mente e le azioni degli uomini e delle nazioni. È il talismano ebraico del potere e dell'illuminismo.

In *Nomadi dello* scrittore ebreo Kadmi Cohen, 1929, leggiamo:

"Il semita perfetto è positivo e appassionato. I due elementi esercitano un'influenza reciproca, ciascuno moderando ciò che è troppo eccessivo e quindi improbabile da vivere nell'altro, creando un essere a parte che arriva facilmente al dominio, perché nulla può fermare un uomo del genere... È l'eterna opposizione di Shylock e Jessica. È l'illogica e mostruosa mescolanza delle qualità più rare con i difetti più abietti, mescolanza di forza irresistibile e di debolezza irrimediabile".

E della loro razza-idea di Dio, Kadmi Cohen dice:

"Gli ebrei non sono una parte di un vasto insieme che reintegrano morendo, ma sono un insieme in sé, che sfida lo spazio, il tempo, la vita e la morte. Può Dio essere al di fuori del Tutto? Se esiste, necessariamente si confonde con questo Tutto... Così la Divinità nell'Ebraismo è contenuta nell'esaltazione dell'entità rappresentata dalla Razza: entità passionale, fiamma eterna, è l'essenza divina. Deve essere preservata e perpetuata, perciò è stata creata l'idea di puro e impuro".

È panteista e cabalistico.

Potremmo quindi concludere che *Il Romanzo di un Popolo* rappresenta questa Divinità ebraica, l'eternità e l'unità della Razza e la sua speranza sempre viva di portare tutte le nazioni sotto l'influenza del potere unificante e illuminante di questi triangoli intrecciati. Da qui le numerose sette e culti illuminanti di oggi, alcuni dei quali sono nominalmente cristiani, ma in realtà sono tutti cabalistici, gnostici, panteistici e strumenti del giudaismo.

In *Nomades,* che è un saggio sull'anima ebraica, troviamo molte idee interessanti e illuminanti sul posto, secondo l'autore, dell'ebreo nel mondo. Socialista, comunista, rivoluzionario, passionale, utilitarista, unitario, l'ebreo è comunque una solidarietà fissa, indifferenziata. Kadmi Cohen scrive: "*Io sono quello che sono*", ha detto l'Eterno. L'Eterno - è la razza. Uno nella sostanza - indifferenziato. Uno nel tempo - stabile ed eterno".

Dal punto di vista psicologico esistono due tipi di ebrei: Gli *Hassidim,* i passionali, i mistici mediterranei, i cabalisti, gli stregoni, i poeti, gli oratori, i frenetici, i sognatori, i voluttuari, i profeti; e i *Mithnagdim,* gli utilitaristi, i nordici, i freddi, i ragionatori, gli egoisti, i positivi, e all'estrema sinistra, gli elementi volgari, desiderosi di guadagno, senza scrupoli, arrivisti, spietati. Il "passionalismo" dei semiti è caratterizzato da

"un'eccitabilità nervosa, un'esaltazione cronica delle passioni, in cui si mescolano la vita interiore dell'individuo e le sue manifestazioni esteriori, uno stato in cui il sentimento, l'idea e la volontà si confondono insieme, in cui per la mancanza del potente correttivo della logica, i voli dell'immaginazione non conoscono limiti, in cui la vita e l'attività umana sono prive di un regolatore e si muovono al di fuori di fattori materiali e concreti, per la sola forza interiore dell'anima".

Una condizione che apparentemente corrisponde alle visioni psichiche squilibrate dell'Illuminismo!

Non è solo questo fervente "passionalismo" a condizionare l'atteggiamento degli ebrei nell'ordine politico e sociale... Essi avvertono sempre la necessità di cercare l'unità. Per questo sono sentimentalmente portati a rifiutare in modo più o meno assoluto tutto ciò che è in contraddizione con questa unità. Per loro, ciò che è differenziazione è un attacco al principio di unità; l'ingiustizia e la disuguaglianza sono differenziazioni. Devono essere respinte o attenuate... Così si spiegano le tendenze socialiste e comuniste che vengono loro rimproverate. È in ciò che viene chiamato business che l'anima ebraica, grazie all'utilitarismo di cui è così fortemente impregnata, trova una carriera liberale: commercio, scambi, banche, finanza e industrie. È questa stessa caratteristica che in tutti i tempi e in tutti i luoghi ha portato all'ebreo tradizionale sarcasmi e rimproveri, spesso, riconosciamolo, giustificati".

Il ruolo degli ebrei nel socialismo mondiale

"è così importante che non è possibile passarlo sotto silenzio. Non è forse sufficiente ricordare i nomi dei grandi rivoluzionari dell'Ottocento e del Novecento, i Karl Marx, i Lassalles, i Kurt Eisener, i Bela Kuhn, i Trotsky, i Léon Blumes, per trovare così citati i nomi di tutti i teorici del socialismo moderno?... Inoltre, nell'Europa degli stessi anni, il ruolo degli ebrei in tutti i movimenti rivoluzionari era considerevole... Il "rivoluzionarismo" richiede, almeno tecnicamente, una forte dose di passionalità e l'*esprit de masse della* folla. I diversi individui, in linea di principio autonomi, si fondono fino a scomparire nell'insieme, e il "magma" così creato assume un aspetto del tutto diverso dalle singole figure, per quanto caratteristiche, di cui era principalmente composto. "

Di nuovo:

"Manca la stessa base di uno Stato: interessi opposti che si bilanciano combattendosi. Al suo posto ci sono le passioni che animano le masse popolari, passioni private del correttivo della considerazione della realtà, passioni lasciate libere a piacimento di meri fattori psichici... questi fattori che agitano le masse mutano il loro potere materiale di ragione, che coloro che non tengono conto delle cose imponderabili troveranno misterioso. Come l'ago di una bussola, influenzato da una tempesta magnetica, impercettibile ai nostri sensi, diventa erratico, mandando fuori strada la nave che si affida alle sue indicazioni, perdendola nelle misteriose vie dell'oceano...

"In generale, quasi ovunque, gli ebrei sono repubblicani. La Repubblica che tende al livellamento è sempre stata una delle loro aspirazioni più care. Non la Repubblica che afferma e consolida i privilegi di chi li possiede, ma una Repubblica... la cui missione teorica è quella di far scomparire la maggior parte delle disuguaglianze sociali. Per loro la Repubblica non è cristallizzata in una formula costituzionale: è un progresso costante, una marcia lenta ma sicura verso l'incontro tra le altezze e gli abissi, l'unificazione, la perequazione individuale, sociale e politica...

"Infine, un fenomeno di contraddizione attesta l'esistenza del concetto semita di unità: è quello dell'antisemitismo.

... Un *antisemitismo* mostra la realtà della cosa, del sistema. Non intendiamo quell'antisemitismo volgare, fermentazione di odio e calunnie, composto di errori e assurdità, fattore di ingiustizia e crimini... Parliamo di quell'antisemitismo che non è turbato dalle passioni, una particolare forma di giudizio, che rivendica la logica, ragionata e razionale. Un tale antisemitismo ha una sua contestazione, un suo valore intrinseco, una sua forza di idee e di azione. Rappresentante qualificato, campione di un determinato ordine di pensiero, di sentimenti, di credenze e di risultati, ha, grazie alla potente estensione del cristianesimo... stabilito un modo di civiltà quasi universale. Se si oppone al concetto semita di unità in quasi tutti i campi, se si solleva contro di esso su quasi tutti i terreni, non lo ignora, non lo nega: afferma per contrasto la sostanza, la consistenza e la costanza di questo concetto".

Mostrando i due fattori opposti, Kadmi Cohen continua:

"All'antisemitismo nazionale, prodotto dal genio recente dei popoli, si oppone il genio millenario della razza (nazionalità e razza identiche in sé)... All'antisemitismo intellettuale, prodotto dalle pretese della ragione, costruito sulle solide basi della logica, si oppone una forma di pensiero, turbata, incoerente, passionale. All'antisemitismo sociale, prodotto dalle esigenze dei principi più conservatori - sostenuti dalla forza dell'ordine e del gerarchismo - si oppone uno spirito di indisciplina innata, di rivolta e di unitarismo. All'antisemitismo economico, prodotto dall'esistenza e dal dominio del diritto di proprietà, resiste e attacca una concezione che rifiuta a tale diritto ogni necessità e virtù..."

Così alcuni di questi ebrei divennero inevitabilmente il fermento di tutte le rivoluzioni e persino Bakunin, socialdemocratico, anarchico e nichilista, si scontrò con la forza di questa unità ebraica. Nel suo *Studio degli ebrei tedeschi, del* 1869, scrisse:

"So che esprimendo con questa franchezza la mia opinione definitiva sugli ebrei, mi espongo a un enorme pericolo. Molti la condividono, ma pochissimi osano esprimerla pubblicamente, perché la setta ebraica... costituisce oggi una vera e propria potenza in Europa. Regna dispoticamente nel commercio, nelle banche, e ha invaso tre quarti del giornalismo tedesco e una parte molto considerevole del giornalismo di altri Paesi. Guai, dunque, a chi ha la goffaggine di scontentarla!".

Non era un odiatore o un detrattore degli ebrei, ma l'ebreo ha fatto in modo che il suo *studio* rimanesse inedito per oltre trent'anni.

In un recente libro, *Israël aux mystérieux destins*, di A. Cavalier e P. d'Halterive, troviamo le seguenti utili dichiarazioni sull'antisemitismo da parte di vari eminenti ebrei. Lo *Stato ebraico*, di Theodore Herzl, il celebre iniziatore del sionismo, un saggio sulla soluzione moderna della questione ebraica, apparve nel 1895, suscitando grande scalpore nel mondo israelita. In esso scrive:

"La questione ebraica esiste ovunque gli ebrei vivano, per quanto piccolo sia il loro numero. Dove non esiste è importata dagli immigrati ebrei. Noi andiamo naturalmente dove non siamo perseguitati e, comunque, la persecuzione è il risultato della nostra apparizione... Con la persecuzione non possiamo essere sterminati... gli ebrei forti si rivolgono con orgoglio alla loro razza quando la persecuzione scoppia. Interi rami dell'ebraismo possono scomparire, staccarsi; l'albero vive".

Di nuovo:

"Credo di capire l'antisemitismo, che è un movimento molto complesso. Lo vedo come ebreo, ma senza odio o paura. Riconosco ciò che nell'antisemitismo è scherzo grossolano, volgare gelosia di mestiere, pregiudizio ereditario; ma anche ciò che può essere considerato di fatto una *legittima difesa*".

Coloro che prevedono la sua scomparsa nello sviluppo dell'amore universale o della fratellanza umana sono, secondo Herzl, "sognatori molli" o "dotti sentimentali".

Inoltre dice:

"Produciamo incessantemente intelligenze medie che rimangono senza sbocco e che, per questo, costituiscono un pericolo sociale.

... Gli ebrei colti e senza fortuna tendono naturalmente tutti oggi verso il socialismo... Tra i popoli l'antisemitismo cresce di giorno in giorno, di ora in ora, e deve continuare a crescere, perché le cause continuano ad esistere e non possono essere soppresse... In basso diventiamo rivoluzionari proletarizzandoci, e formiamo gli ufficiali inferiori di tutti i partiti sovversivi. In alto, allo stesso tempo, cresce il nostro formidabile potere finanziario".

Herzl aveva capito e proclamato il fallimento dell'assimilazione. Nel *Jewish Chronicle del* 28 aprile 1911, M. Schindler, un rabbino americano, scrisse:

"Per cinquant'anni sono stato un convinto sostenitore dell'assimilazione degli ebrei e ci ho creduto. Oggi confesso il mio errore. Il melting-pot americano non produrrà mai la fusione di un solo ebreo. Cinquant'anni fa eravamo vicini all'assimilazione agli americani. Ma da allora due milioni di nostri fratelli (o tre) sono arrivati dall'Oriente, mantenendo le loro antiche tradizioni, portando con sé il loro vecchio ideale. Questo esercito ci ha sommersi. È la mano di Dio. L'ebreo deve differenziarsi dal suo vicino, deve saperlo, deve esserne consapevole, deve esserne orgoglioso".

Ma come disse Isaac Blumchen in *Le Droit de la Race Supérieure:*

"Siamo stranieri ostili, ospiti in tutti i paesi, e allo stesso tempo ci troviamo a casa in tutti i paesi quando vi siamo padroni".

"Non intendo", dichiara Herzl, "provocare un ammorbidimento dell'opinione a nostro favore. Sarebbe ozioso e privo di dignità. Mi accontento di chiedere agli ebrei se, nei Paesi in cui siamo numerosi, è vero che la posizione di avvocati, medici, ingegneri, professori e impiegati di ogni genere, appartenenti alla nostra razza, sta diventando sempre più intollerabile".

E come disse l'israelita Cerfberr de Medelsheim in *Les Juifs,* 1847:

"Gli ebrei occupano in proporzione, grazie alla loro insistenza, più posti delle altre comunità, cattoliche e protestanti. La loro disastrosa influenza si fa sentire soprattutto negli affari che hanno maggior peso nella fortuna del Paese; non c'è impresa in cui gli ebrei non abbiano la loro grande parte, non c'è prestito pubblico che non monopolizzino, non c'è disastro che non abbiano preparato e da cui non traggano profitto. È quindi sconsiderato lamentarsi, come fanno sempre, di coloro che hanno tutti i favori e che fanno tutti i profitti!".

(Citato anche da Gougenot des Mousseaux in *Le Juif,* 1869).

Per quanto riguarda l'influenza degli ebrei nelle varie rivoluzioni del XIX secolo, citiamo un altro scrittore ebreo, Bernard Lazare, in *L'Antisémitisme,* 1894:

"Durante il secondo periodo rivoluzionario, iniziato nel 1830, mostrarono un fervore ancora maggiore rispetto al primo. Erano inoltre direttamente interessati, poiché nella maggior parte degli Stati europei non godevano di pieni diritti civili. Anche coloro che non erano rivoluzionari per ragione o per temperamento lo erano per interesse personale; lavorando per il trionfo del liberalismo lavoravano per se stessi. Non c'è dubbio che con il loro oro, la loro energia, la loro abilità, sostennero e aiutarono la rivoluzione europea... In quegli anni i loro banchieri, i loro magnati dell'industria, i loro poeti, i loro scrittori, i loro demagoghi, spinti da idee molto diverse tra loro, si adoperarono per lo stesso fine... li troviamo partecipare al movimento della Giovane Germania: erano numerosi nelle società segrete che formavano le file della rivoluzione militante, nelle logge massoniche, nei gruppi della Carboneria, nella Haute-Vente romana, ovunque, in Francia, in Germania, in Svizzera, in Austria, in Italia."

(Citato da Leon de Poncins in *I poteri segreti della rivoluzione*, 1929).

Ancora una volta, Bernard Lazare scrive:

"Quali virtù e quali vizi portarono all'ebreo questa inimicizia universale? Perché fu a sua volta ugualmente maltrattato e odiato dagli Alessandrini e dai Romani, dai Persiani e dagli Arabi, dai Turchi e dalla nazione cristiana? Perché ovunque e fino ad oggi l'ebreo era un essere asociale.

"Perché era asociale? Perché era esclusivo, e la sua esclusività era allo stesso tempo politica e religiosa o, in altre parole, si atteneva al suo culto politico, religioso e alla sua legge... Questa fede nella loro predestinazione, nella loro elezione, sviluppò negli ebrei un immenso orgoglio; arrivarono a guardare i non ebrei con disprezzo e spesso con odio, quando alle ragioni patriottiche si aggiunsero quelle teologiche".

Come ha giustamente detto de Poncins, le forze segrete della sovversione che devono essere combattute e superate per tornare alla sanità pubblica mondiale sono: "La Massoneria, il Giudaismo e l'Occultismo, la cui alleanza e interpretazione reciproca non hanno più bisogno di essere dimostrate". Per mezzo di queste forze la mentalità del mondo occidentale è stata a lungo e viene tuttora giudaizzata in tutti i settori della vita, producendo il socialismo, il comunismo e il bolscevismo, che se avessero successo porterebbero inevitabilmente al dominio ebraico e alla distruzione della civiltà occidentale e cristiana.

In *Le Problème Juif, del* 1921, Georges Batault racconta che studiando la civiltà greca -

"Arrivato al periodo ellenico, vidi il popolo ebraico che mi si parava davanti armato della sua strana e potente religione, che si lanciava alla conquista del mondo. Vidi sorgere di fronte all'ellenismo nel suo splendore, ma già in declino, il giudaismo insinuante, tenace e misterioso, che cresceva e si estendeva sul mondo antico come un male pernicioso che si diffonde a danno del corpo che invade. Poiché il successo e poi la vittoria delle concezioni giudaiche hanno segnato il declino e poi la rovina del mondo antico, siamo pienamente giustificati nel sostenere che gli Ebrei non hanno portato assolutamente nulla alla civiltà antica se non il più potente fermento di dissoluzione".

La causa principale di questo fermento distruttivo del giudaismo risiede nel suo "esclusivismo", da cui è scaturito il suo eterno spirito di rivolta.

Citando Georges Batault:

"Non esiste nella storia un popolo così strettamente e ferocemente conservatore e tradizionalista come il Popolo d'Israele, e le sue tradizioni nazionali sono tutte religiose; ci troviamo in presenza di questa composizione unica, strana e bizzarra - un *popolo-religione* e una *religione-popolo, le* due idee sono inseparabili".

Come ha scritto lo storico ebreo Graetz:

"Il Talmud è stato lo stendardo che ha servito da segnale di raduno per gli ebrei, dispersi in paesi diversi; ha mantenuto l'unità dell'ebraismo".

Batault continua:

"L'umanità cambia, gli imperi sorgono e cadono, gli ideali sorgono, diventano splendenti e si estinguono, l'ebreo rimane, l'ebraismo rimane rivestito del suo feroce esclusivismo, sperando tutto dal futuro, instancabile, sovrumano, disumano... Popolo senza terra, nazione errante, razza dispersa, essi conservano una patria - la loro religione... inseguendo sempre il miraggio di un'età dell'oro, di una nuova era, di un tempo messianico in cui il mondo avrebbe vissuto nella gioia e nella pace, sottomesso a Yahvé, servendo la sua Legge sotto il governo del popolo sacerdotale, che era stato preparato dalle prove per il raggiungimento di quest'ora... [Questo] il più conservatore tra i popoli è giustamente reputato come posseduto da uno spirito di rivolta inestinguibile... sono eternamente inadattabili, e possono solo sperare nella sovversione...".

Fin dai tempi di Alessandro Magno gli ebrei di Alessandria, numerosi e potenti, erano continuamente impegnati nella sedizione e nella rivolta, e queste rivolte erano religiose, non sociali, dovute all'esclusivismo, non all'umanitarismo. Rendendosi conto del loro potere, usavano la minaccia della rivolta per ottenere privilegi. Dell'influenza e del potere degli ebrei a Roma verso la fine della Repubblica si sa poco, tranne un passo della *Pro Flacco*, di Cicerone. Flacco, pretore della provincia d'Asia, fu accusato dai Giudei, tramite Lelio, di aver messo le mani sull'oro che veniva inviato a Gerusalemme da alcuni Giudei; Cicerone, nel difenderlo, disse a Lelio:

> "Tu sai quanto è numerosa questa tribù, quanto è unita e potente nelle assemblee. Io mi rivolgerò a bassa voce, in modo che solo i giudici possano ascoltare, perché non mancano gli istigatori per aizzare la folla contro di me e contro tutti i migliori cittadini. Disprezzare, nell'interesse della Repubblica, questa moltitudine di ebrei così spesso turbolenti nelle assemblee dimostra una singolare forza d'animo. Il denaro è nel Tesoro; non ci accusano di furto; cercano di fomentare gli odi...".

Come ha aggiunto Batault:

> "Improvvisamente apprendiamo non solo che a Roma c'erano ebrei in gran numero, ma che avevano un'influenza politica che esercitavano a vantaggio del partito popolare contro quello di Cicerone e del Senato".

> "Rivoluzionari per dottrina, poiché ogni messianismo dichiara la distruzione di ogni ordine esistente... gli ebrei hanno tratto profitto da tutti i movimenti rivoluzionari della storia dalla caduta dell'Impero Romano. Nel Rinascimento, un'epoca di perpetue rivolte, hanno prestato denaro a principi e mercanti e sono stati ben considerati; di nuovo nella Riforma hanno approfittato degli scismi religiosi per promuovere le proprie convinzioni. La Rivoluzione del 1789 portò all'emancipazione degli ebrei in Francia, e il loro principale sostenitore fu Mirabeau, in gran parte sotto l'influenza di Moise Mendelssohn e Dohm; le rivoluzioni del 1830 e del 1848 portarono loro ulteriori miglioramenti".

Arrivando ai giorni nostri, Batault continua:

> "Il cupo destino dell'Impero russo ha profondamente terrorizzato gli animi e portato guai nel mondo. L'ideologia bolscevica, per sua natura e per volontà delle sue creature, è in primo luogo

internazionale; perché possa avere una possibilità di trionfare, non basta sottomettere la Russia, bisogna anche disorganizzare e sottomettere il resto del mondo. A questo scopo il Tesoro della Russia, caduto nelle mani dei tiranni di Mosca, è messo al servizio di un'intensa propaganda esterna, e i fondi sono inviati in tutti i Paesi da abili agenti di propaganda; se i tre quarti del personale bolscevico sono ebrei, i suoi agenti all'estero, con rare eccezioni, sono tutti ebrei... Risulta quindi che il bolscevismo è una delle cause più potenti e attuali del movimento antisemita universale".

E della Germania dice:

"In nessun luogo come in Germania gli ebrei [nella finanza, nell'industria e nel commercio] hanno un ruolo così importante, quasi preponderante. Perciò si potrebbe facilmente dire che tutti i nuovi ricchi e i profittatori di guerra erano ebrei... l'ebreo-usuraio, l'ebreo-sfruttatore, l'ebreo-profittatore, è un'antichità millenaria... L'immensa maggioranza degli influenti nel socialismo austriaco erano e sono ancora ebrei [1921]... Infine, in un certo senso gli ebrei si oppongono ai non ebrei, soprattutto nel ruolo che giocano come iniziatori e attori nei partiti di estrema sinistra come l'internazionalismo opposto al nazionalismo".

Per concludere:

"Lo studio del problema ebraico è più che mai una realtà pressante, ma... la questione ebraica è anche più che mai *tabù*; non se ne deve parlare, tanto meno studiarla. Al massimo si riconosce il diritto di negarne l'esistenza. Anche coloro che dovrebbero essere più interessati a trovare una soluzione pretendono di risolvere il problema con l'astensione o il silenzio, che è considerato un metodo sano e un'idea altamente umanitaria... L'ebraismo, nelle sue origini e nelle sue espansioni, presenta un insieme di sentimenti, nozioni e idee che sono all'origine di veri e propri sistemi, religiosi, politici e sociali; si ha il diritto di discutere e contestare questi sistemi".

Secondo il *Jewish Chronicle,* 4 aprile 1919:

"... che gli ideali del bolscevismo in molti punti sono consonanti con i migliori ideali dell'ebraismo".

Il 22 aprile dello stesso anno è stata resa pubblica una lettera firmata da dieci tra i più noti ebrei inglesi, in cui si dissociavano, insieme ad altri ebrei britannici, dalla suddetta dichiarazione del *Jewish Chronicle.*

In *Le Livre Proscrit,* un diario scritto durante i terrori dei movimenti rivoluzionari e bolscevichi ungheresi, Cecile Tormay descrive così questo spirito dell'ebraismo così vicino al bolscevismo:

"Una tirannia bestiale si instaura sui popoli indeboliti dalla guerra. La marea porta via, nelle sue infinite ebollizioni, città, nazioni e parti di continenti. Nel sottosuolo irrompe attraverso le fognature, invadendo le case, salendo le scale di marmo degli argini, dispiegandosi nelle colonne dei giornali. In ogni punto in cui il terreno ammorbidito sembra cedere, spumeggia, e ovunque è la stessa marea".

Parlando del suo effetto dissolvente su Russia, Ungheria e Baviera, l'autore continua:

"Le differenze specifiche tra i tre popoli sono così grandi che la misteriosa somiglianza degli eventi non può essere dovuta alle analogie di razza, ma solo all'opera della quarta razza che vive tra le altre senza mescolarsi con esse. Tra le nazioni moderne, il popolo ebraico è l'ultimo rappresentante dell'antica civiltà orientale... Piange sui bastioni di Gerusalemme distrutti e ne innalza di nuovi senza accorgersene. Si lamenta di essere isolato, e per vie misteriose lega insieme le infinite parti di Gerusalemme che coprono l'intero universo. Ovunque ha connessioni e legami che spiegano come il capitale e la stampa concentrati nelle sue mani possano servire gli stessi piani in tutti i Paesi del mondo... Se glorifica qualcuno, questo viene glorificato in tutto il mondo; se vuole rovinare qualcuno, l'opera di distruzione opera come se una sola mano la dirigesse... Se insegna la rivolta e l'anarchia agli altri, essa stessa obbedisce mirabilmente a guide invisibili... Come è riuscita a dissimulare questo piano mondiale? ... Hanno messo davanti a loro uomini del paese, ciechi, volubili, venali, perversi o stupidi, che servivano da schermo e non sapevano nulla. Poi hanno lavorato in sicurezza, loro i formidabili organizzatori, i figli dell'antica razza, che sanno come custodire un segreto".

Inoltre, René Fülöp-Miller, in *The Mind and Face of Bolshevism (La mente e il volto del bolscevismo)*, 1927, scrive delle sette gnostiche primitive, che per lungo tempo hanno dominato la Russia contadina, invadendo anche l'intellighenzia. Come dice l'*Enciclopedia Ebraica*, lo gnosticismo "aveva un carattere ebraico molto prima di diventare cristiano", e sia il panteismo che il razionalismo dell'ebraismo, che così spesso sfocia nella teurgia cabalistica, si trovano in queste sette. Fülöp-Miller ci informa che:

"Quasi tutte le sette russe, come esistevano al tempo degli zar e come esistono tuttora in mezzo al mondo bolscevico del materialismo ortodosso, mostrano nei loro principi spirituali un carattere prevalentemente religioso-razionalista. È vero che esistono anche alcune confraternite di tendenza orgiastica e mistica; ma nei loro riti, nel loro culto religioso e nei loro articoli di fede, uno psicologo esperto riconoscerà senza difficoltà anche molte delle radici e delle prime fasi dell'attuale bolscevismo... Se passiamo in rassegna tutte queste sette russe possiamo... Se passiamo in rassegna tutte queste sette russe, possiamo constatare un notevole progresso nella forma in cui esprimono l'idea di comunismo, che è fondamentale in tutte: i Molokany e i Dukhobor e tutte le altre sette razionaliste si limitavano a proclamare una comunità di beni terreni (a cui, ci dicono, Tolstoi doveva il suo sistema di etica sociale); ma tra i Khlysty vediamo un progresso: l'amore, il matrimonio e la famiglia hanno cessato di essere una questione privata, e con loro troviamo rapporti sessuali promiscui... Infine, se consideriamo che difficilmente possiamo sbagliarci nello stimare il numero dei membri di queste sette, prima della Rivoluzione, a circa un terzo della popolazione totale di questo enorme Paese, siamo costretti ad ammettere che ci troviamo di fronte a un fenomeno di potenza veramente elementare, che deve essere della massima importanza, non solo dal punto di vista religioso, ma anche da quello socio-politico. Infatti, queste nozioni razionalistico-ciliastiche (millenaristiche) delle sette russe... si sono presto fatte strada negli strati più alti dell'intellighenzia russa e persino nel mondo delle idee dei politici.

... Collegare queste nozioni semimistiche con i principi moderni del materialismo marxista, perché solo con l'amalgama è stato preparato il terreno per la rivoluzione bolscevica".

Allo stesso modo e con lo stesso effetto, demoralizzante, scristianizzante e giudaizzante, vediamo uno sciame di sette neo-gnostiche, cabalistiche, mistiche e illuministiche che invadono tutte le nazioni del mondo occidentale, avvelenando la loro mentalità dal punto di vista religioso e socio-politico, infettandole con il panteismo, il razionalismo, il socialismo e il comunismo, preparando la strada al dominio di questo stesso potere segreto che opera dietro il bolscevismo.

I popoli di lingua inglese sono del tutto disinformati sulle differenze di carattere tra le varie sezioni degli oltre quindici milioni di ebrei sparsi sulla terra. Queste diverse sezioni dell'ebraismo sono tuttavia in grado di portare nei movimenti mondiali una meravigliosa solidarietà di influenza razziale, esercitata per mezzo di importanti posizioni politiche occupate in tutti i Paesi e di un potere capillare sulla stampa e su altri mezzi di pubblicità. Ma è del tutto impossibile per il pubblico britannico comprendere i movimenti del bolscevismo e della rivoluzione mondiale, a causa della prevalente ignoranza del ruolo dominante svolto dagli ebrei rivoluzionari in tutti i Paesi. Come ha detto Thackeray:

> "Semina un pensiero e raccogli un'azione; semina un'azione e raccogli un'abitudine; semina un'abitudine e raccogli il carattere; semina il carattere e raccogli il destino".

Così si seminano e si raccolgono le rivoluzioni; così si vanificherebbero le rivoluzioni se non fosse per il sinistro potere che oggi controlla ovunque la stampa e gli editori.

Già il 29 giugno 1789 Arthur Young, nel suo *Travels in France and Italy,* scrive di questo controllo segreto della stampa:

> "I posteri crederanno che, mentre la stampa ha pullulato di produzioni infiammatorie che tendono a dimostrare la benedizione della confusione teorica e della licenziosità speculativa, non è stato impiegato un solo scrittore di talento per confutare e confondere le dottrine alla moda, né è stata prestata la minima cura per diffondere opere di altro genere?".

Inoltre, in *Les Victoires d'Israël,* Roger Lambelin ha scritto di questo stesso male:

> "Che dire dei grandi giornali di tutti i paesi, controllati direttamente o influenzati indirettamente dai grandi capitalisti ebrei, attraverso intermediari, redattori, agenzie di informazione o pubblicità! Provate a pubblicizzare sulla grande stampa, o anche sulle cosiddette riviste nazionali di Parigi, Londra, New York, Vienna o Roma, una pubblicazione che mostri chiaramente l'azione di Israele e il suo imperialismo, e vedrete che accoglienza riceverà".

Ad esempio, la "Anti-Defamation League, Chicago", il 13 dicembre 1933, scrisse agli editori di periodici anglo-ebraici, a proposito di un libro antagonista agli interessi ebraici - *The Conquest of a Continent* di Madison Grant:

"Siamo interessati a soffocare la vendita di questo libro. Crediamo che il modo migliore per farlo sia rifiutare di essere spinti a dargli pubblicità... Meno discussioni ci saranno su questo libro, più si creerà una resistenza alle vendite".

Ci appelliamo quindi a voi affinché vi asteniate dal commentare questo libro... Siamo convinti che un'adesione generalizzata a questa richiesta suonerà come un monito per le altre case editrici a non impegnarsi in questo tipo di impresa. (Firmato) RICHARD E. GUTSTADT, *Direttore*".

Parlando di uno dei suoi libri, Léon de Poncins racconta che un'americana si offrì di farlo tradurre e pubblicare, ma consigliata dal suo avvocato, le trattative furono interrotte:

"A mio parere, secondo la legge sulla diffamazione prevalente in questo Paese (U.S.A.), non potete in alcun modo partecipare alla pubblicazione di *Forces Secrètes de la Révolution* di de Poncins, senza incorrere in gravi responsabilità legali con rischio di danni... Le personalità e le associazioni criticate sono così potenti in questo Paese che la pubblicazione del libro comporterebbe sicuramente cause legali molto costose".

Un altro aspetto di questa formidabile questione ebraica è visibile in Algeria nelle sue relazioni con gli arabi autoctoni.

In *Le Péril Juif*, Charles Hagel presenta ai suoi lettori quella che considera la vera posizione dell'ebreo e dell'arabo algerino. Scrive:

"Lo guardiamo obiettivamente con documenti e prove alla mano, dando conclusioni autorizzate da cinquant'anni di vita attenta, vissuta con occhi aperti in questo Nord Africa, che è, in effetti, il più meraviglioso laboratorio e il miglior terreno su cui seguire l'evoluzione dell'ebreo... Viviamo in Francia sotto la legge di un tabù; cioè, dell'ebreo... Chi dirà che esagero... in questa Algeria dove non c'è più un solo giornale in cui la parola ebreo possa essere scritta con la J maiuscola.

... Atei nella religione degli altri, internazionali nel paese degli altri, rivoluzionari nella società degli altri, ma prodigiosamente gelosi e ferocemente conservatori in ciò che è loro proprio, nella loro originalità, nel loro spirito e nella loro razza, così durante mezzo secolo gli ebrei si sono rivelati ai miei occhi attenti... Non è tanto per se stesso e per la sua azione deleteria che l'ebreo è pericoloso, quanto per l'esempio che dà, il contagio che esercita e lo spirito che insegna alle masse incatenate, prive di direzione e troppo inclini all'imitazione... Il nostro antisemitismo, quindi, non è di violenza, disordine o recriminazione, ma di chiaroveggenza, di protezione metodica; il nostro antisemitismo è dello Stato, dei regolamenti e delle leggi."

Nel 1830, quando Carlo X divenne reggente d'Algeria, gli ebrei vivevano in quartieri speciali e avevano il permesso di svolgere occupazioni ben definite; fino ad allora formavano un gruppo completamente isolato e strettamente sorvegliato dai mussulmani, che, quando necessario, esercitavano con energia la vendetta e il diritto di rappresaglia. In numero di circa 30.000, divisi in comunità, gli ebrei costituivano una nazione, con i suoi capi, il suo culto autorizzato, il suo consiglio, il suo ordine, le sue leggi, la sua giurisdizione *più giudaica* e i suoi diritti; ma soprattutto tutti i suoi oneri e doveri nei confronti del suo padrone mussulmano: non avevano il diritto di portare armi, né di accendere una luce di notte per le strade, indossavano abiti neri distintamente contrassegnati, era loro vietato l'ingresso in alcune città o di passare davanti alle moschee o di avvicinarsi ai pozzi, e non potevano essere chiamati come testimoni. Non avevano uno status reale e non potevano possedere proprietà.

Nel Mussulmano si scontravano con un uomo primitivo che non aveva paura della morte, un guerriero feroce e formidabile la cui vita era rudimentale e povera, ma la cui forza in tempi passati aveva creato imperi. Dal 1830 al 1870 gli ebrei furono assimilati giudizialmente e amministrativamente prima di essere incorporati legalmente e politicamente. Coperti dall'autorità francese e difesi dai soldati francesi, si abbandonarono all'industria nazionale dell'usura. L'ebreo era il tentatore che portava al mussulmano, quest'uomo impulsivo e avido di piacere, il denaro per soddisfare le sue passioni e i suoi piaceri.

Nel 1848 l'ebreo Cremieux, membro del governo provvisorio francese, ministro della Giustizia e poi presidente dell'*Alliance-israélite-universelle,* preparò un decreto e cercò di accelerare l'incorporazione civile, politica e amministrativa degli ebrei d'Algeria, ma il *colpo di Stato* del 1851 lo fermò. Tuttavia, gli ebrei prosperarono rapidamente e nel 1861 un magistrato dichiarò: "che gli israeliti possiedono gran parte delle proprietà, che le fortune degli arabi passano nelle loro mani e che nella sola città di Algeri si potrebbe valutare il loro patrimonio fondiario a più di 12.000.000 di franchi". Approfittando di una Francia distratta e disperata dopo la sconfitta subita dai tedeschi nel 1870, il decreto Crémieux per gli ebrei algerini fu votato a stragrande maggioranza e senza dibattito.

Gli ebrei d'Algeria divennero cittadini francesi, e tutto ciò che la Francia ottenne fu l'odio dei suoi sudditi arabi, l'unico elemento di valore su cui poteva contare per popolare e sviluppare economicamente la colonia. Gli ebrei sono stati messi in condizione di superiorità rispetto a loro! Gli arabi non potevano accettare l'insulto! Città, villaggi, fattorie furono saccheggiate, i cittadini sgozzati e gli stabilimenti rovinati. Ma gli ebrei non apprezzarono la coscrizione richiesta! Il capo arabo Mokrani fu ucciso e gli altri deposero le armi. La Kabulia perse la sua autonomia e gli insorti dovettero pagare 32.000.000 di franchi e 500.000 ettari di terra furono confiscati. Di tanto in tanto si verificarono altre rivolte e saccheggi, e quella del 1898, più grave delle altre, fu rigorosamente repressa dalla Francia dominata dagli ebrei.

> "In generale, se non si può attribuire all'ebreo l'intera responsabilità della situazione, economica, politica e sociale, in cui l'Algeria è strangolata, non è esagerato riconoscerlo come moralmente colpevole, perché la maggior parte del suo ruolo qui, ancor più che altrove, è consistito nel corrompere, degradare e disintegrare".

Nel 1934 l'autore stima il numero degli ebrei a 120.000-150.000 e degli arabi a 6.000.000, tre quarti dei quali sono permanentemente sottoalimentati fin dalla prima infanzia.

> "Ridotta alle proprie risorse da quando la Francia... le ha concesso l'autonomia finanziaria e questo Parlamento coloniale, dapprima consultivo e poi deliberativo, delle delegazioni finanziarie... l'Algeria non è in grado di assicurare con le proprie risorse il costo schiacciante del primo stabilimento di amministrazione e di mantenimento che le compete. L'equipaggiamento economico è troppo pesante a causa dell'immensità del suo territorio e dell'insignificanza della sua popolazione.

... Attualmente il fellah non ha più nulla se non la sua pelle secca stesa sulle ossa, e deve pagare i contratti, le banche e soprattutto l'ebreo".

In Algeria l'ebreo ha contribuito fortemente al disordine dell'opinione pubblica. Demoralizzati da lui, un quarto dei cittadini delle grandi città commercia apertamente i "propri diritti", vendendo il proprio voto per 20-500 franchi o più. Le liste sono cotte: Ad ogni elezione... il servizio postale restituisce ai sindaci migliaia di schede di elettori" con la dicitura "sconosciuto", "scomparso", "senza indirizzo", "morto". Gli ebrei "esercitano nell'economia algerina una sommersione di cui si può affermare che distruggerà tutta l'élite, eliminerà ogni concorrenza e metterà a discrezione di questo gruppo etnico, inassimilabile ed eternamente estraneo, la direzione di tutti gli affari di questo Paese".

Wickham Steed, nel suo libro *The Hapsburg Monarchy*, cita una lettera di un mezzo ebreo che scriveva nel 1905 dell'Ungheria:

"C'è una questione ebraica, e questa terribile razza intende non solo dominare una delle più grandi nazioni guerriere del mondo, ma intende e si sforza consapevolmente di entrare nelle liste contro l'altra grande razza del nord (i russi), l'unica che finora si è frapposta tra lei e il suo obiettivo di potere mondiale. Mi sbaglio? Ditemi. Perché già l'Inghilterra e la Francia sono, se non proprio dominate dagli ebrei, quasi, mentre gli Stati Uniti, per mano di coloro di cui ignorano la presa, stanno lentamente ma inesorabilmente cedendo a questa egemonia internazionale e insidiosa. Ricordate che sono mezzo ebreo per sangue, ma che in tutto ciò che ho il potere di essere, non lo sono".

Come sappiamo, nel 1918 l'Ungheria era rapidamente nella morsa di Bela Kuhn e di altri ebrei rossi, tutti strumenti del governo bolscevico. Nel *Diario di un fuorilegge*, Cecile de Tormay, patriota e scrittrice ungherese, descrive le condizioni preparatorie:

"Poi arrivò Karolyi e preparò la strada al bolscevismo nell'educazione delle giovani generazioni ungheresi. La nomina in massa di professori e insegnanti massoni ebrei; la riforma bolscevica dei libri scolastici; la distruzione dell'anima dei bambini; la degradazione dell'autorità genitoriale; la distruzione sistematica dei principi morali e patriottici; la rivelazione di questioni sessuali; tutto questo fu opera del governo di Karolyi".

Inoltre, per spiegare il ruolo svolto dalla Giudeo-Massoneria in Ungheria, prendiamo le seguenti informazioni documentate dal libro di Leon de Poncin *La Dictature des Puissances Occultes*. La storia di questa massoneria in Ungheria è di particolare interesse, perché dopo la caduta della rivoluzione bolscevica di Bela Kuhn, il governo ungherese sciolse le logge massoniche, sequestrò e pubblicò i loro archivi, che mostravano chiaramente il legame della massoneria dominata dagli ebrei con il movimento rivoluzionario del 1918. Egli riproduce una lettera aperta su questo tema inviata dal deputato Julius Gombos (Primo Ministro d'Ungheria) al Comte Paul Teleki, Presidente del Consiglio ungherese, in cui si legge:

"Il governo reale ungherese, come tutto il mondo sa, ha sciolto la Massoneria ungherese perché alcuni membri di questa organizzazione hanno partecipato alla preparazione della rivoluzione d'ottobre e all'opera di distruzione sistematica che si è svolta contro gli interessi del popolo e dello Stato ungherese. Secondo gli inquirenti, tra queste persone c'erano uomini che, in questo Paese, erano rappresentanti o agenti di tendenze ebraiche che avevano in mente il dominio universale, e che hanno sognato nel silenzio della segretezza di addormentare il sentimento nazionale per far trionfare una dottrina antinazionale, a noi estranea ma a loro cara... Sebbene la decisione sulla sorte della Massoneria ungherese sia di competenza dell'ordine interno, a mio parere, Vostra Eccellenza renderebbe un grande servizio al Paese illuminando lo straniero su questa questione e su un'altra, ad essa collegata, la questione ebraica, affinché lo straniero non si formi idee errate sulle misure prese in vista della difesa della religione e della moralità del popolo e della nazione."

Per quanto riguarda l'ebraismo nella Russia sovietica di oggi, citiamo *L'Univers-israélite*, 7-14 settembre 1934, che scrive:

"In U.R.S.S. l'ebraismo e il cristianesimo sono stati sepolti insieme. Dormono nella tomba comune riservata a tutte le religioni. I comunisti non hanno fatto alcuna differenza tra i culti.

... La loro filosofia era il materialismo scientifico, negavano il valore di ogni religione, quindi colpivano l'ebraismo come tutte le religioni. È vietato impartire l'istruzione religiosa ai minori di diciotto anni. A scuola si spiega agli alunni che tradiranno la rivoluzione se metteranno piede in chiesa o in sinagoga. Il risultato è che le sinagoghe sono vuote... Il sionismo è vietato. Per i comunisti il sionismo è doppiamente riprovevole, innanzitutto perché lo ritengono al servizio dell'imperialismo britannico... Chiunque difenda la causa del sionismo viene severamente punito; i sionisti sono stati imprigionati, esiliati e persino fucilati. La soppressione del sionismo e della religione [continua il direttore di] è stata una grande tragedia per lo spirito ebraico... I bambini, vittoriosi, perseguono il loro obiettivo [il comunismo] con la certezza di aver scelto un modo di vita superiore".

Infine, un corrispondente ebreo del *Patriot*, attento osservatore di tutti i fatti che sfuggono al caos politico bolscevico, osserva:

"Il fatto che l'antisemitismo sia diventato un reato penale in Bolscevia non dimostra il filosemitismo; al contrario, si potrebbe ragionare logicamente così: L'odio per gli ebrei è talmente dilagante nel Paese che le autorità sono state costrette a mettere il reato nella stessa categoria della controrivoluzione, che è il crimine più severamente punito nella Russia sovietica, perché altrimenti non sarebbero state in grado di reprimere la tendenza".

Continua:

"Alcuni anni fa un finanziere ebreo fu rimproverato per aver versato milioni di dollari nella Russia sovietica. "Avete mai immaginato cosa accadrebbe ai nostri fratelli in Russia se - Dio non voglia - il regime sovietico dovesse crollare? Le misure di ritorsione sarebbero terribili, a parte gli sfoghi della popolazione vendicativa". Resta il fatto che in Russia l'antisemitismo è presente nella stessa misura che ai tempi dello zarismo, con la sola differenza che ora è diffuso nella clandestinità, il che aggrava la malattia".

Sempre lo stesso scrittore conclude:

"È evidente che la chiave della soluzione di questo annoso problema sta nel trovare il modo di superare gli ostacoli della formidabile sezione rivoluzionaria dell'ebraismo, sia numericamente che energicamente".

CAPITOLO VII

MASSONERIA CONTINENTALE

GUSTAVE BORD, scrivendo in *La Franc-maçonnerie en France*, 1908, dice:

> "La Massoneria si presentava all'inizio come un difensore della religione naturale: la fede nell'aldilà, nell'esistenza di Dio e nell'immortalità dell'anima basata unicamente sulle idee della Ragione. Ma gradualmente questa religione naturale si trasformò in una mera morale sociale basata sull'immortalità della materia, e dopo essere passata attraverso il panteismo finì nella negazione della Divinità".

Come abbiamo spiegato in precedenza, esiste un curioso libro *Long Livers*, di Robert Sambers, dedicato alla Gran Loggia di Londra, 1722, e citato da storici massoni come Mackay, Whytehead, Yarker, ecc. in cui l'autore indica una misteriosa *illuminazione* e un'altrettanto misteriosa gerarchia che opera attraverso i gradi superiori della Massoneria, il linguaggio usato è quello dell'alchimia e del Rose-Croix. È in questa illuminazione segreta dei gradi superiori, proveniente da una fonte sconosciuta e comune a tutti i gruppi teosofici e occulti, che si nasconde il cancro che fomenta le rivoluzioni e mira alla distruzione della civiltà occidentale e cristiana. Come scrive giustamente J. Marquès-Rivière in *La Trahison Spirituelle de la F.-. M.-.*:

> "Si potrebbe facilmente concludere l'esistenza in Massoneria di due correnti apparentemente contraddittorie, ma semplicemente complementari: i razionalisti e gli Illuminati. Ciò che li unisce e li lega è il rituale... I politici razionalisti hanno degli ispiratori: sono gli occultisti delle logge... La Massoneria è il luogo da cui le diverse sette traggono i loro elementi; è per loro una scuola preparatoria, un filtro, una disciplina. I Martinisti esigono che i loro membri siano

Maestri Muratori. Le migliori reclute di altri gruppi sono questioni di Massoneria... Inversamente le opinioni, i sogni, le elucubrazioni di queste cappelle pseudo-mistiche, di queste tane di follia, penetrano nel grande corpo della Massoneria attraverso i loro membri... Teosofia, occultismo, Massoneria, sette segrete o mistico-civili hanno un solo scopo comune: assicurare la liberazione dell'uomo, sottrargli ogni senso morale tradizionale per poterlo asservire per il bene degli interessi a cui mirano, che chiamano liberazione... Esiste una contro-Chiesa, con le sue scritture, i suoi dogmi, i suoi sacerdoti, e la Massoneria è uno dei suoi aspetti visibili. Questo falso dogmatismo deve essere smascherato, questo pseudo-misticismo che attira più anime di quanto sia credibile, i cui pericoli sono tanto reali quanto nascosti... Questo misticismo è in effetti il grande segreto massonico, l'Iniziazione Suprema... È vecchio come questo vecchio mondo".

RUSSIA

Al Congresso di Verona, nel 1822, il principe de Metternich, primo ministro d'Austria, indirizzò all'imperatore Alessandro di Russia un *mémoire* sulle società segrete, nel quale diceva:

"Ingannati dalla loro stessa immaginazione disordinata, ingannati da chiunque voglia servirsi della loro mania per i propri scopi diversi, questi uomini [vaghi mistici] sono stati costantemente un vivaio di adepti per le società segrete [...]. Queste società sono una malattia che corrode il corpo sociale nelle sue parti più nobili, il male ha già messo radici profonde ed estese; se i governi non prendono misure efficaci... l'Europa rischia di soccombere agli attacchi che queste associazioni ripetono incessantemente... monarchie assolute, monarchie costituzionali, repubbliche, tutte sono minacciate dai Livellatori."

Più tardi, Metternich riconobbe gli ebrei come uno degli elementi più terribili della rivoluzione. Un breve schizzo della massoneria in Russia confermerà la sua opinione. Lo riprendiamo in gran parte da un libro di Georgios Michalof del 1877 (cfr. *Documento K, Deschamps*, vol. ii).

Durante i primi anni del regno di Caterina II, le logge si moltiplicarono notevolmente nell'alta società russa e Saint-Martin, attraverso il conte polacco Grabianka e l'ammiraglio russo Pleschischejev, propagò le sue dottrine nelle logge. Diffuse le sue idee attraverso una *Société typographique* che pubblicava gli scritti di Boehme e tutte le opere e le traduzioni francesi improntate alla religiosità morale della setta, e presto la letteratura del Paese ne fu impregnata (un orientamento simile a quello dei nostri pacifisti e internazionalisti). L'anima della società era Novikof, Gran Maestro e Direttore della Massoneria russa. Tutti i talenti furono attirati nella rete e le logge martiniste penetrarono anche nella Chiesa per mezzo degli alti dignitari, usandola in gran parte come maschera per i loro scopi politici e per ingannare l'Imperatrice.

Caterina si dichiarò dapprima protettrice della massoneria e nel 1784 fu costituita a Pietroburgo la Loggia Imperiale. Tuttavia, dopo la Rivoluzione del 1792, avendo scoperto che Novikof, a sua insaputa, aveva iniziato il Granduca, poi Paolo I, Novikof fu gettato nella fortezza di Schlusselburg e i principi Leopuchin, Troubetskoi e Turgenjef furono esiliati nelle loro tenute; ancora la Massoneria operava in segreto. Paolo I favorì la massoneria e liberò Novikof, ma nel 1797 chiuse le logge ed esiliò la maggior parte degli iniziati pericolosi; Alessandro I, tramite Bober Consigliere di Stato e Gran Maestro del Grande Oriente Russo, revocò l'ordinanza di Paolo e nel 1803 fu fatto massone. La prima Gran Loggia, *Vladimir,* fu fondata nel 1811, ma fu poi sostituita da due gruppi, *Astres* e *Provinciale.* Nel 1822, temendo le conseguenze per lo Stato di un'organizzazione così democratica, le logge furono sciolte per ordine imperiale.

Durante la campagna contro Napoleone, nell'esercito si formarono logge di carbonari, che vennero così gradualmente contagiati dalle idee di libertà assoluta da ogni autorità civile e religiosa. Fu mentre l'Imperatore preparava una riforma costituzionale che Pestel e altri, con Novikof a capo, fondarono l'*Alliance du salut, il cui* primo gruppo si formò nel reggimento delle Guardie nel 1813. Come propaganda esterna organizzò la *Société de bien public,* divisa in quattro sezioni: filantropica, civiltà intellettuale e morale e scuole, supervisione dei tribunali e dei funzionari, economia nazionale. A Kiev, nel 1823, esisteva un'altra società, la *Slavoniens unis, che* aveva rapporti con la *Société du sud.* I loro riti erano quelli dell'alta massoneria e miravano, con una certa indipendenza, a unire gli otto Paesi slavi,

Russia, Polonia, Boemia, Moravia, Dalmazia, Ungheria (?) con la Transilvania, Servia con la Moldavia e Valacchia, con una città federale e centrale - una delle prime forme di Stati Uniti d'Europa delle sette! Se la cospirazione fosse riuscita, Pestel sarebbe diventato dittatore. Cercò di unirsi ai polacchi, ma quando rivelò il progetto di uccidere l'intera famiglia imperiale e di proclamare una repubblica socialista, il principe Jablonowski si ritrasse inorridito e ai polacchi fu permesso di formare il proprio governo. L'insurrezione era stata fissata per il 1829, ma l'improvvisa morte di Alessandro accelerò l'esplosione e nel dicembre 1825 il tentativo fallì con l'esecuzione dei leader (1826). Nel 1857 Alessandro II permise invano l'apertura delle logge, perché la massoneria, si diceva, odiava sia la Russia che l'Austria.

Sotto Nicola II la Russia era ancora preda del Martinismo. Papus e Philippe, il guaritore magnetico, crearono logge martiniste e diffusero le perniciose dottrine, contribuendo non poco a creare problemi alla Corte e alla nobiltà. Philippe, scrive Sokoloff nella sua *Inchiesta*, fu introdotto a Corte dall'ebreo Manoussevitch Manouilof, il sinistro consigliere di Rasputin, che nel 1905, secondo il Paleologo, istigò le manifestazioni degli operai e in seguito contribuì a preparare i pogrom di Kiev, Alexandrovsk e Odessa. Come scrisse lo scrittore ebreo Dr. Angelo Rappaport nel 1918:

> "Non c'è organizzazione politica nel vasto Impero che non sia stata influenzata dagli ebrei o diretta da loro... Forse aveva ragione Plehve quando diceva che la lotta per l'emancipazione politica in Russia e la questione ebraica erano praticamente identiche".

La Russia imperiale è stata spazzata via, ma la Massoneria russa persiste. L'American *Builder*, giugno e agosto 1927, dà conto di quattro logge ordinarie , di una Loggia di Perfezione e di un Capitolo Rose-Croix che operano a Parigi, in lingua russa e secondo gli antichi riti russi, sotto la giurisdizione della Gran Loggia di Francia e del Supremo Consiglio, ma con piena libertà. Le quattro logge ordinarie sono dirette da un comitato che rappresenta l'embrione della futura Gran Loggia di Russia. La Loggia di Perfezione lavora in stretta relazione con il Capitolo di Rose-Croix ed esiste, in conformità al Congresso di Losanna del

1922, un comitato temporaneo riconosciuto dal Supremo Consiglio di Francia, che diventerà in seguito il Supremo Consiglio del Rito Scozzese in Russia. Il compito consisterà in: "Ripristinare in Russia un governo normale e stabilire condizioni ordinarie di vita economica e politica" (citato da *R.I.S.S.*, II dicembre 1927).

La Massoneria, questo fermento universale, è uno strumento adatto a ripristinare condizioni normali in un immenso Impero frantumato e corrotto dalle forze segrete dell'Ebraismo?

POLONIA

Quanto segue è tratto dalla rivista nazionalista polacca *Mysl Narodowa*, nn. 30-33, 1933. Il *R.I.S.S.* lo riproduce, senza assumersi alcuna responsabilità, in quanto getta luce sull'opera universale giudaico-massonica di distruzione e dominazione antireligiosa. Ne diamo un breve riassunto. Fu soprattutto durante la Grande Guerra che la Massoneria fece la sua comparsa in territorio polacco. In Polonia, sotto l'Impero russo, esisteva la Loggia *Odrodzenie*, risalente a prima della guerra, e tra i suoi membri c'erano funzionari del Ministero della Pubblica Istruzione e professori del Politecnico e della Libera Università. Alcuni miravano all'infiltrazione massonica. C'era già un certo numero di ebrei appartenenti al Grande Oriente di Francia: Litauer, importante funzionario del Ministero degli Affari Esteri; Wasserzug, detto Wasowski, iniziato a Parigi prima della guerra, dove pubblicò, insieme ad altri massoni, la rivista anticristiana *Panteon*. Tornato a Varsavia, collaborò alla rivista *Pravda*, poi, all'inizio della guerra, a *Widnokreci*, e durante l'occupazione tedesca alla rivista *Glos Stolicy*, organo diretto contro le potenze alleate, in particolare Francia e Inghilterra. Dopo la dichiarazione di indipendenza fu allontanato dal Ministero degli Affari Esteri. Riprende quindi la collaborazione con la stampa antinazionale ed ebraica e fonda L'Agence Polonaise Publiciste, continuando a portare avanti la sua propaganda massonica con un occhio di riguardo alla stampa provinciale. Oggi dirige la rivista massonica *Epolia* di Varsavia.

Un altro membro era l'ebreo Salomon Posner, del Grande Oriente di Francia, scrittore del quotidiano socialista *L'Ouvrier,* nonché presidente della *Ligue des Droits de l'Homme* in Polonia. Ora morto, fu uno dei più influenti e attivi ambasciatori dell'ebraismo polacco. L'ebreo Simon Askenazy, uno dei più influenti massoni polacchi, controllava segretamente tutti i fili. Un altro membro era l'ebreo Léon Chrzanowski, corrispondente del *Corriere di Varsavia* a Roma e poi a Ginevra. Il Consiglio di Stato provvisorio era infestato da massoni. Il direttore della massoneria polacca, appartenente al Grande Oriente di Francia, era l'ebreo Jan Finhelhaus, che visse a lungo a Parigi come "Jean Finot", dove diresse la *Revue des Revues.* Trasmise informazioni alle famiglie ebraiche Natanson e Kempner di Varsavia. I primi erano per lo più finanzieri e industriali con una notevole influenza sociale. I secondi erano giornalisti e dirigevano *La Gazette Nouvelle,* organo dei radicali e dei socialisti. Questi ebrei svolsero un ruolo importante durante l'occupazione tedesca e uno di loro, sotto lo pseudonimo di A. Kerr, era strettamente legato ai circoli giornalistici e letterari di Berlino. Durante la guerra la massoneria russa esercitò una certa influenza in Polonia. I massoni polacchi erano istruiti dall'ebreo Winawer, membro del Partito Democratico Costituzionale e ministro del governo Kerenski. Molti dei giovani polacchi in Russia, soggetti ai centri radicali e socialisti, tornarono in Polonia istruiti nelle dottrine massoniche e si affiliarono alle logge di Polonia. La maggior parte dei funzionari del Consiglio di Stato provvisorio furono nominati grazie alle pressioni dei massoni tedeschi, francesi e russi. I massoni dominarono la Lega dei Partigiani dello Stato Polacco (L.P.P.).

Dopo la morte degli ebrei Finhelhaus e Kempner, si verificò un raggruppamento delle logge. Nel 1920 la Massoneria italiana promosse la fondazione della Gran Loggia di Polonia, un'affiliazione della loggia "Polonia" di Roma. L'*Unione dei Filalètes*, fondata nel 1909, fu intensamente attiva nella Polonia indipendente. Apparentemente innocua, aveva direttori occulti e gli iniziati erano massoni di un rito particolare, che invadevano tutte le amministrazioni. Oggi è consolidata e forte e gli ebrei che ne fanno parte, sebbene discreti, sono influenti.

In collaborazione con essa è l'*Associazione polacca dei Libres-Penseurs*, fondata nel 1921 da quattro ebrei e diretta dalla massoneria. In relazione con questa, ancora, la *Comunità di Produttività*, dedita alla propaganda bolscevica, fondata dall'ebreo Lubecki nel 1922. Tutti i membri sono ebrei. Rinunciano a qualsiasi religione, dichiarano guerra al nazionalismo e ai pregiudizi contro gli ebrei e si oppongono ai matrimoni misti tra ebrei e ariani. L'Unione polacca dei letterati professionisti è diretta dall'ebreo-massone Jules Kaden-Bandrowski. La Massoneria agisce in particolare sulle donne attraverso l'Associazione per il Lavoro Civico Femminile. Una delle sue principali animatrici è Mme Kipa, ebrea e moglie del Gran Segretario della Gran Loggia di Polonia. Infine, la "democrazia sessuale", che mira alla distruzione della religione e della famiglia, è guidata da uno scrittore ebreo sostenuto da ebrei e organizzazioni massoniche.

UNGHERIA

Secondo Léon de Poncins in *La Franc-maçonnerie,* 1934, dopo la rivoluzione bolscevica di Bela Kuhn in Ungheria, il governo ordinò il sequestro e la pubblicazione degli archivi massonici, mostrando così il palese legame della massoneria con il movimento rivoluzionario . In un sunto delle carte segrete trovate nelle logge di Budapest troviamo:

"Il libro sulla Massoneria ungherese, appena pubblicato dall'*Union des Sociétés chrétiennes et nationales de Hongrie,* è diviso in tre parti: (1) I crimini della Massoneria, di Adorjan Barcsay, contiene una grande quantità di documenti sequestrati quando le Logge furono sciolte nel 1922. (2) Scritto da Joseph Palatinus, si intitola *I segreti di una loggia provinciale* ed espone l'opera segreta di distruzione massonica che portò l'Ungheria alla rivoluzione dell'ottobre 1918 e al comunismo nel 1919. (3) Contiene l'elenco dei membri delle Logge massoniche in Ungheria, che ci dimostra che il 90% *dei massoni ungheresi erano ebrei*".

Di nuovo:

"L'autore cita a questo proposito una prefazione molto caratteristica all'inizio di un libro, *La Voie des Juifs,* del professor Pierre Agoston (uno dei commissari del popolo che condividevano il potere con

Bela Kuhn e che il Tribunale ungherese ha condannato a morte nel dicembre scorso). In esso afferma, tra l'altro, che: Scrivere la storia degli ebrei in Ungheria significa scrivere la storia del movimento massonico ungherese...".

"Per quanto riguarda il loro ruolo nella rivoluzione comunista in Ungheria, questo libro dimostra che i massoni hanno lavorato soprattutto attraverso la stampa. Con un lavoro paziente e persistente sono riusciti a conquistare la maggior parte degli organi di stampa con l'aiuto dei quali hanno cercato di diminuire il sentimento nazionale magiaro. Il quotidiano *Vilag* è responsabile in modo particolare dell'indebolimento della disciplina nell'esercito ungherese; migliaia di copie sono state distribuite nelle trincee... *Kelet*, rivista ufficiale dei massoni ungheresi, 14 dicembre 1910, affermava: Dobbiamo conquistare i professori e i maestri di scuola per raggiungere attraverso di loro l'anima della gioventù e preparare l'insegnamento laico. Gli insegnanti devono essere i precursori delle idee più avanzate"".

Nonostante questi e altri fatti documentati, il *Jewish Chronicle, il* 20 luglio 1934, scrivendo di *"The Freemasons"*, dell'ebreo Eugen Lennhof, che ha fondato in Austria *La Ligus Internationale des F.-. M.-.*, informa i suoi lettori che i curiosi scruteranno invano le vivaci pagine di Lennhof per trovare la conferma della vecchia assurdità dell'alleanza rivoluzionaria tra ebrei e massoni. Non è tuttavia sorprendente che Lennhof, egli stesso ebreo e massone internazionale, si opponga a questi e a molti altri fatti altrettanto autentici sull'alleanza ebraico-massonica. Egli vorrebbe sbiancare sia l'ebraismo che la giudaico-massoneria!

GERMANIA

Il grande fatto dell'anno 1930 fu l'inaspettato trionfo dei partigiani di Hitler alle elezioni di settembre. Un formidabile nazionalismo apparve improvvisamente, prussiano e luterano, in alcune *logge - Grande Loge Nationale des Francs-Maçons d'Allemagne; Grande Loge Mère Aux Trois Globes; Grande Loge Royal York "À l'Amitié"*. Questa Massoneria prussiana si era separata dalla Massoneria Universale nel 1924 e, secondo Oswald Wirth, aveva rinunciato all'ideale della Costituzione di Anderson per adottare quello del germanesimo intransigente.

LE TRACCE DEL SERPENTE

L'A.M.I. la dichiarò irregolare. Nel 1930 si formò una nuova obbedienza, la *Grande Loge Symbolique d'Allemagne, che* raggruppava otto logge, dipendenti dal Supremo Consiglio Scozzese di Germania. Le loro tendenze erano pacifiste; adottando la formula di Anderson nel suo senso più ampio, ammettevano aderenti di tutte le religioni, compresi gli ebrei. Vi erano poi le logge umanitarie - le quattro Grandi Logge di Bayreuth, Darmstadt, Frankfort e Amburgo. Infine, la Federation *Au Soleil Levant,* considerata sospetta e ardentemente pacifista. Bisogna riconoscere che gli obiettivi della Massoneria prussiana nel 1924 sono stati realizzati; ora ha trasformato le logge in Ordini cavallereschi e tutte le altre logge sono state soppresse. Abbiamo trasformato la *Grande Loge Mère Nationale Aux Trois Globes,* fondata da Federico il Grande nel *1740,* nell'*Ordine Nazionale Cristiano di Federico il Grande.*

Ha rotto tutti i legami esistenti con le altre massonerie; per i membri, l'obbligo è di origine razzista germanica, il segreto relativo alla cerimonia è soppresso, le parole "massone" e "loggia" sono scomparse e la costituzione è completamente nuova. Gli stessi principi sono applicati alle altre due logge. *La Grande Loge des Franc-Maçons d'Allemagne* si chiamerà in futuro *Ordine Cristiano Tedesco dei Templari;* il nome della terza non era ancora stato fissato (luglio 1933). Il loro ideale è il cristianesimo tedesco, che ha molto in comune con l'antico culto ariano dei loro antenati - il culto di Odino! I simboli dell'Ordine sono la Luce e la Croce; essi professano un ideale di pura nazionalità di razza germanica, i cui simboli scelti sono il Martello di Thor e la Spada del Cavaliere. Oggi si dice che la Massoneria sia interamente soppressa in Germania.

Il Martello di Thor, o Croce Ermetica, è il fulmine di fiamma vorticosa, un simbolo di forza dinamica che rappresenta il fuoco della forza generatrice universale che si fa strada attraverso il nero della materia. Nell'Illuminismo, invertito, è un simbolo di quella morte che conduce all'Iniziazione o all'Illuminismo. Inoltre, Federico il Grande era un amico intimo di Voltaire, che fu uno degli *Enciclopedisti* e presidente dell'ateo e rivoluzionario Hotel d'Holbach, precursore della Rivoluzione francese del 1789.

SPAGNA

Deschamps in *Les Sociétés Secrètes et La Société*, 1881, scrive della Spagna:

"Le rivoluzioni che dal 1812 si sono succedute in questo Paese sono state causate per la maggior parte dalle rivalità delle diverse fazioni massoniche che si uniscono sempre per combattere l'ordine sociale cristiano".

Una lettera del 15 gennaio 1728 dimostra che la Massoneria spagnola fu avviata da una delegazione del Gran Maestro inglese; la loggia si chiamava *Matritense*. *L'*introduzione del Rito Scozzese in Spagna si deve al Comte de Tilly autorizzato dal suo parente, il Comte de Grasse-Tilly, che poco prima aveva introdotto in Francia il rito regolarizzato di Charleston. Questo rito era una semplice evoluzione della Massoneria filosofica. Siviglia fu il primo centro e nel 1808 Tilly, insieme ai membri liberali del governo, partecipò al suo Supremo Consiglio. Questo rito scozzese, introducendo gli alti gradi, era più democratico, mentre la massoneria dei tre gradi era, sotto Montijo, il difensore dell'aristocrazia e dell'assolutismo. In seguito le due massonerie si unirono e fu creata una Camera dei Riti sotto la direzione di Montijo *(Monde Maçonnique,* giugno 1875).

Una delle prime logge, sotto la Gran Loggia d'Inghilterra, fu formata a Madrid nel 1731 e, quando Carlo III salì da Napoli al trono di Spagna, tra i suoi cortigiani c'erano diversi massoni; ben presto la loggia di Madrid cominciò a esercitare una seria influenza sul governo. Nel 1766, attraverso il conte Aranda, i gesuiti furono cacciati dalla Spagna e dai suoi possedimenti; le dottrine giansenistе, massoniche, *enciclopediste* e persino illuministe infettarono le sedi episcopali, i capitoli e le università, e sotto Carlo IV la setta progettò senza successo di stabilire gli ebrei in Spagna.

Durante l'invasione napoleonica, ufficiali e funzionari francesi formarono gli *Afrançesados,* logge favorevoli al dominio francese. Ma c'erano anche logge puramente spagnole che cercavano di realizzare i loro piani attraverso le Cortes Costituenti di Cadice, dalle quali erano esclusi la nobiltà e il clero. Coloro che rappresentavano le province occupate dai francesi, spagnoli originari di queste province ma stabilitisi a Cadice, erano chiamati *suppléants*. Dal *1753* esisteva a Cadice una loggia di 500 affiliati, ricca e di buona posizione, a cui appartenevano la maggior parte dei *supplenti*, e che con i suoi adepti formava la maggioranza delle Cortes; una stampa liberale dominava l'Assemblea e il comando dell'Esercito a favore della Massoneria. La minoranza cattolica e realista era nota come *Servili*, mentre la maggioranza prese il nome di *Liberali* e poi di *Giacobini*. Promulgarono una Costituzione, il 19 marzo 1812, che manteneva la monarchia come forma, dichiarando la sovranità del popolo, ma il vero potere spettava alle Cortes. Quando Ferdinando VII tornò dopo la caduta di Napoleone, influenzato dal sentimento popolare, ripudiò questa Costituzione e in seguito esercitò un dispotismo personale.

Nel 1814 la Massoneria fu interdetta, ma continuò apertamente la sua propaganda. Molti prigionieri spagnoli in Francia divennero affiliati, 5000 ufficiali e un numero maggiore di subordinati, che diedero così un potente impulso ai progetti liberali, tramando in segreto l'annientamento delle istituzioni politiche e religiose esistenti. A Granada fu istituita una Gran Loggia con Montijo come Gran Maestro, e molte logge furono formate nell'esercito; questa loggia divenne così attiva che alla fine alcuni furono arrestati, altri fuggirono, e Montijo fu ordinato a Madrid, nel giugno 1817; ma la Gran Loggia lo seguì, e lì continuò i suoi intrighi. Secondo lo storico Thomas Frost, tutti i costituzionalisti moderati erano massoni e si avvalsero dell'organizzazione massonica per consultarsi segretamente sul movimento che sfociò nella rivoluzione del 1820. Il partito estremo, i *comuneros*, formarono un'organizzazione simile, la *Confédération*, che era divisa in *comuni*, ognuno dei quali era composto da gruppi o *giri* locali illimitati. I loro ricevimenti, la parola d'ordine e il giuramento erano copiati dalla massoneria: segretezza assoluta, obbedienza e sottomissione alla vendetta in caso di infedeltà, come nel caso dei carbonari. Aveva un solo grado, le cariche erano elettive e l'*Assemblea Suprema* era al di sopra di tutti. Erano strettamente legati alla Haute-Vente di Parigi, dominata dagli ebrei; i *fédéralistes* erano i loro successori.

Il 29 marzo 1830 fu abolita la Legge Salica e Isabella divenne erede al trono al posto del fratello del re, Don Carlos; alla morte di Ferdinando, massoni e liberali occupavano già tutte le cariche civili e militari...! Le logge continuarono i loro intrighi per tutta la Reggenza e il regno di Isabella, e parteciparono attivamente al movimento progressista del 1854. La rivoluzione del 1868 fu fatta dalla Massoneria in opposizione a Isabella, che alla fine fu deposta e fuggì in Francia. Ulteriori intrighi portarono al regno di Amadeo e poi a una repubblica; ma riconoscendo che la Spagna non era pronta per una repubblica, i Grandi Capi decisero per una Monarchia Costituzionale - assicurando sempre la propaganda rivoluzionaria - e a tal fine sostennero il giovane Alfonso XII, nel 1874. Le logge continuarono ad aumentare e nel 1881 la Gran Loggia di Spagna contava 154 logge; il Grande Oriente di Spagna ne aveva 162, più 30 capitoli; il Grande Oriente Lusitano ne aveva 40 sotto la sua giurisdizione, e tutti e tre sono ora uniti come membri obbedienti dell'*Association Maçonnique Internationale* (A.M.I., 1933). Così il nazionalismo è diventato internazionalismo (Deschamps e Claudio Jannet)!

Molto è stato scritto sull'attuale manifestazione giudaico-massonica spagnola - la Rivoluzione e la Repubblica del 1931 - e il seguente discorso, pronunciato da Mateo Barroso, Gran Cancelliere del Supremo Consiglio di Spagna al Convento della Gran Loggia di Francia, nel 1931, mostra il potere che si cela dietro il nuovo regime:

"Vi porto i saluti cordiali e fraterni del Supremo Consiglio di Spagna... Ora abbiamo la Repubblica. Abbiamo... sei ministri massoni, una ventina di alti funzionari massoni e più di 120 deputati massoni nella Camera Costituente. Vedete dunque che questa debole Massoneria è riuscita a creare una coscienza democratica e repubblicana... La Massoneria spagnola lavora per la Pace Universale, si associa al compito che la Società delle Nazioni ha assunto... Sono i massoni che devono creare questa coscienza universale" (citato dal *R.I.S.S.*, 15 dicembre 1932).

Ancora, nel *Boletin oficial y Revisto masonica del Supremo Consejo del Grado* 33, giugno 1931, si legge:

"La Repubblica è il nostro patrimonio... Può essere definita l'immagine perfetta modellata dalle mani gentili delle nostre dottrine e dei nostri principi. Sarà impossibile realizzare un altro esempio di *rivoluzione politica più perfettamente massonica della Rivoluzione spagnola...*".

Inoltre, la Gran Loggia di Spagna, nel suo *Bollettino, si* rivolgeva così alla nuova Repubblica:

"Con l'eclissi, nel tramonto, dello splendore della Regalità, è terminato l'ultimo potere personale della Maestà... Come spagnoli e massoni, che vedono legittimamente eretta la struttura liberale di un nuovo Stato generato dai principi immortali che risplendono in Oriente, non possiamo che ritenerci soddisfatti.

... Ai massoni che compongono il Governo Provvisorio, al personale superiore, anch'esso composto in maggioranza da massoni, vanno le nostre aspirazioni. Che siano fedeli custodi dei tesori morali a loro affidati e che attraverso la Repubblica realizzino il destino della Spagna" (citato in *R.I.S.S.*, 8 novembre 1931).

PORTOGALLO

Secondo il *R.I.S.S.*, 24 maggio 1931, p. Borges Grainha scrive, nella sua *Histoire de la Maçonnerie en Portugal,* Lisbona, 1912:

"Il caso ha portato nelle mie mani un certo numero di libri, fino ad allora a me sconosciuti, in cui è mostrata la vita della Massoneria in Portogallo dalla metà del XVIII secolo. Esaminando questi libri ho notato che quasi tutti gli uomini più noti nelle rivoluzioni religiose, politiche e intellettuali del nostro Paese, durante gli ultimi due secoli, erano affiliati alla Massoneria... Diversi portoghesi illustri erano anche massoni, e alcuni addirittura Gran Maestri, nelle cospirazioni e nelle rivoluzioni del 1817, 1820, 1833, 1836, 1842, 1846, 1851, 1868, 1891, e nel 1910 quasi tutti i principali personaggi che vi parteciparono erano stati iniziati in logge massoniche... Alla fine di queste ricerche mi sono convinto che la storia della Massoneria in Portogallo era assolutamente legata alla storia del Paese."

Dal riassunto fornito e da altre fonti - una, il Documento G, di F. Chabirand nella *Chaîne d'Union*, 1872-73 - citate da Deschamp e Claudio Jannet, abbiamo tratto molti dei seguenti fatti.

La massoneria in Portogallo risale al 1735, sotto Don Joaos V, e da allora diversi stranieri, francesi, svizzeri, olandesi e inglesi, organizzarono le prime logge. Sotto il governo del Marchese di Pombal, la Massoneria si sviluppò nei circoli intellettuali e nell'esercito. Egli era stato diplomatico a Londra e a Vienna, e tornò penetrato dalla filosofia allora in voga in Europa, e diede inizio al regime di "dispotismo illuminato" che si opponeva alla Chiesa e aveva forti tendenze all'"uguaglianza"; si dice anche che abbia fondato la prima loggia regolare a Lisbona. Tra gli incaricati della fondazione dell'Università di Coimbre, nel 1772, c'erano sicuramente dei massoni, e nel 1796 essa era già permeata di idee liberali, diventando col tempo uno strumento riconosciuto e immenso per la diffusione in tutto il Portogallo della filosofia di Voltaire e Rousseau.

La Rivoluzione francese si scatenò in Europa, ma in Portogallo l'abile direttore Pina Manique la tenne a freno per alcuni anni. Verso il 1804 fu costituita la prima Gran Loggia portoghese. Le invasioni di Napoleone modificarono profondamente la situazione a vantaggio della Massoneria, e gli ufficiali della Legione portoghese nelle armate di Napoleone tornarono nel 1814 ampiamente massonizzati, e le società segrete si svilupparono e si diffusero. Come racconta Halpérine-Kaminsky, fu durante la marcia attraverso l'Europa dopo la ritirata dell'esercito napoleonico che gli ufficiali russi si impregnarono delle idee rivoluzionarie e liberali francesi, e al loro ritorno si formò una società segreta nel 1816, dalla quale Paul Pestel fece infine nascere la Società del Sud, che propugnava l'abolizione dell'autocrazia e l'istituzione di una repubblica. In Portogallo in questo periodo F.-. Freire Gomez d'Andrade era Gran Maestro del Grande Oriente Lusitano e aveva comandato una divisione dell'esercito francese durante la campagna di Russia. Anche lui partecipò alle cospirazioni rivoluzionarie e quando la prima fu scoperta nel 1817, come Pestel più tardi nel 1826, lui e altri finirono sul patibolo. Le logge chiusero poi fino al 1824 circa, quando le tendenze liberali penetrarono nelle Cortes; insieme ai loro compagni spagnoli di Cadice, i massoni portoghesi proposero di proclamare la costituzione di una "Repubblica Federale Iberica", che da allora rimase il loro piano segreto.

Nel 1834 il massone Don Pedro IV diede al Portogallo una nuova costituzione liberale e la Massoneria giocò un grande ruolo nella rivoluzione, durata alcuni anni, che portò a questo cambiamento. La Massoneria divenne potente e il desiderio di usarla come strumento politico portò alla formazione di tanti Orienti quanti erano i partiti politici . Nel 1840 c'erano nove autorità, ma il Grande Oriente Lusitano nel 1859 riunì la maggior parte di esse sotto la sua obbedienza. Più tardi, nel 1863, fu riconosciuto ufficialmente dal Grande Oriente di Francia e infine, il 10 agosto 1869, riunì tutti i gruppi massonici portoghesi sotto il nome di Grande Oriente Lusitanien Uni. con il Comte de Paraty come Gran Maestro. Nel 1870 aveva all'obbedienza cinquantasei logge, venti delle quali in Spagna. Da allora c'è stata molta attività massonica, culminata nella rivoluzione del 1910, pianificata dalle logge più avanzate, come il "Gremio Mortugua", da cui sono usciti i Carbonari, che hanno decretato l'assassinio di Re Carlos e di suo figlio maggiore, e preparato la Rivoluzione Repubblicana.

Secondo *The Times*, 28 agosto 1931, tra il 1910 e il 1926 in Portogallo ci sono state sedici rivoluzioni e quaranta cambiamenti ministeriali, e sebbene il governo del generale Carmona sia stato definito una "dittatura senza dittatore", nel 1931 è stato fatto un tentativo infruttuoso di deporlo. Nello stesso anno scoppiò una rivolta, poi repressa, a Madeira, nella Guinea portoghese e nelle Azzorre:

> "Attualmente si afferma che l'agitazione è stata fomentata dagli esuli portoghesi a Parigi, e in particolare da alcuni precedenti capi del Grande Oriente del Portogallo".

"La rivoluzione portoghese del 1910", dice il dottor Fredrich Wichtl,

> "è stata portata avanti da alcune importanti famiglie ebraiche... tutte imparentate tra loro, erano tutte unite dal vincolo della Massoneria e... *L'Alliance-israélite-universelle"* (Weltfreimauerei, Welt Revolution, Welt Republic).

Léon de Poncins, dopo aver visitato il Portogallo, dove ha intervistato alcuni importanti funzionari governativi, ha scritto un resoconto del "Nuovo" Portogallo per la rivista francese *Le Jour, i cui* estratti sono apparsi nel *Patriot*, 11-18 luglio 1935. Fu ricevuto da M. José Cabral, istigatore della "legge contro la massoneria e le società segrete, approvata *all'unanimità* dall'Assemblea Nazionale...". In poche e brevi frasi M. Cabral ha riassunto i motivi che hanno portato all'approvazione della legge contro la Massoneria:

"Il nuovo Stato è uno Stato autorevole, guidato e limitato dai principi della giustizia cristiana, conforme alle tradizioni storiche e spirituali del Paese. Il carattere apertamente antireligioso e anticristiano della Massoneria era, quindi, contrario alle basi spirituali e morali del nuovo Stato... Essa sottopone i suoi iniziati a una rigida disciplina, i cui scopi e interessi sono opposti a quelli della nazione. Lo Stato, incaricato della direzione e del benessere del Paese, si scontrava costantemente con misteriosi ostacoli difficili da superare, che impedivano il progresso degli affari nazionali. La Massoneria formava così uno Stato nello Stato, un forte Stato occulto dietro il debole Stato apparente, che riduceva quest'ultimo a un ruolo puramente superficiale. Il nuovo Stato portoghese è uno Stato forte che non può ammettere un'autorità sotterranea contraria alla sua. La complessità gerarchica della Massoneria indica che essa ha piani nascosti e complicati, che mirano a fini internazionali che prevalgono su quelli dello Stato nazionale. La Massoneria conduce così a una grande azione diplomatica occulta internazionale diretta probabilmente da un capo straniero. Una tale sottomissione a una direzione internazionale straniera è contraria al sentimento patriottico del Paese. A parte ciò, il segreto che la Massoneria impone così rigorosamente ai suoi adepti lascia presumere che ciò che essi nascondono così bene non sia né insignificante né benefico..."

A.M.I.

L'*Association maçonnique internationale*, o A.M.I., non è né un rito né un'obbedienza, ma una confederazione costituita nel tentativo di realizzare l'unità internazionale di tutte le potenze massoniche del mondo, pur conservando nominalmente a ciascuna la piena indipendenza. Essi ritengono, secondo il massone francese Albert Lantoine, che "l'antica catena deve essere nuovamente saldata, il che, rendendo l'Ordine più potente, gli permetterebbe di influenzare, in senso umanitario [sic], la politica dei governanti".

La prima riunione si tenne a Ginevra il 23 ottobre 1921 e riunì circa undici membri dell'obbedienza, tra cui la Gran Loggia di New York; quest'ultima, come sempre, si dimise a causa del riconoscimento da parte dell'A.M.I. della Loggia tedesca "Au Soleil Levant", che si dimostrò irregolare e venne rimossa. Per alcuni anni i progressi furono scarsi, ma nel 1932 la sua importanza era aumentata, sia per l'adesione e la qualità dei suoi aderenti, sia per l'influenza che esercitava. Alla fine del 1930 raggruppava trenta membri attivi dell'obbedienza come segue:

Gran Loggia di Vienna.

Grande Oriente del Belgio.

Gran Loggia di Bulgaria.

Gran Loggia di Spagna.

Grande Oriente di Spagna.

Grande Oriente di Francia.

Gran Loggia del Lussemburgo.

Grande Oriente di Grecia.

Gran Loggia di Polarstjernen.

Gran Loggia di Polonia.

Grande Oriente Unito Lusitano del Portogallo.

Gran Loggia "Alpina" Svizzera.

Gran Loggia Nazionale Tchecoslovacca.

Grande Oriente di Turchia.

Grande Oriente del Brasile.

Gran Loggia di Francia.

Gran Loggia di Jugoslavia.

Gran Loggia di Panama.

Gran Loggia di Porto Rico.

Gran Loggia Cuscatiana di San Salvador.

Gran Loggia La Oriental-Peninsular.

Gran Loggia del Cile.

Gran Loggia della Colombia (Baranquilla).

Gran Loggia dell'Equatore.

Gran Loggia del Paraguay.

Gran Loggia del Venezuela.

Gran Loggia di Haiti.

Gran Loggia del Perù.

Gran Loggia dell'Isola di Cuba.

Gran Loggia del Pacifico.

Il suo presidente nel 1931 era F.-. Raoul Engel, Gran Maestro Supremo del Grande Oriente del Belgio. Il Gran Cancelliere era F.-. John Mossaz (Svizzera), che lo dirigeva, assistito da un Comitato esecutivo di delegati, che sembrava essere una sorta di Parlamento. Esisteva anche un Comitato consultivo composto da alcuni delegati influenti, che apparentemente preparavano le decisioni e, di fatto, esercitavano l'autorità. Per il 1930-32 questi erano: Charles Magnette, Gran Maestro Onorario, Belgio; Bernard Wellhoff, ex Gran Maestro, Gran Loggia di Francia; Arthur Groussier, ex Presidente del Consiglio dell'Ordine, Grande Oriente di Francia; Arthur Mille, del Consiglio dell'Ordine, Grande Oriente di Francia; e Fritz Brandenberg, ex Gran Maestro della Gran Loggia "Alpina", Svizzera.

Come si vedrà, l'A.M.I. si è diffusa soprattutto nei Paesi latini e annovera tra le sue obbedienze la grande maggioranza dei Riti Scozzesi Antichi e Accettati, ma non comprende alcuna Gran Loggia inglese o nordamericana. Sotto l'influenza dell'A.M.I., nel 1930 il Grande Oriente di Francia ha annullato le convenzioni che lo legavano alla Gran Loggia di Francia e all'obbedienza internazionale mista *Le Droit Humain*, preferendo, come ha detto, realizzare l'unità sotto gli auspici dell'A.M.I., in cui il Grande Oriente di Parigi svolge ora un ruolo di direzione *(R.I.S.S.)* 20 settembre 1931).

Nel 1877 il Grande Oriente di Francia eliminò dai suoi regolamenti il nome del "Grande Architetto dell'Universo" e la credenza nell'immortalità dell'anima. A causa di ciò, la Gran Loggia d'Inghilterra, insieme ad altre, ruppe le relazioni con essa e da allora non le ha più rinnovate. Nel 1929 la Gran Loggia d'Inghilterra codificò otto punti come necessari per il riconoscimento di qualsiasi altra loggia, tra cui:

(2) La fede nel Grande Architetto dell'Universo e nella sua volontà rivelata è una condizione essenziale per l'ammissione dei candidati. (7) Che le discussioni religiose e politiche sono rigorosamente vietate nelle Logge (cfr. *An. Maç. Uni.,* 1930).

La Massoneria continentale, al contrario, è in gran parte antireligiosa, politica e largamente dominata, direttamente o indirettamente, dagli ebrei, e ci sono molte prove che dimostrano che questo potere giudaico-massonico è sempre stato, ed è tuttora, in nome dell'Umanità, la causa segreta e insidiosa di tutti i movimenti rivoluzionari.

Le seguenti informazioni sull'A.M.I. sono state pubblicate per la prima volta da Leon de Poncins nel *Mercure de France,* 15 agosto 1931, e successivamente in *La F.-. M.-.,* 1934:

"Nel 1921 è stata costituita a Bâle l'*Association maçonnique internationale* o A.M.I., che ha lo scopo di rafforzare i legami di solidarietà massonica internazionale. Le sue riviste danno notizie sulla Massoneria universale e i suoi principali libri sono stampati in francese, tedesco e inglese. Il Grande Oriente di Parigi svolge un ruolo di direzione... Edita una rivista pubblica, *La Paix,* e un'altra segreta, *Les Annales maçonniques universelles,* entrambe pubblicate al 20 di rue Laugier, a Parigi, sotto la direzione dello scrittore massone ed ebreo Edouard Plantagenet. La *Paix* ha tra i suoi corrispondenti, Ramsay MacDonald, Ed. Benes... Henri Barbusse, e noti scrittori massonici come André Lebey del Grande Oriente e Albert Lantoine della Gran Loggia... Esiste anche la Ligue internationale des F.-. M.-., fondata in Austria dal massone ebreo e scrittore E. Lennhof. L'A.M.I. è un'unione di Obbedienze massoniche, mentre la Ligue è un'unione individuale di massoni".

L'autore cita inoltre l'ingegnere P. Loyer che, intervenendo a una conferenza a Parigi, il 7 febbraio 1934, ha detto:

"Finché la democrazia è rimasta confinata nelle logge, finché è stata solo un tema per le conferenze, è stata in grado di ingannare. I massoni mistici hanno potuto credere di poter costruire un regime vivibile. Ma la Massoneria ha sperimentato il potere, e qual è stato il risultato? Ha governato in Russia con Kerensky; ha governato in

Italia con Giolitti e Nitti; ha governato in Germania con il momentaneo trionfo del socialdemocratico e la complicità di Bruning; governa di fatto in Spagna con Largo Caballero, Indalocio Prieto, Rodolpho Llopis e Alexandre Leroux; governa ancora in Francia...Ma ovunque, ovunque senza eccezione, l'esperienza del potere le è stata malvista... La Massoneria comincia a capire che tutta la sua ideologia democratica la lascia senza risorse, e che non può trarne la minima luce per risolvere i conflitti politici reali. Lo sa e lo ammette".

TURCHIA

Il Grande Oriente di Francia ha riferito:

"Congresso Internazionale dell'AM.I., tenutosi a Ginevra dal 21 al 24 agosto 1930... La Lega dichiara in particolare di non voler interferire nell'autorità o nell'azione centrale dei grandi organismi massonici. Ciò che desidera è l'avvicinamento individuale, le buone relazioni e i legami di amicizia personale tra i massoni regolari, in modo da *formare una catena che circondi il globo"*.

Ancora una volta troviamo *La Libre Parole,* dicembre e gennaio 1933, che scrive:

"Il Convento dell'A.M.I. si è svolto a Costantinopoli, nel settembre 1932. Nonostante la distanza, ventidue Paesi erano rappresentati dai delegati di ventiquattro diverse obbedienze massoniche. Gli oratori hanno sottolineato l'importanza di questo Convento, che per la prima volta riunisce in Oriente i rappresentanti della Massoneria mondiale... I lavori del Convento sono stati aperti dal Gran Maestro Moustafa Hakki... Durante quattro giorni il Convento ha regolato tutte le questioni amministrative che erano state studiate per lunghi mesi dal Comitato esecutivo. Si è deplorata la situazione finanziaria, dovuta alla crisi economica e soprattutto alle leggi che, in alcuni Paesi, impedendo l'esportazione di capitali, hanno reso difficile, se non impossibile, il pagamento delle sottoscrizioni. I fratelli parlamentari di questi Paesi sono stati invitati dall'A.M.I. a porre fine a questo "deplorevole stato di cose". È stata adottata una mozione a favore della pace, attraverso il disarmo. F.-. Colaveri ha concluso dichiarando: "Nell'Assemblea il Convento ha svolto un lavoro importante che afferma le basi dell'*Association maçonnique internationale* e ne assicura definitivamente il futuro".

Nel 1922 l'Oratore della Gran Loggia di Francia disse:

"Fratelli massoni, la mia speranza è che la Massoneria, che ha fatto tanto per l'emancipazione degli uomini, e a cui la storia deve le rivoluzioni nazionali - 1789, 1871 - sappia anche fare quella rivoluzione più grande, che sarà la Rivoluzione Internazionale".

Secondo il *Times*, il *Comitato* turco *per l'Unione e il Progresso* era la Massoneria del Grande Oriente e degli Illuminati. E parlando di Talaat e delle atrocità armene, il *Daily Telegraph* scrisse, il 29 maggio 1922:

"Fu come umile funzionario dell'ufficio postale di Salonicco che conobbe presto i giovani militari turchi e i politici della Massoneria del Grande Oriente, gli uomini che avrebbero portato alla rivoluzione del 1908.

... Behaddine Chakir Bey... era, dopo Talaat, Enver e Nazim, la figura più potente e sinistra del Comitato di Unione e Progresso...".

Questi, insieme al dottor Roussouhi Bey e a una mezza dozzina di altri, formarono l'esecutivo onnipotente e segreto del C.U.P., che governò la Turchia per circa dieci anni fino al 1918. L'atto che portò la Turchia nella Grande Guerra, con tutte le sue conseguenze, fu loro. La reazione kemalista si sviluppò sotto l'influenza maligna del C.U.P. e dei suoi alleati bolscevichi".

Poi ci fu il complotto anti-Kemal e i processi a Smirne e Angora, nel luglio e agosto 1926, in cui la maggior parte dei rimanenti eminenti leader dei "Giovani Turchi" furono condannati e impiccati. Durante il processo fu raccontato come Enver e Talaat "si misero in contatto con i rappresentanti degli allora ribelli irlandesi e promisero di sostenerli, tra gli altri popoli oppressi, se avessero condotto una guerra incessante contro la Gran Bretagna" *(Daily Telegraph,* 26 agosto 1926). Ancora, in un editoriale del 30 agosto 1926, lo stesso giornale scrive:

Tra il partito dei "Giovani Turchi" e il nazionalismo kemalista che gli è succeduto e lo ha spazzato via, c'è poco da scegliere per quanto riguarda la loro morale politica. Entrambi hanno cercato di creare e dominare dispoticamente una Nuova Turchia. Entrambi hanno alle spalle oppressioni di ogni tipo e barbari massacri. Queste cose sono facilmente comprensibili quando ci si rende conto che molti degli uomini, tra cui lo stesso Mustapha Kemal, che sono a capo del movimento nazionalista, hanno fatto il loro apprendistato politico nel Comitato dell'Unione e del Progresso; e l'assalto finale ai precedenti leader della rivoluzione rappresenta poco più che la determinazione della nuova dittatura a non tollerare alcuna rivalità o critica, nell'ambito della sua autorità".

Parlando dello "spirito di rivolta e di anarchia spirituale" nella Massoneria, J. Marquès-Rivière cita il massone Jean Bon, Deputato della Senna, che dichiarò nel Convento del Grande Oriente di Francia, 1919: "... Noi non conosciamo limiti a sinistra. Perché noi stessi abbiamo chiuso le strade a destra...". E sempre al Convento del G.O., nel 1920, lo stesso massone disse:

> "La Società dei Giacobini, che fu la grande artefice della Rivoluzione francese, era solo, per così dire, l'aspetto esteriore della Loggia massonica. Ciò che i giacobini fecero durante gli immortali cinque anni dal 1789 al 1794 noi possiamo e dobbiamo rifarlo se il pericolo ritorna..."

BELGIO

In tre articoli apparsi sul *R.I.S.S.*, *il* I e il 15 febbraio e il I marzo 1935, Georges Loic fornisce alcune utili informazioni sulla Massoneria belga, sulle sue affiliazioni e attività rivoluzionarie. La Massoneria belga è soggetta a tre autorità: il Supremo Consiglio del Rito Ecossais, il Grande Oriente e la Fédération Nationale des Loges Mixtes. I belgi sono stati i primi a unirsi ai loro fratelli francesi e spagnoli per fondare l'A.M.I. "I principali centri di intrigo, quindi, sembrano essere i Consigli Supremi, la "Ligue Internationale de Francs-Maçons", l'A.M.I., la Società Teosofica e la sua figlia Co-Massoneria". I Consigli Supremi sono tutti emanazione del Consiglio Supremo fondato il 31 maggio 1801 a Charleston dagli ebrei Dalcho e Mitchell e dal conte di Grasse-Tilly. Il 19 febbraio 1922, nel Gran Tempio del Droit Humain di Parigi, fu conclusa un'alleanza tra la Co-Massoneria e il Grande Oriente di Francia. Questi legami furono spezzati da una decisione del Consiglio del Grande Oriente del 13 settembre 1930 (Convento del Grande Oriente di Francia, 1930).

Per quanto autonomo, il Grande Oriente del Belgio sentì la necessità di entrare in una lega di Obbedienze, l'A.M.I., per poter partecipare alle influenze esterne. A Bruxelles si tennero due

Conventi dell'A.M.I., quelli del 1924 e del 1930, e nel 1933 il Comitato esecutivo dell'A.M.I. fu invitato a tenere la sessione primaverile a Bruxelles per partecipare alle manifestazioni organizzate per il centenario del Grande Oriente del Belgio. Il posto occupato nell'A.M.I. dai belgi è quindi definito, tanto più se si sa che nel 1925 un ebreo di Liegi, Max Gottschalk, ricoprì la carica di Cancelliere amministrativo. Egli divenne anche Segretario generale dell'A.M.I., segretario del Comitato consultivo, amministratore finanziario dell'A.M.I., redattore del Bollettino e di altre pubblicazioni. In occasione di una Convocazione speciale de *La Parfaite Intelligence et l'Étoile Réunies* di Liegi, è stata approvata la seguente risoluzione:

"(1) Per quanto riguarda il Grande Architetto dell'Universo, questo ritorno alla tradizione avviene da un punto di vista esclusivamente simbolico, libero da ogni spirito confessionale o dogmatico, essendo ciascuno libero di interpretare il simbolo come la coscienza, la ragione e il sentimento religioso gli impongono.

"(2) Per quanto riguarda il Libro della Legge Morale, essendo la Bibbia generalmente considerata in Belgio come il libro sacro della Chiesa Cattolica Romana, confessione dominante qui e ostile alla Massoneria, per evitare ogni equivoco il Libro della Legge Morale sarà rappresentato dalla Costituzione dell'Ordine del 1723 (antiche cariche) testo originale e precetti massonici. Durante i lavori sarà aperto sull'altare sotto il Quadrato e il Compasso". *(Bollettino, A.M.I., aprile-giugno 1930).*

Sono noti gli sforzi compiuti per oltre quarant'anni per imporre agli Stati un sistema di arbitrato internazionale. Prima della guerra, F.-. Léon Bourgeois riuscì a fondare la Corte Internazionale di Giustizia all'Aia. Nel 1917 un Congresso, oggi celebrato, che riuniva le massonerie latine, alcuni alleati e i neutrali, si riunì nella sala dei Conventi del G.O. di Francia, e lì i massoni Andre Lebey e Meoni gettarono le basi della Società delle Nazioni, di cui il F.-. Sieyès e il deputato giacobino Milhaud sognavano già nel 1792. F.-. Magnette nel 1930 a Liegi, in occasione del Convento dell'A.M.I., disse:

"Questa creazione della Società delle Nazioni fu una manifestazione di solidarietà internazionale che solo le menti beffarde e sistematicamente scettiche hanno deriso o scioccamente denigrato... Fu lo stesso sentimento che guidò i fondatori dell'A.M.I. nel 1921;

essi desideravano stabilire relazioni più strette tra le molteplici obbedienze che portavano il nome di logge e dare a un'istituzione diffusa su tutta la superficie dell'universo, un'organizzazione razionale e un centro di sviluppo che ne centuplicasse il potere."

Nello stesso Convento F.-. Henri La Fontaine, vicepresidente del Senato belga, ha dichiarato:

"Voi non ignorate... che la Massoneria non dovrebbe occuparsi di politica... Ma allo stesso tempo non bisogna dimenticare che in passato è stato nelle Logge che sono state preparate le Grandi Rivoluzioni, in particolare quella francese e quella americana... In molte delle nostre Logge le batterie terminano con le parole della Rivoluzione Francese - Libertà, Uguaglianza e Fraternità" *(Bollettino*, A.M.I., luglio-settembre 1930).

Ciò che Le Couteulx de Canteleu disse della Massoneria nel 1863 potrebbe essere detto anche oggi:

"I massoni si sono contesi l'impero del mondo come pochi sovrani hanno fatto, e a quale scopo? Per essere il punto di emissione di tutte le follie e di tutte le mostruosità; la Cabala, la magia, la filosofia ermetica, le comunicazioni con gli spiriti, il magnetismo, la teosofia, il deismo, l'ateismo, la rigenerazione fisica e morale, la vendetta, la distruzione degli imperi, la Repubblica Universale; se escludiamo queste follie, cosa rimane? Qualche onesto cittadino che gioca mestamente nella cappella della tomba di Hiram!".

Georges Loic conclude:

"Gli ebrei che hanno conosciuto il trionfo della Rivoluzione bolscevica in Russia e nell'Europa centrale sentono il vento della sconfitta... Le due Internazionali socialiste hanno costituito ad Amsterdam il Fronte Unico per riprendere l'opera rivoluzionaria in pericolo. Accecata da un assurdo misticismo, la Massoneria si prepara a fare il gioco di Kerensky al fianco degli ebrei internazionali. Certo, le forze della Massoneria sono immense... Tuttavia, essa è debole, perché i suoi principi la costringono ad agire per interposta persona, ad essere solo un'influenza... una macchina per formare l'opinione... Senza un aiuto esterno - la complicità dei governi stranieri o dei finanzieri internazionali e delle loro truppe, l'Internazionale dei Lavoratori - essa può fare ben poco... è incapace di formare un edificio durevole".

LA LEGA DELLE NAZIONI

Il 28, 29 e 30 giugno 1917, il Grande Oriente e la Gran Loggia di Francia hanno tenuto a Parigi un Congresso che ha riunito i rappresentanti delle Massonerie degli Alleati e dei Neutrali, tranne quella inglese. Alcuni estratti dal resoconto degli interventi possono, in vista delle proposte francesi alla Conferenza sul Disarmo della Società delle Nazioni, interessare il lettore generale. Il testo della relazione è riportato in *Dans l'Atelier Maçonnique*, di André Lebey, massone di spicco e oratore del Grande Oriente di Francia; il tema della discussione era "la preparazione della Società delle Nazioni":

"La giustizia collettiva che essi hanno voluto rendere possibile facendola prevalere sulla giustizia individuale ed egoistica di Stato in Stato... Così la forza suprema della comunità delle Nazioni, sia materiale che morale, saprà vincere i disegni omicidi di una o più di esse. Allora non ci saranno più nazioni neutrali, perché nessuna, in un'organizzazione di questo tipo, potrà isolarsi senza venir meno al proprio dovere. L'ingiustizia fatta a uno di loro li colpirà collettivamente e individualmente... I neutrali dovrebbero quindi essere uniti tra loro in modo tale da essere sempre portati a prestare assistenza...".

"Il compito che si impone alla nostra generazione, e più particolarmente a voi, miei FF.-., consiste nel far progredire in modo decisivo questo diritto internazionale... Questo diritto internazionale è il diritto della pace... Il diritto internazionale deve essere armato di sanzioni tali da scoraggiare in anticipo coloro che sarebbero tentati di mancare alla parola data. Unite tra loro le nazioni che desiderano vivere in pace, nel rispetto dei loro diritti reciproci, creerebbero una forza sovrana irresistibile di azione economica e militare che impedirebbe alle masse cieche di essere trascinate in conflitti imperialistici. Questa unione delle diverse forze nazionali sarà essa stessa, per realizzare il suo compito difensivo, adattata, organizzata ed equipaggiata in vista della sua massima efficienza. La Legge avrà così garanzie di continuità. Diventerà una forza grazie all'adesione del maggior numero di Stati. Questa forza, *attraverso una vera e propria polizia delle nazioni,* manterrà la pace universale ponendo tutte le potenze civilizzate dalla parte di qualsiasi nazione i cui diritti, senza provocazione, saranno stati violati da un'altra".

Tra le conclusioni presentate, a nome della Commissione, da F.-. Lebey e adottate dal Congresso sono state:

"Il Parlamento internazionale associa, in apposite commissioni, per tutte le questioni importanti che facilitano le relazioni internazionali, dei collaboratori scelti da esso e ratificati dalle Camere nazionali dei diversi Stati, in modo da regolare collettivamente e internazionalmente, questioni universali di legislazione che avvicineranno ancora di più i legami dei popoli...

"Il Parlamento Internazionale formerà ugualmente al suo interno, per mezzo di un membro per nazione, un potere giudiziario, creando così una Corte Internazionale di Giustizia, davanti alla quale saranno portati tutti i conflitti nazionali tra le nazioni. Gli eletti, nominati per tre anni, secondo i precedenti, sono responsabili davanti al Parlamento Internazionale e non possono promulgare una sentenza se non è ratificata da esso.

"Nessuna nazione ha il diritto di dichiarare guerra a un'altra, perché la guerra è un crimine contro la razza umana. Ogni differenza tra gli Stati deve quindi essere rinviata al Parlamento internazionale. La nazione che si rifiutasse di farlo si porrebbe così al di fuori della Società delle Nazioni che, dopo aver esaurito tutti gli altri mezzi per convincerla, in particolare con il boicottaggio economico, la rottura di tutte le relazioni, il blocco totale per terra e per mare e l'isolamento assoluto, avrebbe il diritto e il dovere di costringerla con la forza a riconoscere la legge universale.

"Il Parlamento Internazionale definirà esso stesso le misure diplomatiche, economiche e militari che saranno stabilite per assicurare l'esercizio dei suoi poteri. Il suo scopo, propriamente detto, è, sotto sufficienti garanzie di autonomia di ogni nazione, la limitazione degli armamenti in modo da portare un giorno al disarmo universale. Il Parlamento Internazionale dovrebbe sostenere gli armamenti di ogni Paese che costituisce la Società delle Nazioni solo nella misura necessaria a controbilanciare efficacemente gli armamenti di coloro che rimarrebbero fuori dalla Società delle Nazioni.

"Il Parlamento Internazionale sceglierà esso stesso il luogo delle sue riunioni, la città diventerà la capitale del mondo, il cui territorio sarà internazionalizzato. Adotterà come emblema uno stendardo sul quale un sole arancione si irradierà su un fondo bianco in mezzo a stelle gialle tanto numerose quanto le nazioni che aderiranno alle convenzioni di cui sopra."

Questo è il sogno massonico dell'internazionalismo, dove la nazione più arretrata e barbara sarebbe alla pari con le grandi potenze più civilizzate - Libertà, Uguaglianza e Fraternità, lo slogan della Rivoluzione francese, falso quanto sovversivo!

E quando nel 1934 venne proposta l'ammissione del governo sovietico - quel barbaro regime di tirannia, brutalità e schiavitù, dominato e rappresentato dagli ebrei - come membro d'onore di questa Società delle Nazioni, si sollevò un'indignazione da parte di almeno una parte della stampa. La *Gazette de Lausanne* del 16 agosto di quell'anno scrisse:

"Se la Russia sarà accolta ufficialmente nella Società delle Nazioni, avremo permanentemente nel nostro paese gli agenti della Polizia Segreta russa, che si autodefinisce innocentemente "Commissariato dell'Interno per il Popolo"... Il lavoro della G.P.U. è lo spionaggio militare e le operazioni di spionaggio contro le organizzazioni e le persone che si oppongono al Soviet e al comunismo in Svizzera. Lo spionaggio è anche politico e industriale, compresa la costituzione di "cellule" segrete nelle imprese industriali...".

Anche alcuni giornali britannici protestarono vigorosamente contro l'ammissione della Russia sovietica alla Lega; ad esempio, il *Sunday Pictorial, il* 26 agosto 1934, scrisse:

"Probabilmente la storia più interessante del mondo oggi sarebbe la rivelazione completa di quali intrighi sono in corso per far entrare la Russia nella Società delle Nazioni. Si tratta di qualcosa di fronte al quale la giustizia, la decenza e la misericordia potrebbero raggomitolarsi e morire. Se la Russia entrerà, Ginevra si trasformerà senza dubbio in uno dei centri più sinistri e pericolosi del mondo. Dietro il mantello dell'idealismo e di tutta quella degna decenza che dovrebbe accompagnare la Lega, avremo complotti internazionali di una moralità puramente malavitosa... Se la Russia entra nella Lega, ci si presenterà forse la più grande ironia da quando è iniziata la storia, lo svilimento della grande istituzione nata per fare la pace mondiale in un laboratorio per la disgregazione del mondo, in gran parte attraverso gli affari dell'Estremo Oriente e dell'India, ma anche in molti altri modi...".

Oggi assistiamo alla reazione di questa Lega giudaico-massonica nell'attuale crisi italo-abissina, e chi può dire quali sinistri intrighi vi siano dietro!

STAVISKY

Non possiamo lasciare la questione del potere della giudaico-massoneria senza almeno accennare ai recenti scandali Stavisky. Per quanto abbiamo visto, il miglior resoconto di ciò che ha portato allo scoppio della bomba Stavisky si trova nel libro di Léon Daudet, *La Police Politique, del* 1934, in cui si racconta:

> "Ora c'erano due bande rivali ugualmente potenti per quanto riguarda le loro relazioni politiche, finanziarie, massoniche e di altro tipo: La banda Stavisky... e il gruppo Levy-Dubois... I due gruppi, composti da personalità e banche potenti, si attaccavano con violenza... Entrambi avendo bisogno della complicità di funzionari, corrotti o corruttibili, dipendevano dalla Sûreté Générale... Il gruppo Lévy-Dubois fu fondato nel 1927 da tre piccoli ebrei senza fortuna... tutti e tre erano affiliati alla Loggia *Droit et le Devoir...*"

Il loro primo tentativo di manipolare certificati di rendita per i danni di guerra e di emettere un prestito pubblico non portò a nulla. Poi venne un'idea brillante e

> "Nel luglio 1933 fu preparata e votata una legge che permetteva di finanziare, tramite rendite, i debiti dello Stato nei confronti dei Comuni e dei Dipartimenti. Attraverso il gruppo Lévy-Dubois si preparò *L'Outillage National,* sul modello di quanto era stato fatto per le regioni liberate... Ma Stavisky intervenne. Fondò contemporaneamente e sullo stesso modello, con l'approvazione del Quai d'Orsay, la *Caisse autonome...* Improvvisamente l'intervento della City rovinò tutto e diede fuoco alle polveri. Il Credit Lyonnais costrinse Levy-Dubois a sciogliere *L'Outillage National* e a rinunciare all'affare...".

Questo gruppo di Dubois, tuttavia, fece esplodere lo scandalo Stavisky per mezzo di pamphlet che minacciavano di denunciarlo. Il risultato è noto, così come lo scoppio dell'affare dei "bons de Bayonne".

> "Stavisky, questo enorme truffatore che era allo stesso tempo una spia di una certa capacità e un corruttore di genio, aveva trovato i mezzi per monopolizzare un gran numero di casinò di provincia, in particolare nella regione di Biarritz e di Saint-Jean-de-Luz, e anche, con la complicità della sezione giochi della Sûreté Générale, alcune bische della regione parigina, che davano proficui guadagni. Tra questi ultimi, il *Cercle Hippique* o *Frolic's* era al primo posto... in

linea di massima il presidente del Frolic's, una vera e propria trappola per la polizia, era sempre un funzionario di polizia...". La bomba Stavisky scoppiò e con essa scomparve Stavisky: suicidio o omicidio? Improvvisamente, il 20 febbraio, quindici giorni dopo la sparatoria dei patrioti e degli ex militari in Place de la Concorde, il giudice Albert Prince, membro della Commissione giudiziaria incaricata di indagare sui responsabili dei condoni concessi per anni dal Parquet al truffatore Stavisky, fu trovato fatto a pezzi sulla linea ferroviaria a qualche chilometro da Digione. La sua cartella è stata trovata lì vicino, con tutti i documenti spariti; e conteneva, si sapeva, due documenti schiaccianti che accusavano i responsabili dei condoni di Stavisky. Questi sarebbero stati portati, il giorno dopo, davanti alla Commissione d'inchiesta. Per coprire ulteriormente le persone coinvolte, si sussurrava e si suggeriva il "suicidio"".

Stavisky e i suoi complici ebrei Hayotte e Cohen avevano truffato il Crédit Municipal de Bayonne per centinaia di milioni di franchi, e diversi personaggi ufficiali erano stati direttamente compromessi. Stavisky, un noto vecchio delinquente, era stato diciannove volte dichiarato colpevole e condannato e diciannove volte assolto, grazie ai suoi protettori governativi. A Parigi ci fu un'esplosione, mentre il governo cercava chiaramente di mettere a tacere l'affare. La Camera nominata alle elezioni del 1932 era molto "di sinistra" e composta da una grande maggioranza di massoni, e sebbene il governo avesse ricevuto un voto di fiducia in Parlamento, a causa della reazione dell'opinione pubblica fu costretto a dimettersi. Ad esso ne seguì un altro, altrettanto permeato di massoni, che si rifiutò di istituire una Commissione d'inchiesta.

A questo rifiuto seguì la tragica sparatoria del 6 febbraio 1934, con ventisette morti e duemila feriti. Il giorno dopo il Governo fu nuovamente costretto a dimettersi e la calma fu ristabilita solo quando il Presidente della Repubblica si rivolse all'ex Presidente Doumergue per salvare il regime parlamentare. E la Massoneria?

Parlando di giudaico-massoneria e dell'"affaire" Stavisky, il direttore del *R.I.S.S.*, *il* 15 marzo 1934, fa i nomi di sette massoni che fanno parte della Commissione d'inchiesta sugli scandali e di sei della Commissione d'inchiesta sui disordini del 6 febbraio, e aggiunge altri due nomi, di massoni che dovevano "aiutare la

Commissione d'inchiesta a determinare in quale quartiere devono essere ricercati i colpevoli e i complici". Inoltre, scrive:

> "Così l'esistenza della Massoneria altera il passo di ogni istituzione. Un potere politico segreto è incompatibile con un governo indipendente. Le Commissioni d'inchiesta sono messe al tappeto dal potere segreto. La buona volontà dei membri onesti della Commissione si scontra con una cospirazione permanente. È così in tutti i lavori dello Stato, il deputato massone non rappresenta i suoi elettori: *rappresenta la sua Loggia.*
>
> Il massone-ufficiale non adempie imparzialmente ai suoi doveri; *mette la sua autorità pubblica al servizio dei suoi capi segreti.* Il massone-giudice non è libero; *è obbligato a sottomettersi alle pressioni fraterne.* Un governo indipendente non può coesistere con un governo segreto; lo sopprime o perde la propria indipendenza... Qual è l'esatta partecipazione della Massoneria all'insabbiamento dell'affare Stavisky?".

Gli stessi massoni furono turbati e alcuni di loro abbandonarono. All'Assemblea Generale del Grande Oriente di Spagna, il 20 febbraio 1933, tra le altre, la seguente decisione è di grande importanza, applicabile a tutta la Massoneria del Grande Oriente:

> "Le autorità massoniche sono tenute a far sì che venga adempiuto, con la necessaria frequenza, il dovere imposto ai fratelli che esercitano un impiego pubblico di rinnovare il giuramento, di spiegare e giustificare massonicamente la loro condotta pubblica davanti ai loro superiori. E poiché nell'esercizio del pubblico impiego egli può venir meno ai suoi doveri massonici tanto per azione quanto per omissione, ciò significa che il massone che ricopre questo incarico sarà obbligato, non solo a spiegare e giustificare ogni azione che appaia biasimevole o dubbia, *ma anche a ricevere indicazioni massoniche e a* prestarvi *attenzione...".*

Sembra quindi che questi massoni non siano liberi, ma soggetti ai loro superiori e che, sotto giuramento, debbano obbedire loro.

Infine, J. le François, nel *R.I.S.S. del* 15 settembre 1933, ci fornisce le seguenti interessanti informazioni. La Gran Loggia di Francia, nel suo Convento del 1932, ha riferito sulla "malattia della Francia contemporanea" presentata dalle logge e sintetizzata da F.-. Chaligny. M. le François scrive:

"Il rapporto di F.-. Chaligny ammette chiaramente il fallimento della democrazia mistica... In primo luogo lo spirito rivoluzionario non ha più né adoratori, né appassionati, né apostoli. I grandi antenati hanno perso la faccia, o meglio, la loro memoria non ha più devoti adoratori tra il popolo. Libertà, uguaglianza, fraternità, a chi interessano? I diritti dell'uomo?... "Sono arrivati al periodo in cui se ne abusa", diceva F.-. Chaligny, in cui la maggior parte dei membri della collettività o almeno i più influenti trascurano i doveri a cui erano tenuti.

... Sembra quindi che il mito abbia fatto il suo tempo... Per 150 anni abbiamo vissuto del mito rivoluzionario. È stato in grado di realizzare le infinite speranze che gli uomini avevano riposto nella splendida formula "Libertà, Uguaglianza, Fraternità"?... Abbiamo visto il fallimento di tutte le istituzioni che pretendevano di ispirarsi a queste tre parole profetiche... Sembra che i principi che sono stati abituati a considerare indispensabili per la salute di una società siano dimenticati o calpestati".

Inoltre, al Convento del Grande Oriente, nel 1920, F.-. Fontenay ha detto:

"Ogni rivoluzione mira a garantire la felicità universale. Quando i nostri antenati proclamarono come principio Libertà, Uguaglianza, Fraternità, miravano a realizzare la felicità. Dopo 130 anni vediamo la loro opera; non è brillante; della Libertà non ci resta nulla; dell'Uguaglianza non c'è quasi nulla; della Fraternità non c'è mai stata".

Così svanisce il grande sogno massonico!

CAPITOLO VIII

TEOSOFIA E MASSONERIA INDIA

Parlando dell'occultismo del XIX secolo elaborato dai martinisti, da Papus, da Eliphas Levi e dai teosofi, che comprende un curioso insieme di fenomeni metafisici, spiritismo, magia, astrologia, medicina ermetica, numeri esoterici, esegesi mistica, speculazioni sulla reincarnazione e sul karma, e soprattutto un sistema dottrinale presentato come fonte comune da cui derivano tutte le religioni, La Cabala, i numeri esoterici, l'esegesi mistica, le speculazioni sulla reincarnazione e sul karma, e soprattutto un sistema dottrinale presentato come la fonte comune da cui sono derivate tutte le religioni, scrive Marcel Lallemand in *Note sull'occultismo*:

"Si tratta in verità di una valanga di parole pompose, di espressioni magniloquenti, di frasi apocalittiche, di segni misteriosi e di silenzi comandati da una pseudo-iniziazione ai sacri misteri... Sotto l'influenza della Teosofia, essa è associata a visioni di biblioteche nascoste nelle caverne dell'Himalaya, di cerimonie fantastiche nei Templi egiziani, ecc. È noto che gli occultisti sostengono di essere eredi delle tradizioni segrete risalenti agli Egizi e trasmesse nel Medioevo dai Rosa-Croce, dai Templari, ecc... La maggior parte di questi occultisti è legata alla Massoneria... Questo mondo sotterraneo lavora febbrilmente, e molti eventi pubblici sono comprensibili solo in funzione dell'agitazione di questi termiti occultisti, la cui attività è uno dei segni meno equivoci del disordine spirituale del mondo moderno... Sarebbe anche legittimo parlare di una *satanizzazione* (piuttosto che di una divinizzazione) di questi aspetti oscuri dell'anima umana. È in questo che risiede il pericolo dell'occultismo, che spesso sfocia nel disordine mentale e psichico, portando molti dei suoi adepti a naufragare nella perversione sessuale, nella follia o nel crimine, come dimostrano gli annali dell'occultismo moderno" (citato da de Poncins).

Inoltre, de Poncins scrive:

> "L'occultismo ha ripercussioni più importanti di quanto si pensi. Un'ondata di occultismo ha preceduto e accompagnato i due grandi movimenti rivoluzionari del 1789 e del 1917. I teosofi e gli illuministi del XVIII secolo, Jacob Boehme, Emmanuel Swedenborg, Martinez de Pasqualis, Cagliostro, il conte di Saint-Germain, ecc. avevano i loro omologhi nelle numerose sette russe e nei maghi e occultisti della corte imperiale, Philippe, Papus, il tibetano Badmaev e soprattutto Rasputin, la cui straordinaria influenza contribuì direttamente a liberare la rivoluzione".

Guardando indietro nella storia, sembra evidente che la diffusione delle società segrete, dell'illuminismo, della teurgia e dello spiritismo sia sempre stata un sicuro precursore delle rivoluzioni e della caduta delle corone. Fin dall'inizio, il regno di Nicola II di Russia fu una lunga successione di mistici, profeti e Illuminati - strumenti della "Mano Nascosta" - che, con le loro strane pratiche e le loro vite a volte scandalose, contribuirono non poco a gettare discredito sulla Corte di Russia, alla fine portarono alla sua caduta e, attraverso la morte e la distruzione, diedero inizio al governo sovietico guidato dagli ebrei, con il suo sogno di rivoluzione mondiale e di dominio del mondo - il sogno della Massoneria Illuminata del Grande Oriente.

Il primo di questi misteriosi operatori di straordinaria importanza fu Maître Philippe, capo della Scuola di Teurgia di Lione. Egli descrisse così il suo lavoro: "Dall'età di tredici anni ho compiuto guarigioni miracolose. Sono un intermediario inconsapevole tra l'*umanità e un Potere Superiore* che la mette in ombra. I risultati sorprendenti che ottengo quotidianamente li ammiro, ma non li capisco". Nel 1900 fu introdotto alla Corte di Russia da Papus, noto Martinista e Illuminato, che considerava Philippe come il suo "Maestro". Gradualmente divenne indispensabile sia per l'Imperatore che per l'Imperatrice. Nel 1903, tornato in Russia dopo un'assenza forzata, iniziò l'Imperatrice alle pratiche dello spiritismo e della teurgia. Fu lui a ispirare all'Imperatore l'idea della pace universale attraverso il disarmo generale! Costretto infine a ritirarsi a Lione, morì nell'agosto del 1905 *(Le Maître Philippe*, di J. Bricaud).

Papus il Martinista e teurgo, il cui vero nome era Dr. Encausse, apparve per la prima volta a San Pietroburgo nel 1900, e circa allora o più tardi introdusse il Martinismo tra l'aristocrazia russa. Nel 1905 fu nuovamente convocato in Russia in occasione della rivoluzione di quell'anno, poiché i suoi consigli erano considerati preziosi a Corte. Paleologo, nei suoi *Mémoires del* 1916, racconta che "il giorno stesso in cui Papus arrivò a San Pietroburgo una sommossa seminò il terrore a Mosca e un misterioso sindacato proclamò uno sciopero generale delle ferrovie". Per quanto riguarda la successiva rivoluzione, Papus si professava in grado di scongiurare questa catastrofe per mezzo della sua magia, ma solo fino a quando sarebbe rimasto nel suo corpo fisico. L'ultima visita di Papus in Russia fu nel 1906 e morì, nell'ottobre 1916, durante la Grande Guerra.

Nel suo libro *Rasputin: The Holy Devil*, Fülöp Miller scrive di un altro:

Uno dei fenomeni più curiosi della Corte imperiale russa era il "medico della medicina tibetana", Badmaev... Shamzaran Badmaev affermava di aver acquisito un'esatta conoscenza delle dottrine segrete della "magia tibetana" e della scienza medica nella casa paterna (Transbaikalia), in quanto la conoscenza era un'antica tradizione della famiglia... C'è stato un periodo nella politica russa in cui non solo la Corte, ma anche i ministri e i funzionari amministrativi erano interamente sotto l'influenza di Badmaev.

... Fondò un sanatorio che si distingueva da tutti gli altri per il suo carattere politico. Le sue affiliazioni partitiche e le sue opinioni politiche erano accuratamente annotate sulla cartella di ogni paziente dell'istituto... Badmaev manteneva una corrispondenza attiva con i pazienti bis dopo la fine del trattamento, in cui, oltre ai consigli medici... dava loro anche istruzioni politiche. Nel corso del tempo la medicina e la politica e le "essenze di loto" furono sempre più coinvolte l'una nell'altra, dando vita a una fantastica stregoneria politica che ebbe origine nel sanatorio di Badmaev e che decise il destino della Russia".

Secondo il Paleologo, Protopopov, ministro degli Interni, fu messo in contatto con il sinistro monaco Rasputin da Badmaev, il ciarlatano mongolo. E scrivendo di Rasputin, nella sua *Inchiesta sull'assassinio della famiglia imperiale russa*, Nicolas Sokoloff scrive che Rasputin era circondato e diretto da tre ebrei:

Ivan Theodorovitch Manoussevitch Manouilof, che aveva numerosi agganci sia in Russia che all'estero e prima del 1905 era stato a lungo affiliato alla polizia di Parigi. Fu lui a presentare il famoso Philippe alla corte russa. In secondo luogo, il banchiere ebreo Dmitri Rubenstein, accusato senza successo di intrighi con i tedeschi durante la guerra. Infine, il suo segretario, Aron Samouilovitch Simanovitch, un commerciante di diamanti di Pietrogrado, ebreo di origine e di religione. Viveva nella casa di Rasputin e pare che agisse per Rasputin senza consultarlo.

Un fascino straordinario ha circondato per lungo tempo il nome del Comte de Saint-Germain e oggi è uno dei Maestri più "sacri", fino all'ossessione, della Società Teosofica. Di seguito riportiamo alcune opinioni diverse su questo personaggio quasi leggendario. In una serie di articoli *L'anatomia della rivoluzione*, G. G. o "Dargan", autore dell'*Ordine senza nome* (vedi *Patriot*, ottobre 1922), scrive:

"Non c'è dubbio che centocinquant'anni fa la Massoneria del Grande Oriente e la Massoneria Templare sul continente fossero permeate e utilizzate da società occulte con scopi sovversivi e antireligiosi. Il Sommo Sacerdote e la mente di questo movimento nel XVIII secolo sembrerebbe essere stato un brillante avventuriero che si faceva chiamare 'Conte St. Germain' o Ragoczy - si ritiene che fosse un ebreo portoghese - un assiduo organizzatore di rivolte, e tra i cui legami o intimi troviamo Mirabeau, Weishaupt, Cagliostro e Paschalis (gli ultimi due anch'essi di origine ebraica), che svolsero tutti il loro ruolo nel preparare la rete di società segrete che contribuì a portare alla rivoluzione francese".

Sempre nella stessa serie scrive:

"L'origine di tutte le società occulte di oggi potrebbe probabilmente risalire direttamente a società simili del passato... La Società Teosofica, per esempio, fu fondata da Mme Blavatsky, che era impiegata come agente dei Carbonari, a cui si unì nel 1856, quando era sotto l'influenza di Mazzini, che sembra aver fondato un ramo dei Carbonari in Inghilterra, e il cui legame con la Massoneria orientale è ben noto. La signora A. Besant, discepola e successore di Mme Blavatsky, poteva quindi a buon diritto rivendicare di appartenere alla linea dei profeti del culto mistico rivoluzionario che venera Ragoczy come "Maestro". Non è quindi sorprendente scoprire che nella fondazione della Co-massoneria in Inghilterra l'adorazione di Ragoczy... è una parte cardinale del rituale delle logge superiori di quel corpo".

La stessa signora Besant, in un opuscolo su "I maestri", del 1912, ci dice:

> "L'ultimo sopravvissuto della Casa Reale di Rakoczi, conosciuto come Comte de St. Germain nella storia del XVIII secolo; come Bacone nel XVII secolo; come Robertus, il monaco, nel XVI; come Hunyadi Janos nel XV; come Christian Rosencreuz nel XIV - per citare alcune delle sue incarnazioni - è stato discepolo attraverso quelle vite laboriose e ora ha raggiunto la maestria, l'"Adepto ungherese" del *Mondo Occulto*, e conosciuto da alcuni di noi in quel corpo ungherese".

Un'altra teosofa e occultista di New York, la signora Alice A. Bailey, lo descrive così nel suo libro *"Iniziazione umana e solare" del* 1933. Il *Maestro Rakoczi* è ungherese e vive nei Carpazi. Era conosciuto come Comte de St. Germain, Roger Bacon e poi Francis Bacon. Lavora con il lato occulto degli affari in Europa, in gran parte attraverso il rituale e il cerimoniale esoterico, essendo vitalmente interessato agli effetti del cerimoniale dei massoni, di varie confraternite e delle Chiese. Agisce praticamente in America e in Europa come direttore generale per la realizzazione dei piani del Consiglio esecutivo della Loggia, che è un gruppo interno di Maestri intorno ai tre Signori - questi ultimi sono *Manu, Maitreya* e *Manachohan*.

Poi, secondo Eliphas Levi, che era un Martinista: San Germano professava la religione cattolica e si uniformava alle sue pratiche. I suoi legami familiari erano sconosciuti, ma parlava come se fosse vissuto per secoli. Scelse i propri discepoli, richiese un'obbedienza passiva e disse loro che erano chiamati alla regalità di Melchisedek e Salomone, che era sia un'iniziazione che un sacerdozio, e disse loro:

> "Siate la fiaccola del mondo; se la vostra luce è quella di un pianeta, non sarete nulla agli occhi di Dio. Vi riservo uno splendore di cui la gloria solare è un'ombra. Guiderai il corso delle stelle e coloro che governano gli imperi saranno governati da te".

I suoi principi, secondo Eliphas Levi, erano quelli dei Rose-Croix; era ambasciatore dei Teosofi illuminati e si diceva che fosse un abile medico e chimico. E come conclude Eliphas Levi:

"Il Conte Saint-Germain è stato per un momento una moda, e poiché era un Matusalemme amabile e giovanile, che sapeva combinare le chiacchiere di una canaglia con le estasi di un teosofo, ha fatto furore in certi ambienti, anche se è stato rapidamente sostituito da altri fantasisti. Così va il mondo!".

Infine, dopo l'illuminazione delle Logge del Grande Oriente di Francia, un Convento Generale dei Massoni fu convocato dal Comitato segreto per il 15 febbraio 1785, e tra i deputati c'erano: Saint-Germain, Etrilla, Mesmer, Cagliostro, Mirabeau, etc. (Mirabeau). In questo Convento fu decisa la Rivoluzione francese e la sua propagazione in tutta Europa, fino al decreto di regicidio. Sappiamo che il ruolo di Cagliostro in questo piano era quello di infangare Maria Antonietta e preparare così la caduta e la morte del re.

Tali sono i vari resoconti di questo misterioso "Maestro Rakoczi", mascherato sotto il nome e il mantello del per nulla "Santo" Comte de St. Germain, incatenando così l'immaginazione e le emozioni di migliaia di teosofi degni di fede ma indubbiamente illusi, soprattutto in America, quella terra di "ismi" fantastici. Inoltre, si può facilmente comprendere quanto sia importante la dottrina della reincarnazione per questi sinistri Maestri, poiché senza di essa il nome "Comte de St. Germain" sarebbe morto e inutile come un membro bruciato.

Infine, saremmo d'accordo con René Guénon, il noto orientalista, che accusa la Teosofia di

"di squilibrare immediatamente le menti deboli che vengono attirate in questi centri; il numero di sfortunati portati da queste cose alla rovina, alla follia e a volte persino alla morte è molto più considerevole di quanto si possa immaginare da persone non sufficientemente informate.

... Si può dire senza esagerare che la diffusione del "neo-spiritualismo" sotto tutte le sue forme, costituisce un vero e proprio pericolo pubblico che non può essere denunciato con troppa insistenza".

M. J. de Boistel, nel *R.I.S.S. del* 15 novembre 1934, scrive: "Si può dire che le sette occulte che si sono formate nel cuore del cristianesimo e della stessa Massoneria sono quasi tutte un adattamento, più o meno grossolano, degli errori cabalistici e gnostici". Egli indica le date principali della rinascita di questo gnosticismo cabalistico come: 1855, la rinascita dello Spiritismo ad opera di Allan Kardec; 1875, la formazione della Società Teosofica; 1885, la ricostituzione del Martinismo; 1888, la restaurazione della setta degli Gnostici; 1912, la fondazione del Simbolismo; 1919, l'apertura dell'Istituzione Metafisica Internazionale. Nel 1888, racconta, F.-. Jules Doinel, archivista dipartimentale del Loiret e membro del Consiglio del Grande Oriente di Francia, fece rinascere la Chiesa gnostica, facendosi chiamare Primo Patriarca, Valentin II. Raggruppò alti intellettuali e nel 1893 fu costituito un Sinodo, fu stabilita una Gerarchia e furono creati diversi vescovi. In seguito F.-. Doinel ripudiò queste dottrine e tornò alla Chiesa cattolica. Gli successe, come Patriarca, F.-. Fabre des Essarts, noto come Sinesio, che nel 1909 fondò la rivista *La Gnose*; nel 1907, il patriarca rivale, Jean II (J. Bricaud), fondò la rivista *Le Réveil Gnostique*.

Dopo le sue dimissioni F.-. Doinel scrisse:

> "Azione ebraica, infiltrazione ebraica, odio ebraico! Quante volte ho sentito i massoni lamentarsi per il dominio che gli ebrei impongono alle Logge, alle Logge filosofiche, ai Consigli del Grande Oriente in tutti i Paesi, in tutti i punti del Triangolo, per tutta la lunghezza del vasto mondo... Dalla Rivoluzione gli ebrei hanno invaso le Logge... Per i dotti la Cabala; per gli ignoranti lo spirito ebraico. La Cabala dogmatizza e fa della metafisica, la metafisica di Lucifero. Lo spirito ebraico dirige l'azione".

M. de Boistel nota quattro caratteristiche comuni a tutte le sette di questo tipo, compresa la Massoneria: (1) Il tentativo di un rozzo adattamento al cristianesimo. (2) Esoterismo, esistenza di una tradizione segreta e di un insegnamento riservato ai soli iniziati, perpetuato dall'antichità attraverso i secoli. (3) Dottrina esoterica trasmessa solo per iniziazione, che richiede fasi successive e gradi corrispondenti. L'organizzazione iniziatica è esistita nello Gnosticismo fin dalle sue origini ed è stata ripresa dalla Massoneria. (4) Spiegazione del mondo che elimina il dogma della creazione e porta alla deificazione dell'uomo, rendendo necessarie le dottrine del Karma e della Reincarnazione. Occultisti, gnostici, teosofi, martinisti e Rose-Croix si uniscono per propagare, con nomi diversi, questi errori e speculazioni comuni.

Pertanto, tornando indietro al secolo scorso, vorremmo tracciare alcuni anelli della catena occulta e sovversiva, così curiosamente intrecciata, che ha portato gradualmente e insidiosamente all'attuale Rivoluzione Mondiale Internazionale, che deve materializzare l'unità necessaria per il loro sogno di un mostruoso Stato Mondiale governato da invisibili "Superuomini".

Uno dei primi passi di questo rinnovato Movimento Mondiale sembra essere la Società Teosofica, fondata nel 1875 dalla russa Mme Blavatsky, una donna, secondo la signora Besant, "con poca istruzione" ma con un potente mezzo di comunicazione. Era un'iniziata dell'Ordine Druso - un'evoluzione della Casa della Saggezza del Cairo - e fu iniziata ai Carbonari da Mazzini. Gli obiettivi dell'Alta Vendita, il Direttorio Supremo dei Carbonari, erano identici a quelli degli Illuminati. Nel 1880 gli Illuminati di Weishaupt furono riorganizzati a Dresda da Leopold Engel, con il nome di *Ordre Rénové des Illuminati Germaniae*, e svolsero un ruolo politico molto sospetto; Steiner, si ritiene, ne fece parte, ma più tardi. Il dottor Franz Hartmann, nato nel 1838 a Donauwerth, in Baviera, fondò, insieme ad altri, l'*Ordre de la Rose-Croix Ésotérique*, che era strettamente legato al precedente; fondò anche in Svizzera, nel settembre 1889, un organismo teosofico-monastico chiamato *Fraternitas, al* quale si associarono il dottor R. Thurmann, il dottor A. Pioda e la contessa Wachtmeister, quest'ultima amica di Mme Blavatsky. Verso il 1887 sembra che abbia fatto parte anche di un ramo americano della *Golden Dawn*, con sede a Boston.

Nel 1895 il Dr. Karl Kellner fondò un certo *Ordre des Templiers Orientaux*, che alla sua morte, nel 1905, fu portato avanti da un teosofo, Theodore Reuss, e la *Rose-Croix Ésotérique* ne divenne infine il "circolo interno". Theodore Reuss, che in seguito si fece chiamare Reuss-Wilsson, era un tedesco che viveva a Londra, dove per molto tempo ricoprì una posizione ufficiale nella "Theosophical Publishing Co.". Non potendo tornare nel suo Paese, fondò tuttavia un cosiddetto *Grande Oriente dell'Impero tedesco,* di cui Franz Hartmann era uno dei dignitari. Si dice che Reuss abbia iniziato Rudolf Steiner all'O.T.O. e che l'O.T.O. di Crowley fosse un ramo dello stesso movimento.

John Yarker, che morì nel 1913 e che ha scritto molto sulle "Scuole Arcane", costituì un cosiddetto Rito Swedenborgiano, che si dice sia interamente di sua invenzione e non abbia alcun legame con i Riti settecenteschi ispirati alle idee di Swedenborg. Yarker nominò Papus, il noto occultista, "Gran Maréchal" del Supremo Consiglio, e in un elenco del 1897 il nome del colonnello Olcott era indicato come rappresentante del Supremo Consiglio della Gran Loggia e Tempio di Bombay. Come sappiamo, la misteriosa *Golden Dawn* fu lanciata a Londra nel 1888 dal dottor Wynn Westcott e altri, che in seguito divenne la *Stella Matutina* con il suo Ordine interno il R.R. et A.C., quando A. E. Waite se ne distaccò (1903), portando con sé i suoi seguaci, e anche il nome *Golden Dawn*, di cui rimase capo fino a circa il 1915, quando venne meno. In seguito formò un altro gruppo, chiamandolo *Ordine della Croce Rosa*. Sotto il Dr. Felkin, che fu capo dalla formazione della *Stella Matutina* fino alla sua morte nel 1926, l'Ordine e il suo Ordine neozelandese erano entrambi legati all'Antroposofia del Dr. Rudolf Steiner, che era una secessione dalla Società Teosofica del 1913. La Teosofia, attraverso la sua Co-Massoneria, fu a sua volta legata, per un certo periodo, alla Massoneria del Grande Oriente. Il dottor Wynn Westcott si dimise dalla *Golden Dawn* nel 1897 e Crowley ne divenne membro nel 1898, ma fu espulso nel 1900. Questi sono i fatti reali di questo misterioso Ordine. Chi scrive non è mai stato membro della *Golden Dawn*, ma è stato iniziato alla *Stella Matutina*, sotto la guida del dottor Felkin, nel 1908.

Inoltre, Max Heindel, un ex discepolo del Dr. Steiner, che disapprovava la segretezza richiesta, si staccò da Steiner e si recò in America, dove, nel 1911, pubblicò senza autorizzazione gli insegnamenti di Steiner nel suo libro *Rosicrucian Cosmo-Conception*. Poco dopo Steiner pubblicò la sua *Scienza Occulta*, ecc. In America Max Heindel fondò la sua *Rosicrucian Fellowship per* diffondere l'insegnamento senza la discutibile segretezza. A causa di questo tradimento dell'insegnamento segreto, ai membri della R.R. e della A.C. fu proibito di lavorare con questa Fellowship!

Nel suo libro 1911, Max Heindel scrive dei cambiamenti del mondo:

"Il sistema delle caste, che era la roccaforte dell'Inghilterra in India, si sta sgretolando. Invece di essere separato in piccoli gruppi, il popolo si sta unendo nella richiesta che l'oppressore se ne vada e lo lasci vivere in libertà sotto un governo di, da e per il popolo [influenza teosofica!] La Russia, nel 1911, è in lotta per la libertà da un governo autocratico e dittatoriale [scambiato con la schiavitù bolscevica!] La Turchia si è risvegliata e ha fatto un lungo passo verso la libertà [prima sotto i Giovani Turchi del Grande Oriente!] [In America] non siamo ancora soddisfatti... vediamo che abbiamo ancora una libertà industriale da guadagnare.

... Così, in tutto il mondo, i vecchi sistemi di governo paterno stanno cambiando. Le nazioni in quanto tali hanno fatto il loro tempo e stanno inconsapevolmente lavorando verso la Fratellanza Universale secondo il disegno dei nostri leader invisibili, che non sono meno potenti nel plasmare gli eventi perché non sono ufficialmente seduti nei consigli delle nazioni".

Come dice René Guénon:

"Non crediamo quindi che i teosofi, più di quanto non lo siano gli occultisti o gli spiritisti, abbiano la forza di riuscire da soli in una simile impresa; ma non c'è forse dietro a tutti questi movimenti qualcosa di molto più formidabile che forse nemmeno i loro capi conoscono e di cui essi, a loro volta, sono solo strumenti?".

Per citare ancora G.G. in *Anatomia della rivoluzione:*

"Dietro ogni movimento rivoluzionario nel mondo c'è sempre un'organizzazione segreta. Questi movimenti rivoluzionari in tutti i Paesi, indipendentemente dagli organismi che li organizzano, hanno sempre tre obiettivi primari: (a) l'abolizione delle costituzioni esistenti, siano esse monarchiche o repubblicane; (b) l'abolizione della proprietà privata dei beni; (c) l'abolizione della religione stabilita. A volte l'obiettivo principale è camuffato sotto un modello di nazionalismo o di internazionalismo; ma l'attacco è sempre diretto, in ultima analisi, contro questi fondamenti della civiltà... Le stesse persone spesso predicano il nazionalismo in Irlanda, India, Egitto o Sudafrica, quando l'effetto è quello di disintegrare l'Impero britannico... Mr. George Lansbury, la figura più importante legata al giornale *Herald* e fondatore della *Herald* League, non solo è un membro della Società Teosofica e, si dice, anche dei Co-Massoni, ma sostiene di appartenere alla linea dei profeti della rivolta. In un articolo apparso sul *Daily Herald* (24 novembre 1921), in occasione della morte del signor Hyndman, si descrive come discepolo di quel signore, che a sua volta fu discepolo di Mazzini. Così che qui, per sua stessa ammissione, possiamo tracciare ancora una volta il pedigree politico di un rivoluzionario di primo piano fino ai Carbonari della metà del XIX secolo".

Oggi il signor Lansbury vorrebbe che distribuissimo l'Impero britannico tra tutte le nazioni in modo da garantire la pace! Lo sviluppo politico di questi movimenti segreti avviene sempre per tappe graduali, che culminano nella rivoluzione come preparazione al dominio del mondo da parte dei loro direttori occulti. Così Mme Blavatsky, nonostante le sue prime avventure nello spiritismo e nei fenomeni, fondò saldamente la Società Teosofica, la cui influenza oggi, in una forma o nell'altra, è mondiale. La sua *Dottrina Segreta,* ricevuta, si dice, dai Maestri, è oggi il Vangelo e la forza vincolante tra i suoi fedeli seguaci, e così ha preparato la strada. La signora Besant, continuando lo sviluppo richiesto in India, tentò una pseudo-rivincita dell'Induismo e in seguito l'istituzione di una Maestra Mondiale, portavoce dei suoi direttori occulti, completamente anticristiana; inoltre, il suo lavoro sociale ed educativo portò inevitabilmente alla politica, al cosiddetto nazionalismo in via di disintegrazione. Dopo una convenzione teosofica a Madras nel 1884, un gruppo di teosofi, in gran parte indiani, diede vita al Congresso Nazionale, per esprimere le aspirazioni dell'India. Nel 1885 la signora Besant si unì ai Fabiani e fu per cinquant'anni membro del Labour. Molto più tardi elaborò il suo Indian Home Rule Bill, che portò in Inghilterra, dove fu ufficialmente approvato dal Partito Laburista. Di nuovo, nel settembre del 1928, questo progetto lasciò il posto alla Costituzione del Comitato Nehru, sostenuta dalla signora Besant, che chiedeva lo status di Dominion. Ma Gandhi, quel fanatico ma astuto sognatore politico, non contento di aspettare, lanciò un ultimatum chiedendo una decisione del governo entro la fine del 1929; non essendoci alcuna decisione, aprì la sua campagna per l'indipendenza assoluta attraverso la disobbedienza civile, portando il Paese nel caos.

La signora Besant si unì alla Società Teosofica nel 1889 e si recò in India nel 1893 per, come disse, "restituire all'India la sua antica libertà... attraverso la rinascita delle antiche religioni filosofiche e scientifiche" e ponendo "l'India come partner paritario in un grande Commonwealth indo-britannico". Come scrisse Sir Valentine Chirol in *Indian Unrest*:

> "L'avvento dei teosofi, annunciato da Mme Blavatsky e dal colonnello Olcott, ha dato un nuovo impulso alla rinascita, e certamente nessun indù ha fatto tanto per organizzare e consolidare il movimento quanto la signora Annie Besant, che nel suo Collegio Centrale Indù di Benares e nella sua Istituzione Teosofica di Adyar, vicino a Madras, ha proclamato apertamente la sua fede nella superiorità dell'intero sistema indù rispetto alla decantata civiltà dell'Occidente".

Dell'avvio del Congresso Nazionale scrive in *India: Legame o libertà?*

> "È significativo che, dopo la Convenzione teosofica di Adyar, nel 1884, alcuni delegati e membri si recarono a Madras e formarono il comitato organizzativo del futuro Congresso nazionale, che si riunì a Bombay nel 1885 e divenne la Voce dell'India; l'autostima nazionale suscitata dal rinnovato orgoglio per l'induismo, che portò all'ideale nazionale dell'autogoverno".

Eppure in India ci sono molti popoli, molti credi oltre all'induismo, e molte caste; come potrebbe un Congresso del genere pretendere di essere la voce unitaria di tutti i loro ideali opposti, religiosi e politici? Continua:

> "Sotto l'influenza di coloro che nel 1884 avevano realizzato il progetto del Congresso Nazionale a Madras... i contadini cominciarono a discutere le loro rimostranze e in seguito a riunirsi in conferenza tra di loro... Così fu seminata nei villaggi l'agitazione per la Home Rule nel 1915, quando Mr. Gandhi disse di me: "Ha fatto della Home Rule un mantram in ogni casa"... L'intellighenzia indiana lavorò per educare i propri compatrioti e le riunioni annuali del Congresso nazionale, riportate dalla stampa indiana, furono come la pioggia che cade sul seme nascosto".

E, mostrando la forza che sta dietro al suo movimento, scrive:

> "In realtà, il risveglio dell'India non è solo una parte del movimento in Asia, stimolato dall'aggressività dei popoli occidentali, ma è anche parte del movimento mondiale verso la democrazia, che è iniziato per l'Occidente nella rivolta delle colonie americane contro il dominio della Gran Bretagna, per terminare nel 1776 nell'indipendenza della Grande Repubblica d'Occidente e nella Rivoluzione francese del 1789".

Come abbiamo già dimostrato, le società segrete erano dietro la Rivoluzione francese del 1789, e nel libro di Mme Blavatsky, *Iside Svelata*, riporta una lettera scritta da Charles Sotheran, segretario corrispondente del New York Liberal Club, alto massone e iniziato della Confraternita inglese della Croce di Rosie, che, scrivendo nel gennaio del 1877, dice:

"Nel secolo scorso gli Illuminati hanno insegnato "pace con la casetta, guerra con il palazzo" in tutta Europa. Nel secolo scorso gli Stati Uniti sono stati liberati dalla tirannia della madrepatria grazie all'azione delle Società Segrete, più di quanto comunemente si immagini..."

Che questo stesso potere delle società segrete fosse dietro la signora Besant lo conferma lei stessa in *Nuova India*, 1929:

"Cercate di percepire il Grande Piano nel suo insieme... L'India è la chiave, l'India è il centro di quella grande tempesta che inaugurerà una splendida Pace... Nessun vero Teosofo e certamente nessuno che lavori per il *Governo Interiore del Mondo* sarà incurante del benessere dell'India... La Co-Massoneria è stata data all'India perché sia una potente forza organizzata al servizio dell'India".

In ogni occasione la signora Besant denunciò il dominio del Raj britannico, affermando che: "Le masse del popolo indiano sono state prospere, libere e felici, tranne che negli ultimi centosessanta anni, dal momento in cui la Compagnia delle Indie Orientali è diventata una potenza dominante fino ai giorni nostri". E ancora, come ha affermato un giornalista del *Morning Post del 22* settembre 1933:

"È la giustificazione dell'occupazione britannica che, mentre prima del suo inizio nessuna invasione dell'India è mai stata fermata, da quando ha avuto luogo nessuna invasione dell'India è mai riuscita. Così la felicità e la vita stessa dei milioni di lavoratori dell'Hindustan dipendono da quel potere che i nostri compiacenti riformatori si sforzano di ritirare".

Lord Sydenham, parlando alla Camera dei Lord, il 24 ottobre 1917, disse della signora Besant:

Ha scritto un libro che conteneva più spericolata sfida ai fatti di quanto abbia mai visto compresso nello stesso piccolo spazio, e nel suo giornale *New India*, ha detto che "l'India era un paradiso perfetto" per 5.000 anni prima del nostro avvento, che era diventato

"un inferno perfetto" a causa della "brutale burocrazia britannica"...
Bene potrebbe uno di questi giudici far notare che questo scritto
pernicioso deve tendere a incoraggiare l'assassinio rimuovendo la
detestazione pubblica di un tale crimine...".

E come disse Sir Charles Spencer, I.C.S. in pensione, scrivendo
al *Morning Post dell'*11 settembre 1933:

> "Nessun governo sano di mente può tollerare la presenza di
> organismi anarchici al suo interno. Pertanto, l'unica politica valida
> è quella di trattare i terroristi del Bengala come il governo trattava i
> teppisti. Dovrebbe essere costituito un dipartimento speciale per
> rintracciare e dare la caccia a questi parassiti della società e
> dovrebbe essere considerato un reato, punibile con la morte,
> appartenere a un'organizzazione il cui credo è l'assassinio di
> funzionari".

Per coloro che non conoscono la storia dei Thugs, il breve
resoconto che segue può essere illuminante, mostrando la reale
condizione dell'India prima dell'avvento degli inglesi e
smentendo la maliziosa affermazione della signora Besant.

Secondo l'introduzione di C. W. Stewart all'edizione del 1916 di
Confessions of a Thug di Meadows Taylor, pubblicata nel 1839,
i Thugs erano una corporazione segreta ereditaria di assassini,
che strangolavano e depredavano, sotto la protezione della dea
Kalee, e questi omicidi erano considerati un dovere e un atto di
culto. Ogni banda portava con sé un piccone sacro, il cui
originale si diceva fosse il dente di Kalee, e su questo piccone
veniva fatto un giuramento che comportava terribili pene se
infranto. Kalee dava ai suoi devoti anche una costola come
coltello e l'orlo della sua veste come panno per strangolare.
L'origine effettiva del Thuggee è sconosciuta, ma Sleeman, in
Rambles and Recollections, racconta di un "santo" Thug che
viveva a Delhi all'inizio del XIV secolo e che possedeva grandi
quantità di denaro. Era considerato il fondatore e i Thug
andavano in pellegrinaggio alla sua tomba. Proveniva dalla
Persia, dove, si è ipotizzato, era stato discepolo del "Vecchio
della Montagna", il capo degli assassini che frequentavano le
coste del Mar Caspio intorno al 1100. Il thuggee esisteva da
almeno cinque secoli in India, ma il governo della Compagnia si
rese conto degli oltraggi solo nel 1799 e ci vollero trent'anni per
rendersi conto della portata di queste pratiche.

Secondo Meadows Taylor, nel 1810 scomparvero così tanti uomini dell'esercito mentre andavano e tornavano dalle loro case che il governo lanciò un avvertimento e rintracciò alcuni degli assassini nel 1812. Tuttavia, solo nel 1820, quando il "Thuggee Sleeman" fu inviato nei territori di Sagar e Nerbudda, il governo riconobbe che i Thugs erano una classe criminale distinta che operava contemporaneamente in tutta l'India. Nel 1829 furono nominati degli ufficiali speciali, iniziò una campagna contro di loro e molte bande furono disperse. Nel 1840 Sleeman pubblicò un rapporto con una mappa dei Thug; molte delle sue informazioni furono ricevute da venti Thug o assassini professionisti diventati approvatori, tra cui il noto Feringhea; le loro dichiarazioni furono verificate dal disinterramento dei corpi.

Questo resoconto parla di bande di teppisti che percorrevano le strade principali e, con il pretesto dell'amicizia, conquistavano la fiducia di ignari viaggiatori e, dopo averli accompagnati per diverse tappe in qualche luogo isolato o bhil, li uccidevano strangolandoli e saccheggiando le loro proprietà. Meadows Taylor ha notato che fuori dai villaggi e dalle città le capanne e le case degli eremiti, dei fachiri e dei mendicanti religiosi venivano utilizzate dai Thugs, i quali attiravano le vittime nei loro giardini o nei boschetti circostanti con la scusa di dare loro riposo e riparo.

La difficoltà consisteva nel condannare gli assassini, poiché le vittime generalmente provenivano da grandi distanze e i parenti e gli altri testimoni non avrebbero viaggiato così tanto per raggiungere i tribunali vicini al luogo in cui era avvenuto l'omicidio. Tuttavia, vennero istituiti tribunali separati in cui ogni testimone deponeva nel proprio quartiere; ciò si rivelò un grande successo. Molti capi e membri principali delle vecchie bande, tuttavia, rimasero a piede libero e, come disse Sleeman: "Tutte queste persone tornerebbero al loro vecchio mestiere e lo insegnerebbero ai loro figli o ai vicini bisognosi e dissoluti, riorganizzando così le loro bande se la nostra pressione si allentasse". Dal 1831 al 1837, 1.059 di queste bande furono trasportate a Penang, 412 furono impiccate, 87 imprigionate a vita e 483 divennero approvate. -

L'intera questione fu accolta con entusiasmo dall'allora Governatore Generale, Lord William Bentinck, e dal Consiglio Supremo, e vennero nominati funzionari molto intelligenti per supervisionare l'esecuzione delle misure per la soppressione dei Thuggee. La ricerca fu portata avanti fino al 1860 e fino al 1904 vi fu un Sovrintendente per il Thuggee e il Dacoity, dopodiché fu affidata al Central Criminal Intelligence Department.

Potremmo chiederci se i germi del Thuggee esistano ancora, pronti a essere portati in vita da agenti sovietici e da membri del Congresso Nazionale per promuovere i loro ambiziosi sogni politici. La posizione è stata espressa molto chiaramente da Ashmead Bartlett nel *Daily Telegraph del 20* ottobre 1930 e sembra ancora valida:

> "La situazione è infinitamente più grave di quanto si pensi e si sta rapidamente trasformando in un gigantesco conflitto razziale.
>
> ... L'intellighenzia urbana indù è decisa a creare un "Raj" indù completo, che elimini i funzionari britannici, civili e militari, dal Paese, confischi gli interessi commerciali britannici e ripudi i debiti pubblici contratti sotto il dominio britannico... L'Afghanistan e la Russia sovietica si uniranno sicuramente alla disgregazione generale... una volta che la nostra morsa sulla Frontiera Nord-Ovest avrà cessato di esistere".

Nel settembre 1913 un piccolo gruppo di lavoratori della signora Besant creò il gruppo noto come "I Fratelli del Servizio"; essi dovevano cercare la libertà sotto la Corona britannica e, tra le altre cose, dovevano promettere di promuovere l'unione tra i lavoratori nei campi del progresso spirituale, educativo, sociale e politico, sotto la guida e la direzione del Congresso Nazionale Indiano. Il 2 gennaio 1914, la campagna per la Home Rule fu definitivamente avviata, quando fu lanciata la rivista settimanale *The Commonweal*, in cui si leggeva la dichiarazione:

> "Nella Riforma Politica miriamo alla costruzione di un completo Autogoverno, dai Consigli di Villaggio attraverso i Consigli Distrettuali e Municipali e le Assemblee Legislative Provinciali, fino ad un Parlamento Nazionale, uguale nei suoi poteri agli organi legislativi delle Colonie Autogovernate...".

Nella primavera del 1914 la signora Besant si recò in Inghilterra per cercare di formare un partito indiano in Parlamento; non riuscendoci, tenne una riunione alla Queen's Hall di Londra, con il conte Brassey alla presidenza, per formare una Lega ausiliaria per l'India, che si concretizzò nel 1915. Al suo ritorno in India acquistò un quotidiano, pubblicato il 14 luglio 1914, ribattezzandolo *New India*. Nel 1917, dopo il suo internamento a Ootacamund, lei, già presidente dell'Home Rule, fu eletta presidente del Congresso nazionale. Nel febbraio 1919, la Home Rule League si spaccò perché Gandhi iniziò una "resistenza passiva" contro il Rowlatt Act. Questa fu interrotta, per poi essere seguita dal suo movimento di non cooperazione, nell'aprile 1920; Gandhi non riusciva a controllare i suoi seguaci.

A Delhi, nel 1920, il Congresso Nazionale portò una risoluzione in cui si chiedeva: (I) che il principio dell'autodeterminazione fosse applicato all'India; (2) la rimozione di tutti gli ostacoli alla libera discussione; (3) un Atto del Parlamento che istituisse un governo completamente responsabile in India e che, nella ricostruzione della politica imperiale, (4) l'India fosse posta sullo stesso piano dei Dominion autogovernati. Come ha scritto la signora Besant:

> "Il secondo punto è stato quasi realizzato; il terzo e il quarto no. Ma il disegno di legge sul Commonwealth dell'India li realizzerà quando diventerà una legge. È stato ritardato dalla disgregazione dei partiti politici causata dal movimento di non cooperazione, ormai morto [1926]".

A Bombay, il 28 agosto 1924, disse a Sir Michael O'Dwyer:

> "... Credo che si possa dire che abbiamo fatto dell'India una questione scottante nella vita politica dell'Inghilterra. Abbiamo trovato il Partito Laburista completamente con noi...".

Si rivolse quindi al Partito Laburista per far approvare la legge sul Commonwealth dell'India. Nel febbraio 1922, la formulazione pratica della proposta di Costituzione per l'India da parte degli indiani fu avviata in una discussione nella sezione politica del 1921 Club, a Madras, sul metodo per ottenere lo Swaraj. La bozza fu sottoposta alla Convenzione di Cawnpore, nell'aprile del 1925, e infine a un Comitato di redazione a Madras, composto dall'onorevole C. P. Ramaswami Alyar, dai signori Shiva Rao, Sri Ram, Yadunandan Prasad e dalla dott.ssa Annie Besant, che avrebbe dovuto controllarne la stampa e pubblicarla a nome della Convenzione. Nel 1925 fu inviata in Inghilterra e fu presentata ai principali membri del Partito Laburista, da loro sostenuta, letta una prima volta alla Camera dei Comuni e ordinata la stampa. Successivamente fu sottoposta al Comitato esecutivo del Partito laburista parlamentare e infine approvata all'unanimità. In questo modo è passato nelle mani del futuro governo laburista ed è stato inserito nell'elenco delle proposte di legge votate come misura ufficiale.

Di seguito sono riportati alcuni punti di questo progetto di legge sul Commonwealth dell'India, come riportato dalla signora Besant nell'appendice del suo libro *India: Bond or Free?*, 1926, da cui abbiamo tratto tutti i dati sopra riportati relativi al Congresso Nazionale, ecc:

"L'India sarà posta su un piano di parità con i Dominion autogovernati, condividendo le loro responsabilità e i loro privilegi... Per 'Parlamento' si intende solo il Parlamento del Commonwealth dell'India... *Difesa: Ci sarà una* Commissione per la Difesa con una maggioranza di indiani, nominata ogni cinque anni dal Viceré in consultazione con il suo Gabinetto... Nessun reddito indiano potrà essere speso per qualsiasi ramo delle Forze di Difesa in cui gli indiani non siano idonei a ricoprire il grado di ufficiale. Non appena la Commissione avrà formulato una raccomandazione favorevole, il Parlamento potrà approvare una legge per assumere la piena responsabilità della Difesa. *Esecutivo:* Nel Governo indiano ci sarà un Gabinetto composto dal Primo Ministro e da non meno di sette Ministri di Stato, che saranno collettivamente responsabili dell'amministrazione del Commonwealth. Il Primo Ministro sarà nominato dal Viceré e gli altri Ministri su nomina del Primo Ministro. Il Viceré sarà *temporaneamente responsabile delle* Forze di Difesa. In tutte le questioni, ad eccezione della Difesa, il Viceré agirà solo su consiglio del Gabinetto... *Segretario di Stato:* I poteri e le funzioni del Segretario di Stato e del Segretario di Stato in Consiglio sulle entrate e sull'amministrazione dell'India saranno trasferiti all'Esecutivo del Commonwealth... *Alterazione della Costituzione: Il* Parlamento avrà il potere di modificare la Costituzione...".

Secondo il *Chicago Tribune del* 24 agosto 1929:

"Il dottor Besant, leader teosofico, è venuto a Chicago per il congresso mondiale dei teosofi... allo Stevens Hotel. La dottoressa Besant ha trascorso anni in India per insegnare la Teosofia [e, incidentalmente, la politica!] Ha detto che recentemente ha cercato di aiutare l'India di a ottenere misure politiche che permettano al Paese di liberarsi dal 'giogo dell'Inghilterra... se una rivolta, ha detto, dovesse scoppiare, gli inglesi, con le loro bombe aeree e le loro macchine da guerra terrestri e acquatiche, li taglierebbero semplicemente come il grano davanti a una falce'".

Nella sua *Vita di Annie Besant, del* 1929, Geoffrey West (p. 249) parla dell'incontro tenutosi alla Queen's Hall di Londra il 23 luglio 1924, in onore dei cinquant'anni di lavoro pubblico della signora Besant.

"Tra gli oratori c'erano George Lansbury, Ben Tillett, Ben Turner, Margaret Bondfield, Mrs. Pethick Lawrence e John Scurr; sono stati letti messaggi di Lord Haldane, Ramsay MacDonald, Philip Snowden e Bernard Shaw e altri hanno reso omaggio a mezzo stampa al suo lavoro, come socialista, politico, riformatore, educatore e insegnante di religione...".

E il suo lavoro, in ogni suo aspetto, era governato e regolato da lei. I "Maestri" e il misterioso "Governo Interiore del Mondo", non per il bene dell'India, ma per la realizzazione dei loro piani mondiali.

E cosa dicono oggi i suoi seguaci? Nel *Morning Post del* 16 *settembre* 1933 si legge:

"Nella sessione di Lahore del gennaio 1930, il Congresso approvò due risoluzioni: una per stabilire l'indipendenza dell'India, interrompendo ogni legame con la Gran Bretagna, e un'altra per ripudiare i debiti pubblici dell'India, soprattutto nei confronti degli obbligazionisti britannici. Dal 1930 l'indipendenza è rimasta il credo del Congresso e il ripudio dei debiti è ancora uno dei punti più importanti del programma del Congresso".

E come disse Gandhi scrivendo a Jawaharlal Nehru:

"... I principi devono cedere gran parte del loro potere e diventare rappresentanti popolari del popolo... Il nazionalismo deve essere coerente con l'internazionalismo progressista, per cui dobbiamo schierarci con le forze progressiste del mondo".

Secondo la signora Besant: "Dare forma alle loro aspirazioni verso la nazione come parte integrante del prossimo impero mondiale".

Ovunque si assiste alla diffusione di questo principio di *universalità* che sostituisce il vero patriottismo, l'iniziativa individuale e nazionale con un flaccido pacifismo internazionale, il socialismo, l'unificazione di tutti i popoli! Un altro esempio è il *Movimento Triplice. La* sua prima riunione europea si tenne nel City Temple, nel luglio 1927, anche se il suo primo movimento, "L'Unione dell'Oriente e dell'Occidente", fu avviato circa vent'anni prima. Il Comitato di Londra comprendeva membri del Partito Socialista e Laburista, del Movimento Internazionale per la Pace, dei Movimenti Religiosi Liberi e della Società Teosofica. Nella riunione del 17 luglio 1930, il tema era "L'unità mondiale vista dai rappresentanti di otto religioni e sette Paesi". Il loro "Inno dell'Universale" recitava: "Un'unica fratellanza cosmica... Razza, colore, credo e casta svaniscono in un passato da sogno... tutta la vita è una". Il bahaismo, il buddismo, lo shintoismo, il cristianesimo, l'induismo e l'ebraismo erano tutti rappresentati, e l'ebreo ha dato la chiave di lettura cabalistica dicendo: "La religione era il simbolo con cui cercavamo di capire la *natura*". Il loro obiettivo era la realizzazione della Pace e della Fratellanza per portare a un Commonwealth mondiale. L'animatore del movimento, l'americano Charles Frederick Weller, parlò del Parlamento delle religioni tenutosi a Chicago nel 1893 e di un altro proposto per il 1933.

Nel settembre 1893, in occasione dell'Esposizione di Chicago, si tenne il famoso "Parlamento delle religioni", al quale tutte le religioni o pseudo-religioni furono invitate a inviare dei delegati. Tra i presenti c'era Swami Vivekananda, che pervertì la dottrina indù del *Vedanta* con il pretesto di adattarla alla mentalità occidentale. Ebbe successo in America e in Australia e fu seguito da adattatori ancora più audaci, come "l'ineffabile Swami Yogananda". La signora Besant rappresentava la Teosofia ed era accompagnata da Chakravarti, fondatore dello *Yoga Samaj, che* era un mongolo più o meno induista ed era un notevole ipnotizzatore, mentre si diceva che la signora Besant fosse un buon soggetto.

C'era anche Dharmapala, un rappresentante buddista della *Maha Bodhi Samaj* di Colombo, Ceylon (Società della Grande Saggezza). Un altro era il dottor J. D. Buck, uno dei membri più attivi di quello che oggi è chiamato Movimento *Sadol* in America. La maggior parte degli altri delegati rappresentava innumerevoli sette protestanti e vari elementi eterogenei. Da qui il tentativo di organizzarne un altro, "Il Congresso dell'Umanità", da tenersi a Parigi nel 1900, che rappresentasse tutte le religioni e i ricercatori che hanno come obiettivo comune il progresso dell'umanità, preparando la futura unità e la pace sulla terra. Non se ne fece nulla fino al 1913, quando si riunì con il nome di "Congresso del Progresso Religioso", e in quell'occasione Edouard Schure rappresentò il movimento del dottor Steiner, che si era distaccato dalla signora Besant.

Il Triplice Movimento è l'Unione dell'Oriente e dell'Occidente, la Lega dei Vicini e la Compagnia delle Fedi. Si batte per la realizzazione della pace e della fratellanza, per accelerare l'avvento del Commonwealth del mondo, per vivere ora e qui nel Regno (o democrazia) di Dio. Il Movimento Bahai, che è un forte sostenitore di quanto sopra, si dice che unisca le correnti del Giudaismo, del Cristianesimo e dell'Islamismo, come i Drusi. Essi sostengono inoltre che il loro Profeta abbia prefigurato la Società delle Nazioni, un tribunale supremo come segue:

"Circa cinquant'anni fa Baha'u'llah comandò al popolo di stabilire la pace universale e convocò tutte le nazioni al 'banchetto divino dell'arbitrato internazionale', affinché le questioni di confini, di onore nazionale, di proprietà e di interessi vitali tra le nazioni fossero decise da un tribunale arbitrale di giustizia".

Per ripetere quanto scritto dagli *Archives-israélites* nel 1861:

"L'Alliance-israélite-universelle... si rivolge a tutte le religioni... Desidera penetrare in tutte le religioni come è penetrata in tutti i paesi. Quante nazioni sono scomparse! Quante religioni scompariranno a loro volta! *Israele non cesserà di esistere...* la religione di Israele non perirà: è l'unità di Dio".

La seconda unità di questo Triplice Movimento, la "Lega dei Vicini", è stata fondata negli Stati Uniti nel 1920 da Charles Frederick Weller, uno scrittore socialista, con l'obiettivo di sviluppare, attraverso il servizio al prossimo, la nuova coscienza dell'unità umana. Tuttavia, in seguito le fu negato l'uso delle scuole superiori di New York, a causa dei suoi legami sovversivi. L'iniziativa è stata appoggiata dal presidente Wilson, dal presidente Harding, dal rabbino Wise e da molti noti socialisti. Conosciamo il ruolo svolto dal presidente Wilson e dal rabbino Wise nell'istituzione della Società delle Nazioni.

È interessante notare ciò che lo scrittore ebreo Dr. Alfred Nossig ha scritto del socialismo e della Società delle Nazioni nel suo libro *Integrates Judentum*:

> "Il Movimento Socialista moderno è in gran parte opera degli Ebrei, che vi imprimono l'impronta del loro cervello; furono loro a prendere una parte preponderante nella direzione della prima repubblica socialista, anche se i socialisti ebrei di controllo erano per lo più lontani dall'ebraismo... L'attuale Socialismo mondiale costituisce il primo passo della realizzazione del Mosaismo, l'inizio della realizzazione del futuro stato del mondo annunciato dai nostri profeti. Non è fino a quando non ci sarà una Società delle Nazioni; non è fino a quando i suoi eserciti alleati non saranno impiegati in modo efficace per la protezione dei deboli che possiamo sperare che gli ebrei saranno in grado di sviluppare senza impedimenti in Palestina, il loro Stato nazionale; e allo stesso modo è solo una Società delle Nazioni penetrata dallo spirito socialista che renderà possibile per noi il godimento delle nostre necessità internazionali così come di quelle nazionali...".

Come sappiamo, la Co-Massoneria della signora Besant derivava dalla Massoneria Mista fondata in Francia da Maria Deraismes, sostenuta dal dottor Georges Martin, e che fu ufficialmente lanciata nel 1894 come *Droit Humain*. Maria Deraismes era stata iniziata nel 1882, contrariamente alle costituzioni, dalla Loggia *Les Libres Penseurs* di Pecq, per il cui atto incostituzionale la Loggia fu messa in sospeso e l'iniziazione dichiarata nulla dalla *Grande Loge Symbolique Ecossaise*.

In *Etude Abrégée de la Franc-maçonnerie mixte et de son organisation* il massone francese, Dr. Georges Martin, riferisce di una prima iniziazione di alcune donne, il 14 marzo 1893. Essi

> "si sono riuniti al 45 di rue de Sévres, per costituire una nuova obbedienza massonica in Francia, sotto la presidenza della sorella Maria Deraismes, che è stata iniziata massone, il 14 gennaio 1882, presso la Loggia Symbolique Ecossaise Mixte, *Les Libres Penseurs*, de l'Or ... du Pecq (Seine et Oise). F.-. Georges Martin, che ha assistito all'iniziazione massonica della Sorella Maria Deraismes presso la Loggia *Les Libres Penseurs*, era presente e desiderava

aiutarla con i suoi consigli nella creazione della nuova Obbediente massonica che questa Sorella avrebbe fondato in Francia à l'Or ... de Paris".

Una delle promesse firmate richieste al postulante era:

"Prometto di non rivelare nulla dei segreti massonici che mi sono stati affidati".

Ci dice inoltre:

"La Massoneria Mista non ha creato un nuovo Rito. Ciò che la distingue da tutti gli altri è che invece di ammettere solo uomini, le donne sono ugualmente ammesse; insegna i metodi di riconoscimento del Rito Scozzese Antico e Accettato, come sono stati adottati dalle Grandi Costituzioni del I maggio 1786, e consacrati dal Convento Universale riunitosi a Losanna il 22 settembre 1875".

Inoltre, dice che con la maggior parte delle potenze massoniche la Massoneria Mista non ha rapporti, i fratelli e le sorelle si incontrano regolarmente in base alla carta del *Suprême Conseil Universal Mixte,* costituito a Parigi l'11 maggio 1899. Albert Lantoine ci informa che per due volte si è tentato di far riconoscere le donne dal Grande Oriente di Francia: al Convento del Grande Oriente, nel 1900, i voti furono 93 a favore e 140 contrari; nel 1901, i favorevoli furono 104 e i contrari 134. Secondo Lantoine, il dottor Martin ne fu felice, poiché una vittoria completa avrebbe rovinato i suoi piani, in quanto voleva mantenere il *Droit Humain,* credendo sinceramente che la penetrazione delle donne nella Massoneria rischiasse di ucciderla! mentre un'obbedienza a parte, ma riconosciuta come regolare, l'avrebbe consolidata senza comprometterla. Solo nel 1920 l'Assemblea Generale del Grande Oriente di Francia riconobbe il *Droit Humain,* ammettendo gli uomini nelle sue logge, ma escludendo ancora le donne.

All'inizio il *Droit Humain* praticava solo tre gradi, ma in seguito introdusse i 33 gradi del Rito scozzese. La Massoneria mista era organizzata secondo le regole generali della Massoneria esclusivamente maschile. Esistevano le quattro Massonerie: (I) Massoneria Blu - dal I al 3 grado; (2) Massoneria Rossa, i Capitoli dei Cavalieri Rose-Croix - dal 4 al 18 grado; (3) Massoneria Nera, gli Areopagi dei Cavalieri di Kadosch - dal 19 al 30 grado; (4) Massoneria Bianca, Amministrativa - 31, 32, 33 gradi. Il Suprême Conseil era la chiave di volta di questa Massoneria e veniva reclutato solo tra i Grandi Ispettori Generali del 33° grado . [rd]

Questa Massoneria si diffuse in Inghilterra, Olanda, Svizzera e Stati Uniti e il 26 settembre 1902 fu costituita a Londra la prima Loggia inglese con il nome di *Human Duty*. In essa la signora Besant fu iniziata e salì rapidamente ai gradi e alle cariche più alte. Yarker scrive nel suo libro *The Arcane Schools,* 1909:

> "Si può menzionare qui che, nel gennaio 1903, la signora Annie Besant ha istituito a Londra una S.G.C., 33rd grado, che conferisce tutti i gradi dal I[st] al 33rd indistintamente a uomini e donne; ha ricevuto la sua costituzione dall'India, una S.G.C. che ha avuto la sua autorità da un dissenso nella S.G.C. del 33rd grado per la Francia, la costituzione di Tilly. Ha aggiunto al Rituale solo una Lezione di Dharma, che mette a confronto la Massoneria con le società segrete dell'India e prende il nome di Co-Massoneria".

Fondò la Loggia di Adyar, in India, con il nome di *Rising Sun;* divenne vicepresidente del *Suprême Conseil* in Francia e delegata nazionale per la Gran Bretagna e le sue dipendenze. Organizzò quindi la Co-Massoneria e, dopo aver ottenuto alcune concessioni dal *Suprême Conseil*, con il pretesto di adattarsi alla mentalità anglosassone, emanò statuti nettamente diversi da quelli in uso in Francia. Tra le altre cose, mantenne l'uso del volume delle Scritture nelle logge; anche la formula "Alla Gloria del Grande Architetto dell'Universo", che era stata soppressa dal Grande Oriente nel 1877 e sostituita nella Massoneria Mista francese da "Alla Gloria dell'Umanità". Nel 1913 fu nominato un Gran Consiglio a capo della Co-massoneria britannica, con la signora Besant come Gran Maestro, assistita da Ursula Bright, James L. Wedgwood come Gran Segretario e Francesca Arundale come rappresentante per l'India. Il 21 settembre 1909, la signora Besant installò la Loggia di Chicago.

In Francia, a quanto pare, i Teosofi ebbero presto una sicura preponderanza e speravano che Londra diventasse l'organismo centrale della Co-Massoneria Universale. Il 19 febbraio 1922, nel Grande Tempio del *Droit Humain* di Parigi, fu celebrata un'alleanza tra il Grande Oriente e la Co-Massoneria, ma questo legame fu spezzato da una decisione del Consiglio del Grande Oriente, il 13 settembre 1930, secondo il Convento del Grande Oriente di Francia, 1930. La signora Besant, prima di morire, era^re Lieut. G. Commandeur du Supreme Conseil Mixte Internationale du Droit Humain. Come il loro "Maestro Mondiale", Krishnamurti, insegnava "Non c'è altro Dio all'infuori di te stesso", la deificazione era l'obiettivo della Co-Massoneria. Secondo Leadbeater, in *The Hidden Life in Freemasonry*, lo scopo della Massoneria è quello di vivificare i centri di forza nell'uomo e risvegliare i sensi interiori. Parlando di questi centri di forza o nervosi,

dice:

> "Quando non sono ancora sviluppati, appaiono come piccoli cerchi di circa cinque centimetri di diametro, che brillano debolmente nell'uomo comune, ma quando sono risvegliati e vivificati appaiono come dischi corruschi e fiammeggianti, molto più grandi... I sette centri... sono:

(1) la base della colonna vertebrale;

(2) la milza;

(3) l'ombelico o plesso solare;

(4) il cuore;

(5) la gola;

(6) lo spazio tra gli occhi;

(7) la parte superiore della testa...

Quando sono in azione, questi centri mostrano segni di rapida rotazione, e in ognuno di essi affluisce una forza dal mondo superiore (cioè la forza vitale universale che illumina e si dice risvegli i sensi interiori. È la cosiddetta deificazione)".

Nel suo *Risultati dell'iniziazione*, Steiner, parlando di questi stessi centri o chakra, il cui sviluppo è lo scopo della sua *Scienza Occulta*, dice: "Se sviluppati permettono di interagire con esseri di mondi superiori... occultisti bianchi". Senza dubbio la Grande Fratellanza Bianca, il governo interno di tutti i movimenti illuminati e teosofici. Nel loro organo ufficiale, *Massoneria Universale*, Solstizio d'Inverno, 1929, i massoni affermano:

"Il Sacro Arco Reale significa il risveglio della Kundalini... La Massoneria (exoterica) è l'involucro esterno da cui è stata ritirata molta conoscenza segreta... La Co-Massoneria ci sta conducendo alla Luce... Attraverso la nostra intuizione [facciamo] la grande scoperta di *Noi stessi*... La Ricerca del Dio Nascosto...".

Considerano il Sacro Arco Reale come occulto e mistico, "stimola e suscita il fuoco (kundalini) e porta alla scoperta della Divinità che è in noi". Di nuovo l'uomo cabalistico divinizzato. Secondo il massone W. L. Wilmshurst, in *The Masonic Initiation*, che scrive come un Illuminato, "la Massoneria dell'Arco Reale fu introdotta in Inghilterra nel 1778 da un Fratello ebreo, Moses Michael Hayes".

Questa sembra essere la ragione per cui la Co-Massoneria deve essere una forza per il cosiddetto servizio dell'India, preparando strumenti illuminati per il Grande Piano del "Governo Interiore del Mondo"; e "i Maestri le hanno assicurato (la signora Besant) che lo status di Dominio per l'India fa parte del Grande Piano, ed ella sa che non se ne andrà fino a quando questa libertà non sarà compiuta" *(Theosophist,* ottobre 1928).

Nel giugno 1934, presso la Blavatsky Hall di Madras, si è svolta l'elezione del dottor George Sydney Arundale a Presidente della Società Teosofica, in sostituzione della defunta Annie Besant, deceduta prima che il destino dell'India fosse deciso. Nato nel Surrey cinquantacinque anni fa, è stato fin da ragazzo sotto l'influenza di Leadbeater. Fu preside del Central Hindu College di Benares e l'11 gennaio 1911 fondò l'*Ordine del Sol Levante*, che pochi mesi dopo fu organizzato come *Ordine della Stella d'Oriente*, con Krishnamurti a capo e la signora Besant come protettrice. Krishnamurti doveva essere preparato alla manifestazione del "Signore Maitreya", variamente conosciuto, secondo i teosofi, come: Orfeo, Ermete, Trismegisto, Vyasa, Krishna, Buddha, Zoroastro e persino Cristo". Leadbeater e Arundale furono i suoi insegnanti. Nel 1913 quest'ultimo, in qualità di direttore del Collegio, in una lettera circolare indirizzata a un gruppo di insegnanti e di ragazzi, pubblicata sull'Allahabad *Leader del* 13 giugno, espresse una devozione incondizionata per la signora Besant come colei che stava per diventare una delle più grandi governanti del mondo degli dei e degli uomini. Si sostenne allora pubblicamente che il Collegio non era indù, ma teosofico. Arundale, alcuni insegnanti e ragazzi si dimisero in massa e il Consiglio di Amministrazione consegnò il Collegio a un Comitato della progettata Università Indù.

Arundale fu anche uno degli internati durante la guerra insieme alla signora Besant, a Ootacamund, nel novembre 1917. Nel dicembre 1916, la Home Rule League della signora Besant era stata appoggiata a Lucknow dal Congresso e dalla Lega Musulmana, e lei aveva detto: "Vado in silenzio forzato e in prigione perché amo l'India e ho cercato di risvegliarla prima che fosse troppo tardi. Sono vecchia, ma credo che vedrò l'India conquistare la Home Rule prima di morire". Come vescovo Arundale, della Chiesa cattolica liberale, è stato uno dei dodici apostoli, tra cui sua moglie, Rukmini Devi, una donna indù di alta casta, scelti per il "Maestro del mondo". Ha anche tenuto molti servizi a Londra. Inoltre, in *Freemasonry Universal*, l'organo ufficiale della Co-Massoneria, Parte 3, 1929, si legge: Gran Segretario dell'Amministrazione Orientale, il V. Ills. Fratello G. S. Arundale, 33rd grado, Adyar, Madras, India (compresa la Birmania).

Da questa Co-Massoneria ci sono stati almeno due scismi: uno nel 1908, quando alcuni membri, che si opponevano all'introduzione dell'occultismo orientale nella Massoneria, si sono costituiti in un corpo separato sotto il nome di "Antica Massoneria", operando solo i gradi dell'Artigianato secondo la Gran Loggia d'Inghilterra. Questo gruppo è stato a lungo penetrato dall'influenza e dall'illuminismo di Stella Matutina e del R.R. et A.C., e fino al 1923-24 non solo la sua Gran Maestra, la signora H., ma molti dei suoi membri erano adepti avanzati di quell'Ordine e di quello di Steiner. Da questi "Antichi Massoni", a sua volta, si è verificata un'ulteriore secessione, a quanto pare intorno al 1914, adottando il nome di "Onorevole Fraternità degli Antichi Massoni", esclusivamente femminile e ora con sede a St. Ermins, Westminster. Un distacco molto più tardivo dalla Co-Massoneria della signora Besant fu un gruppo guidato dalla signorina Bothwell Gosse, che si opponeva alle innovazioni Co-Massoniche. Alla fine formò il gruppo "Massoneria Antica e Accettata" per uomini e donne, apparentemente lavorando sui trentatré gradi. Nel suo opuscolo sul *Rito Antico e Accettato,* riassume le sue presunte origini:

> "Così scopriamo che il nucleo di questo Rito è sorto in Francia; è stato portato in America da Stefano Morin e vi si è stabilito; Federico il Grande lo ha riorganizzato e gli ha dato una Costituzione; è stato perso in Europa dalla Rivoluzione francese; è stato riportato in Francia da de Grasse-Tilly e ricostituito a Parigi; da lì si è diffuso in tutto il mondo".

Come abbiamo dimostrato, la maggior parte delle Grandi Logge, ad eccezione di quella inglese, sono rappresentate nell'A.M.I., l'*Associazione mazziniana* sovversiva *internazionale,* e Georges Loïc, nel *R.I.S.S. del* marzo 1933, ha dichiarato che: "I Consigli Supremi sono tutti numeri del Consiglio Supremo fondato, il 31 marzo 18o1, a Charleston dagli ebrei Dalcho e Mitchell e dal conte de Grasse-Tilly".

Su alcuni di questi nomi si è di volta in volta scatenata una forte polemica; i documenti e le prove, se non del tutto assenti, sono piuttosto rari, lasciando nella mente del pensatore un senso di incertezza e persino di dubbio. La nota autorità massonica della Gran Loggia francese, Albert Lantoine, è forse saggio quando conclude nel suo libro *La Franc-maçonnerie chez elle,* 1927:

> "In Massoneria si deve accettare un'opinione ragionevole come quella dell'equilibrato Reghellini de Schio che, vivendo nel momento in cui le discussioni sulla supremazia massonica erano così accese, scrisse: 'Se si volesse parlare con documenti alla mano, quale Rito o quale Capo Supremo dell'Ordine di quel Rito potrebbe risalire a un'origine non univoca del suo potere? Quale massone, quale Rito addirittura, possiede il filo conduttore per liberarsi dal labirinto di tutte queste origini?".

Sul *Daily Telegraph del* 26 settembre 1933 si legge che l'"Onorevole Fraternità degli Antichi Massoni", un gruppo di sole donne che si è separato dagli "Antichi Massoni" nel 1914, si è trasferito nella nuova sede di St. Ermins, a Westminster. La cerimonia di apertura e inaugurazione è stata condotta dal Gran Maestro, signora Elizabeth Boswell Reid, che, insieme alla signora Seton Challen, ha fondato la secessione; se così si può dire, è stata assistita dalla signora Seton Challen, Vice Gran Maestro, e dalla signora Piers Dyer, Gran Maestro Provinciale.

Più di 200 membri hanno partecipato da molte parti del paese. Altri membri della Fraternità erano la signora Messervy, la signora Bank Martin, la signora Crawford Munro e la signorina Lata Coventry. Hanno lavorato ai gradi dell'Artigianato, al Sacro Arco Reale e sperano di lavorare in seguito al Rosa-Croce. Il suo organo ufficiale è *The Ray*. La signora Boswell Reid morì il 21 novembre 1933 e le succedette la signora Seton Challen. La prima deteneva i titoli di: Veneratissimo Gran Maestro; Eccellentissimo Supremo Gran Zorobabele; Veneratissimo Gran Maestro Mark Masonry. --

Secondo il *R.I.S.S., nel* maggio 1934, l'autorità massonica occultista F.-. Oswald Wirth, scrisse un curioso articolo su *Le Symbolisme*. Egli evocava l'"Onorevole Fraternità degli Antichi Massoni" in Inghilterra. Le donne inglesi, che non hanno paura di copiare gli uomini, hanno adottato "riti, costumi, regolamenti, insegne e persino titoli maschili... Lavorano in modo impeccabile come gli uomini nel loro Tempio di Westminster, e hanno vantaggi economici rispetto agli uomini, come testimonia la sobrietà delle loro feste rituali". Conclude dicendo che l'iniziazione della donna è più sottile di quella dell'uomo:

> "Donne, imparate a essere puramente ed enfaticamente femminili. Finché sarete guidate da noi, fallirete nella vostra missione, che è quella di precederci sulla strada morale e nella realizzazione del bene. Siete le sacerdotesse del culto che l'umanità attende. Per prepararvi alla vostra opera civilizzatrice dovete avere una vera iniziazione che sviluppi la vostra natura femminile, quindi del tutto contraria a una parodia dei riti maschili".

Nell'*Americanismo*, il Nuovo Ordine delle Ere, si legge: "In questa Era la donna salirà al posto che le spetta come *maestra spirituale intuitiva* (psichica) della *razza* e regina della casa... non usurperà la prerogativa maschile, ma farà della terra una dimora celeste". In altre parole, lei sarà lo strumento o il mezzo passivo attraverso il quale il misterioso potere che sta dietro alla Massoneria governa e dirige il mondo, mentre l'uomo eseguirà attivamente le direttive! Come scrisse Oswald Wirth:

> "Molti massoni immaginano di capire la Massoneria quando non sospettano nemmeno l'esistenza dei suoi misteri e del suo esoterismo" *(Le Livre de l'apprenti)*.

Ancora una volta, spiega:

"Tutto ciò che riguarda la generazione è rimasto sacro finché sono prevalse le religioni della vita, il cui ideale è terreno, ma che sono state soppiantate dalle religioni della morte, pronte a promettere felicità oltre la tomba. Ora la Massoneria procede dai culti della vita di cui ha conservato i simboli" *(Le Livre du compagnon)*.

Inoltre:

"La Massoneria si guarda bene dal definire il Grande Architetto, e lascia a ciascuno dei suoi adepti la piena libertà di farsene un'idea conforme alla propria fede o filosofia" *(L'Idéal initiatique)*.

Inoltre:

"Guardiamoci dunque dal cedere a quella pigrizia mentale che confonde il Grande Architetto degli iniziati con il Dio dei credenti" *(Le Livre du maître)*.

Per citarne un altro, il potentissimo Sovrano Gran Commendatore Fratello Jean Marie Raymond: "Abbiamo voluto cristallizzare l'immortalità nel simbolo del Grande Architetto dell'Universo, una sorta di emblema dell'Unità Cosmica, suprema intelligenza universale, che non è altro che la *Vita* stessa". Pertanto, come la Cabala, che è una delle sue basi, la Massoneria è panteista e il suo scopo è quello di illuminare o divinizzare l'uomo attraverso l'intossicazione astrale o cosmica.

Il "Dio" della signora Besant era panteistico, questa forza vitale in tutta la natura, e il suo Cristo era questa forza astrale che illumina; le stesse idee sono alla base della Teosofia, di Rose-Croix, della Massoneria e di tutto lo Yoga. E qual è stato l'atteggiamento della Gran Loggia d'Inghilterra nei confronti delle donne nella Massoneria? (I) Secondo Albert Lantoine, la Costituzione di Anderson, 1723, dice:

"Non possono essere ammessi schiavi, donne, persone immorali e disonorate, ma solo uomini di buona reputazione".

(2) Il 3 settembre 1919, il Consiglio di Gran Loggia per gli Scopi Generali emise quanto segue: "... Tutti questi organismi che ammettono le donne come membri sono clandestini e irregolari; è necessario mettere in guardia i fratelli dall'essere inavvertitamente portati a violare il loro obbligo diventando

membri di essi o partecipando alle loro riunioni..." (3) La Gran Loggia Unita d'Inghilterra codificò, il 4 settembre 1929, otto condizioni per il riconoscimento delle obbedienze massoniche in tutto il mondo, una delle quali è: che i membri della Gran Loggia, così come quelli delle singole logge, siano esclusivamente uomini, e che l'obbedienza non intrattenga rapporti di alcun tipo con logge miste, laddove i corpi ammettano donne tra i loro membri *(An. Maç. Uni,* 1930). (4) *Il Morning Post del* 7 giugno 1934 scriveva:

"L'ordine del giorno della riunione della Gran Loggia Unita, tenutasi ieri a Londra, comprendeva una mozione per l'esclusione di un fratello che, secondo quanto riferito, aveva partecipato alle riunioni di un organismo "irregolare" noto come Co-Masons, che ammetteva le donne... avendo rifiutato di prendere nota di un avvertimento sul probabile risultato della sua azione, la sua espulsione doveva essere raccomandata, e la Gran Loggia ha accettato all'unanimità, e senza discussione, la mozione . Il Duca di Connaught, Gran Maestro, ha presieduto l'incontro e la sua presenza è stata molto apprezzata dai 1.800 fratelli presenti".

Infine, come scrive Oswald Wirth:

"Diventare come la Divinità, questo era lo scopo degli Antichi Misteri... Oggi il programma dell'Iniziazione non è cambiato".

CAPITOLO IX

RUDOLF STEINER E L'ANTROPOSOFIA

In un articolo di punta del 14 settembre 1922, il *Patriot* mette in guardia i suoi lettori dalla "Guerra sotterranea" e scrive:

> Per coloro che desiderano imparare, pubblichiamo oggi il primo di una serie di articoli di "G.G." (o "Dargon"), uno scrittore che ha studiato le società segrete. (o 'Dargon'), uno scrittore che ha studiato le società segrete. Lo scopo di "Anatomia della Rivoluzione" non è quello di portare il lettore in profondità in qualsiasi parte dell'argomento, ma di dare una visione generale e storica di quel complesso di organizzazioni sovversive che sta lavorando per la distruzione del Cristianesimo, della Civiltà e dell'Impero Britannico. Lo scrittore, che è un vero britannico e un buon patriota, ha un solo scopo: mettere in guardia il pubblico britannico dal pericolo insospettato che, come lui stesso crede e come noi crediamo, lo minaccia imminentemente".

Per citare G.G:

> "Dobbiamo notare che tra le società arcane c'è sempre stato un duplice movimento: da un lato mistico, dall'altro politico. Organismi esoterici come la Fraternità della Rosa-Croce, i Martinisti, gli Swedenborgiani e i Teosofi sono stati senza dubbio costituiti in gran parte da innocui appassionati a cui piaceva il misticismo o la magia. Ma sono stati anche usati come copertura per intrighi politici e come rete per catturare, mettere alla prova e selezionare persone che potevano essere usate per scopi sovversivi. Infatti, uno dei metodi del direttorio rivoluzionario è quello di usare, quando possibile, corpi innocui come mantello e persone innocenti come agenti inconsapevoli...

> "Posso fare un breve accenno all'esistenza di un ramo della Società Teosofica, noto come Società Antroposofica. Questa è stata formata, a seguito di uno scisma nei ranghi dei teosofi, da un uomo di origine

ebraica che era legato a uno dei rami moderni dei Carbonari. Non solo, ma in associazione con un altro teosofo è impegnato nell'organizzazione di alcune singolari imprese commerciali non collegate alla propaganda comunista; quasi esattamente nel modo in cui il "Conte St. Germain" organizzava le sue tintorie e altre imprese commerciali con uno scopo simile. Questo strano gruppo d'affari ha legami con il movimento repubblicano irlandese... e anche con un altro misterioso gruppo fondato da "intellettuali" ebrei in Francia circa quattro anni fa (intorno al 1918), e che comprende tra i suoi membri molti noti politici, scienziati, professori universitari e letterati in Francia, Germania, America e Inghilterra. Si tratta di una società segreta... sebbene sia nominalmente una società di "destra", è in contatto diretto con i membri del governo sovietico russo...".

Abbiamo scritto a più riprese degli insegnamenti gnostici e delle attività politiche del Dr. Rudolf Steiner. Riportiamo ora un breve riassunto dell'introduzione di Edouard Schure alla sua traduzione del libro di Steiner *Mystère Chrétien et les Mystères Antiques, 1908*. Schuré considerava l'insegnamento di Steiner molto luminoso - si trattava del cosiddetto Illuminismo cristiano - ma molto più tardi lo abbandonò a causa delle sue attività politiche, che non approvava. In seguito, tornò nuovamente all'ovile. Il nostro interesse per questo schizzo della vita di Steiner è che mostra come, fin dai primi anni, egli sia stato osservato, preparato astralmente e diretto da un misterioso Maestro e iniziatore il cui nome e la cui missione non sono stati rivelati.

Secondo Schuré, che era ebreo, Steiner nacque nell'Alta Austria nel 1861 e trascorse la sua giovinezza ai confini della Stiria, dei Carpazi e dell'Ungheria. All'età di quindici anni fece la conoscenza di un dotto botanico che "aveva il dono di vedere il principio vitale delle piante, i loro corpi eterici e quelli che gli occultisti chiamano gli elementali del mondo vegetale". La sua conversazione calma e freddamente scientifica non fece che eccitare ulteriormente la curiosità del giovane". Steiner seppe in seguito che quello strano uomo era un inviato del Maestro, che lui non conosceva ancora, ma che sarebbe diventato il suo vero iniziatore, e che già lo sorvegliava da lontano". Dai colloqui con il botanico si convinse presto che la base del "Grande Universale" era la doppia corrente che costituisce il movimento del mondo il flusso e riflusso della forza vitale universale, questa corrente occulta e astrale che è il grande propulsore della vita, con la sua gerarchia di poteri. Fin dall'età di diciotto anni Steiner avvertì questa doppia corrente: "Ebbe fin da allora la sensazione inconfutabile di potenze occulte che agivano dietro e attraverso di lui per dirigerlo. Ascoltava questa forza e ne seguiva gli avvertimenti, perché si sentiva profondamente in accordo con essa".

A diciannove anni incontra il suo Maestro, a lungo intuito, che è uno di quegli uomini potenti che vivono sconosciuti al mondo per compiere una missione; apparentemente non agiscono sulle vicende umane. L'incognito è la condizione della loro forza, che rende la loro azione solo più efficace: "Perché essi suscitano, preparano e dirigono coloro che agiscono sotto gli occhi del pubblico". La missione di Steiner, secondo lui stesso, era: "Collegare insieme Scienza e Religione. Portare Dio nella scienza e la natura nella religione, e così fecondare di nuovo l'arte e la vita". Il suo Maestro era eminentemente un maschio spirituale, in contrasto con la sensibilità più femminile di Steiner; era un formidabile dominatore, per il quale gli individui quasi non esistevano. Non risparmiava né se stesso né gli altri, la sua volontà era come un proiettile di pistola che va dritto al suo obiettivo e spazza via tutto dal suo percorso.

Questa era la mente potente che dominava e usava Steiner come un semplice automa, tirando i fili secondo le sue terribili ambizioni. Per Steiner il periodo dal 1881 al 1891 fu un periodo di studio e preparazione a Vienna; dal 1891 al 1901 un periodo di lotta e combattimento a Weimar; dal 1901 al 1907 un periodo di azione e organizzazione a Berlino. Intorno al 1890 Steiner disse: "Le potenze occulte che mi dirigevano mi obbligarono impercettibilmente a penetrare nelle idee allora correnti degli spiritualisti". Entrò in contatto con Nietzsche e Haeckel, che lo orientarono intellettualmente. Come ha detto Schuré: "Aveva il presentimento che nelle scoperte incontestabili del naturalista avrebbe trovato la base più sicura dello spiritualismo evolutivo e della Teosofia razionale". Steiner, quindi, entrò nel materialismo contemporaneo e si armò per la sua missione; nel 1902 trovò il suo campo di battaglia e il suo sostegno nella Società Teosofica e divenne segretario generale della sezione tedesca. Nel 1913 lasciò la signora Besant a causa del caso Alcyone e fondò la Società Antroposofica.

Come ha scritto Schuré:

> "Con il suo primo Maestro e con la Fraternità a cui era associato, Steiner apparteneva a un'altra scuola di occultismo, cioè al cristianesimo esoterico occidentale e più in particolare all'iniziazione rosacrociana... La tradizione del cristianesimo esoterico, propriamente detto, è direttamente e ininterrottamente legata al famoso e misterioso Manes, fondatore del manicheismo, vissuto in Persia nel IV secolo".

Allevato dai Magi, Manes divenne cristiano (gnostico); la sua dottrina era: (1) il Maestro Gesù, profeta di Nazareth, era solo l'organo e l'interprete del Cristo, che era l'"arcano del Verbo planetario" - manifestazione solare; (2) insegnava la reincarnazione e le numerose esistenze ascendenti (planetarie) dell'anima umana; (3) ciò che era chiamato "male" era solo un ingrediente necessario nell'economia generale del mondo, uno stimolante, un fermento dell'evoluzione universale!

I discepoli di Manes si diffusero in Palestina, Grecia, Italia, Gallia, Scizia, Danubio e Africa. La sua dottrina fu propagata per secoli dalla tradizione orale, spesso con nomi diversi, scrive Schuré, come i Catari, gli Albigesi, i Templari e i Fratelli di San Giovanni di Gerusalemme. Nel XV secolo il cristianesimo esoterico, ispirato alla stessa tradizione, divenne più laico e scientifico sotto l'influenza della Cabala e dell'Alchimia, e fu allora che Christian Rosenkreutz fondò l'Ordine della Rosa-Croce. Rudolf Steiner, in quanto Rosa-Croce, praticava e insegnava l'occultismo occidentale in contrapposizione a quello orientale. Non credeva nell'annientamento del corpo attraverso l'ascesi: esso deve essere addestrato e diventare come un magnete che attrae e sfrutta le forze necessarie.

Questo è il resoconto di Steiner, del suo Maestro e della sua opera, riportato da Edouard Schuré. Il risultato dello Yoga, della meditazione su e dei processi per il risveglio della kundalini, siano essi occidentali o orientali, è lo stesso in tutti i gruppi che lavorano sotto Maestri sconosciuti; significa che gradualmente il Maestro prende possesso della mente dell'adepto e vi imprime la propria volontà, cosicché un iniziato avanzato, come Steiner, lavorerebbe sotto l'impulso del Maestro nascosto e per i suoi soli fini. Come spiega il cosiddetto Maestro tibetano della signora Alice Bailey, teosofa e occultista di New York, il contatto con il Maestro si riconosce da vibrazioni particolari: (I) nella parte superiore della colonna vertebrale; (2) nella fronte (ghiandola pineale, dove la kundalini dell'adepto si unisce alle forze del Maestro dall'esterno, è la sede della conoscenza controllata); (3) nella parte superiore della testa (corpo pituitario). Prosegue: "Col tempo l'allievo arriva a riconoscere la vibrazione e ad associarla a qualche "Grande" particolare, perché ogni Maestro ha la sua vibrazione che si imprime sui suoi allievi in modo specifico". Le forze sono "le correnti magnetiche dell'universo, il fluido vitale, i raggi elettrici, il calore latente in tutti i corpi". Freddo e calcolatore, "un Maestro è interessato a un uomo solo dal punto di vista della sua utilità nel gruppo-anima e della sua capacità di aiutare". L'individuo non è nulla per lui; è solo una parte della sua macchina rivoluzionaria, da gettare via quando non è più una risorsa nel loro gioco!

Il dottor Rudolf Steiner morì a Dornach, in Svizzera, il 30 marzo 1925, lentamente ma inesorabilmente bruciato dalle terribili forze che operavano attraverso di lui, e al suo funerale Albert Steffen, poeta e presidente del Comitato esecutivo della Società Antroposofica, tenne un discorso. Parlando della "Scienza dello Spirito" o Illuminismo cristiano di Steiner, disse: "Rudolf Steiner ci ha aperto la prospettiva di una vita religiosa al di là di tutte le sette". Cinquanta teologi andarono da lui alla ricerca di un modo per unire nuovamente il loro lavoro alla "vita eterna dello Spirito", e Steffen continuò: "Steiner fu in grado di trasmettere loro la cerimonia sacra che i sacerdoti della *Christengemeinschaft* stanno ora mettendo in atto per se stessi". Ci risulta che questa *Christengemeinschaft* sia stata ri vata, gestita da Heidenreyd, con circa 400 membri in questo Paese. Che cos'è questa "Scienza dello Spirito"? Secondo Steiner, "l'antroposofia è una via di conoscenza che guida lo spirituale nell'essere umano verso lo spirituale nell'universo". Tutto cosmico e astrale!

Nel suo libro tradoto da Schuré, *Le Mystère Chrétien et les Mystères Antiques*, Steiner scrive:

"Nei primi tempi del cristianesimo sorsero nel vecchio mondo pagano sistemi di universo che sembravano un prolungamento della filosofia di Platone, ma che potevano essere intesi anche come una spiritualizzazione della saggezza dei Misteri. *Tutti questi sistemi avevano il loro punto di partenza in Filone, il filosofo ebreo di Alessandria,* che diceva: "È necessario che l'anima esca dall'io ordinario. Allora entra in uno stato di estasi spirituale, di illuminazione, quando cessa di conoscere, di pensare e di riconoscere nel senso ordinario delle parole. Perché si è identificata con il divino, sono diventati una cosa sola...".

È divinizzato e ha perso la sua personalità! E come dice Steiner:

"Dio (il Principio Creativo) è stregato nel mondo, ed è la sua stessa forza che è necessaria per trovarlo. Questa forza (forza sessuale) deve essere risvegliata in voi". Questi erano gli insegnamenti che il Myste riceveva prima dell'iniziazione. E ora iniziava il grande dramma del mondo, di cui egli era parte integrante e vivente. Lo scopo del dramma non era altro che la liberazione del Dio nascosto; dov'è questo Dio? Dio non c'è, ma c'è la Natura. È nella Natura che deve essere trovato. Perché è avvolto in lei come in una tomba incantata".

Qui abbiamo il Dio panteista Pan, che è semplicemente il principio creativo di tutta la natura, compreso l'uomo - la forza vitale. Come disse Clemente di Alessandria parlando dei Misteri Maggiori: "Qui finisce ogni insegnamento, si vedono la natura e le cose".

Inoltre, Steiner spiega che: La Croce del Golgota è l'intero culto degli antichi Misteri riunito in un unico fatto... Il Cristianesimo come fatto mistico è un grado di evoluzione della Saggezza dei Misteri". Questo è di nuovo il manicheismo, che considera la Crocifissione, la Resurrezione e l'Ascensione di Cristo come esperienze mistiche. Una conferenza tenuta da Steiner a Oxford nel 1922, "Il mistero del Golgota", getta ulteriore luce sulla sua Scienza dello Spirito. Steiner era anche un rosacroce e, nello spiegare questo "Mistero del Golgota", basò le sue idee su alcune parole che si dice siano state scritte nel Libro T., che, secondo la leggenda mistica rosacrociana, fu trovato sul petto di Christian Rosenkreutz all'apertura della sua tomba nel XV secolo.

Queste parole erano: *Ex Deo nascimur; In Christo* (o Jehesuah) *morimur; Per Spiritum Sanctum reviviscimus* - Da Dio nasciamo;

in Cristo o Gesù moriamo; attraverso lo Spirito Santo risorgiamo. Cioè attraverso la Trinità gnostica: il Padre, creatore; il Figlio o Cristo solare, il Logos o serpente, la forza vivificante; lo Spirito Santo, la Grande Madre che riproduce tutte le cose. L'insieme è l'eterna creazione, distruzione e rigenerazione, applicata all'Illuminismo.

Nella R.R. et A.C., che, sotto il defunto Dr. Felkin, era strettamente legata a Steiner e praticava alcuni dei suoi procedimenti e l'Euritmia per il risveglio della kundalini, il rituale 5 = 6 rappresenta drammaticamente il significato di queste parole: l'aspirante viene condotto alla tomba in cui giaceva l'Adepto Capo in piena regalia, che rappresenta Christian Rosenkreutz; la tomba viene aperta e l'aspirante chiede: "Dalle tenebre sorga la Luce!". Dall'interno della tomba si sente una voce: "Sepolto con quella Luce in una morte mistica, risorto in una resurrezione mistica, purificato e purificato attraverso il nostro Maestro, o fratello della Rosa e della Croce!... Cerca la Pietra dei Saggi!...". La Pietra è la Quintessenza o Pentagramma - Illuminismo.

Come illustrato sul coperchio della tomba, queste esperienze mistiche rappresentano l'adepto come un Cristo crocifisso sulla Croce della Luce o dell'Illuminismo; il Grande Drago Leviathan - la kundalini - sale fino a *Daath*, e dall'alto scende il Fulmine-Flash attratto e unito al serpente interiore, collegando l'adepto con la forza vitale universale esterna. Egli diventa Jehesuah-Yod, He Shin, Vau, He - il Pentagramma o l'uomo divinizzato, perdendo la sua Autostima. È il Matrimonio Chimico Rosacrociano. Così lo descrive lo scrittore ebreo Kadmi Cohen in *Nomades*:

> "Abisso e pinnacolo. L'altezza vertiginosa dell'uno e la profondità insondabile dell'altro. Chi conoscerà mai le indicibili sofferenze dell'ascensione, i terrori mortali della caduta? Ma anche la gioia ineffabile, sovrumana, divina, di trovarsi sulla vetta che sovrasta l'universo, al di là del bene e del male, al di sopra della pura ragione pratica, di essere Uomo, di essere Sé, che si eguaglia a Dio, che lotta con Lui, che Lo assorbe. È Israele, è Ismaele che fornisce questi uomini al mondo!".

Il suo Dio è il Dio Pan, è inebriato dalla Luce astrale!

Schuré spiega che Christian Rosenkreutz lasciò ai suoi discepoli "tre verità spirituali", che furono dimostrate scientificamente solo quattro secoli dopo: (I) l'unità materiale dell'universo - mediante l'analisi dello spettro; (2) l'evoluzione organica - mediante la trasformazione delle specie secondo Darwin e Haeckel; (3) gli stati di coscienza umana diversi da quelli ordinari - mediante l'ipnotismo e la suggestione. Poiché il potere utilizzato dai Rosacroce era il "fluido magnetico" nell'uomo e nell'universo, messo in moto dal pensiero concentrato e dalla forza di volontà, si può facilmente credere che tali iniziazioni, sotto Maestri sconosciuti, possano significare ipnotismo e suggestione. Lo spettro è la risoluzione della luce attraverso il prisma e, come dice il rituale rosacrociano: "I colori sono forze e la firma delle forze e tu sei il figlio dei figli delle forze". I Rosacroce lavorano con colori e figure geometriche che rappresentano le forze dei pianeti, i segni dello Zodiaco, gli elementi, ecc. e i colori dei pianeti sono lo spettro della "Luce Bianca Divina" rosacrociana, quel fluido magnetico che uccide e rende vivi. Steiner parla molto delle gerarchie planetarie, degli Arcangeli, degli Angeli, ecc. ma c'è ragione di credere che possano essere tutti ridotti alle forze universali della natura , perché il rituale O=O della *Stella Matutina* dice: "Perché con i nomi e le immagini si risvegliano e si risvegliano tutti i poteri".

Pertanto, la "Scienza dello Spirito" di Steiner non è semplicemente la fissazione ermetica della luce astrale in un corpo materiale - l'illuminismo - che lega l'adepto, come strumento, ad alcuni "occultisti bianchi" che si suppone lavorino per il bene, o non è piuttosto la sventura dell'umanità?

Come espressione dei sogni e degli schemi politici comunisti di Steiner, abbiamo il suo "Triplice Stato". Come base simbolica di questo "Triplice Stato" Steiner prende l'organismo umano: (I) il sistema dei nervi e dei sensi - il sistema della testa. (2) il sistema della respirazione e della circolazione del sangue - il sistema ritmico. (3) gli organi e le funzioni di cambiamento della materia - il processo metabolico. Secondo Steiner, questi sistemi, in termini comparativi, funzionano separatamente: "Nell'organismo umano non esiste una centralizzazione assoluta". "Per prosperare, l'organismo sociale, come quello naturale, ha bisogno di essere triplice".

(1) Vita economica - relativamente indipendente come il sistema nervoso e sensoriale del corpo umano. "Si occupa di tutto ciò che ha a che fare con la produzione, la circolazione e il consumo di merci".

(2) Diritti pubblici, vita politica - lo Stato; "applicato a una comunità che possiede diritti comuni".

(3) Vita mentale e spirituale; "tutto ciò che si basa sulla dotazione naturale di ogni singolo essere umano... spirituale e fisico". Tutti sono apparentemente separati, ma interdipendenti. "Accanto alla sfera politica e a quella economica, in una società sana, deve esistere la sfera spirituale, che funziona in modo indipendente", ossia la religione, l'insegnamento, l'arte e la vita intellettuale, e persino le capacità tecniche e organizzative applicate allo Stato o all'economia industriale.

> "Alla fine del XVIII secolo, in circostanze diverse da quelle in cui viviamo oggi, si levò un grido dalle profondità nascoste della natura umana per una riformazione delle relazioni sociali umane (suscitato dagli Illuminati di e dalle Logge del Grande Oriente). In tutto lo schema del nuovo ordine scorrevano come un motto le tre parole: "Fraternità, Uguaglianza, Libertà"".

Ammettendo che l'uguaglianza e la libertà sono contraddittorie, Steiner le condivide tutte e tre e le applica al suo triplice Stato. La vita economica sotto forma di associazioni è riunita sotto la fratellanza, lo Stato sotto l'uguaglianza e il campo spirituale sotto la libertà o la libertà, e dice:

> "Nessuno Stato sociale, costruito su uno schema centralizzato astratto, può mettere in pratica libertà, uguaglianza e fratellanza. Ma ciascuno dei tre rami del corpo sociale può trarre la sua forza da uno di questi (contraddittori) impulsi ideali; e allora tutti e tre i rami lavoreranno proficuamente insieme".

Questo è il Triplice Stato di Steiner, come è stato definito, "senza testa", che egli estenderebbe ulteriormente, nello stesso modo senza testa, a un Triplice Stato Mondiale.

> "Si svilupperà un intreccio di interessi così stretto da far sembrare trascurabili le frontiere territoriali nella vita dell'umanità.

... Le forze a cui le nazionalità devono la loro crescita richiedono per il loro sviluppo una libera interazione reciproca, non ostacolata da alcun legame che si sviluppa tra i rispettivi organi di Stato e le Associazioni economiche. Il modo per raggiungere questo obiettivo è che le varie comunità nazionali sviluppino il triplice ordine all'interno delle proprie strutture sociali; e poi i loro tre rami possono espandere le proprie relazioni con i rami corrispondenti delle altre comunità. In questo modo, i popoli, gli Stati, gli organismi economici si raggruppano in formazioni molto varie per forma e carattere; e ogni parte dell'umanità diventa così legata alle altre parti che ciascuna è consapevole della vita dell'altra che pulsa attraverso i propri interessi quotidiani. Una lega di nazioni è il risultato di impulsi radicali che corrispondono a realtà concrete. Non ci sarà bisogno di "istituirne" una costruita unicamente su teorie giuridiche del diritto".

Infine, dice:

"Ci deve essere solo una razza umana che lavora a un compito comune, disposta a leggere i segni dei tempi e ad agire in conformità con essi".

Il tutto è solo un'altra forma del mazziniano "Associati, associati!" o dello "Stato Mondiale" della signora Alice Bailey, attraverso l'"unificazione" sotto il controllo di alcuni misteriosi "Superuomini".

Il sogno di uno Stato mondiale è tutt'altro che nuovo. Sappiamo che gli iniziati di Weishaupt dovettero prestare giuramento di aiutare al massimo la fondazione di una Repubblica Universale; e alla fine del XVIII secolo il piano dell'Illuminato Anacharsis Clootz era: "Tutti i popoli formano una sola nazione, tutti i commerci formano un solo commercio, tutti gli interessi formano un solo interesse". Steiner era un Illuminato che si dice fosse legato a coloro che, verso la fine del XIX secolo, fecero rivivere l'Illuminismo di Weishaupt. Egli, quindi, a quanto pare, portava avanti la tradizione nel suo Triplice Stato Mondiale.

Inoltre, per quanto riguarda le interconnessioni intellettuali, necessarie per questo Stato mondiale, potremmo citare il rapporto 1928-29 della "Società per le relazioni culturali tra i popoli del Commonwealth britannico e l'Unione delle Repubbliche Socialiste Sovietiche", in cui si nota che la Società Antroposofica (di Steiner) è una delle organizzazioni in contatto con essa. Un libro blu del governo britannico descrive così questa R.S.C.: "L'Internazionale Comunista la favorisce come terreno fertile per la propaganda comunista di tipo intellettuale". E non c'è dubbio che oggi ogni nazione sia consapevole della vita sovietica che "pulsa attraverso i suoi interessi quotidiani", in gran parte dannosi e disintegranti dal punto di vista economico, politico e spirituale.

Un'altra fase dell'insegnamento antroposofico e dell'applicazione pratica del suo credo. Nel dicembre del 1932, Frau Lilly Kolisko, membro di spicco della Società Antroposofica di Stoccarda, venne a Londra per tenere una conferenza a un gruppo agricolo della Società che proponeva di far rivivere antiche usanze astronomiche o forse astrologiche, comuni tra i popoli primitivi, aggiungendovi, a quanto pare, la scienza dell'Antroposofia! Le sue teorie erano che le piante e gli ortaggi seminati alla giusta fase lunare crescono molto più velocemente e in modo più rigoglioso rispetto a quando le fasi lunari vengono ignorate. Che la terra respira in modo ritmico e che la semina, la concimazione e il raccolto delle colture possono essere regolati secondo questo ritmo. Inoltre, che le piante che richiedono molta umidità crescono molto meglio se piantate due giorni prima della luna piena, e quelle che richiedono poca umidità durante la luna calante.

Pearce, nel suo *Text-book of Astrology*, ci dice che di solito cade più pioggia durante l'*aumento* che durante la *diminuzione* della luna, come è stato dimostrato da molti esperimenti negli anni dal 1868 al 1881. Inoltre, gli antichi dicevano che le querce abbattute in primavera, quando la linfa sale, marciscono presto. Tutti gli alberi da legno dovrebbero essere abbattuti durante il solstizio d'inverno e gli ultimi giorni di luna, così il legno durerebbe in perpetuo. Praticamente questo è affermato da R. Reynell Bellamy, nel suo libro *The Real South Seas*. Dice dei Kanaka della Nuova Caledonia che sostengono che il flusso della linfa è verso l'alto con la luna crescente e verso il basso quando cala. Piantano mais, fagioli, ecc. prima della luna piena e le colture di radici dopo. Il legname da costruzione viene tagliato durante l'ultima fase della luna, quando la linfa è al minimo.

Per quanto riguarda il respiro ritmico della terra, essi si riferiscono senza dubbio al Grande Respiro o *Swara* dell'Universo, la *forza vitale - Pingala*, il respiro positivo o solare; *Ida*, il respiro negativo o lunare; e *Sushumna*, il fuoco centrale o unificante. Ci sono anche i cinque *Tatwa* della materia raffinata: etere, aria (gassosa), fuoco (igneo), acqua (liquida), terra (solida). Si dice che l'intero processo di creazione su tutti i piani della vita sia eseguito da questi Tatwa nei loro aspetti positivi e negativi. Tutte queste fasi si susseguono e si fondono l'una nell'altra in una processione regolare e continua. Sono la base di tutta la magia, bianca o nera. Sono le forze più sottili della natura, ma non spirituali o divine, se non come strumenti, il principio creativo di tutta la natura.

Ancora una volta, per ripetere quanto detto in precedenza, parlando dell'astrologia presso i Caldei, Dollinger scrive:

> "Questi uomini trovarono un sostegno nella filosofia stoica che, partendo dal principio dell'identità sostanziale di Dio e della Natura, era giunta a considerare gli astri come eminentemente divini e a porre il governo divino del mondo nell'andamento immobile dei globi celesti".

Al tempo di Alessandro gli astrologi delle scuole caldea e alessandrina erano diffusi in Asia, Grecia e Italia e insegnavano che un'influenza segreta dei pianeti scendeva ininterrottamente sulla terra e sull'uomo e che con culti magici e preghiere astrologiche si poteva agire su questi pianeti e dirigere le loro forze come richiesto. Negli ordini illuminati, come il R.R. e l'A.C., queste influenze planetarie sono invocate, o attratte, dal simbolo ebraico del potere, la stella a sei raggi; e i gradi più alti sono conferiti in corrispondenza delle varie fasi lunari.

In *Od e Magnetismo*, 1852, Reichenbach scriveva:

> "L'elemento della forza odica è irradiato verso di noi in modo così abbondante dalla luce del sole e della luna, che possiamo prenderne possesso a nostro piacimento e farne uso in semplici esperimenti. Quanto sia illimitata la sua influenza sull'intera umanità, e persino sull'intero regno animale e vegetale, sarà dimostrato tra breve. L'Od è quindi una forza cosmica che si irradia di stella in stella e ha come campo l'intero universo, proprio come la luce e il calore".

Questo Od o, come dicono i Rosacroce, fluido magnetico, è la forza vitale universale, generata dal sole e riprodotta dalla luna, che può essere usata per il bene o pervertita per il male.

A sostegno di quanto abbiamo scritto sopra troviamo quanto segue nel programma della Scuola estiva antroposofica, tenutasi a Tetbury nell'agosto 1934:

"Il dottor C. A. Mirbt terrà delle lezioni sulla concezione antroposofica dell'agricoltura. Gli argomenti trattati saranno i seguenti: il suolo come opera del Cosmo e della Terra; il suolo come manifestazione dell'evoluzione della Terra; le forze formative eteriche nella pianta e nel suolo; la vera natura della concimazione; il regno animale come manifestazione del mondo astrale..."

Qui ci sono le forze cosmiche delle stelle e le forze magnetiche della terra. È la base di tutti gli antichi culti pagani; è l'antica tradizione astrologica caldea e quella degli antichi rosacroce, che coltivavano erbe medicinali. A tutto ciò si aggiunge la moderna scienza della concimazione! Inoltre Steiner, come il dotto botanico dei suoi giorni giovanili, sosteneva di essere in grado di vedere le forze vitali o di vita nella pianta, di arrestare queste forze e di usarle come richiesto nella sua guarigione. Da qui la sua "Nuova Terapia" e la British Weleda Co. Ltd., per la distribuzione dei risultati della "Ricerca Medica Antroposofica", costituita nel 1925.

Alcuni sostengono che questa "agricoltura antroposofica" non sia basata sull'astrologia, ma sull'astronomia. Eppure l'astronomia di Steiner nella "Scienza dello Spirito" sembra essere un ritorno alle credenze antiche e orientali, quando le forze e i fenomeni della natura erano ovunque visti come divinità attive e dominanti, a volte buone e a volte malvagie. In *Anthroposophy-Michaelmas*, 1928, E. Vreede scrive di questa astronomia e spiega che dietro il velo del passato e della natura le stelle si rivelano come "Colonie di esseri spirituali", nove stadi di gerarchie che sovrastano l'uomo. Insieme hanno formato e governato il mondo e l'uomo, sotto uno Spirito Mondiale.

Affinché l'uomo si sviluppasse, questi esseri furono apparentemente ritirati e l'uomo fu abbandonato alle leggi meccaniche;

"Eppure in questo meccanismo, come in tutti i fenomeni naturali, operano esseri spirituali. Il fatto che in primavera le piante escano dalla terra, che appaiano fiori e frutti, e che in autunno le piante appassiscano; il fatto che quando qui c'è l'autunno, dall'altra parte della Terra inizia a scoppiare la primavera, tutto questo è provocato dagli Spiriti della Natura, gli gnomi, le ondine, le silfidi insieme alle salamandre...".

Così nella *Stella Matutina* quattro delle sue cerimonie terminano con le preghiere di questi spiriti della natura dell'acqua, dell'aria, della terra e del fuoco, molto belle come opere d'arte, che riportano alle meravigliose fiabe dell'infanzia. In seguito, per lo sviluppo intellettuale dell'uomo, furono inviati esseri ahrimanici (materia) per consolidare la terra e velare la realtà spirituale.

Ancora una volta si dice che l'uomo e la Natura sono stati, fin dall'inizio, modellati secondo le leggi del Ritmo e della Periodicità, e che la legge di gravità regna sulla terra. Infine, come disse Steiner: "Quando osserviamo la vita del mondo delle stelle, stiamo osservando i corpi degli Dei e, in ultima analisi, della Divinità stessa". Questo sembra rivelare ancora una volta la natura panteistica dell'intero insegnamento di Steiner, "il Dio stregato" avvolto in tutta la natura. Il Jehovah dell'ebreo cabalista - il Principio Creativo.

Secondo Steiner gli Dei del Sole, della Luna e di Saturno - questo Principio Creativo... si manifestò nel corpo di Gesù di Nazareth come impulso cristico - il Potere del Serpente degli yogi, il Logos o serpente degli gnostici. "E il fatto che sia stato possibile per l'impulso cristico entrare nell'umanità è stato determinato dall'antico principio iniziatico che è diventato un *fatto storico*". In *Dalla Sfinge al Cristo,* di Edouard Schuré, l'esponente francese ed ebreo dell'Illuminismo neognostico di Steiner, ci viene fornito un resoconto di questo antico credo panteistico applicato al Cristo della Chiesa cristiana, scristianizzando e giudaizzando le credenze cristiane; facendo di Cristo solo un super "Uomo deificato". La Sfinge rappresenta il corpo preparato, offerto in sacrificio, in cui doveva scendere l'impulso cristico. Il tutto significa l'ascesa e la perversione della forza sessuale o del serpente all'interno dell'uomo, che attrae e si unisce al Fulmine-Flash o impulso solare cristico dall'esterno, controllato da registi sconosciuti - si chiama iniziazione.

Secondo Schuré:

> "Era ancora necessario che, dalla nascita fino all'età di trent'anni, quando il Cristo avrebbe preso possesso della sua dimora umana, il corpo di Gesù fosse raffinato e armonizzato da un iniziato di altissimo livello (uno che era passato attraverso molte incarnazioni!), in modo che un uomo quasi divino si offrisse in sacrificio, un vaso consacrato, per ricevere l'uomo fatto da Dio".

Pertanto, si dice che Gesù fosse una reincarnazione del sommo iniziato Zoroastro! In seguito il "Maestro Gesù" fu posto sotto le istruzioni degli Esseni, una confraternita di iniziati che viveva lungo le rive del Mar Morto, dove alla fine la "voce interiore" gli disse: "Hai deposto il tuo corpo sull'altare di Adonai (il Signore dell'Universo) come una lira d'avorio e d'oro. Ora il tuo Dio ti reclama per manifestarsi agli uomini. Egli ti cerca e tu non puoi sfuggirgli! Offriti in sacrificio. Abbraccia la Croce!".

Poi seguì l'iniziazione, il battesimo nel Giordano da parte di Giovanni Battista, di cui Schuré scrive:

> "È vietato aiutare colui che viene battezzato a uscire dall'acqua; si crede che un soffio dello Spirito divino sia entrato in lui attraverso la mano del profeta e le acque del fiume. La maggior parte usciva dalla prova rianimata; alcuni morivano; altri diventavano pazzi come se fossero posseduti. Questi erano chiamati demoniaci".

Per quanto riguarda il "Maestro Gesù":

> "È consapevole di una sensazione di annegamento seguita da una terribile convulsione... e per alcuni secondi vede un'immagine caotica di tutta la sua vita passata... poi l'oscurità dell'incoscienza. Il Sé trascendente, l'Anima immortale del Maestro Gesù ha lasciato per sempre il suo corpo fisico ed è stato accolto nuovamente nell'aura del Sole. Nello stesso momento, con un movimento inverso, il Genio solare, l'Essere sublime che chiamiamo Cristo, è entrato nel corpo abbandonato e ne ha preso possesso, animando con nuovo fuoco questa lira umana che era stata preparata da centinaia di generazioni".

Un lampo dal cielo, e mentre emergeva dall'acqua, con tutto il corpo immerso nella luce, una colomba luminosa apparve sopra la sua testa, "il mistero dell'Eterno Femminino, lo spirito dell'Amore Divino, trasformatore e vivificatore delle anime, che in seguito i cristiani chiameranno 'Spirito Santo'". Poi giunse una voce dall'alto: "Questo è il mio amato Figlio; oggi l'ho generato". (Questa versione delle parole si trova, secondo Schuré, nel primo vangelo ebraico; si accorda meglio con la sua idea di questo Cristo cosmico). "L'oggetto della sua missione è la spiritualizzazione del mondo e dell'uomo", attraverso l'amore e l'apertura dei Misteri a tutti coloro che possono aspirarvi. Questo è illuminante come attraverso le innumerevoli sette misteriche di oggi!

Ora, tutto questo racconto potrebbe essere la storia della preparazione e dell'iniziazione dei molti strumenti illuminati che vengono utilizzati nel diffuso Movimento Universale di oggi. Come in questo battesimo, così in queste iniziazioni, alcuni sono morti, altri sono stati illuminati, perdendo la loro personalità e diventando controllati da un Maestro sconosciuto, come ad esempio Krishnamurti della Società Teosofica, "Octavia" della Società Panacea e molti altri. Il potere illuminante era la Trinità gnostica: il Padre, la forza generatrice; lo Spirito Santo, la Grande Madre, il riproduttore; il Figlio, il Cristo cosmico, la manifestazione del Principio Creativo, la forza illuminante, di tutte le sette gnostiche e cabalistiche.

Schuré sostiene inoltre, in opposizione alla signora Besant, che questo Cristo non tornerà ad occupare un corpo materiale, ma apparirà agli adepti che hanno la visione astrale. Proprio come nella "Casa della Saggezza" del Cairo, agli adepti veniva insegnato che Maometto, il loro profeta, "poteva essere contattato spiritualmente attraverso la meditazione delle dottrine mistiche". Anche nella R.R. et A.C., che era strettamente alleata del gruppo di Steiner, il loro misterioso Maestro è apparso ultimamente in modo astrale a molti membri, mascherato da Cristo, esigendo dagli adepti un sacrificio completo al servizio del Grande Movimento Mondiale. E Schure afferma: "Secondo la tradizione rosacrociana, lo spirito che parlò al mondo in nome del Cristo e attraverso le labbra del Maestro Gesù è strettamente legato alla stella dominante del nostro sistema, il Sole". Questo impulso cristico è quindi un potere irresistibile manipolato da questi registi invisibili, e l'iniziato penetrato da questa forza diventa solo il riproduttore negativo delle idee e delle azioni messe in moto da questo impulso. Sotto la maschera dell'iniziazione egli diventa diabolicamente posseduto.

Come dice M. Henri de Guillebert:

> "L'ebreo si considera il Sole dell'umanità, il maschio, a cui gli altri popoli si contrappongono come femmine, che manifesta e assicura l'avvento dell'era messianica. Per realizzare questa manifestazione sociologica, l'ebreo estende organicamente la sua influenza per mezzo di società segrete da lui create per diffondere ovunque la sua forza iniziatica... [sperando di realizzare] la 'Repubblica Universale', controllata dal Dio dell'umanità, l'ebreo della Cabala".

MAX HEINDEL

Max Heindel, che si staccò da Steiner e fondò la "Rosicrucian Fellowship" della California, pubblicò nel 1911 la sua versione degli insegnamenti di Steiner in *Rosicrucian Cosmo-Conception*. Il suo insegnamento sul Cristo, come quello di Steiner, mostra le influenze manichee. Per lui il Cristo è lo Spirito-Sole, il Re dell'Amore, la forza vitale magnetica manifesta, le forze di attrazione e di coesione; questo Cristo-Fuoco discese, a suo dire, nel corpo di Gesù di Nazareth all'età di trent'anni, durante il battesimo nel Giordano, e divenne poi l'iniziato Cristo Gesù. La sua missione era quella di unire razze e nazioni separate in un'unica Fratellanza Universale, di cui egli sarebbe stato il Fratello Maggiore. I novantanove non avevano bisogno di salvezza, ma dovevano raggiungere la perfezione attraverso la rinascita e le conseguenze, cioè la reincarnazione e il karma. Il Cristo doveva solo redimere i ritardatari e aprire la via dell'iniziazione a tutti!

Per illustrare i loro metodi per plasmare e sminuzzare i loro inganni, Max Heindel spiega:

> "I fisiologi notano che alcune aree del cervello sono dedicate a particolari attività di pensiero... Ora è noto che il pensiero rompe e distrugge i tessuti nervosi... [che] vengono sostituiti dal sangue... Quando, attraverso lo sviluppo del cuore in un muscolo volontario, la circolazione del sangue passerà finalmente sotto il controllo assoluto dello Spirito vitale unificante - lo Spirito dell'Amore (la cosiddetta Forza-Cristo) - sarà allora in potere di questo Spirito trattenere il sangue da quelle aree della mente dedicate a scopi

egoistici. Di conseguenza, questi particolari centri di pensiero si atrofizzeranno gradualmente. D'altra parte, sarà possibile per lo Spirito aumentare l'apporto di sangue, quando le attività mentali sono altruistiche, e quindi costruire le aree dedicate all'altruismo".

Qui sembra esserci un metodo ipnotico più o meno diabolico, che ammutolisce gradualmente tutte le facoltà forti e sane, creando fanatici con un occhio solo, falsi idealisti, morbidi pacifisti, ma disposti a rivoluzionare le nazioni e a distruggere gli imperi. Come dice Max Heindel: "Lavorare per la Fratellanza Universale in accordo con i disegni dei nostri Leader invisibili, che non sono meno potenti nel plasmare gli eventi perché non sono ufficialmente seduti nei consigli delle nazioni". Ancora: "L'unità nazionale, tribale e familiare deve prima essere spezzata prima che la Fratellanza Universale possa diventare un fatto". Ovunque vediamo che si agisce su queste unità per questo scopo apparente! Tutti i metodi sono impiegati per intrappolare la preda incauta ma desiderata.

SOCIETÀ PANACEA

Nel suo *Essai sur la secte des Illuminés,* il marchese di Luchet, massone, scriveva nel 1789:

> "Esiste una folla di piccoli gruppi antifilosofici, composti da donne colte, da abbé teologi e da alcuni cosiddetti saggi. Ogni gruppo ha le sue credenze, i suoi prodigi, ierofanti, missionari, adepti e detrattori... Ognuno professa di spiegare la Bibbia a favore del suo sistema, di fondare la sua religione, di riempire il suo tempio e di moltiplicare i suoi catecumeni. Qui Gesù Cristo gioca un ruolo importante, là è il Diavolo, altrove è la Natura, e ancora la Fede. Ovunque la ragione è nulla, la scienza è inutile, l'esperienza è una chimera".

Parlando del rosacrocianesimo, Paul Vulliaud dice: "Man mano che progredisce, questo movimento aumenta il numero dei suoi maestri collegando a sé tutti i teosofi isolati: Boehme, Jane Lead, eccetera, formando una sorta di catena patristica". Ampliando il discorso sui precursori della Massoneria, Gustave Bord, 1908, ci dice che Boehme, un calzolaio più o meno sprovveduto, nacque nei pressi di Garlitz nel 1575. Conosciuto come il Filosofo Teutonico, era un mistico, teosofo e visionario; influenzato dalle filosofie di Paracelso e Cornelio Agrippa, fu portato al misticismo, e

> "era convinto di possedere, per grazia speciale di Dio, la scienza universale e assoluta, che comunicava ai suoi lettori senza ordine, senza prove, in un linguaggio preso in prestito dall'Apocalisse e dall'alchimia... Troviamo in Boehme un vasto sistema di metafisica, il cui fondamento è un panteismo sfrenato".

Dopo aver letto i *Sei punti teosofici* di Boehme e altre opere, siamo costretti a giungere a una conclusione simile.

Arrivando ai giorni nostri, la maggior parte delle numerose sette di cui abbiamo scritto può essere definita come appartenente a una forma o all'altra di misticismo teosofico o illuminismo rosacrociano - gnostico e panteistico, culto della Natura e naturalismo. Una delle più insistenti e ambiziose è la Società Panacea, di cui abbiamo scritto molto in passato. In breve, la sua storia è la seguente: Una setta mistica, sotto il nome di "Filadelfiani", fu fondata nel 1652 da Jane Lead, un'entusiasta ammiratrice di Boehme, allo scopo di spiegare i suoi scritti. Si dice che lei stessa avesse ricevuto rivelazioni mistiche, che furono pubblicate come "Sessanta proposizioni alla Società Filadelfica, ovunque dispersa come l'Israele di Dio". Come gli scritti di Boehme, queste rivelazioni erano illuminismo gnostico e rosacrociano. Da Jane Lead e dai suoi sette profeti successivi, che formano una catena patristica, si è evoluta l'attuale Società Panacea, con "Octavia" come leader mistico e Rachel Fox come presidente. La loro Trinità è simile a quella della Chiesa Gnostica Universale, che invoca così: "Gloria al Padre e alla Madre, al Figlio e alla Figlia, e allo Spirito Santo fuori e dentro di noi". La Società Panacea riconosce: Il Padre della Luce, il fuoco generativo; lo Spirito Santo, la Grande Madre; il Figlio, il Cristo, o manifestazione attiva del Padre, lo Sposo; la Figlia, manifestazione negativa della Madre, Shiloh, la Sposa, che, a loro dire, è scesa in "Ottavia", quest'ultima divenuta così lo strumento passivo, che riceve e trasmette il potere dall'alto - quello del suo Maestro!

Anch'essi ricevettero rivelazioni, pubblicate come *Gli scritti dello Spirito Santo - Una serie di documenti per i miei cari*. I loro mezzi di illuminazione erano limitati a questi scritti, alla Bibbia, agli Apocrifi e agli scritti dei loro profeti. Avevano due idee fisse: l'apertura della scatola misteriosa di Joanna Southcott alla presenza di ventiquattro vescovi, sei ebrei di fama e altri, e che secondo loro conteneva i mezzi per salvare l'Inghilterra nell'imminente tempesta e portare la liberazione a Giuda; l'altra era la guarigione magnetica mediante sezioni cariche di lino e acqua, "una sicura liberazione e protezione, in modo che la morte possa diventare inesistente". Inoltre, 144.000 "Israele o Immortali" dovevano essere suggellati e messi a parte per il servizio, e di recente abbiamo sentito che sono state acquistate dodici miglia quadrate di terra, dove questi 144.000, una volta scelti, si sarebbero stabiliti.

A dimostrazione del loro atteggiamento nei confronti degli ebrei, sono interessanti i due annunci seguenti, tratti da giornali ebraici:

(1) *"Non antisemitismo, ma anti-amitismo* - La Panacea Society è ansiosa di aiutare gli ebrei (discendenti di Shem) a liberarsi dalle abominevoli accuse che portano alla persecuzione antisemita. La prima cosa da imparare è che sono i discendenti di Ham, che dicono di essere ebrei e non lo sono, ad essere, e ad essere sempre stati, i nemici di Dio e dell'uomo".

(2) *"Buone notizie per gli ebrei* - le promesse del Profeta e gli ideali farisaici di un regno governato da Dio sulla terra stanno per diventare FATTI, perché la settimana di 6.000 anni di 6 giorni di 1.000 anni ciascuno si sta rapidamente chiudendo, e il Sabato di riposo per Israele e per Giuda durante il regno del Messia sulla terra sta per iniziare. Informatevi, Società Panacea, Bedford".

Questo, dicono,

"sarà la fine dell'era adamitica, che seguì l'era atlantidea, lemuriana e altre, la cui storia è avvolta nel mistero ... Il sabato di riposo di Dio è il settimo migliaio da Adamo... [quando] gli uomini vivranno sulla terra liberati dal peccato, dalla malattia e dalla morte, perché Satana sarà cacciato dalla terra nel luogo preparato per lui"...

Ancora, in un opuscolo intitolato "Ai nostri fratelli della tribù di Giuda", affermano che il mondo attende l'unione di Giuda e Israele e che queste isole sono il loro luogo di raccolta; che il re Giorgio V discende da Zedekia, re di Giuda; quindi gli Ebrei hanno un re, una nazione e, poiché la Union Jack significa, a loro dire, l'unione di Giacobbe, hanno anche una bandiera nazionale!

Ma sia il giudaismo che il cristianesimo hanno peccato, dicono, in quanto il primo rifiuta il Figlio e il secondo la Figlia! Inutile dire che la Panacea Society li ha accettati entrambi e quindi, sola tra tutte le religioni e i culti, possiede tutta la verità! Ancora una volta dicono di aver abbandonato "tutti gli espedienti dell'uomo in filosofie, filantropie, governi, chiese, culti, come il Pensiero Superiore, la Scienza Cristiana, la Teosofia, l'Occultismo, etc." e cercano "da soli una Nuova Vita". Tuttavia, il loro culto è costituito dall'Illuminismo mistico, dal Rosacroce e dallo Gnosticismo, e uno dei loro ammirati predecessori fu Jacob Boehme, il filosofo e teosofo teutonico!

Infine, abbiamo un altro opuscolo, intitolato "L'ultima religione per gli ultimi tempi - la religione "chiunque"", basato sul testo "Chiunque invocherà il nome del Signore sarà liberato". Continuano:

> "Non screditiamo per un momento le religioni che hanno servito la nostra e le altre nazioni durante i 6.000 anni di pace comparata, quando era giusto seguire gli insegnamenti religiosi dell'infanzia. Ma questa religione "chiunque" è per un tempo di guerra, la guerra finale tra Dio e i diavoli, e quando ci sono terremoti... guerre e voci di guerre, e angoscia delle nazioni con perplessità, come certamente accade oggi, è molto ragionevole supporre che una forma molto semplice di religione, come un comando diretto di invocare Dio per la liberazione (per "me stesso e la mia famiglia")... sarebbe fornita".

Curiosamente, negli ultimi mesi abbiamo sentito molto parlare di una religione simile, ma anonima, "Chiunque", che invita pubblicamente il popolo della nazione a pregare per "la liberazione e la protezione per me e la mia famiglia, ecc.". Sarebbe soddisfacente per coloro che in buona fede hanno risposto a questo appello anonimo, che persiste ancora oggi, settembre 1935, e hanno firmato la petizione, se questo mistero di somiglianza potesse essere risolto.

Abbiamo saputo che la Panacea Society si sta di nuovo agitando, facendo gli ultimi disperati tentativi per far aprire la famigerata scatola di Joanna Southcott. Per accelerare i tempi hanno fatto una piccola concessione: permetteranno a ventiquattro ecclesiastici nominati dai vescovi di aprire la scatola e, se il contenuto non si rivelerà la panacea per i mali del mondo come previsto dalla Società, la scatola e tutto ciò che contiene potranno essere bruciati. Forse il vento freddo del dubbio sta entrando in alcune delle loro anime!

Joanna Southcott, 1792-1814, fu il secondo anello della catena patristica di sette visite basate sugli scritti di Jane Lead, su cui la Panacea Society costruisce la sua missione in Inghilterra. In una breve dichiarazione su "Le dottrine della Dispensazione dello Spirito Santo (durante la quale la morte cesserà)", pubblicata dalla Società nel 1922, i seguenti punti si riferiscono alla scatola e alla sua missione: (4) Avrete probabilmente sentito dire che Joanna Southcott ha lasciato una scatola, cordata e inchiodata, di MSS sigillati. La scatola è l'Arca del Testamento, di cui si parla in Ap. xi. 19, chiamata così perché contiene la volontà e il testamento di Dio per questo Paese (!). (5) Avrete anche sentito dire che questa scatola può essere consegnata e aperta solo da ventiquattro vescovi della Chiesa d'Inghilterra, che sono i ventiquattro anziani di cui si parla in Ap. xi. 16, e sono gli esecutori testamentari. (6) La cassetta fu originariamente lasciata in custodia al Rev. Thomas Foley, Vicario di Old Swinford, Worcester, e alla sua morte fu affidata al figlio Richard, Vicario di North Cadbury. L'attuale custode (1922), anch'egli uomo di Chiesa, ha giurato di non consegnare la cassetta se non a ventiquattro vescovi che rispetteranno alcune condizioni stabilite dal Signore (!). (7) La scatola sarà richiesta in un momento di grave pericolo nazionale. L'arca o la scatola dimostrerà pubblicamente la verità di ciò che è stato a lungo sviluppato privatamente, e proverà anche l'integrità della Chiesa, ponendo davanti a lei la prova di una Nuova Rivelazione Divina, davanti alla quale essa dovrà inchinarsi o cessare di esistere.

Si tratta in realtà di una Nuova Rivelazione? Non è piuttosto antica come i culti del passato più remoto che sono andati a costituire la Cabala Magica ebraica-sabeiana e gli operatori della "magia fluidica"? Ecco alcuni punti delle loro rivelazioni di allora, che sembrano mostrare una relazione con queste antiche credenze:

> "Che cosa sanno i Vescovi di (1) Spirito, anima e corpo e della loro relazione con le glorie del sole, della luna e delle stelle [influenze astrali]? (2) Del prossimo stato immortale dell'uomo e della donna

sulla Terra e di come sarà realizzato [Illuminismo!]? (3) Della Maternità eterna e duratura dello Spirito Santo [Gerusalemme di sopra], che è la terza persona della Santissima Trinità?".

Abbiamo visto che la loro Trinità è cabalistica e gnostica, il cui scopo è l'illuminazione o l'illuminismo, essendo il Figlio la forza vivificante che, come dicono gli gnostici, crea "Cristi" o divinizza l'uomo. Si tratta dell'unione con la forza vitale universale che sembrerebbe essere eterna, e da questa unione, secondo loro, l'uomo diventerebbe immortale nel suo corpo - non morirebbe mai!

"Octavia" scrive in *Guarigione per tutti:*

"Per riassumere, Joanna suona sulle stesse corde di Jane Lead [sotto l'influenza di Jacob Boehme], l'imminente restituzione di tutte le cose alla fine dei 6.000 anni, e tutto sarà portato dalla Donna [strumenti medianici passivi!] ... l'ultima ora dei 6.000 anni sta per scadere...".

Ancora una volta, scrive ai Decani rurali:

"I vescovi diocesani sono stati invitati a informare il clero delle rivelazioni sacre e segrete fatte in questo paese sull'imminente cataclisma e sulle misure di protezione che il Signore ha preparato, grazie alle quali un residuo sarà salvato dal rovesciamento, ma essi hanno respinto con un unico consenso ogni proposta... Nel frattempo, c'è tempo per avvicinarsi ai vescovi e chiedere che i registri vengano esaminati, in particolare che l'Arca contenente la parola del Signore attraverso la profetessa Joanna Southcott venga aperta, poiché il "tempo di grave pericolo nazionale", che deve segnare la sua apertura, è qui" (maggio 1923).

Si dice che siano state spese migliaia di sterline e che per circa vent'anni siano state inviate dichiarazioni ai Vescovi; nel maggio 1924 è stata persino inviata una petizione firmata da 11.208 persone in Inghilterra per chiedere all'Arcivescovo di Canterbury e ad altri Vescovi di aprire la scatola. In questo caso la dichiarazione fu inviata a quarantadue Vescovi, al Cappellano Generale delle Forze Armate e al Decano di Westminster. L'Arcivescovo rispose che aveva fatto la sua parte "per soddisfare i desideri di coloro, chiunque essi siano, che hanno il controllo della scatola o delle scatole, poiché i miei corrispondenti mi dicono che ci sono scatole rivali". Come sappiamo, nel 1927 una scatola fu aperta dal National Laboratory of Psychical Research, ma il risultato fu più una farsa che un fiasco!

Inoltre, un'organizzazione nota come "Fishers of Men" (pescatori di uomini), il cui foglio di appunti, secondo l'*Evening Standard*, era intestato a un disegno di un serpente trafitto da un pugnale, pur credendo nella missione divina di Joanna Southcott, si è dissociata dalla decisione della Panacea Society di permettere l'apertura della scatola a ventiquattro ecclesiastici nominati invece che a ventiquattro vescovi. Come hanno detto, una tale concessione "può solo portare al disastro e non alle benedizioni sperate".

Questo simbolo dei "Pescatori di Uomini" sembra collocare la Società tra i moderni Illuminati cabalistici, poiché secondo Eliphas Levi, nella sua *Storia della Magia*, "Il segreto della Grande Opera, che è la fissazione della Luce Astrale con un atto sovrano di volontà, è rappresentato dagli adepti come *un serpente trafitto da una freccia,* formando così la lettera ebraica Aleph". La Trinità in L'unità dei cabalisti! La missione patristica della Panacea Society e delle sue affiliazioni è apparentemente quella di illuminare l'Inghilterra per mezzo di Illuminati controllati, e i loro padroni sono senza dubbio gli immancabili Fratelli delle Grandi Logge Bianche, che sono cabalisti!

CHIESA COMUNITARIA DI STEINER

Per tornare un attimo a Rudolf Steiner, notiamo che Rom Landau, nel suo libro *"Dio è la mia avventura"* del 1935, scrive della Chiesa della Comunità Antroposofica come gli è stata raccontata da uno dei suoi giovani ministri. Senza dubbio si tratta dello stesso movimento di cui parlava Albert Steffen nel 1926 come *Christengemeinschaft,* i cui sacerdoti erano presenti al funerale di Steiner.

Steiner, a quanto pare, è stato il consigliere e l'"ispiratore spirituale" di questa Chiesa comunitaria, iniziata nel giugno 1921 da un gruppo di giovani ministri e laici a Stoccarda, dove Steiner tenne un "Corso di lezioni ai teologi". Il gruppo si riunì nuovamente a Dornach e ancora una volta Steiner tenne una conferenza sui suoi insegnamenti sul Cristo. Le loro convinzioni tradizionali furono profondamente scosse: decisero di formare una nuova Chiesa basata sulle rivelazioni di Steiner e svilupparono una costituzione che fu approvata da Steiner. Nel settembre 1922 ordinò Rittelmeyer con l'imposizione delle mani e Rittelmeyer ordinò a sua volta alcuni giovani ministri.

Secondo Steiner: "L'antroposofia si rivolge al bisogno di conoscenza dell'uomo e porta la conoscenza; la Chiesa Comunitaria Cristiana si rivolge al bisogno di resurrezione dell'uomo e porta il Cristo". Questo è risvegliare il "Dio interiore" o kundalini, portando l'illuminismo! Ora sappiamo che l'insegnamento di Steiner sul Cristo è quello dei manichei e degli ebrei della scuola alessandrina. Il suo Dio è il Principio Creativo Universale, e il suo Impulso Cristico è solo la forza vivificante e illuminante di questo stesso Principio; e la Resurrezione, la Crocifissione e l'Ascensione non sono altro che insegnamenti mistici come quelli dei manichei.

Ci si chiede quindi se questa Chiesa comunitaria cristiana non sia un tentativo di far rivivere la vecchia eresia degli Albigesi! Rom Landau ci dice che queste Chiese esistono in Germania, in diversi altri Paesi continentali e in Inghilterra.

CAPITOLO X

FRATERNITÀ DELLA LUCE INTERIORE E DELLO YOGA

Passiamo ora a un altro dei nostri moderni *Illuminati,* forse meno conosciuto, la "Fraternità della Luce Interiore", il cui capo è Dion Fortune. Il suo insegnamento si basa in gran parte sulla Cabala ebraica. Scrive che

"La Fraternità è una di queste Scuole Misteriche; è collegata alla Tradizione Esoterica Occidentale e lavora sugli aspetti cristiani, ermetici e kelti di quella Tradizione (da qui il suo centro di pellegrinaggio a Glastonbury)... La Fraternità è un'organizzazione indipendente e autonoma e non è affiliata a nessun'altra organizzazione sul piano fisico, ma ha contatti diretti con la Grande Loggia Bianca. Loggia ... la Grande Fratellanza Bianca, i Maestri o Fratelli Maggiori. È con questi che l'iniziato ai Misteri entra in contatto quando la sua coscienza superiore è sufficientemente sviluppata".

Dion Fortune spiega il suo vero atteggiamento nei confronti del cristianesimo nel suo libro, *Gli ordini esoterici,* quando, parlando delle tradizioni ermetiche, scrive:

"Il suo massimo sviluppo si ebbe nei sistemi egiziani e cabalistici, e si mescolò al pensiero cristiano nelle scuole dei neoplatonici e degli gnostici; ma l'energia persecutoria della Chiesa, da tempo esotericizzata, la cancellò come sistema organizzato. I suoi studi furono mantenuti in vita solo durante l'Alto Medioevo tra gli ebrei, che furono i principali esponenti del suo aspetto cabalistico. Il suo aspetto egiziano fu reintrodotto in Europa dai Templari dopo che le Crociate li avevano messi in contatto con i Centri Santi del Vicino Oriente. [Come abbiamo dimostrato, la dottrina segreta dei Templari era manichea e giovannea, ed erano alleati degli Assassini!] Eliminata di nuovo dalla paura e dalla gelosia della Chiesa, riapparve di nuovo nella lunga schiera di alchimisti che fiorirono dopo che il potere di Roma fu spezzato dalla Riforma; ed è ancora viva ai giorni nostri. [Nell'ultimo mezzo secolo sono stati fatti innumerevoli tentativi per indurre l'anima dei Misteri a reincarnarsi, e questi tentativi hanno avuto un successo variabile. Da molti tentativi abortiti si sta gradualmente riformando una tradizione; il fuoco fumante della conoscenza occulta è stato ravvivato e *gli dèi si sono nuovamente avvicinati all'uomo*".

Secondo Dion Fortune, il Cristo è il "Signore del Raggio Viola", classificato con Krishna e Osiride. È il Cristo cosmico, una forza mondiale rigeneratrice e riconciliatrice che può essere contattata con la meditazione e utilizzata per scopi cosmici; non è mai stato una personalità né della nostra umanità, ma Fuoco cosmico, con il Sole come simbolo. E, dice, "con l'ispirazione possiamo aprire la nostra coscienza ad esso e allinearci con le sue linee di potere fino a quando la coscienza ne è soffusa e si verifica l'illuminazione". E mostrando la sua natura panteistica, prosegue: "L'unione con l'aspetto divino del sé, il Dio interiore, deve precedere la consapevolezza del Dio del Tutto di cui è solo una parte. Il livello spirituale della natura dell'uomo non è che una porzione circoscritta dell'Unico Spirito, il Tutto, l'aspetto noumenale della manifestazione".

Dobbiamo quindi concludere che il primo scopo della Fraternità, come di tutti i gruppi illuminati, è quello di unire il Principio Creativo interiore al Principio Creativo esteriore, attraendo e richiamando il Cristo o Fuoco cosmico - la forza illuminante - formando così il legame magnetico con le menti dominanti dei loro Maestri, perché, come spiega ancora l'autrice: "Pensando ai Maestri attiriamo la loro attenzione, ed è incredibilmente facile stabilire un legame magnetico con coloro che sono sempre più pronti a dare che a ricevere". Come i Maestri dissero al presente scrittore: "Abbiamo bisogno di te e di tutti i tuoi doni!". Il loro piano è quello di governare uno Stato Mondiale Universale, e per questo scopo hanno bisogno di strumenti passivi ma dotati. Come scrive la stessa Dion Fortune:

"I Maestri ricevono le anime come allievi, non per il beneficio dell'anima, ma per il beneficio della Grande Opera; un uomo non viene addestrato per curiosità o entusiasmo, ma solo nella misura in cui ha valore come servitore".

Divenuti servitori illuminati, gli adepti devono addestrare e avviare altri duplicati a un servizio simile, in una direzione o nell'altra, come richiesto da questi Maestri. Pertanto:

"Un ufficiale che avesse compreso correttamente la sua funzione si sarebbe soffermato sulla forza che avrebbe dovuto agire attraverso il suo ufficio finché la sua personalità non ne fosse diventata così satura da irradiare la sua influenza sul candidato che stava aiutando ad iniziare. L'azione congiunta di tutti gli ufficiali costruisce una mente di gruppo che è in grado di trasmettere e focalizzare potenze di tipo molto più massiccio o cosmico di quanto possa essere trasmesso attraverso il canale di una singola coscienza".

Il colore e il suono svolgono un ruolo importante nella trasmissione di queste forze. Come disse Max Heindel e come ripete Dion Fortune:

"Queste vibrazioni sonore invisibili hanno un grande potere sulla materia concreta. Possono costruire e distruggere. Se una piccola quantità di polvere finissima viene posta su una lastra di ottone o di vetro e un archetto da violino viene tirato sul bordo, le vibrazioni faranno assumere alla polvere bellissime figure geometriche. Anche la voce umana è in grado di produrre queste figure; sempre la stessa figura per lo stesso tono. Se si suona una nota o un accordo dopo l'altro... preferibilmente su un violino... alla fine si raggiunge un tono che provoca nell'ascoltatore una vibrazione distinta nella parte posteriore della testa. Ogni volta che la nota viene suonata, la vibrazione viene avvertita. Questa nota è la "nota chiave" della persona su cui ha effetto. Se colpita lentamente e in modo rilassante, costruisce e riposa il corpo, tonifica i nervi e ripristina la salute. Se invece viene suonata in modo dominante, forte e prolungato, ucciderà come un proiettile di pistola".

E Dion Fortune riassume:

"Tutte queste influenze vengono impiegate per costruire una grande forma-pensiero nella mente del gruppo della Loggia, e in questa forma-pensiero vengono riversate le potenze evocate dai Nomi di Potere usati nel lavoro iniziatico, e queste influenze vengono focalizzate sul candidato mentre si trova in uno stato di coscienza esaltata, Questa è la logica dell'iniziazione".

Questo ci riporta all'Ordine degli Élus Coens di Martinez de Paschalis e alla Cabala Magica ebraica con la sua "magia fluidica" e il potere generato dalla pronuncia dei cosiddetti nomi divini, tanto utilizzati in tutti gli ordini magici, orientali e occidentali. Come dicevano gli antichi Oracoli caldei: "Non cambiare i nomi barbari nell'evocazione, perché sono nomi divini, che hanno nei riti sacri un potere ineffabile". E i colori, lo sappiamo, sono le firme delle forze, quindi le loro vibrazioni sono simili alle forze corrispondenti.

Come scusa, la solita scusa di tutte le confraternite e gli ordini di questo tipo, per il giuramento di segretezza, Dion Fortune spiega:

> "La conoscenza è riservata affinché l'umanità sia protetta dal suo abuso nelle mani di chi non ha scrupoli... La mente ha certi poteri poco conosciuti, che sono così potenti e così sottili che, usati per il crimine, potrebbero rovesciare il sistema sociale di una nazione. I tribunali riconoscono che l'influenza indebita può essere esercitata da una persona su un'altra, ma non si rendono conto del tipo di influenza che una mente addestrata può esercitare su una non addestrata".

È quindi ragionevole chiedersi: Dion Fortune ha qualche prova reale che questi cosiddetti Maestri e Fratelli della cosiddetta Grande Loggia Bianca non siano occultisti e maghi senza scrupoli e ambiziosi, che usano e abusano di questi sottili poteri delle menti degli uomini per realizzare le loro folli e fanatiche ambizioni mondiali, rovesciando i sistemi sociali, religiosi e politici, non di una nazione ma di tutte? Se no, è disposta ad assumersi l'enorme responsabilità e il rischio per se stessa e soprattutto per i suoi candidati confidenti e i suoi ingannatori? Lei insegna che i Manus, per mezzo della suggestione o del transfert del pensiero, hanno impiantato idee nella coscienza umana! Chi sono questi presunti Manus? Un nome preso in prestito dall'Oriente per quale scopo!

Di nuovo:

> "È per questo motivo [l'Illuminismo] che i Maestri hanno fondato e sostengono organizzazioni come la Società Teosofica, la Società Antroposofica, la Rosacroce e molte altre, meno conosciute ma non meno utili...".

Curiosamente, tra i loro libri, in vendita ai membri, troviamo Crowley's *Magick*, contenente "una ristampa del famoso "777"". Quest'ultimo libro è stato in gran parte costruito a partire dalle corrispondenze date nelle "Lezioni di Conoscenza" cabalistiche della Golden Dawn, di cui Crowley fu membro a Londra dal 1898 al 1900, quando fu espulso! -

Infine, come molti altri *Illuminati*, la "Fraternità della Luce Interiore" professa di astenersi dalle attività politiche come organizzazione, ma ogni membro, essendo stato orientato dall'insegnamento di questi Maestri sui piani interiori, "ha il dovere come cittadino di tenersi informato sulle questioni di politica e amministrazione nazionale e locale, e di far valere la sua influenza su di esse per la causa della giustizia e della rettitudine".

La sua influenza sarebbe naturalmente quella del suo Maestro e del suo controllo!

Chi sono dunque questi Maestri? E qual è la loro Grande Opera? Le cose sono cambiate da quando de Luchet scrisse nel 1789:

> "Nel cuore delle tenebre più fitte si è formata una società di esseri nuovi, che si conoscevano senza essere visti, che si capivano senza spiegazioni, che si servivano a vicenda senza amicizia. La loro società mira a governare il mondo, ad appropriarsi dell'autorità dei sovrani, a usurpare i loro troni lasciando loro il solo e sterile onore di portare la corona. Adotta il regime gesuitico, l'obbedienza cieca e i principi regicidi del XVII secolo; dalla Massoneria le prove e le cerimonie esteriori; dai Templari le evocazioni sotterranee e l'incredibile audacia. Utilizza le scoperte della fisica per imporsi alla moltitudine ignorante".

I manipolatori invisibili dell'Illuminismo possono essere pochi, ma i loro metodi hanno la sottigliezza segreta del serpente e i loro ingannatori sono molti. È legando insieme le mezze qualità di uomini e donne in gruppi di tre, cinque, sette, dodici, ecc. che risiede il potere della magia; sono, per così dire, i sette colori del prisma, uniti per formare la "Luce Bianca Divina" dei Rosacroce; ogni individuo rappresenta le caratteristiche di un colore, quindi di una forza. Questo vale per la magia materiale, mentale ed emotiva. Ci sono anche molte altre corrispondenze legate a ciascuna forza, come mostrato da Crowley in *"777"*, che combinate insieme aumentano la potenza di quella particolare forza. Come dice Dion Fortune:

> "Un sistema di Corrispondenze consiste in un insieme di simboli che la mente concreta può comprendere e nella conoscenza delle

catene associative che li collegano tra loro; questa conoscenza è assolutamente essenziale per lo sviluppo occulto".

O per magia, nero o bianco!

KUNDALINI-YOGA

Il Kundalini-Yoga, in una forma o nell'altra, si trova in tutte queste sette; è la base della loro attrazione e del loro potere. Senza di esso non potrebbero esistere, non ci sarebbero misteriosi Sovramontatori che dispensano insegnamenti suggestivi e intriganti, che danno indicazioni e consigli apparentemente saggi; non ci sarebbero visioni e voci, non ci sarebbe l'uscita nel mondo profano per orientare le menti con questi insegnamenti insidiosi, attirando nelle reti l'incauto e talvolta genuino ricercatore della verità, ma più spesso il bramoso di emozioni, alla ricerca di qualcosa che arricchisca o renda interessante una vita altrimenti incolore, allettato dalla promessa di risvegliare poteri misteriosi fino ad allora insospettati - ma sempre sotto controllo e apparentemente per il miglioramento dell'Umanità collettiva. Legando i membri con un giuramento di segretezza e obbedienza cieca - la segretezza del loro contatto con questi Maestri o Fratelli Anziani che, attraverso questi pseudo-misteri di e i loro seguaci, avrebbero governato il mondo e usurpato l'autorità.

Nel suo libro *Serpent Power, del* 1919, Arthur Avalon (Sir John Woodroffe) scrive:

> "I Tantra dicono che l'uomo ha il potere di realizzare tutto ciò che desidera se vi concentra la sua volontà... perché l'uomo, dicono, è nella sua essenza uno con il Signore Supremo [Principio Creativo Universale], e quanto più manifesta lo spirito [luce astrale] tanto più è dotato dei suoi poteri... L'obiettivo dei rituali tantrici è di elevare queste varie forme di potere alla loro massima espressione".

Il centro e la radice di questi poteri nell'uomo si trovano nella Kundalini. Possiamo quindi capire perché il Dio di tutti questi misteri moderni è il Principio Creativo Universale, e la Kundalini all'interno dell'uomo è chiamata il "Dio dentro" o il Dio nascosto, e infine perché l'uomo, quando è pieno di questa luce astrale, si considera Dio, un uomo divinizzato e illuminato.

In breve, la Kundalini è la forza sessuale che giace in tre spire e mezzo alla base della colonna vertebrale. È quella parte del Grande Respiro o *Swara* che è "la più potente manifestazione del potere creativo nel corpo umano". È formato da tre energie: *Ida*, sul lato sinistro della colonna vertebrale, il canale lunare o femminile (o Nadi); *Pinggala*, sul lato destro, il canale maschile o solare; *Sushumna*, il canale del Fuoco che unisce e dissolve, all'interno della colonna stessa. È il "Potere del Serpente", creatore, preservatore e distruttore, l'I.A.O. di tutte le sette ermetiche, cabalistiche e gnostiche.

> "Ella, la più sottile delle sottili, racchiude in sé il Mistero della creazione e dal suo fulgore, si dice, l'universo è illuminato, la conoscenza eterna risvegliata [subconscia] e la liberazione raggiunta... Ella mantiene tutti gli esseri del mondo per mezzo dell'ispirazione e dell'espirazione".

La Kundalini deve essere innanzitutto risvegliata da una mente e da una volontà potenti, insieme ad azioni fisiche adeguate; sono prescritte alcune modalità di addestramento e di culto, l'uso di immagini, emblemi, simboli, immagini, mantra e procedimenti, ecc. Così resa attiva, viene attirata verso il centro cerebrale, "come nel caso delle normali cariche elettriche positive e negative, che sono esse stesse altre manifestazioni della polarità universale che influenza il mondo manifesto".

Pinggala, una volta risvegliato, sale da destra a sinistra, circondando i loti o chakra, questi centri di forza fisica e psichica, fino a raggiungere la ghiandola pineale, alla radice del naso, tra le sopracciglia; *Ida* va da sinistra a destra, anch'essa circondando i chakra, salendo allo stesso centro tra le sopracciglia. Questi due, insieme al *Sushumna*, formano un nodo intrecciato in corrispondenza della stessa ghiandola pineale. Per essere condotti sul "Sentiero di Mezzo", la forza vitale deve essere ritirata sia dal *Pinggala* che dall'*Ida*, devitalizzando per il momento il resto del corpo, e fatta entrare nel *Sushumna, che* attraversa i chakra nel suo percorso ascendente, assorbendo in sé i tattva di ciascun chakra, nonché i sottotattva di cui ciascuno è a sua volta carico. Così abbiamo il tattva *terra del* chakra alla base della colonna vertebrale; l'*acqua, la* milza; il *fuoco, l'*ombelico o plesso solare; l'*aria,* il cuore; l'*etere, la gola.* Passando dal grossolano al sottile, la terra si dissolve nell'acqua, l'acqua viene assorbita dal fuoco; il fuoco viene sublimato dall'aria e l'aria dall'etere, e assorbendo questi tattva la Kundalini viene, per così dire, resa sottile e liberata dal grossolano. Alcuni la chiamano trasmutazione della forza sessuale, che porta a cose spirituali, ma in realtà è solo astrale. Dopo essersi unita all'universale nel centro cerebrale, scende, proiettando contemporaneamente le forze tattviche nei vari chakra, riprendendo la sua posizione potenziale latente alla base della colonna vertebrale, e il corpo riprende la sua vitalità. Quanto più a lungo può essere trattenuto nel centro cerebrale, sede del "Signore Supremo", tanto maggiori saranno, si dice, il potere e la conoscenza acquisiti dallo Yogi.

Questo è il "Dio interiore" di tutte queste sette. È rappresentato dal Caduceo di Ermete, con i suoi due serpenti gemelli, negativo e positivo, che si attorcigliano intorno all'asta centrale , la colonna vertebrale, sormontata alla ghiandola pineale dalle ali di quella che viene chiamata liberazione; la sfera in cima all'asta è il corpo pituitario, la sede del potere supremo. O come si esprime la Tavola di Smeraldo di Ermete:

"Ciò che è in basso è simile a ciò che è in alto, e ciò che è in alto è simile a ciò che è in basso per compiere le meraviglie di una cosa [manifestazione]. Il suo padre è il Sole, la sua madre è la Luna. È la causa di ogni perfezione su tutta la terra [equilibrio]. Il potere è perfetto *se si trasforma in terra* [fissazione della luce astrale in una base materiale]. Separate la terra dal fuoco, il sottile dal grossolano, agendo con prudenza e giudizio. Salite con la massima sagacia dalla terra al cielo, poi scendete di nuovo sulla terra e unite insieme le cose inferiori e superiori; così possederete la luce del mondo intero e ogni oscurità volerà via da voi [l'ascesa della Kundalini o Potenza del Serpente e la discesa del Lampo. È il serpente trafitto da una freccia, la fissazione della luce astrale in un corpo materiale, che produce illuminazione o Illuminismo]. Questa cosa ha più forza della forza stessa, perché supera ogni cosa sottile e penetra ogni cosa solida. Con essa si è formato il mondo".

È il Principio Creativo Universale, le forze elettromagnetiche della vita. È una forza che può uccidere o rendere vivi! Inoltre, Max Heindel, nel suo libro *Cosmo-Concezione Rosacrociana,* fornisce il diagramma dei tre percorsi intrapresi dalla Kundalini o dalle forze sessuali inutilizzate. Li chiama, a destra della colonna vertebrale, mistico; a sinistra, occultista; e al centro, adepto. Tutte portano all'illuminazione, cioè alla chiaroveggenza, alla chiarudienza e all'insegnamento impressionale. Questi, sotto forma di processi mentali suggestivi, furono ricevuti dal Dr. Felkin dal Dr. Steiner e dati, insieme ad alcune meditazioni ed esercizi di respirazione di Steiner, ai membri della *Stella Matutina, ai quali* fu semplicemente detto che questi processi avrebbero risvegliato i loro sensi interiori. A ciascuno di questi tre procedimenti era associato uno dei tre nomi seguenti: Jakin, Boaz o Macbenac, che rappresentano le forze Kundalini, i tre Pilastri presenti in tutta la Massoneria, i Pilastri cabalistici della Misericordia, della Severità e della Mitezza dell'Albero della Vita. Secondo il dottor Wynn Westcott, l'Albero della Vita cabalistico è semplicemente la forma rabbinica dell'unione del principio creativo all'interno dell'uomo con il Principio Creativo Universale all'esterno. E come spiega Max Heindel:

"Darà una conoscenza di prima mano dei regni superfisici".

Il grande pericolo di questo Yoga, così come viene praticato tra gli *Illuminati* occidentali e moderni, sembra quindi essere non solo un'intossicazione di luce astrale, che produce illusioni e inganni, persino manie, ma anche il serio rischio che una mente più forte, che lavora sul piano astrale, si impossessi di una mente più debole e meno informata, usandola per i propri fini, come nel caso di questi Maestri e Fratelli Maggiori, che sembrano essere presi sulla fiducia dai leader di questi culti. Come scrive Dion Fortune:

"Pensando ai Maestri attiriamo la loro attenzione, ed è incredibilmente facile stabilire un legame magnetico con coloro che sono sempre più pronti a dare che a ricevere; e se qualcuno, dopo aver pensato ai Maestri e aver formulato il desiderio di essere accettato come allievo, si accorge che le circostanze della sua vita cominciano ad esplodere in una tempesta, saprà che la sua domanda è stata accettata e che sono iniziate le prove preliminari".

I Maestri non prendono mai gli allievi sulla fiducia, li mettono alla prova, li modellano e li sbozzano, finché non sono umilmente e ciecamente obbedienti, pronti a svolgere il lavoro che è stato loro assegnato nel Grande Piano di questi "Superuomini". E così vediamo il mondo occidentale permeato di leader di culti yoga, solo un po' meno ignoranti degli uomini e delle donne che istruirebbero, tutti a preparare la strada ai "Maestri", chiunque essi siano.

OUSPENSKY

Per prima cosa prenderemo in considerazione P. D. Ouspensky, un russo, come descritto nel suo libro *Un nuovo modello di universo*. Per quanto riguarda l'occultismo, non c'è nulla di veramente nuovo in questo libro, poiché si basa in gran parte sul lavoro di altri scrittori, con l'idea di dimostrare che la maggior parte delle religioni, dei culti e dell'occultismo sono solo "pseudo". Come dice l'autore: "Quando scopriamo che la religione è secoli... dietro la scienza e la filosofia, la principale deduzione è che si tratta di... pseudo-religione". L'unica cosa vera, secondo lui, è l'"esoterismo", che apparentemente significa sensazioni e insegnamenti ottenuti con il misticismo, indotto da qualche forma di Yoga. Tutto questo si intreccia con i suoi vaghi esperimenti, teorie e sentimenti.

Ritiene che il mondo sia controllato da un "cerchio interno". "La vera civiltà", dice, "esiste solo nell'esoterismo... È il cerchio interno che è, di fatto, la parte veramente civilizzata dell'umanità". Ecco la sua teoria sulla crescita del cerchio interno: Adamo ed Eva uscirono dal Grande Laboratorio della Natura e apparvero sulla terra; per un certo periodo furono aiutati dalle potenze che li avevano creati. All'inizio gli uomini erano incapaci di commettere errori e quindi progredivano rapidamente, ma con il passare del tempo credevano di conoscere il bene e il male e di essere in grado di guidarsi da soli. Poi hanno commesso un errore dopo l'altro, finché sono gradualmente scesi al livello da cui erano saliti "più il peccato acquisito"! Un certo numero di persone non commise errori e riuscì a conservare tutta la conoscenza che era veramente preziosa per la cultura; questi divennero allora il "cerchio interno" (presumiamo i Fratelli Maggiori della Grande Loggia Bianca!). Questo cerchio interno prese il posto delle potenze che crearono gli uomini. La loro religione è l'esoterismo; tutte le altre, quindi, sono "pseudo".

Queste sono le teorie poco ispirate e poco stimolanti di Ouspensky, che non ci sembrano nemmeno originali!

I suoi capitoli sui Tarocchi e sulle varie forme di Yoga sono tratti da libri già noti. Spiega così i poteri acquisiti attraverso il primo *Raja-Yoga:*

> "Di conseguenza, l'uomo raggiunge uno stato di straordinaria libertà e potere. Non solo controlla se stesso, ma è *in grado di controllare gli altri.* Può leggere i pensieri degli altri, che siano vicini o lontani; *può suggerire loro i propri pensieri e desideri e subordinarli a se stesso.* Può acquisire la chiaroveggenza, può conoscere il passato e il futuro".

Il Karma-Yoga, che significa *non attaccamento,* "insegna all'uomo... che in realtà non è lui ad agire, ma solo un potere che lo attraversa". Raramente agisce "in modo indipendente, ma nella maggior parte dei casi solo come parte di uno o di un altro grande insieme" - senza dubbio governato da forze e leggi spesso messe in moto dalla "cerchia interna" per i propri fini! Lo *Hatha-Yoga* è il raggiungimento del controllo sul corpo e sulla natura fisica dell'uomo. "Imparando a governare il proprio corpo, gli yogi imparano allo stesso tempo *a governare l'intero universo materiale",* cioè *a* sviluppare la volontà e il potere del pensiero. Lo *Jnana-Yoga* utilizza i metodi del *Raja-Yoga* e si dice che educhi la mente e riveli le leggi fondamentali dell'universo. Il *Bhakti-Yoga* insegna come credere, pregare e ottenere una certa salvezza; in esso non esistono differenze di religione.

Ouspensky insiste sul fatto che lo Yoga deve essere praticato solo sotto la guida di un maestro, ma a quanto pare conduce da solo esperimenti mistici che, se controllati da un gruppo sconosciuto, potrebbero portare a qualsiasi cosa, dalla suggestione esterna all'ossessione. Scrive:

> "Durante i primi esperimenti... sentivo che stavo scomparendo, svanendo, trasformandomi in nulla... in un caso era il Tutto a inghiottirmi, nell'altro era il Nulla... negli esperimenti successivi la stessa sensazione di scomparsa dell'"io" cominciò a produrre in me un sentimento di straordinaria calma e fiducia... Quando sentivo che non esistevo, tutto il resto diventava molto semplice e facile".

Poi ha iniziato a ricevere insegnamenti! Questo è comune a tutte le scuole occulte e, più in generale, significa controllo da parte di qualche influenza esterna. Inoltre, come sappiamo, la cosiddetta trasmutazione o piuttosto perversione della forza sessuale è alla base di tutti questi esperimenti di Yoga. Come spiega l'autore, la forza sessuale viene utilizzata per "lo sviluppo dell'uomo in direzione dell'acquisizione di una coscienza superiore e dell'apertura delle sue forze e facoltà latenti". La spiegazione di quest'ultima possibilità, in connessione con l'uso dell'energia sessuale a questo scopo, costituisce il contenuto e il significato di tutti gli insegnamenti esoterici".

Parla dello Yogi Ramakrishna, che era un Bhakti-Yogi e visse negli "anni Ottanta" del secolo scorso, nel monastero di Dakshineswar, vicino a Calcutta. "Riconosceva come uguali tutte le religioni con tutti i loro dogmi, sacramenti e rituali". Per dodici anni egli (lo Yogi) sperimentò, nel modo dell'ascesi, tutte le religioni e, secondo lui, raggiunse gli stessi risultati di estasi in ognuna di esse, concludendo quindi che tutte le grandi religioni erano una sola. Ma la sua Madre divina era la Grande Madre Natura e la sua estasi significava unione con la Forza Creativa Universale!

È interessante e illuminante sapere che Swami Vivekananda, che si recò in America nel 1893 per partecipare al "Parlamento delle religioni", era uno dei discepoli di Ramakrishna! Nel suo libro *"La mistica alla corte della Russia"*, J. Bricaud afferma: "Alcuni scritti di Dostoiewsky, Tolstoi e Merejkovsky hanno rivelato agli occidentali la natura segreta dell'anima russa, tormentata e desiderosa del meraviglioso". Ouspensky non è forse un'altra di queste anime russe, desiderose del meraviglioso, come dimostrano i suoi esperimenti e le sue vaghe sensazioni pseudo-mistiche autoindotte, descritte come provate alle Piramidi, al Taj Mahal, eccetera? Non è forse questo pseudo-misticismo nei loro strumenti che è richiesto da coloro che vorrebbero segretamente controllare e dominare l'umanità?

Ouspensky è stato per un certo periodo un discepolo di Gurdjieff, quello strano uomo che, per un certo periodo, ha esercitato un'influenza straordinaria su molti e diversi seguaci a Fontainebleau, e che ora pare si trovi a New York. Non c'è da meravigliarsi se oggi vediamo l'America marcita dal cancro di questi culti, tanto che persino coloro che vorrebbero salvare il loro Paese sono dominati da "Fratelli anziani" di un tipo o dell'altro o immersi in un misticismo e in uno spiritismo pericolosi e sbagliati.

VIVEKANANDA

In *The Confusion of Tongues (La confusione delle lingue)*, 1929, Charles W. Ferguson racconta la grande invasione di Swami e Yogi in America negli ultimi quarant'anni. Di Swami Vive kananda dice: "È stato il primo e più grande zelota dell'Oriente a offrire i misteri indù in forma appetibile per il consumo americano". Nel 1893 questo Swami si recò in America, scelto dai suoi seguaci per rappresentarli al Parlamento delle Religioni che, nel settembre dello stesso anno, si tenne a Chicago. Arrivato lì in luglio, si stabilì in uno dei suoi alberghi più ricchi. Ben presto i suoi soldi finirono e, essendo sprovvisto di credenziali, gli fu detto che non sarebbe stato ricevuto al Parlamento delle Religioni quando si sarebbe aperto. Triste e addolorato, partì per Boston e sul treno una gentile signora si prese cura di lui e fece della sua casa il suo quartier generale. A Boston fu preso in considerazione dai professori di Harvard, e quando arrivò il momento fu inviato a Chicago armato delle credenziali richieste, e infine trovò la strada per il Parlamento delle Religioni. Lì, tra le varie sette e culti, riscosse un immenso successo e diede grande impulso a tutti i movimenti che predicavano la "divinità dell'uomo"; fu osannato e tenne conferenze in lungo e in largo. A New York fondò una Società Vedanta, che si diffuse e fu ben sostenuta. Il suo scopo dichiarato era quello di unificare e sintetizzare l'Oriente e l'Occidente, ma ciò che fece fu soprattutto preparare la strada a un'orda di figure minori che, senza dubbio, portarono la sua missione ben oltre il suo obiettivo finale. Ha reso consapevole l'America dell'India e ha reso popolare la filosofia indù.

Nella sua filosofia e nei suoi insegnamenti, riportati in *The Life of Swami Vivekananda*, dai suoi discepoli orientali e occidentali, 1912-15, le sue lezioni sul Raja-Yoga, o la conquista della natura interiore, insegnano che lo scopo della vita "è manifestare questa divinità interiore controllando la natura, interna ed esterna", e che tutte le filosofie indiane hanno un unico obiettivo, "cioè la liberazione dell'anima [il "dio interiore"!] attraverso la perfezione". Inoltre:

> "Quando lo Yogi diventa perfetto, non ci sarà nulla in natura che non sia sotto il suo controllo. Se ordina agli dèi di venire, essi verranno al suo comando. Tutte le forze della natura gli obbediranno come schiavi, e quando gli ignoranti vedranno questi poteri dello Yogi li chiameranno miracoli. La natura è pronta a svelare i suoi segreti... attraverso la concentrazione. Non c'è limite al potere della mente umana. Più è concentrata, più potere viene portato su un punto, e questo è il segreto".

Come osserva il signor Ferguson:

> "Se possiamo giudicare dalle testimonianze, ciò che coloro che seguono gli Swami e gli Yogi desiderano nel modo della religione moderna è un rapido sollievo dalla nevrastenia e dalla frustrazione... e un temporaneo sollievo dal mondo affascinante ma a volte folle in cui viviamo".

Poi illustra brevemente gli otto passi del Raja-Yoga che portano all'iniziazione completa e che devono essere praticati sotto la guida di un maestro ispirato: *Yama,* in cui l'allievo padroneggia se stesso, diventa fiducioso e autosufficiente e si abbandona a ciò che concepisce come Dio; *Asana,* una serie di esercizi e posture progettati per mettere il corpo completamente alla mercé della mente. *Pratyahara,* un metodo per rendere la mente incessantemente introspettiva; *Dharana,* un processo attraverso il quale si raggiunge la concentrazione; *Shyana,* o meditazione sacra su idee elevate; e *Samadhi,* in cui l'individuo finalmente si eleva alla completa super-coscienza e vive in un regno in cui i disturbi e le limitazioni del corpo non esercitano alcuna influenza su di lui. Ancora: "Se si rimane ostinati nel rituale della respirazione, il sacro fluido della kundalini [forza sessuale], che risiede nella sede della colonna vertebrale, sarà risvegliato... allora il libro della conoscenza sarà aperto". Questo si ottiene controllando il *Prana,* la duplice forza dell'universo, che si manifesta come movimento, gravitazione e magnetismo nel cosmo, e come correnti nervose e forza del pensiero nel corpo.

YOGANANDA

Tra l'orda di Swami e Yogi che hanno sfruttato questi poteri americanizzando e commercializzando lo Yoga, Swami Yogananda è, o era, a quanto pare uno dei più riusciti. Arrivò in America nel 1920 per partecipare al Congresso Internazionale delle Religioni di Boston e lì fu organizzato il suo primo centro, ma in seguito la sede fu il Mount Washington Centre of Yogoda and Sat-Sanga, in California. Yogoda significa un sistema che "insegna ad armonizzare tutte le facoltà e le forze che operano per la perfezione della mente, del corpo e dell'anima". Sat-Sanga significa "Amicizia con la Verità". Nel 1929 ha dichiarato di avere 20.000 studenti del suo sistema, con centri in otto città importanti e una rivista bimestrale *East-West Magazine*. Desidera istituire scuole di "Come vivere" in tutto il mondo.

La scienza dello Yogoda consiste apparentemente nel magnetizzare la colonna vertebrale e nell'utilizzare l'elettricità immagazzinata nel corpo e depositata nel cervello come principale fonte di energia; si dice che alla fine la beatitudine si stabilisca sul fisico e che i piaceri della carne vengano dimenticati. Infine, pubblicizzato come un sistema di perfezione corporea per gli "indaffarati aspiranti popoli occidentali", "utilizza la volontà per ricaricare la batteria del corpo dalla corrente vitale cosmica, producendo così uno stato di assenza di fatica". Altro:

> "Comprende anche la più alta tecnica di meditazione e concentrazione con i metodi psicofisiologici insegnati dai grandi santi e saggi dell'India. Come vedere la forza vitale e ascoltare le vibrazioni cosmiche... Yogoda accelera l'evoluzione dell'uomo attraverso una cooperazione intelligente con la legge cosmica. Gli restituisce l'eredità eterna e gli dà la realizzazione di se stesso come *energia vitale immortale*".

In Inghilterra non manca la nostra quota di Swami e Yogi sfruttatori e proselitisti, e ciò che vorremmo sottolineare è che una forma così rozza di Yoga orientale, se applicata alla mentalità occidentale, sia sotto forma di sistemi indiani o tibetani, sia sotto forma di Cabala magica degli ebrei, si traduce semplicemente in una passività ipnotica o in uno squilibrio, attraverso un sovraccarico di luce astrale, ed è distruttiva per la virilità e il potere mentale dell'Occidente, che finirà per sommergere le tradizioni occidentali e cristiane, lasciando le nazioni una facile preda del dominio dei loro nemici segreti e sempre vigili. Inoltre, non dobbiamo mai dimenticare che queste forze cosmiche e vitali possono sia uccidere che rendere vivi, sia corporalmente che mentalmente, e nelle mani di uomini ambiziosi e senza scrupoli, "superuomini", "fratelli maggiori" o l'intera gamma di coloro che controllano in modo astrale le sette e i culti che oggi hanno divorato la vita del mondo occidentale, questo insegnamento Yoga può essere un'arma letale di potere per il dominio del male o la vendetta, sotto la maschera dello sviluppo dell'anima o del raggiungimento della religione.

MEHER BABA

Un'altra figura meno potente ma più teatrale è Shri Meher Baba, noto come "il nuovo Messia". *John Bull, il 7* maggio 1932, ha pubblicato, "dopo aver completato un'indagine approfondita sulle sue operazioni degli ultimi anni", alcuni dettagli interessanti su chi sia e come sia emerso dall'oscurità alla pubblicità, usando metodi teatrali che gli hanno dato una certa notorietà. Il suo agente per l'Europa e l'America era un uomo non sconosciuto tra i circoli degli Illuminati in Inghilterra, e fu nella sua fattoria, nel sud dell'Inghilterra, che una colonia di devoti di circa venti persone, uomini e donne, giovani e anziani, bianchi e di colore, si stabilì per un po' di tempo per raggiungere "la Più Grande Realizzazione", attraverso l'insegnamento di Meher Baba. Paul Brunton, in *A Search in Secret India,* racconta che "il suo nome personale è Meher, ma si fa chiamare Sadguru Meher Baba. Sadguru significa 'maestro perfetto', mentre Baba è semplicemente un termine di affetto di uso comune tra alcuni popoli indiani". Suo padre è persiano e zoroastriano, Meher Baba è nato a Poona nel 1894 e ha condotto una vita normale fino all'età di circa vent'anni, quando è entrato in contatto con "una nota faqueer maomettana, Hazrat BabaJan", che in qualche modo ha squilibrato la sua mente. Alcuni ritengono che non si sia mai completamente ripreso.

John Bull ci informa che, fino alla sua recente "chiamata" alla Messianità, il suo mezzo di sostentamento era la vendita di liquori indigeni nelle strade di Nasik, dove, nel 1932, aveva apparentemente solo poche migliaia di seguaci. Sebbene la sua fama in India sia limitata, molti dei suoi seguaci sono ricchi ed egli fu in grado di raccogliere grandi somme, che utilizzò per finanziare vari progetti a scopo pubblicitario. Uno di questi era un cinema da costruire a Nasik, ma a causa delle richieste dei creditori e della mancanza di fondi non fu mai completato. Un'altra era una scuola ad Ahmadnagar per ragazzi di varie caste, credi e razze, che dovevano essere formati spiritualmente per agire come suoi "ambasciatori" o Messia minori in tutte le parti del mondo. Tentò persino, per mezzo di un emissario, di attirare ragazzi europei in questa scuola; gli accordi finali furono conclusi dal suo agente, ma le autorità intervennero e i ragazzi rimasero a casa.

Per quanto riguarda il culto di Meher Baba, si tratta del cosiddetto yoga, un metodo accelerato per lavorare sulla Kundalini e risvegliare i sensi latenti o, come si dice, per "conoscere quelle forze che, una volta liberate, permetteranno allo studente di realizzare maggiori possibilità in accordo con le leggi interne della Natura e della Vita". Per favorire questo processo c'erano bagni di sole, violenti esercizi fisici all'aria aperta, lo studio di tutti i problemi psicologici e una generale conduzione della vita semplice sotto le istruzioni di Meher Baba. Si possono ridicolizzare questi funghetti, guru che coprono la loro relativa ignoranza e incapacità come insegnanti con trovate spettacolari, come il "silenzio", che Meher Baba si è imposto per molti anni come preparazione alla sua futura potente vocazione; la sua mancanza di parola è stata compensata da una lavagna alfabetica, che egli usa come una macchina da scrivere mentre un discepolo interpreta il suo significato e i suoi insegnamenti. Egli crede che ci sarà una grande guerra, e quando questa arriverà la sua lingua sarà sciolta ed egli insegnerà e guiderà tutti i popoli e porterà la pace; fino ad allora silenzio!

Paul Brunton aggiunge come nota al suo racconto del "Nuovo Messia":

"Da allora Meher Baba è apparso in Occidente e un culto occidentale ha iniziato a riunirsi intorno a lui. Egli continua a promettere cose meravigliose, che si verificheranno quando romperà il suo silenzio. Ha visitato più volte l'Inghilterra, ha acquisito un seguito in Francia, Spagna e Turchia ed è stato due volte in Persia. Ha fatto un viaggio teatrale attraverso il continente americano con un seguito misto di uomini e donne. Quando è arrivato a Hollywood, gli è stata riservata un'accoglienza regale: Mary Pickford lo ha ospitato nella sua casa, Tallulah Bankhead si è interessata a lui, mentre un migliaio di persone importanti gli sono state presentate nel più grande albergo di Hollywood. Negli Stati Uniti viene acquistato un grande appezzamento di terreno per stabilire il suo quartier generale occidentale. Nel frattempo, il mutismo è ancora sulle sue labbra, mentre vaga impulsivamente da un paese all'altro in brevi visite. Alla fine è stato portato alla ribalta della notorietà".

Riassumendo Meher Baba e la sua esperienza con la vecchia fachira, dice:

"Credo che il giovane Meher sia diventato piuttosto squilibrato in seguito a questa esperienza inaspettata. Questo era abbastanza evidente quando è caduto in una condizione di semi-idiozia e si è comportato come un robot umano, ma non è così evidente ora che ha recuperato la sanità mentale. Non credo che sia tornato alla normalità come essere umano. Per alcune persone, un'improvvisa overdose di religione, di trance yogica o di estasi mistica, è squilibrante come un'improvvisa overdose di certe droghe...".

Come sappiamo, però, questa pseudo-liberazione, così come viene praticata in tutti questi gruppi moderni, porta con sé non pochi pericoli - mentali, morali e fisici - ma gli appassionati fanatici e forse un po' ipnotizzati sono sempre pronti a correre dei rischi nella loro ricerca dell'eccitazione di ciò che chiamano elevazione spirituale, che così spesso finisce nella medianità sfruttata da alcuni poteri sconosciuti per fini politici e sovversivi. Basta guardare tra i nostri cosiddetti intellettuali per rendersene conto. L'America, dove Meher Baba si reca per diffondere questo Yogacraze, è forse più sensibile dell'Inghilterra al virus di questo veleno, che agisce come una droga, assecondando l'irrefrenabile desiderio di alcuni cittadini di esperienze psichiche, che spesso in quel Paese vengono francamente applicate a meri fini materiali e commerciali o, forse, per favorire schemi politici sovversivi.

Inoltre, la moderna mania dell'Illuminismo non è meno disintegrante e demoralizzante. Felix Guyot, apparentemente un martinista, in un libro sullo *Yoga per l'Occidente,* rivela alcuni metodi pericolosi che, a suo dire, portano all'illuminazione e al contatto con i Maestri, metodi che pratica da oltre trent'anni e che sono curiosamente simili a quelli insegnati nella Stella Matutina e nella R.R. et A.C., nella Società Antroposofica, ecc. Egli afferma che "l'umanità sta retrocedendo, siamo sotto il dominio della Bestia". Ma non è piuttosto il dominio dell'ebreo cabalista, che usa il serpente o la forza sessuale nel suo sistema di Illuminismo?

Per agire sulla Kundalini o forza sessuale e realizzare l'unione con questi Maestri, il monoideismo o concentrazione, con esercizi ginnici, respiratori e psichici, alcuni dei quali estremamente e dichiaratamente pericolosi, che possono portare alla morte o all'ossessione, sono esposti da M. Guyot. Egli dice:

> "[Il desiderio sessuale] è una ricca fonte di energia che, se impiegata in modo appropriato, può essere di grande aiuto nella sfera dell'occultismo... Se controllate e controllate la riserva di forza di cui gli organi sessuali sono la fonte, sarete in grado di indirizzarla verso l'obiettivo che avete in mente, e di *usarla per i vostri fini...* e quando sarà il momento, su un altro piano".

Per portare avanti questo Illuminismo gli studenti "non devono solo cancellare i loro odi particolari, ma *sopprimere* realmente *la capacità di odio... a favore dell'amore*". Questa è forse la causa di fondo di tanto pacifismo innaturale e squilibrato, che si riscontra soprattutto tra i membri di queste sette.

Inoltre:

> "Gli studenti dovranno adottare una religione che li sostenga e li aiuti durante il loro addestramento psichico [per dare loro l'elevazione!] ... per il momento non si tratta di credere, ma di comportarsi come se si credesse... Le entità mitiche della religione scelta svolgeranno un ruolo pratico considerevole nei vari esercizi psichici... Riteniamo che le migliori religioni siano la re ligione ebraica, come esposta nella Cabala, la religione cattolica romana nel suo aspetto esoterico, il buddismo e soprattutto l'induismo. Infine, la Massoneria può prendere molto adeguatamente il posto di una religione, ma deve essere basata sul Martinismo, che è la sua fonte".

Ciò significa la Massoneria Illuminata come in Francia nel 1789 e da allora, e questa Massoneria dominata dagli ebrei è sempre stata, ed è tuttora, la fonte di tutte le rivoluzioni moderne.

I diagrammi astratti e i mantram, insieme agli esercizi di respirazione, sono, secondo lui, la chiave per la cognizione supernormale. Spiega così questa pericolosa pratica magica:

> "Se l'esperimento ha successo... proverete una sensazione di freddo alle estremità, soprattutto alle mani, e tremerete leggermente. Allo stesso tempo proverete una sensazione, che non può essere spiegata a chi non l'ha provata, *come se un'entità estranea entrasse in voi.*

> ... Troverete allora che una serie di immagini, e in seguito di intuizioni, si affacciano alla vostra mente molto rapidamente, ma caratterizzate dal fatto che vi sembra di non essere voi a pensare, e che le cose vi vengano rivelate da un altro attraverso il mezzo di una sorta di illuminazione interna".

L'autore annota: "Questa è l'ispirazione delle pitonesse dell'antichità. È il primo grado dell'estasi. Con vari procedimenti i Rosacroce e i Martinisti hanno cercato di raggiungere questa estasi, ed è per questo che i Martinisti si sono chiamati *Illuminati*".

L'autore lo colloca sul Piano Mentale e dice: "Per mezzo della trasmissione del pensiero sarete in grado di comunicare con i Maestri, il che vi sarà di grande aiuto per completare la vostra iniziazione (o illuminazione)". Egli afferma che "lo sperimentatore non è posseduto". Tuttavia, per il momento è posseduto e controllato sul piano astrale, e viene plasmato e sbozzato, ricevendo le forze e le istruzioni del Maestro che finiscono per orientare la sua intera visione della vita; o se lo sperimentatore è un leader di un gruppo, il risultato è devastante per la mentalità di molti. Ancora, M. Guyot dice: "Diventando più abili in certi esercizi possiamo riuscire a portare altre persone sotto la stessa influenza, cioè possiamo convertire la nostra particolare allucinazione in un'allucinazione collettiva. Questo vale sia per le allucinazioni positive che per quelle negative". Qui abbiamo un potere terribile e pericoloso, la suggestione di massa che spesso crea un potente corpo di adepti ipnotizzati e fanatizzati e altri che elaborano il Piano Mondiale di un gruppo sconosciuto e invisibile di mistici e occultisti ambiziosi, essi stessi fanatici.

Delle pitonesse degli antichi Misteri si legge in *Dieu et les Dieux*, di des Mousseaux:

"Sembra che l'immodestia del culto fallico si sia insinuata anche nel santuario delfico di Apollo-Bacco, persino nel metodo di mettere in comunicazione la sacerdotessa [o, come veniva chiamata, pitonessa] con il suo Dio [principio creatore], unendo i due per far parlare la Divinità attraverso una bocca mortale... In questo tempio la profetessa è seduta su un tripode. Ben presto i suoi capelli si scompigliano, i suoi occhi si riempiono di sangue e di fiamme, i suoi muscoli sono convulsi, il respiro del Dio la anima e i vapori della grotta sacra penetrano in lei attraverso il treppiede... È esaltata dal furore... e spesso l'ultimo dei suoi movimenti profetici è la morte... Predire è per lei un terrore...".

Esiste un gruppo americano che è un esempio eclatante di questo Illuminismo politico, con comunicazioni psichiche ricevute dal suo leader da qualche sconosciuto "Fratello Maggiore", la cui parola d'ordine è apparentemente "Pace". Qua e là nelle pubblicazioni di questa associazione, di cui parleremo più avanti, troviamo lo stesso occultismo - l'uso della forza sessuale, speculazioni sulla reincarnazione e sul karma, e messaggi e istruzioni ricevuti dal loro Maestro, per una futura grande rigenerazione politica.

Quello che segue è un altro esempio, religioso, di questi stessi metodi di controllo invisibile. Il *Morning Post del* 2 febbraio 1931 riportava un breve resoconto di un sermone in trance tenuto al Fortune Theatre, tramite la signora Meurig Morris, dal suo controllore, che si faceva chiamare "Power". Per coloro che hanno una qualche conoscenza delle sette illuminate, non c'è assolutamente nulla di nuovo in ciò che ha detto. Egli si spiega così: "Ricordate che io, come altri che sono cambiati, sono ancora un essere intelligente". Cioè, anche se "rigenerato" o illuminato, è ancora un uomo in carne e ossa, come tutti i maestri dell'Illuminismo, invisibili o meno.

Per esempio, nella Golden Dawn i "Capi Nascosti" erano "Grandi Adepti di questo Pianeta ancora nel corpo della carne". E i Maestri del Sole mitraici dello stesso Ordine dicevano: "I Maestri di Saggezza sono uomini mortali... nel tuo sé superiore [*Kether* dell'Albero della Vita cabalistico] sentirai la mia voce; quando sarai disposto a obbedire a quella voce di silenzio... io ti sto guidando". Quindi questa "voce interiore" non è quella di uno spirito e nemmeno divina, ma semplicemente quella di un "uomo mortale" che controlla il medium dall'esterno, e può essere da lontano - un illuminato sconosciuto!

Il "potere" spiega ulteriormente: La uso in questo modo:

> "In cima alla testa c'è una grande forma conica [corpo pituitario!]. È lungo questo cono, come un passaggio [o un imbuto] che viene riversata l'energia. Sono in grado di giocare e lavorare sul cervello, e di usare tutto il corpo a mio piacimento, mentre il controllo ha luogo".

Questo è il controllo o la possessione ipnotica e sembra essere in qualche modo simile al metodo insegnato e tentato dai maestri R.R. e A.C. quando cercavano di ottenere un controllo permanente sul Capo e sull'Ordine. Secondo loro, la trasmissione delle forze, messe in moto dal pensiero e dalla forza di volontà, dal piano mentale superiore a quello materiale inferiore, avviene sotto forma di un doppio cono o di una clessidra; il potere dall'alto trasmette la forza attraverso il cono superiore e, per mezzo di quello inferiore, la traduce al mezzo passivo e preparato sottostante, lungo il filo eterico di comunicazione (vedi *Light Bearers of Darkness,* pp. 124 e 134). Questo metodo è stato anche paragonato da altri occultisti all'azione di una tromba d'acqua o di un turbine, che crea un vortice lungo il quale le forze si precipitano.

Ancora "Power" dice: "Perché, si può chiedere, arrivo nel momento in cui inizia l'inno?". È noto che nelle sette illuminate e nello Yoga si usano *mantra* e *movimenti ritmici* , come la vibrazione dei cosiddetti nomi e formule divine, l'Euritmia di Steiner, e in altri gruppi si usano inni appositamente intonati per risvegliare le vibrazioni necessarie, mettendo in moto le forze vorticose che attraggono e fanno scendere dall'alto le forze del Maestro, creando il collegamento eterico, concentrando le forze sul punto focale preparato - in questo caso la signora Meurig Morris. Come abbiamo visto, questo metodo viene applicato a gruppi religiosi, politici ed educativi, tutti a scopo di sovversione.

"Power" è quindi uno di questi Maestri nascosti, uomini che hanno studiato e sperimentato leggi della natura sconosciute alla maggior parte delle persone, e sono diventati esperti nella manipolazione di queste forze segrete più sottili, le forze creative dell'universo, usando la loro conoscenza per ottenere potere sui loro simili, e attraverso di loro aspirare alla Dominazione del Mondo. Senza dubbio è un "Fratello Maggiore" che cerca, attraverso la signora Meurig Morris, di creare una catena magnetica di idee religiose necessarie per il Grande Piano.

La seguente curiosa informazione è riportata da René Guénon nel suo *Théosophisme:* Eliphas Levi, occultista e martinista, morto nel 1875, aveva annunciato che nel 1879 sarebbe stato istituito un nuovo "Regno Universale", politico e religioso, e che questo regno sarebbe appartenuto "a colui che avrebbe avuto le chiavi dell'Oriente", cioè le Chiavi di Salomone, e che queste chiavi sarebbero state possedute "dalla nazione la cui vita e la cui attività erano più intelligenti". Questa predizione era contenuta in un manoscritto in possesso di un occultista di Marsiglia, allievo di Eliphas Levi, il Barone Spedalieri, che lo consegnò a Edward Maitland, il quale a sua volta lo trasmise al dottor Wynn Westcott, Mago Supremo della *Societas Rosicruciana in Anglia*, membro della *Società Teosofica* e uno dei fondatori della *Golden Dawn*. Quest'ultima lo pubblicò infine nel 1896, con il titolo "The Magical Ritual of the *Sanctum Regnum"*. Si dice che Spedalieri fosse un membro della "Gran Loggia dei Fratelli Solitari della Montagna", un Fratello illuminato dell'Antico Ordine Restaurato dei Manichei, "un alto membro del Grande Oriente" e anche un "Alto Illuminato dei Martinisti". I drearri del Grande Oriente sono, come è noto, la Massoneria Universale.

Ora, Eliphas Levi, nel suo libro *Trascendentale, Magia*, descrive questo *Sanctum Regnum* come l'onnipotenza magica, la conoscenza e il potere dei Magi per i quali è necessaria un'intelligenza illuminata dallo studio, un coraggio indomito e una volontà che non può essere spezzata, e infine la prudenza, che nulla può corrompere o intossicare. "Conoscere, osare, volere, tacere". È il "Santo Impero" invisibile su tutti i popoli e su tutte le nazioni. Il Pentagramma è la sua stella guida, il simbolismo dell'Illuminismo, la stella della rivoluzione. Il suo simbolo di potere sono i Triangoli intrecciati, il Sigillo di Salomone, i sette poteri che rappresentano il completo potere magico attraverso la conoscenza, in tutte le sue combinazioni, delle correnti magnetiche di attrazione e repulsione in tutta la natura. Chi possiede questo potere e può esercitarlo ha "le Chiavi d'Oriente".

La Grande Opera che deve preparare la strada all'instaurazione del "Regno Universale" è la formazione della catena magnetica. Formare questa catena è, secondo Eliphas Levi,

> "dare origine a una corrente di idee che produce fede e attira un gran numero di volontà in un determinato cerchio di manifestazione attiva. Una catena ben formata è come un vortice che risucchia e assorbe tutto... Essere in grado di applicare queste correnti e dirigerle significa essere il Maestro del Mondo. Armati di una tale forza potrete farvi adorare, la folla crederà che siete Dio".

Per molti anni abbiamo assistito alla crescita insidiosa di questa catena magnetica di queste idee, non solo in Inghilterra, ma in tutto il mondo, in gran parte messa in moto dal Potere Invisibile che opera attraverso questi molti movimenti rivoluzionari segreti, anche quelli apparentemente innocenti e innocui, pervertendo, svilendo e disintegrando la religione, l'etica, l'arte, la letteratura, la politica, la sociologia e l'economia, facendo spazio al "Regno Universale ", politico e religioso, che sarà governato dal Sigillo di Salomone, il Talismano ebraico!

Come osserva M. Flavien Brenier nel suo libro *Les Juifs et le Talmud*[3] :

> "Non si può non rimanere colpiti dalla somiglianza che esiste tra le dottrine dei farisei di venticinque secoli fa [prese in prestito dai caldei di Babilonia] e quelle professate ai nostri giorni dai discepoli di Allan Kardec o di Mme Blavatsky. La differenza più importante è che la benedizione finale è riservata dal Talmud ai soli ebrei, mentre gli spiritisti e i teosofi affermano che tutti gli esseri la raggiungeranno".

---

[3] *I Giudei e il Talmud: Morale et Principes sociaux des Juifs*, pubblicato da Omnia Veritas Ltd, www.omnia-veritas.com.

Come dice il Talmud:

> "Il Messia darà lo scettro reale all'ebreo, tutti i popoli lo serviranno e tutti i regni gli saranno soggetti".

Il rabbino Benamozegh, in *Israël et l'humanité, ha* scritto dell'imminente potere della Cabala Magica ebraica:

> "È sorprendente che il giudaismo sia stato accusato di essere un ramo della Massoneria? Quel che è certo è che la teologia massonica è, in fondo, solo teosofia e corrisponde a quella della Cabala. D'altra parte, uno studio approfondito dei monumenti rabbinici dei primi secoli dell'era cristiana fornisce numerose prove che l'*aggada* era la forma popolare di una scienza riservata, che offriva, con i suoi metodi di iniziazione, le più evidenti somiglianze con l'istituzione massonica. Chi si prenderà la briga di esaminare con attenzione il legame tra l'ebraismo e la Massoneria filosofica, la Teosofia e i Misteri in generale, perderà, ne siamo convinti, un po' del suo superbo disprezzo per la Cabala. Smetteranno di sorridere di commiserazione all'idea che la teologia cabalistica possa avere un ruolo nelle trasformazioni religiose del futuro... Non esitiamo a ripetere che questa dottrina, *che riunisce nel cuore dell'ebraismo gli elementi semiti e ariani,* contiene anche la chiave del problema religioso moderno".

CAPITOLO XI

ALEISTER CROWLEY E
L'ALBA DORATA

Ancora una volta, per citare l'*Anatomia della rivoluzione,* troviamo G.G. che scrive:

"E come abbiamo scoperto che il gruppo delle società tedesche, irlandesi, indiane, turche ed egiziane era legato da un'appartenenza interconnessa, così scopriamo che anche questi ordini arcani sono collegati in modo analogo. Non è questa la sede per approfondire le ramificazioni delle strane società mistiche rivoluzionarie di Europa, America e Oriente. Mi riferirò solo all'"Ordre Renove des Illuminati Germaniae" e alla "Rose-Croix Esotérique", entrambe fondate da uomini con nomi tedeschi o ebrei. [Quest'ultima società sembra essere l'anello interno dell'Ordine dei Templari d'Oriente, fondato circa una generazione fa da un altro uomo con un nome tedesco. [Il dottor Karl Kellner, nel 1895, e dal 1905 Theodor Reuss). E a questo Ordo Templarum Orientis, troviamo associato il famigerato Aleister Crowley, i cui rapporti con tedeschi e rivoluzionari irlandesi durante la guerra gli valsero l'attenzione della polizia degli Stati Uniti d'America.

Alla fine del suo libro *Les Illuminés de Bavière,* 1915, R. le Forestier parla della rinascita dell'Ordine degli Illuminati da parte di Leopold Engel. È piuttosto indefinito sulla data, ma dice che aveva il suo centro a Berlino e che, come richiesto, era stato denunciato alla polizia. Cita Engel per dire che:

"Essi giunsero gradualmente a credere che sarebbe stato possibile dare qualcosa di preciso agli adepti per raggiungere una meta ideale attraverso le teorie di Weishaupt".

Non è il caso di ripetere quanto già scritto su Aleister Crowley in *Light Bearers of Darkness* ,[4] se non per fornire alcuni dati necessari alla comprensione di quanto segue. È un uomo dai molti pseudonimi, come: Conte Svareff, Conte Skellatt, Conte Skerrett, Edward Aleister, Lord Boleskine, Barone Rosenkreutz, Conte Macgregor, Conte Mac Gregor, Eerskine, Perdurabo Baphomet, La Bestia, Therion e Thor Kimalehto.

Nato a Leamington il 12 ottobre 1875, è stato studente universitario a Cambridge dal 1895 al 1898. Nel novembre 1898 divenne membro dell'"Ordine della Golden Dawn", dove era conosciuto come Perdurabo; tuttavia, a causa della sua nota reputazione, gli fu negata l'ammissione all'Ordine interno di Londra, il R.R. et A.C. Nel 1900 agì come emissario di Macgregor Mathers, il capo della Golden Dawn, che in quel momento si trovava a Parigi e che aveva inviato Crowley a Londra per sedare la ribellione che era sorta a causa dell'arroganza di Mather. Crowley, tuttavia, fallì nella sua missione e si ritrovò infine espulso dal Tempio londinese della Golden Dawn. Ciononostante, mantenne il possesso di tutti i rituali e di alcuni MSS e dal 1909 al 1913, per ordine diretto, a suo dire, dei capi segreti, pubblicò questi documenti nel suo *Equinox*, "The Review of Scientific Illuminism", con il titolo "The Temple of Solomon the King". Questa rivista, con questi rituali come base didattica, era anche l'organo del suo Ordine degli A.A., gli "Adepti Atlantidei" o la Grande Fratellanza Bianca, e strettamente alleati a questo erano il suo "Ordo Templi Orientis" e la sua "Mysteria Mystica Maxima". La sua dottrina era: "Fai ciò che vuoi, sarà l'intera Legge; l'Amore è la Legge; l'Amore sotto la Volontà".

Scorrendo i dieci numeri del Vol. 1 del suo *Equinox, ci si* rende conto del motivo per cui è stato definito "un maestro della corruzione". Questi, insieme a molti altri suoi scritti, sono uno strano miscuglio di sessismo, misticismo, indecenze e blasfemie. E alla base di tutto questo pseudo-misticismo si trovano attività

---

[4] Inquire Within, *Light Bearers of Darkness*, edito da Omnia Veritas Ltd, www.omnia-veritas.com.

politiche sovversive. Nel 19 *Patriot,* ottobre 1922, un'autorità accreditata scrive:

"Abbiamo davanti a noi, ad esempio, un manifesto emesso dalla Gran Loggia Nazionale e dal Tempio Mistico Verita Mystica dell'Ordo Templi Orientis, o Fratellanza Ermetica della Luce, datato 22 gennaio 1917, ad Ascona, in Svizzera, e firmato da J. Adderley, Segretario. Il manifesto annuncia che la sede della Fratellanza è stata trasferita in Svizzera "dall'inizio della guerra mondiale". L'oggetto apparente del manifesto è la fine della guerra e l'instaurazione di un nuovo ordine della società, "basato sul principio della cooperazione di tutti, sul possesso comune del suolo e dei mezzi di produzione da parte di tutti". A tal fine propone un Congresso nazionale, che si terrà ad Ascona dal 15th al 25th agosto successivo, e annuncia che una delle attrazioni sarà una rappresentazione del poema mistico di Aleister Crowley "La nave". Il documento afferma anche che un altro centro dell'O.T.O. è New York, e possiamo ragionevolmente supporre che Aleister Crowley stesse organizzando questo centro durante la sua visita di guerra negli Stati Uniti.

Siamo in possesso di una copia del libro *Magick* di Crowley, del Maestro Therion, 1929. Possiamo fornire solo alcuni estratti e note, che mostrano la natura dei contenuti e degli insegnamenti.

Il libro si apre con un Inno a Pan! Io Pan! Io Pan!, che sembra esprimere l'essenza del suo credo, poiché, per tutto il libro, è contaminato da immagini gnostiche e sessuali. Scrive: "C'è un'unica definizione principale dell'oggetto di tutti i rituali magici. È l'unione del microcosmo con il macrocosmo. Il Rituale supremo e completo è quindi l'Invocazione del Santo Angelo Custode o, nel linguaggio della Mistica, l'Unione con Dio". Cioè, risvegliare la kundalini e unirla all'agente magico universale! E di questo Dio spiega:

"La verifica degli spiriti è il ramo più importante dell'intero albero della Magia. Senza di essa, ci si perde nella giungla dell'illusione. Ogni spirito, fino a Dio stesso, è pronto a ingannarvi se possibile, per sembrare più importante di quanto non sia.

... Ricordate che in fondo il più alto di tutti gli dèi è solo il Mago... Perché gli dèi sono nemici dell'uomo; è la natura che l'uomo deve vincere prima di entrare nel suo regno.

Il vero Dio è l'uomo. Nell'uomo sono nascoste tutte le cose. Di queste gli Dei, la Natura, il Tempo, tutte le potenze dell'universo sono schiavi ribelli. Sono queste che gli uomini devono combattere e conquistare nel potere e nel nome della Bestia che li ha aiutati, il Titano, il Mago, l'Uomo, il cui numero è seicentosessantasei".

Il potere della Bestia è la generazione universale, l'agente magnetico universale. Parlando dell'Eucaristia dell'Illuminismo scientifico dice:

"Prendete una sostanza simbolica dell'intero corso della natura, fatela diventare Dio e consumatela". [Il mago si riempie di Dio, si nutre di Dio, si inebria di Dio. A poco a poco il suo corpo sarà purificato dalla lustrazione interna di Dio; giorno dopo giorno la sua struttura mortale, liberandosi dei suoi elementi terreni, diventerà in verità il Tempio dello Spirito Santo. Giorno dopo giorno la materia viene sostituita dallo Spirito, l'umano dal divino; alla fine il cambiamento sarà completo; Dio manifesto nella carne sarà il suo nome".

Ma il suo Dio è solo il principio creativo della Natura, ancora una volta poteri generativi universali. Pan, Io Pan!

Ha bisogno di energia concentrata per le sue operazioni magiche, spiega:

"*Il sangue è la vita.* Questa semplice affermazione viene spiegata dagli indù dicendo che il sangue è il principale veicolo del Prana vitale... La teoria degli antichi maghi era che ogni essere vivente è un deposito di energia che varia in quantità a seconda delle dimensioni e della salute dell'animale, e in qualità a seconda del suo carattere mentale e morale. Alla morte dell'animale questa energia viene liberata improvvisamente. [L'animale deve quindi essere ucciso all'interno del Cerchio o del Triangolo, a seconda dei casi, in modo che la sua energia non possa sfuggire. Si deve scegliere un animale la cui natura sia in accordo con quella della cerimonia... Per il più alto lavoro spirituale si deve quindi scegliere la vittima che contiene la forza più grande e più pura. Un bambino maschio di perfetta innocenza e alta intelligenza è la vittima più soddisfacente e adatta... I maghi che si oppongono all'uso del sangue hanno cercato di sostituirlo con l'incenso... Ma il sacrificio cruento, sebbene più pericoloso, è più efficace; e per quasi tutti gli scopi il sacrificio umano è il migliore. Il vero grande Mago potrà usare il proprio sangue o eventualmente quello di un discepolo, e questo senza sacrificare irrimediabilmente la vita fisica".

A quanto pare vorrebbe farci credere che la Grande Guerra è stata il sacrificio cruento necessario per l'iniziazione di un "Nuovo Eone"! Conclude: "L'animale dovrebbe essere trafitto al cuore, o la sua gola tagliata, in ogni caso con il coltello". Per i dettagli pratici ci rimanda al "Golden Bough" di Frazer! Non è il caso di entrare in questi dettagli.

Nel capitolo XI del suo libro *Magick,* intitolato "Di nostra Signora Babalon e della Bestia su cui cavalca", Crowley scrive:

> "I contenuti di questa sezione, in quanto riguardano la Madonna, sono troppo importanti e sacri per essere stampati. Vengono comunicati dal Maestro Therion solo ad allievi scelti in istruzioni private".

Verso la fine del libro, a pagina 345, Liber XV, egli fornisce il rituale dell'O.T.O. (Ordo Templi Orientis), la Chiesa Cattolica o Gnostica Universale. Il Credo è:

> "Credo in un solo Signore segreto e ineffabile; e in una sola Stella, nella compagnia delle Stelle, dal cui fuoco siamo stati creati e a cui torneremo; e in un solo Padre della Vita, Mistero del Mistero, nel suo nome Caos, unico viceregente del Sole sulla Terra; e in una sola Aria, nutrice di tutto ciò che respira. E credo in una sola Terra, la Madre di tutti noi, e in un solo grembo dove tutti gli uomini sono stati generati e dove riposeranno, Mistero del Mistero, nel suo nome Babalon. [Babilonia, la Grande Madre delle religioni idolatre e abominevoli della terra]. E credo nel Serpente e nel Leone, Mistero del Mistero, nel suo nome Baphomet. [Secondo Eliphas Levi il Leone è il fuoco celeste (astrale), mentre i serpenti sono le correnti elettriche e magnetiche della terra, lo spirito del seme]. E credo in un'unica Chiesa gnostica e cattolica di Luce, Amore e Libertà, il cui Verbo della Legge è la Thelima. E credo nella comunione dei Santi. E, poiché la carne e la bevanda si trasmutano in noi ogni giorno in sostanza spirituale, [forza vitale] credo nel miracolo della Messa. E confesso un unico Battesimo di Sapienza con il quale realizziamo il miracolo dell'Incarnazione. [Genera zione. E confesso la mia vita una, individuale ed eterna che era, è e verrà. [La forza vitale magnetica universale]".

La Sacerdotessa entra con un bambino positivo a destra e uno negativo a sinistra e, dopo aver deposto la patena davanti al "Graal" sull'altare - che è la base materiale dell'operazione e la luce astrale o la forza vitale con cui deve essere unito -, seguita dai bambini, "si muove in modo serpentino coinvolgendo tre cerchi e mezzo del Tempio... e così fino alla Tomba a ovest". Rappresenta il risveglio del serpente kundalini con le sue tre spire e mezzo alla base della colonna vertebrale.

La sacerdotessa viene intronizzata sull'altare a est dal sacerdote, che la consacra con acqua e fuoco. Ci sono tre gradini per arrivare all'altare. Sul primo gradino il sacerdote invoca:

> "O cerchio di stelle... non possiamo arrivare a Te, se la tua immagine non è l'amore. Perciò per seme, radice e stelo e germoglio e foglia e fiore e frutto ti invochiamo...".

Risponde la sacerdotessa completamente svestita:

> "Ma amarmi è meglio di ogni cosa... Mettete le ali, e suscitate lo splendore arrotolato in voi (kundalini); venite a me! Cantate a me l'estasiante canto d'amore!...".

Il sacerdote invoca, al terzo passo:

> "Tu che sei Uno, il nostro Signore nell'Universo, il Sole, il nostro Signore in noi stessi il cui nome è Mistero del Mistero... Apri la via della creazione e dell'intelligenza tra noi e le nostre menti... Fa' che la tua luce si cristallizzi nel nostro sangue, realizzandoci la Resurrezione".

L'intera cerimonia è un'adorazione sensuale della Grande Madre Babalon nella persona della Sacerdotessa, che incarna la loro dottrina: "Fai ciò che vuoi sarà l'intera legge. L'amore è la legge; l'amore sotto la volontà". Si conclude con la Cena Mistica, la consacrazione e la consumazione degli elementi, il Matrimonio Mistico! È, a dir poco, una rappresentazione simbolica della generazione universale.

Per quanto riguarda la "Comunione dei Santi, " secondo questo rituale sono coloro che di generazione in generazione hanno adorato questo Signore della Vita e della Gioia e hanno manifestato la Sua gloria agli uomini. Tra questi vi sono: Laotze, Dioniso, Ermete, Pan, Priapo, Osiride, Melchisedeck, Amoun, Simon Magus, Manes, Pitagora, Merlino, Roger Bacon, Christian Rosenkreutz, Paracelso, Andrea, Robertus de Fluctibus, Adam Weishaupt, Goethe, Carl Kellner, Dr. Gerard Encausse (Papus), Theodor Reuss e *Sir Aleister Crowley!* "Oh, Figli del Leone e del Serpente... Che la loro Essenza sia qui presente, potente, purificante e paterna per perfezionare questo banchetto!". Alla faccia della sua Eucaristia!

Del suo Ordine degli A.A. - Adepti Atlantidei - o Grande Fratellanza Bianca, lo divide in tre ordini:

(1) La S.S., i gradi da 8 = 3 a I0 = I; (2) La R.C. (Rosacroce), i gradi da 5 = 6 a 7 = 4; (3) La G.D. (Golden Dawn), i gradi da 0 = 0 a 4 = 7 con un collegamento (Portale?). Come è già stato detto, il suo libro *777* è in gran parte compilato con corrispondenze tratte dalle prime "Lezioni di Conoscenza" cabalistiche della Golden Dawn, applicate all'Albero della Vita. Sembra che abbia anche adattato i primi rituali della Golden Dawn e il rituale 5 = 6 della R.R. et A.C. per soddisfare le proprie idiosincrasie. Come esprime le sue regole:

"Tutti i membri devono necessariamente lavorare in accordo con i fatti della Natura... Devono accettare il Libro della Legge come la Parola e la Lettera della Verità, e l'unica Regola di Vita. Devono riconoscere l'autorità della Bestia 666 e della Donna Scarlatta, come viene definita nel libro, e accettare la loro volontà come concentrazione della volontà di tutto il nostro Ordine. Devono accettare il Bambino Incoronato e Conquistatore come Signore dell'Eone e impegnarsi per stabilire il suo regno sulla Terra. Devono riconoscere che "la Parola della Legge è *Thelima"* e che "l'Amore è la Legge, l'Amore sotto la Volontà"." [Questa è la Chiesa Gnostica Universale come già descritta].

Il suo Ordine "Mysteria Mystica Maxima" è, a quanto pare, per lo studio e la pratica del suo adattamento del Raja-Yoga, ecc.

È curioso trovare, in *The Inner Light* book service, maggio 1933, organo della "Fraternità della Luce Interiore" di Dion Fortune, la seguente dichiarazione:

"Le scorte rimanenti di *Magick* di Crowley si stanno riducendo costantemente. I caratteri sono stati dispersi e la ristampa è quindi impossibile. Questo libro avrà un prezzo molto alto tra qualche anno. Possiamo dire che contiene una ristampa del famoso 777, che consiste nelle Tavole delle Corrispondenze". [Corrispondenze per evocazioni magiche e operazioni di questo tipo!]

Alcuni dei seguaci di Dion Fortune sono alla ricerca di qualcosa di veramente spirituale; è questo che lei nutre?

Che cos'è la magia? Papus, il dottor Gerard Encausse, occultista e martinista, a partire da prove documentali e sperimentali dimostra "come tutte le operazioni magiche siano esperimenti scientifici effettuati con forze ancora poco conosciute ma analoghe nelle loro leggi alle forze fisiche più attive come il magnetismo e l'elettricità". E aggiunge: "Le opere di magia sono pericolose". In tali opere sono necessari tre principi: la volontà e l'intelligenza umana, il principio direttivo; la base materiale su cui agisce, il principio passivo; l'intermediario, attraverso il quale la mente e la volontà agiscono sulla base materiale, quella forza vitale dinamica portata dal sangue a tutti gli organi, che agisce sul sistema nervoso, è il principio motore o vitale. È l'OD degli ebrei, la luce astrale dei martinisti, il fluido magnetico dei rosacroce. Come spiega Eliphas Levi nella sua *Storia della magia*: Esiste un agente naturale composito, un fluido, una forza, ricettacolo di vibrazioni e immagini, con la cui mediazione ogni apparato nervoso è in comunicazione segreta. L'esistenza di questa forza vitale magnetica universale e il suo possibile utilizzo è il grande segreto della magia pratica; è la bacchetta della teurgia e la chiave della magia nera.

È, dice, una forza cieca che riscalda, illumina, magnetizza, attrae, respinge, vivifica, distrugge, coagula, separa, spezza e unisce tutto sotto l'impulso di volontà potenti, alcune per il grande bene e altre per il grande male. È il fuoco che Prometeo ha rubato dal cielo, un pericolo consumante per chi lo fa asservire alle proprie passioni. Come spiega Eliphas Levi: "La Magia Nera può essere definita come l'arte di indurre manie artificiali in noi stessi e negli altri"; e agendo sul sistema nervoso, attraverso una serie di esercizi quasi impossibili, "diventa una specie di pila galvanica vivente capace di condensare e proiettare potentemente quella luce che intossica o distrugge". È la forza "che uccide e rende vivi", usata in tutte le sette illuminate, il cui Dio è il Principio Creativo, questa forza vitale magnetica in tutta la natura, la forza vivificante che è il loro Cristo; queste forze sono, quindi, dette divine e spirituali, pur essendo semplicemente le forze di Madre Natura di creazione, conservazione e distruzione, generazione universale. Come si è detto, tutti i nomi cosiddetti divini o barbari usati nelle loro evocazioni non fanno altro che creare vibrazioni, risvegliando e risvegliando queste forze nascoste nell'uomo e nell'universo, come richiesto dal fine che si vuole raggiungere, da cui il *777* di Crowley. *La* maggior parte di queste sette e ordini non sono altro che asili, che addestrano uomini e donne inconsapevoli a diventare strumenti materiali passivi nelle mani dei cosiddetti "Fratelli Bianchi" o più propriamente maghi neri.

Come scrive Paracelso: "I Caldei e gli Egizi facevano immagini secondo le costellazioni delle stelle, e queste immagini si muovevano e parlavano, ma non conoscevano le potenze che agivano in esse. Queste cose si fanno per fede... ma una fede diabolica sostenuta dal desiderio del male". Come esempio moderno di questa negromanzia leggiamo, in *Lettera sulla meditazione occulta*, 1930, di Alice A. Bailey, di New York, teosofa e occultista:

"Come sapete, il Maestro crea una piccola immagine del candidato, che viene conservata in alcuni centri sotterranei dell'Himalaya. L'immagine è legata magneticamente al candidato e mostra tutte le fluttuazioni della sua natura. Essendo composta di materia emotiva e mentale, pulsa con ogni vibrazione di questi corpi. Mostra le loro tonalità predominanti e, studiandola, il Maestro può valutare rapidamente i progressi compiuti e giudicare quando l'aspirante può essere ammesso a un rapporto più stretto con il sito . Il Maestro osserva l'immagine a intervalli prestabiliti, all'inizio raramente, poiché i progressi compiuti nelle fasi iniziali non sono così rapidi, ma con frequenza sempre maggiore, man mano che l'allievo della meditazione comprende più facilmente e collabora più consapevolmente. Il Maestro, quando ispeziona le immagini, lavora con esse e con i loro mezzi ottiene determinati risultati... in certi momenti il Maestro applica determinati contatti alle immagini e attraverso di essi stimola i corpi dell'allievo. Arriva il momento in cui il Maestro vede, dall'ispezione dell'immagine, che il tasso di vibrazione necessario può essere mantenuto, che le eliminazioni richieste sono state fatte e che si è raggiunta una certa profondità di colore... Egli diventa allora un discepolo accettato".

Questo è l'insegnamento impartito alla signora Bailey dal suo Maestro della Grande Loggia Bianca; è estremamente simile alla magia nera e diabolica! Gli adepti addestrati in queste scuole di magia perdono il loro "io" e diventano semplici robot, proprio come queste immagini, e vengono gettati via come gusci vuoti quando non sono più utili ai loro malvagi padroni.

Lo studio della storia e del funzionamento di tutte queste sette segrete dimostra la verità di ciò, e sempre si è concluso con una perversione a scopo di dominio, individuale o universale.

In *La Messe Noire*, 1924, J. Bricaud scrive:

> "Oggi, quando la nostra società è invasa dall'erotismo della stregoneria del Medioevo, le parole Messa Nera hanno perso il loro significato primitivo... L'elemento mistico si è affievolito, sono rimasti solo il sadismo e il sensualismo, degenerando in questi ultimi anni in un'orgia volgare, cosiddetta reviviscenza di cerimonie pagane, accompagnata da scene oscene, eccitate dal ritmo di poesie libidinose e dall'ebbrezza di profumi orientali".

È un misticismo invertito, è una negazione di Cristo e, come si dice, un omaggio a "Colui al quale è stato fatto del male, l'antico fuorilegge ingiustamente cacciato dal Paradiso". Lucifero! Come esclama Eliphas Levi:

> "Lucifero - Portatore di Luce - che strano nome attribuito allo Spirito delle Tenebre! È lui che porta la luce e tuttavia acceca le anime deboli".

Gilles de Rais, maresciallo di Francia, sire di Laval, barone di Bretagne, è stato uno degli esempi più terribili dell'uso magico della Messa Nera nel desiderio di ricchezze, ecc. Bricaud scrive di lui:

> "In queste scene terrificanti la mente di Gilles sembrò oscurarsi; veri e propri attacchi di follia lo colsero. Desideroso, a tutti i costi, di ottenere da Satana il segreto della Pietra filosofale (per ottenere l'oro), su consiglio dei suoi maghi immolava bambini, li consacrava al Diavolo, ne estraeva il sangue e il cervello per formare potenti philtres destinate a produrre i prodigi attesi... L'atto di accusa all'apertura del processo gli rimprovera di aver sacrificato 140 bambini nelle sue diaboliche evocazioni... Il Tribunale secolare pronuncia la pena di morte e la confisca dei suoi beni."

A Londra e altrove, ci viene detto, la Messa Nera viene ancora eseguita, senza dubbio in una forma meno terrificante, ma comunque erotica e viziosa, assecondando menti nevrotiche e depravate, che a loro volta contaminano altri, infettando subdolamente la sanità mentale della nazione, seminando semi di caos e putrefazione, morale, fisica e mentale. Il *Morning Post del* 16 gennaio 1931 riporta un'intervista al signor Harry Price,

LE TRACCE DEL SERPENTE

fondatore e direttore del National Laboratory for Psychical Research, intitolata "Il culto del diavolo a Londra". Si legge:

> "Il signor Price ha parlato per esperienza personale delle pratiche che ha descritto e, tra una serie di altre affermazioni sorprendenti, ha affermato che la magia nera, la stregoneria e la stregoneria sono praticate nella Londra di oggi su una scala e con una libertà inimmaginabili nel Medioevo. I professori e i capi dei culti, per la maggior parte stranieri, utilizzano le stesse formule e incantesimi dei negromanti medievali. I culti stanno aumentando e attirando interesse a un ritmo tale che presto assumeranno dimensioni tali da diventare una vera e propria minaccia per la morale e la sanità mentale della nazione... I celebranti della Messa Nera e del Culto del Diavolo praticano senza alcun rischio di conseguenze, perché non esiste alcuna legge in base alla quale si possa procedere... "L'interesse per l'occulto", ha continuato il signor Price, "si sta diffondendo a passi da gigante e posso affermare con certezza che oggi a Londra ci sono più devoti delle Arti Nere di quanti ce ne fossero nel Medioevo. Con forme di magia nera cercano di ordinare gli eventi e di farli accadere - cercano di resuscitare i morti o di ferire le persone che si trovano a distanza; fanno persino uso di manichini di cera e degli strumenti del mago medievale ". [O la fotografia magnetizzata usata "per aiutare le persone" nella R.R. et A.C.!].

Price ha parlato di tentativi di trasmutare i metalli Le affermazioni di Price sono state supportate da prove inconfutabili di coloro che erano presenti, e un resoconto di una Messa Nera di Bloomsbury e della sua inevitabile e abominevole conclusione è stato riportato nel *Morning Post del* 19 gennaio 1931. Lo scrittore ha anche affermato che Oxford e Cambridge e alcuni quartieri di Londra sono infestati da questi furfanti della Black Art, che giocano sui sensi delle loro vittime con una forma di ipnotismo di massa.

È stato detto che, dopo il sequestro dei documenti e l'esposizione degli Illuminati di Weishaupt nel 1786, nel 1799 il Parlamento inglese approvò una legge che proibiva tutte le società segrete, ad eccezione della Massoneria, e che questa legge non è mai stata annullata!

Concludendo il suo libro sulla Messa Nera, del 1924, J. Bricaud dice:

"È certo, come abbiamo dimostrato, che le cerimonie sacrileghe, le scene di profanazione non sono scomparse. Ma hanno perso il loro significato primitivo e il loro aspetto psicologico non è più lo stesso. Oggi i seguaci di Satana mettono tutto il loro ardore nella realizzazione di ciò che ritengono la massima espressione del sacrilegio; si abbandonano ai piaceri sensuali davanti a un Cristo derisorio, per meglio sfidarlo. Sotto Luigi XIV era ancora la regola sacrificare un bambino sull'altare. Oggi non è più bagnato di sangue, è sporco di sporcizia. La Messa Nera moderna non è più vero satanismo. Non è più la mostruosa rivolta della creatura contro il Creatore, la rivolta criminale dell'uomo perso nell'odio contro il Potere Divino. I suoi disgustosi saturnali e le sue orge contro la Natura sono solo sadismo".

In un piccolo opuscolo redatto dal Dr. Wynn Westcott, Mago Supremo, della *Societas Rosicruciana in Anglia*, e pubblicato da John M. Watkins, Cecil Court, Londra, 1916, ci vengono forniti quelli che sono chiamati "Dati della storia dei Rosacroce". Ciò che ci interessa principalmente sono le note sulla fondazione della S.R.I.A. e successivamente della Golden Dawn, come segue:

"Nel 1865 la *Societas Rosicruciana in Anglia* fu progettata da Robert Wentworth Little (che aveva salvato alcuni rituali dal magazzino della Freemasons' Hall), e da Kenneth R. H. Mackenzie, che aveva ricevuto l'iniziazione rosacrociana in Austria, mentre viveva con il conte Apponyi come precettore inglese, e anche l'Autorità per formare una Società Rosacrociana massonica inglese. Nel 1866 fu fondato il Metropolitan College; R. W. Little fu scelto come Mago Supremo...

"Frater R. W. Little morì nel 1878 e il Dr. William Robert Woodman divenne Mago Supremo... Nel 1880 fu fondata e riconosciuta la Soc. Rosie. in U.S.A..

"Nel 1887, con il permesso di S.D.A. ('Sapiens Dominabitur Astris'), un Adepto Rosacroce continentale, fu costituito il Tempio Iside-Urania degli Studenti Ermetici della G.D. (Golden Dawn) per dare istruzione nelle Scienze Occulte medievali. Fratres M. E. V. (Magna est Veritas et Praevalebit - Dr. Woodman), Mago Supremo della S.R.I.A., con S.A. (Sapere Aude - Dr. Wynn Westcott) e S.R.M.D. (S. Rioghail Mo Dhream Macgregor Mathers), divennero i Capi, e quest'ultimo scrisse i rituali in inglese moderno da vecchi MSS rosacrociani (di proprietà di Frater S.A.), integrati dalle proprie ricerche letterarie. Frater D. D. C. F. (Deo Duce Comito

Ferro - motto interno di Mathers), nel 1892, fornì il rituale di un Grado Adepto da materiali ottenuti da un Frater L. E. T. (Dr. Thiesen di Liegi, "Lux e Tenebres", secondo il Dr. Wynn Westcott), un Adepto continentale. Dall'Iside-Urania sono nati diversi altri Templi: l'Osiride, a Weston-super-Mare; il Corno, a Bradford; l'Amen Ra, a Edimburgo, e l'Ahathoor, a Parigi, nel 1884 (1894), consacrato da F.E.R. (Fortiter). Frater S. A. (Dr. Wynn Westcott) si dimise dall'Associazione nel 1897, e i Templi inglesi caddero presto in disuso (1900, quando il Tempio di Londra si ribellò a Mathers)...

"Le Logge Rosacrociane rinate sul continente europeo sono portate avanti con grande riservatezza, e i loro membri non confessano apertamente la loro ammissione e appartenenza. Diversi centri lavorano attivamente in condizioni derivate da precedenti secoli di utilità. Pur studiando e insegnando teorie sulla vita e sui suoi doveri, e ammettendo membri tramite cerimoniali e rituali, molti gruppi di Rosacroce continentali sono, come in passato, di entrambi i sessi, e quindi non sono necessariamente massoni. Come nei tempi più antichi i Rosacroce non solo studiavano, ma andavano in giro a fare del bene e a curare i malati e le malattie, così oggi i Fratelli si occupano dello studio e della somministrazione di medicine [come..., Insegnano e praticano gli effetti curativi (anche magici) della luce colorata e coltivano processi mentali che si ritiene inducano l'illuminazione spirituale (i processi di Steiner per risvegliare la kundalini!) e l'estensione dei poteri dei sensi umani, specialmente nelle direzioni della chiaroveggenza e della chiarudienza. Il loro insegnamento non include necessariamente alcun simbolismo indiano o egiziano".

"Il dottor Woodman nel 1891 morì durante la settimana di Natale... e all'inizio del 1892 il dottor Wynn Westcott... fu insediato come Mago Supremo...".

Nel 1900 il Tempio londinese della Golden Dawn ruppe con Mathers, che allora era riconosciuto come Capo. Per due anni fu governato da un Comitato nominato, ma nel 1902 tornò al governo di tre capi, eletti come segue: Felkin, Brodie Innis e Bullock. Nel 1903 questo gruppo prese il nome di Stella Matutina sotto gli stessi capi. Nel 1913, il dottor Felkin e la signora Felkin ricevettero alcuni gradi superiori sul Continente e si unirono al dottor Steiner.

Né il dottor Wynn Westcott né Aleister Crowley hanno mai avuto alcun legame con la Stella Matutina, né ufficiale né di altro tipo.

Il presente scrittore è stato iniziato alla Stella Matutina nel 1908 ed è stato nominato uno dei capi reggenti della S.M. e R.R. et A.C. nel 1916, e non ha mai avuto nulla a che fare con la Golden Dawn o Aleister Crowley.

CAPITOLO XII

GRUPPI AMERICANI

Troviamo molto su questo misterioso "Governo Interiore del Mondo", che apparentemente governava la signora Besant e attraverso di lei la Società Teosofica, di cui era a capo, in un libro, *Iniziazione Umana e Solare, del* 1933, della signora Alice A. Bailey, occultista e teosofa, di New York. È pubblicato dalla Lucis Publishing Co. di New York ed è dedicato "Al Maestro K. H. (Koot Humi)". Si tratta dello stesso "Koot Hoomi" di Mme Blavatsky e della signora Besant! Di questi Maestri la signora Besant scrisse in un opuscolo, *I Maestri, del 1912*:

> Un Maestro è un termine applicato dai Teosofi per indicare certi esseri umani che hanno completato la loro evoluzione umana, hanno raggiunto la perfezione umana... hanno raggiunto ciò che i Cristiani chiamano "Salvezza" e gli Indù e i Buddisti "Liberazione"... Coloro che sono chiamati M. (Morya) e K. H. (Koot Hoomi) in *The Occult World* del Sig. Sinnett erano i due Maestri che fondarono la Società Teosofica, usando il Colonnello Olcott e H. P. Blavatsky, entrambi discepoli di M., e che diedero a Sinnett il materiale per scrivere i suoi famosi libri, quello sopra citato e *Buddismo esoterico*, che portarono la luce della Teosofia a migliaia di persone in Occidente. H. P. Blavatsky ha raccontato di aver incontrato il Maestro M. sulla riva del Serpentine, quando visitò Londra nel 1851".

Vorremmo aggiungere, per dimostrare come in realtà tutti questi gruppi, siano essi teosofici o rosacrociani, siano collegati sotto un unico sinistro gruppo di uomini esoterici, fanaticamente imbevuti dell'idea della dominazione mondiale: Il dottor Felkin, ultimo capo della R.R. et A.C., possedeva una bella fotografia, che si diceva fosse di "Maitreya", appesa sopra la sua scrivania, e sua figlia ne aveva una di "Koot Hoomi" nella sua stanza; entrambi erano visti, dai loro proprietari, come "Santi"!

Nel suo libro la signora Bailey scrive che questo Governo Interiore è una Gerarchia di Luce, Fratelli Maggiori. In primo luogo, c'è il Re *Sanat Kumara, che* si dice viva a Shamballa, un centro un po' mitico o forse mistico nel deserto del Gobi; è il Signore del Mondo e l'iniziatore (che rappresenta il Principio Creativo) - e intorno a lui c'è la Triade della manifestazione. Sotto di lui, a manifestare la luce o l'energia al mondo, c'è questa Triade di capi dipartimento: (1) *Manu:* governo razziale, che fonda, dirige e dissolve i tipi razziali, producendo quelli necessari per i loro piani. Egli visualizza ciò che deve essere fatto e con il suono trasmette ai suoi assistenti l'energia creativa e distruttiva richiesta. Si dice che viva a Shigatse, sull'Himalaya. (2) *Signore Maitreya:* religione, Maestro del Mondo o Cristo, iniziatore dei misteri e liberatore. Si dice che viva sull'Himalaya. (3) *Manachohan:* manipola le forze della natura e porta la civiltà come richiesto.

Sotto di loro, dice, operano i Maestri della Loggia (Grande Bianca), che rappresentano i sette raggi o aspetti planetari della Luce. Questi, in qualità di reggenti, tengono in mano le redini del governo di continenti e nazioni, guidandone i destini; impressionano e ispirano statisti e governanti; riversano energia mentale sui gruppi di governo, portando i risultati desiderati ovunque si possa trovare cooperazione e intuizione ricettiva. Essi sono: *Maestro Giove:* vive sulle colline di Nilgherry. Ha in mano le redini del governo dell'India e di gran parte della Frontiera settentrionale, e alla fine dovrà guidare l'India fuori dal caos e dai disordini attuali e formare i suoi diversi popoli in una sintesi. *Maestro Morya:* vive a Shigatse, ma è un principe Rajput. Lavora in connessione con molte organizzazioni di tipo esoterico o occulto e attraverso i politici e gli uomini di Stato del mondo, influenzando soprattutto quelli con ideali internazionali. *Koot Humi:* vive a Shigatse, ma è un kashmiro. È in lizza per diventare Maestro del Mondo per la sesta razza radice. È stato educato in un'università britannica, è molto informato sulla letteratura attuale. Si occupa di vitalizzare alcune grandi filosofie e si interessa di agenzie filantropiche. Il suo lavoro è in gran parte l'Amore - risvegliare l'idea di fratellanza. *Maestro Gesù:* vive in un corpo siriano da qualche parte in Terra Santa. Lavora con le masse piuttosto che con gli individui; sta preparando la strada in Europa e in America per l'eventuale venuta del Maestro mondiale. "Alcuni grandi prelati delle Chiese anglicana e cattolica sono suoi saggi agenti". *Maestro Djwal Khul:* vive a Shigatse, è tibetano e viene chiamato "Il Messaggero dei Maestri". Ha una profonda conoscenza dei raggi e delle influenze planetarie e solari, e lavora con guaritori, movimenti mondiali assistenziali e filantropici, come la Croce Rossa.

Maestro Rakoczi: è ungherese e vive nei Carpazi. Era conosciuto come Comte de St. Germain, Roger Bacon e successivamente Francis Bacon. Lavora con il lato occulto degli affari in Europa, in gran parte attraverso rituali e cerimoniali esoterici, essendo vitalmente interessato agli effetti dei cerimoniali dei massoni, di varie confraternite e delle Chiese. Agisce praticamente in America e in Europa come direttore generale per la realizzazione dei piani del Consiglio esecutivo della Loggia, che è un gruppo interno di Maestri intorno ai Tre Signori. *Maestro Hilarion:* è cretese, ma vive soprattutto in Egitto. Lavora con coloro che stanno sviluppando l'intuizione e la sua energia è alla base della ricerca psichica; ha dato inizio al Movimento Spiritualistico e tiene sotto osservazione tutti i sensitivi superiori. Ci sono due Maestri inglesi; uno vive in Gran Bretagna e guida la razza anglosassone, è alla base del movimento laburista in tutto il mondo e guida la democrazia nascente. La chiave del futuro è la cooperazione, non la competizione; la distribuzione, non la centralizzazione. *Maestro Serapide:* chiamato l'Egizio, dà energia alla musica, alla pittura e al teatro. *Maestro P:* irlandese, lavora sotto Rakoczi in Nord America; lavora esotericamente con la Scienza Cristiana e il Nuovo Pensiero; sta formando i discepoli per la Venuta del Cristo verso la metà o la fine del secolo attuale. Si prevede che alcuni dei Maestri usciranno tra gli uomini verso la fine del secolo.

Inoltre, dice, prima della Venuta, verranno fatti degli aggiustamenti *così che a capo di tutte le grandi organizzazioni si troverà o un maestro o un iniziato,* come anche a capo di certi grandi gruppi occulti dei massoni del mondo e delle varie grandi divisioni della Chiesa, che risiedono anche in molte delle Grandi Nazioni. Ovunque stanno raccogliendo coloro che in qualche modo mostrano una tendenza a rispondere ad alte vibrazioni, cercando *di forzare* le loro vibrazioni e di adattarle per essere utili al momento della Venuta. "Il lavoro può procedere attraverso un mezzo o un altro (discepolo o movimento), ma sempre la forza vitale persiste, frantumando la forma quando è inadeguata e utilizzandola quando è sufficiente per il bisogno immediato". Questi mostruosi maestri usavano a piacimento il loro potere per plasmare e sbozzare, uccidere e rendere vivo!

Per quanto riguarda la sua affermazione che "a capo di tutte le grandi organizzazioni si troverà o un maestro o un iniziato", lo scrittore ebreo Angelo Rappaport non ha forse detto nel suo libro *"I pionieri della rivoluzione russa"*?

> "Non c'era organizzazione politica nel vasto Impero che non fosse influenzata dagli ebrei o diretta da loro; i socialdemocratici, i partiti socialisti rivoluzionari, il partito socialista polacco, contavano tutti ebrei tra i loro dirigenti; Plehve aveva forse ragione quando diceva che la lotta per l'emancipazione politica in Russia e la questione ebraica erano praticamente identiche".

Per quanto riguarda la consumazione prevista verso la fine del secolo attuale, nelle *Previsioni del mondo di Cheiro,* troviamo alcune affermazioni significative, che non è possibile dire se siano ispirate o meno:

> "Dal 1980... si assisterà, a mio avviso, alla restaurazione delle Dodici Tribù di Israele come potenza dominante nel mondo.
>
> ... Un altro legislatore, come Mosè, sorgerà ... e così alla fine attraverso questa 'razza disprezzata' sarà stabilita la pace universale".

In tutte le sette illuminate il mezzo di comunicazione con i loro sconosciuti direttori è, all'inizio, invariabilmente pseudo-yoga in una forma o nell'altra e, in seguito, tramite formule. In un altro suo libro, *Lettere sulla meditazione occulta,* getta una luce interessante sui metodi e sulla natura degli schemi mondiali di questi Maestri. Questo libro è dedicato "Al Maestro tibetano che ha scritto queste lettere e ne ha autorizzato la pubblicazione", 1922. Molto è mimetico, destinato a ingannare; e per coprire se stessi e la possibilità, sempre grande, di risultati dannosi dalle loro sperimentazioni diaboliche con uomini, donne e nazioni, parlano molto dei pericoli da incontrare da parte di "Fratelli Oscuri", entità maligne ed elementali! È più probabile che siano essi stessi "Fratelli Oscuri"!

Per mezzo di questo pseudo-yoga, la personalità dell'allievo viene a sua volta ritirata dai corpi fisico, eterico, astrale e mentale, finché "l'uomo si riconosce come parte della coscienza del Maestro... Il Maestro è interessato a un uomo solo dal punto di vista della sua utilità nell'anima del gruppo e della sua capacità di aiutare". Le forze utilizzate e messe in moto sono "le correnti magnetiche dell'universo, quel fluido vitale, questi raggi elettrici... il calore latente immagazzinato in tutte le forme". Ci viene detto che esistono due metodi speciali per mettere in moto queste forze, in modo da realizzare l'unità con i Maestri. *Mantrams:* suoni *ritmici*, parole e frasi, una forza che costringe.

> "Un mantram, quando viene suonato correttamente, crea un vuoto nella materia, simile a un imbuto. L'imbuto si forma tra colui che lo suona e colui che viene raggiunto dal suono. Si forma allora un canale diretto di comunicazione... [e quando] si raggiunge una certa somiglianza di vibrazioni... l'allievo [diventa] depositario di un mantram con cui può chiamare il suo Maestro... È un metodo puramente scientifico, basato sulla vibrazione e sulla conoscenza della dinamica".

È distruttiva, per rimuovere gli ostacoli, e costruttiva, per costruire il regno di potere dei Maestri.

Movimenti ritmici che, secondo il ritmo, portano "coloro che lo usano in linea con certe forze della Natura... permettendo il flusso ritmico della forza in certe direzioni specifiche per certi fini specifici". Stimola gli organi sessuali e porta all'illuminazione. Il suo effetto è enorme e può avere un raggio mondiale. Inoltre, ci viene detto che può essere applicato in occasioni speciali come segue:

Politicamente. - Si dice che sta arrivando il momento in cui coloro che manipolano le nazioni, che siedono nelle assemblee del popolo, che amministrano la legge e la giustizia, "inizieranno tutto il loro lavoro con grandi cerimonie ritmiche [danze rituali!]", mettendosi in contatto con *Manu*, in modo da realizzare i suoi piani e le sue intenzioni. Fatto l'imbuto, procederanno agli affari, avendo posto due uomini in mezzo a loro come punto focale per ricevere le istruzioni del Maestro. E la Società delle Nazioni?

Religioso. - Il sacerdote sarà il punto focale e, dopo le dovute cerimonie e il ritmo, la congregazione unita sarà il trasmettitore delle forze e delle informazioni di *Maitreya*, proprio come nella Chiesa cattolica liberale!

Educativo. - Tutte le università e le scuole inizieranno le sessioni con questa cerimonia ritmica, in cui l'insegnante sarà il punto focale, stimolando così gli studenti mentalmente e intuitivamente, ispirati attraverso l'imbuto del *Mahachohan.*

Qui apparentemente abbiamo una spiegazione dell'Euritmia steineriana e del "Coro del discorso del Goetheanum" di Dornach; attraverso il movimento ritmico e il suono viene stimolata la kundalini, i centri vengono vivificati e si crea il vuoto attraverso il quale le forze e le influenze richieste vengono dirette dal loro Maestro, influenzando non solo gli esecutori, ma l'intero pubblico, fondendolo e orientandolo per scopi occulti. Magnetizzando la sala e preparando le persone all'illuminazione!

> "In tutti questi tre rami di servizio noterete che la facoltà di lavorare con i gruppi è di primaria importanza... Può trattarsi di un gruppo di lavoratori della Chiesa tra gli ortodossi; può trattarsi di lavoro sociale, come i movimenti operai, o nell'arena politica; o può trattarsi dei movimenti più decisamente pionieristici del mondo, come la Società Teosofica, ecc.... Vorrei aggiungere a questo un ramo di attività che potrebbe sorprendervi. *Intendo dire il movimento del Soviet in Russia e tutti gli organismi radicali aggressivi che servono sinceramente sotto i loro leader per il miglioramento [sic] delle masse".*

Questi, dunque, sono alcuni degli strumenti e dei loro metodi ritmici di magia nera, ispirati da questi misteriosi registi, con i loro insegnamenti e nomi camuffati, che cercano di dominare il mondo, non attraverso il miglioramento, ma la schiavitù e la morte spirituale dell'umanità.

Come disse con verità de Luchet:

> "Se più uomini mescolano insieme mezze qualità, si temperano e si rafforzano a vicenda... i deboli cedono ai più forti, i più abili

traggono da ciascuno ciò che può fornire. Alcuni guardano mentre altri agiscono, e questo formidabile insieme raggiunge il suo obiettivo, qualunque esso sia... Fu secondo questo principio che si formò la setta degli Illuminati".

Gli Illuminati sono ancora tra noi, governati alle spalle dallo stesso potere misterioso e invisibile!

Maurice Joly, nel suo pamphlet rivoluzionario, *Dialogues aux Enfers*, 1864, fa dire a Machiavelli: "Prima di pensare di dirigere effettivamente l'opinione pubblica di tutti i popoli bisogna stordirla... abbagliarla con ogni sorta di movimenti; fuorviarla insensibilmente nelle sue vie". Dai libri della signora A. Bailey abbiamo illustrato le basi del Governo Mondiale segreto, il suo lavoro e il metodo di controllo ritmico. Prenderemo ora in considerazione, dalla stessa fonte, l'istituzione di una catena mondiale di scuole occulte, con cui si propone di imporre la propria volontà a tutti i popoli.

Di questi movimenti la sua insegnante tibetana dice:

"Si stanno facendo esperimenti sconosciuti ai soggetti stessi... persone in molti paesi civilizzati sono sotto controllo e si sta applicando un metodo di stimolazione e intensificazione che porterà alla conoscenza dei Grandi stessi una massa di informazioni che potranno servire da guida per i loro sforzi futuri per la razza. Ci si sta occupando in particolare di persone in America, Australia, India, Russia, Scozia e Grecia. Anche in Belgio, Svezia e Austria sono sotto osservazione... Le scuole sono già state avviate... quando saranno ben radicate, quando funzioneranno senza problemi e con il riconoscimento pubblico, e quando il mondo degli uomini sarà in qualche modo colorato da loro e dalla loro enfasi *soggettiva* (astrale), quando precluderanno studiosi, lavoratori, politici, scienziati e leader educativi che lasciano la loro impronta sul loro ambiente, allora forse arriverà... la vera scuola occulta.

... Questa realtà soggettiva, essendo universalmente ammessa, permetterà quindi la fondazione di una catena di scuole interiori ... che saranno pubblicamente riconosciute (ci sarà sempre una sezione segreta) ... H.P.B. [Mme Blavatsky] ha posto la prima pietra della prima scuola ... la chiave di volta ... Se tutto ciò che è possibile è stato fatto, quando il Grande Signore verrà con i suoi Maestri l'opera riceverà un ulteriore impulso ... e diventerà una potenza nel mondo".
-

L'intera idea di questo piano provvisorio è di controllare i corpi dell'uomo attraverso il cosiddetto "Dio interiore", collegandolo per mezzo dei Maestri a questo controllo centrale a Shamballa. La Fratellanza Himalayana [della Luce] è il principale canale di sforzo, potere e luce... ed è l'unica scuola, senza eccezioni, che dovrebbe controllare il lavoro e la produzione dei veri studenti occulti in Occidente. Non ammette rivali". Le scuole occulte saranno situate dove permane un vecchio magnetismo del Mistero.

Le suddivisioni nazionali saranno: *Egitto:* in Grecia e Siria le scuole preparatorie, e in Egitto, molto più tardi, la scuola avanzata profondamente occulta. *Stati Uniti:* la scuola preparatoria nel Sud-Medio-Ovest e un esteso college occulto avanzato in California. *Paesi latini:* Nel Sud della Francia la scuola preparatoria e in Italia una scuola avanzata. *Gran Bretagna:* la scuola preparatoria in uno dei punti magnetizzati in Scozia o in Galles e più tardi, dopo che l'Irlanda avrà risolto i suoi problemi interni, la scuola avanzata sarà in uno dei suoi punti magnetizzati e sarà sotto *Maitreya.* In *Svezia:* una scuola preparatoria per le razze del Nord e della Germania. La *Russia* potrebbe in seguito essere la sede di una scuola più avanzata. *Nuova Zelanda:* scuola preparatoria e, in seguito, una scuola avanzata in Australia. *Giappone:* una scuola preparatoria e un ramo più esoterico nella Cina occidentale sotto *Manu.* Attualmente non ce n'è nessuna in Sudafrica e in Sudamerica. Le scuole preparatorie stanno per essere fondate , le più avanzate precederanno la Venuta del Grande Signore (1980). Si inizierà con i membri delle diverse scuole occulte, come la sezione esoterica della Società Teosofica, eccetera; il lavoro in Gran Bretagna, America e Australia è già iniziato. Questa parte del piano è stata lasciata pubblicare come incentivo per tutti voi a studiare e a lavorare con maggiore impegno". Per cosa? Per la schiavitù sotto questi padroni!

Le scuole preparatorie dovrebbero essere vicine a un grande centro o città, preferibilmente vicino al mare o a una distesa d'acqua - l'acqua è un conduttore di forza. È necessario il contatto con molte e varie persone e un addestramento mentale esterno. Le scuole avanzate dovrebbero essere lontane dagli uomini, in roccaforti isolate in regioni montuose, dove devono essere in contatto con i Maestri e con il centro di Shamballa. Lo staff preparatorio è composto dal Capo, un discepolo accettato, il punto focale attraverso il quale fluiscono le forze del Maestro. Sei istruttori, di cui uno almeno chiaroveggente, saranno complementari tra loro, una replica in miniatura della Gerarchia di Luce. A questi si aggiungeranno tre donne, intuitive e buone insegnanti. Sotto di loro ce ne saranno altre, che si occuperanno dell'equipaggiamento emotivo, fisico e mentale degli alunni. Il personale della scuola avanzata sarà composto da un Capo Iniziato che, sotto il Maestro, sarà giudice unico e autocrate. Sotto di lui altri due insegnanti, discepoli accettati. Il loro lavoro sarà di supervisione, poiché tutti gli occultisti sono "autodidatti esoterici", cioè diretti da un Maestro. Viene posta molta enfasi sulla cosiddetta purificazione, fisica, emotiva e mentale, perché se il corpo non viene purificato e il cervello non viene calmato, le forze di frantumazione trasmesse dai Maestri, nelle loro sperimentazioni, causerebbero, come essi ben sanno, gravi malattie fisiche e mentali, anche quelle che mai seguono la scia di queste scuole occulte. Questa purificazione si ottiene con la dieta e con l'uso, da parte dei Maestri, di luci e suoni colorati, che frantumano, immobilizzano, stimolano e attraggono, fino a quando non si realizza l'iniziazione o il controllo ipnotico da parte del Potere Centrale, perché "la grande Legge dell'attrazione vi attira a Lui, e nulla può resistere a questa Legge" - la forza di attrazione! Il controllo è così completo che lo strumento "non si preoccupa se perde amici, relazioni, figli, popolarità, ecc; non si preoccupa se gli sembra di lavorare al buio, ed è consapevole di avere pochi risultati dalle sue fatiche". Il suo "io personale" è sacrificato!

Quando questi cosiddetti misteri saranno restaurati, i loro custodi saranno "la *Chiesa e i massoni"!* Questo è stato scritto per la prima volta nel 1922.

Nel 1934 la signora Balley scrisse un opuscolo, *I prossimi tre anni,* che pretendeva di essere il Piano Mondiale, per l'elevazione dell'Umanità attraverso la realizzazione della divinità dell'uomo, grazie alla guida di alcuni cosiddetti "Fratelli Anziani o Superuomini". Secondo la signora Bailey: "Tra il miscuglio di idee, teorie, speculazioni, religioni, chiese, culti, sette e organizzazioni, due linee principali di pensiero si stanno manifestando". Si tratta, dice, dei "dogmatici reazionari", che si inchinano a un profeta, a una Bibbia o a una chiesa e sono destinati a estinguersi. L'altro, il "gruppo soggettivo di mistici intellettuali", che si considera membro della Chiesa universale, destinato a crescere e a rafforzarsi fino a formare la nuova religione soggettiva. A quanto pare, questi ultimi non sono liberi perché si inchinano all'autorità di questa sconosciuta Gerarchia di Fratelli Maggiori, che cercano di ordinare e dominare il mondo attraverso "l'unificazione degli sforzi in tutti i dipartimenti dell'impresa umana, religiosa, scientifica ed economica".

Così oggi, scrive, abbiamo

> "una rottura con la vecchia tradizione, una rivolta contro l'autorità, una tendenza all'autodeterminazione e un rovesciamento delle vecchie norme, delle vecchie barriere, del pensiero e delle divisioni finora esistenti tra razze e fedi. Ci troviamo quindi ad attraversare uno stadio intermedio di caos e di messa in discussione, di ribellione e di conseguente licenza".

O come scrisse Lady Emily Lutyens, una delle seguaci della signora Besant, nell'*Herald of the Star del* marzo 1927:

> "Stiamo assistendo alla nascita di una nuova coscienza mondiale, di una civiltà mondiale... Vecchie tradizioni vengono abbattute, vecchie usanze distrutte, vecchi punti di riferimento spazzati via... Deve esserci anarchia prima che ci sia creazione".

In questo modo aprono la strada alla New Age, alla nuova civiltà, alla nuova scienza e alla nuova religione del cosiddetto Illuminismo e dell'intuizione.

Spiega la signora Bailey:

> "Il Piano, come attualmente percepito e per il quale i Sapienti del Mondo (sotto i Fratelli Maggiori) stanno lavorando, potrebbe essere definito come segue: È la produzione di una sintesi soggettiva nell'umanità e di un'interazione telepatica che alla fine annienterà il tempo... renderà gli uomini onnipresenti... e onniscienti".

È l'Illuminismo! Il tempo, dice, in cui questi Fratelli Maggiori devono completare il loro Piano è limitato dalla Legge dei Cicli, "quando forze, influenze ed energie sono temporaneamente all'opera, e di queste i Sapienti del Mondo cercano di fare uso". È quella che chiamano l'Età dell'Acquario! "che durerà astronomicamente 2.500 anni e che può, se debitamente utilizzata, portare all'unificazione, consapevole e intelligente, dell'umanità e quindi produrre la manifestazione di quella che può essere chiamata "fratellanza scientifica"". Il loro obiettivo è quindi quello di distruggere l'orgoglio familiare, nazionale e razziale.

Dal XV secolo, prosegue l'autrice, per costruire un'unità più sintetica, si sono formati sette gruppi: culturale, politico, religioso, scientifico e poi filosofico, psicologico e finanziario. Questi dovevano realizzare alcune condizioni preparatorie come parte del programma gerarchico. I filosofi, compresi gli antichi filosofi asiatici, plasmano con forza il pensiero, gli psicologi parlano delle pulsioni e delle caratteristiche dell'uomo e dello scopo del suo essere. I finanzieri controllano e ordinano i mezzi con cui l'uomo esiste, "costituendo una dittatura su tutti i modi di interazione, commercio e scambio... Il loro lavoro è decisamente pianificato e guidato. Stanno producendo sulla terra effetti di grande portata". Tutti questi gruppi, dice, collaborano con la Gerarchia e costruiscono per i posteri. Questi lavoratori mondiali

> "sono necessariamente colti e molto informati... non considerano il loro Paese e le loro affiliazioni politiche come di primaria importanza. Sono in grado di organizzare, in modo lento e costante, quell'opinione pubblica che alla fine si libererà dal settarismo religioso, dall'esclusività nazionale e dai pregiudizi razziali".

Il 1934 e il 1936 saranno anni di prova. In politica, lo sviluppo di una coscienza internazionale, la sintesi economica tra le nazioni.

> "Lo stress e le tensioni materiali, il naufragio dei vecchi partiti politici, il rovesciamento delle relazioni commerciali... dimostrano la necessità di stabilire uno spirito di dipendenza e di interrelazione internazionale, affinché le nazioni siano politicamente costrette a rendersi conto che l'isolamento, la separatezza e la coltivazione degli egoismi nazionali devono scomparire".

In questo modo si realizza la Fratellanza delle Nazioni - uno *Stato federativo mondiale!* Inoltre classifica le seguenti dittature: La *dittatura* sovietica *del proletariato*, "... dietro tutti gli errori e le crudeltà, dietro il rude materialismo si celano grandi ideali [ebraici!]"; la *dittatura della superiorità razziale* in Germania; la *dittatura del business organizzato* in America; la *dittatura dell'impero* in Gran Bretagna; l'Italia, la Turchia, ecc, e tutti questi movimenti nazionali, secondo la signora Bailey, sono in realtà sotto l'impulso delle idee che la Gerarchia segreta ha gettato nelle menti degli uomini, ma a causa dell'ignoranza sono "distorte, applicate egoisticamente e utilizzate separatamente".

Inoltre, a partire dal 1945 prenderà forma la Fede Mondiale, e spiega: *"Le tre parole, elettricità, luce e vita, esprimono la divinità e la loro sintesi è Dio"*. Questa è solo la forza vitale ed è puro panteismo e illuminismo. Ancora, gli scienziati si sono posti l'obiettivo di espandere la coscienza dell'uomo, di liberare i suoi sensi latenti e di ampliare il suo orizzonte in modo tale che la sintesi del tangibile e dell'intangibile avvenga nell'educazione, nella scienza e nella psicologia. Infine, per i prossimi tre anni ci viene chiesto di abbandonare antagonismi, antipatie, odi e differenze razziali e di pensare in termini di una sola famiglia, una sola vita, una sola umanità. Il fine e l'obiettivo sono l'unificazione e il controllo mentale da parte della cosiddetta "Gerarchia dei Superuomini". Chi sono? Che dire dei sogni e delle attività de *L'Alliance-israélite-universelle!* Questo mostruoso robot sta già mostrando segni di concretizzazione, ma il sogno è troppo fantastico e troppo fanatico per avere successo tra i popoli occidentali.

I teosofi non sono i soli ad essere dominati da questi misteriosi "Fratelli Maggiori" della Grande Loggia Bianca. Il 10 luglio 1919, nella volta del Tempio neozelandese, il defunto Alto Capo, il dottor Felkin, ricevette un messaggio che affermava di provenire da "Christian Rosenkreutz", il mitico capo dei Rosacroce, in risposta ai gravi dubbi espressi su questi misteriosi Fratelli da uno dei capi reggenti della R.R. et A.C. di Londra:

> "I Fratelli sono davvero i Fratelli anziani e i messaggeri del Signore [della Luce], ma non sono infallibili né appartengono alla compagnia degli dei. Non sono altro che uomini molto avanzati che aspettano che la fiaccola [dell'Illuminismo] si accenda in mezzo a loro, ma non sono di quelli che conoscete come Maestri, e non è in loro potere né accendere la fiaccola né dire in quale giorno o ora la fiamma della Pentecoste [dell'Illuminismo] scenderà".

Abbiamo già descritto il piano mondiale segreto di questi "Fratelli Maggiori", così come ci è stato fornito dalla signora Bailey, una delle loro più fedeli ingannatrici e discepole. Qualche tempo fa abbiamo ricevuto un libro pubblicato in Canada nel 1930, che si dice essere "Lettere non firmate di un Fratello Anziano", scritte dal gennaio al dicembre 1929 a un gruppo che lavorava sotto di lui. Nella prefazione dice:

> "L'intera Terra è sull'orlo di ciò che la minaccia. L'anno in corso, il 1930, e quelli immediatamente successivi, vedranno la dissoluzione di quasi tutte le cose su cui gli uomini e le nazioni fanno affidamento. Prima il rovesciamento, poi il silenzio, poi la *restaurazione*. Pensate a queste cose".

In questo libro viene gettata una certa luce su questi Fratelli, sui loro piani e sui loro metodi per attirare uomini e donne incauti e confidenti nella loro sinistra e mortale rete dell'Illuminismo.

> "Ogni Fratello Anziano è un membro di rango dell'una o dell'altra delle Dodici Gerarchie [la Grande Loggia Bianca e i dodici segni dello Zodiaco]... Non ha vita a parte". Non può "né ammettere né rifiutare l'ammissione allo status di discepolo".

Addestra gli studenti a ricevere la nuova conoscenza per contatto diretto, formando strumenti per orientare l'umanità.

Questa conoscenza, dicono i Fratelli Maggiori, è riservata agli *Illuminati* e agli iniziati, che sono pochi. L'ordine esistente deve essere rovesciato e distrutto, essi stanno preparando la strada, *cambiando le correnti di pensiero del mondo, per la* restaurazione dei Misteri e della conoscenza che ne è alla base. I Cavalieri Templari si stanno riunendo di nuovo", dicono, "e grazie ai loro sforzi i ranghi della Massoneria e di altri ordini simili conosceranno un grande Rinascimento". Nessuno può entrare come discepolo e allo stesso tempo mantenere la fedeltà a qualsiasi ordine o maestro occulto, ma l'appartenenza alla Massoneria, ai movimenti co-massonici, agli Oddfellows o a organizzazioni fraterne simili non è vietata. La nostra proibizione si applica solo nei casi in cui l'insegnamento religioso o spirituale è dichiaratamente il fine o l'opera principale".

L'unica autorità moderna sui "Maestri" che "appoggiamo completamente è H. P. Blavatsky". Coloro che sono stati chiamati "sono membri di un gruppo selezionato e potente... Dobbiamo prima collegare, riunire i membri dispersi del nostro Grande Ordine... Più tardi legheremo; attraverso i loro sforzi uniremo molti movimenti, dando loro nuova conoscenza, scopo e direzione... Chiaramente attendiamo l'infrangersi della tempesta che sgombrerà il terreno per i nostri sforzi... Dal Centro usciranno infine Luce, Conoscenza, Leadership e infine Governanza... Coloro che hanno la conoscenza e sono in possesso del Piano prenderanno le redini. In quel giorno innalzeremo *lo stendardo del Leone e del Sole*".

Come ha detto il dottor Ranking: "Durante il Medioevo il principale sostegno dei corpi gnostici e il principale depositario di questa conoscenza era la Società dei Templari". E sappiamo già quale fosse il loro curriculum.

La nuova conoscenza deve essere ottenuta tramite il contatto diretto con la Fratellanza; il mezzo utilizzato è l'attrazione e la repulsione dell'Amore. La forza sessuale e la passione, o amore, non è solo un mezzo per creare la vita in questo mondo, ma crea forze sul piano psichico, è "un fenomeno magnetico e cosmico", che attrae e lega lo strumento negativo, il discepolo, e il Fratello direttivo positivo che lo utilizza. Significa una fusione di coscienza duale, mentale ed emotiva.

"Il più delle volte i Fratelli lavorano sui livelli eterici e mentali della coscienza: non indossano corpi fisici, lavorano indirettamente attraverso l'uno o l'altro dei loro discepoli sintonizzati, dandogli idee più chiare, intuizioni e un fondo generale di conoscenza molto in anticipo rispetto a quello che possiede di per sé."

In questo modo si scrivono molti libri. Non tutti i canali sono chiari e si insinuano idee lucide e personali.

"Se c'è ostinazione, orgoglio personale o contumacia, il discepolo viene scartato, la coscienza informante viene ritirata e si utilizza un altro canale". Inoltre, se il Fratello deve lavorare in un corpo fisico, seleziona la parentela e gli ambienti, e in caso di fallimento vengono preparati due corpi nati più o meno nello stesso periodo. "Egli prende tale corpo affinché la mente e la volontà del gruppo nel suo insieme possano essere espresse attraverso quella personalità". Se un corpo fallisce, viene gettato alla deriva come una nave senza timone! Con questa diabolica prostituzione delle forze della Natura, questi Superuomini fanatici cercano di dominare e controllare l'umanità!

All'inizio del 1935 la signora Bailey si trovava in questo Paese per cercare di pubblicizzare il piano mondiale segreto di questi Superuomini, come dichiarato in *The Next Three Years. Ne* distribuì 25.000 copie, con l'obiettivo di "educare l'opinione pubblica" e il tentativo di formare un gruppo definito attivo che "può salvare un mondo in difficoltà e portare luce e comprensione all'umanità". Il loro obiettivo è quello di "liberare l'uomo dal settarismo religioso, dall'esclusività nazionale e dai pregiudizi razziali", in preparazione di uno Stato federativo mondiale e di una religione illuminata mondiale! Per promuovere questa idea, l'opuscolo è stato tradotto in francese, tedesco, italiano, spagnolo e rumeno, ma mancano i fondi per la stampa di questo tentativo di inoculare l'Europa con il virus americano dell'Illuminismo pernicioso, come se l'Europa passata e presente non avesse già sofferto abbastanza per questo terribile flagello che spesso si conclude con una folle ossessione politica, sociale e pseudo religiosa!

CAMICIE D'ARGENTO

Nelle "Camicie d'argento" d'America abbiamo un esempio dei piani politici di questi "Fratelli maggiori" che vengono inaugurati e costruiti. Secondo la loro rivista, *Liberation,* da cui abbiamo tratto le nostre informazioni, le Camicie d'Argento d'America sostengono di essere un'organizzazione protestante e cristiana con un piano costruttivo per "trasformare gli Stati Uniti in una vera democrazia, sensibile ai dettami di un popolo sovrano". Un movimento di massa di unità, "una democrazia cristica, sotto la quale l'intera nazione è stata trasformata in una grande corporazione con i suoi cittadini votanti, gli azionisti comuni".

Per concretizzare questo progetto è stata costituita una "Lega di Liberazione" da William Dudley Pelley ad Ashville, N.C., il tutto basato su profezie e ispirazioni ricevute da lui in modo chiaroveggente tramite la "radio psichica" dalle cosiddette "Grandi Anime" nei regni superiori della vita, le quali affermano che il dominio sovietico non è che "un ingranaggio del loro piano", come anche l'hitlerismo, e parlano del "temporaneo sconvolgimento dell'ebraismo". Il leader è un invisibile "Principe della Pace"! Sotto gli auspici di questa Lega ha fondato il Galahad College, ad Ashville, dove le seguenti materie sono insegnate a un massimo di 250 studenti all'anno: *Storia etica* - studiando dalla Creazione fino a le civiltà e la cultura di Lemuria, Maya, Atlantide, Egitto fino alla Dispersione ebraica e al Sacro Romano Impero come sfondo per i tempi moderni. *Amministrazione pubblica* - "un'avvincente battaglia di Forze di Luce contro Coorti Oscure". *Spiritual Eugenics* - esposizione dei copioni psichici di William Pelley e formazione degli studenti a ricevere comunicazioni simili. *Metapsichica sociale* - addestrare gli studenti a riconoscere i fattori di luce e di oscurità nelle "grandi ossessioni" della storia, riconoscendo e affrontando fattori simili nei movimenti sovversivi attuali. *Filosofia cristiana* - nuova economia, banche ed emissione di denaro come funzione governativa, servizi pubblici di proprietà del pubblico. *Terapia educativa* - terapia suggestiva applicata, eliminazione di poveri e criminali. *Matematica cosmica* - comprensione delle leggi delle vibrazioni, individuali e di gruppo. Ecco un Collegio superamericanizzato per la formazione dei sensitivi!

William Pelley sostiene lo sviluppo dei sensi psichici: super-visione, chiaroveggenza; super-udito, chiarudienza. Egli si è reso conto per la prima volta di questi poteri nel maggio 1928 e afferma: "Ho lasciato il mio corpo mortale in pieno giorno e ho viaggiato e sono stato visto a 3.000 miglia di distanza...". Afferma inoltre che notte dopo notte ha ascoltato e sentito la "voce di maestri invisibili ma viventi" i cui insegnamenti, così come sono stati ascoltati, ha ripetuto a uno stenografo; il loro Piano di Vita offre un completo cambiamento di pensiero su Dio e sull'Aldilà, credono nel passaggio attraverso, forse, 200 corpi, diciamo, in 50.000 anni! Dai regni superiori della vita, con parole chiare e senza compromessi, furono dati i seguenti metodi necessari per risvegliare questi sensi latenti:

"Nel processo chiamato intimità c'è un momento in cui il terzo occhio dello spirito (ghiandola pineale) viene risvegliato o aperto e una tremenda scarica di forza personale viene letteralmente proiettata nell'aura dell'altro. Questo momento è prezioso nei fenomeni occulti e può essere raggiunto costantemente da uomini e donne che si sintonizzano con le attrattive dell'amore senza gli effetti devitalizzanti della passione".

Cioè, eccitare e pervertire le forze sessuali inutilizzate per creare le condizioni psichiche richieste.

E come continua l'insegnante:

> "Per le persone di buon livello, sinceramente desiderose di perfezionarsi nelle Verità superiori nascoste, arriva un momento in cui la pratica di certi riti risveglia i sensi assopiti e fa vedere oltre il conosciuto e l'ignoto.
>
> ... Una delle capacità ... *dovrebbe essere quella di entrare e uscire dal meccanismo fisico a piacimento, per essere* uno strumento perfetto".

Anche se nominalmente protetto, questo potrebbe finire con il possesso del corpo lasciato libero da parte di qualche insegnante o mentore ossessionato, cosiddetto! Come incentivo, viene detto loro che con i sensi risvegliati "potevano comandare a uomini e donne, con la forza del pensiero, di fare qualsiasi cosa al loro comando. Potevano guarire fino a resuscitare i morti...". Poteri enormemente pericolosi nelle mani di uomini malvagi, maestri o discepoli!

Per quanto riguarda il loro cristianesimo protestante, potrebbe essere classificato con i primi gnostici o persino con gli ebrei cabalistici, come espresso oggi in molte sette illuminate. Come dice il Mentore di William Pelley:

> "Noi [come cristiani] inventiamo per così dire l'idea del Christos, riconosciamo nel Cristo il Principio Creativo distinto in un ordine peculiare di Spirito Avatar... che svolge una certa missione a se stesso e alla razza umana, che allo stesso modo è "parte" di se stesso... Cristo Gesù l'*uomo* e Christos-Signore, il Santo Spirito Angelico avatar venuto sulla terra per incarnare il bene [la luce] sono distinti e separati".

come adulto e come scolaro. Spiegano poi che l'antico "tu", in ogni uomo, è il Dio-spirito, il Dio-cosa, il Christos Magic Man, il Logos individualizzato, la parola individuale fatta carne. Questo è semplicemente il principio creativo in ognuno, positivo e negativo, il Bene e il Male gnostico, la luce e la materia.

Ancora una volta si sente l'eco del "fantomatico" Cristo manicheo: "Gli ebrei come popolo non hanno crocifisso Cristo". È stato crocifisso da alcune "psiche dissuasive e maligne" che si sono incarnate in corpi ebraici "per colpire il Logos della Luce che essi riconoscevano essere divampato in Gesù, l'uomo... È stata la *psiche di* Gesù l'Avatar [forza illuminante] che essi hanno malignamente tramato per togliere di mezzo".

William Pelley adotta l'insegnamento della Grande Piramide del dottor Davidson, dichiarando che contiene una rivelazione divina ed è la chiave di tutti gli eventi quotidiani, e chiede:

> "Come è accaduto che all'epoca della rivoluzione americana, quando non si sapeva quasi nulla dell'interpretazione matematica del grande monumento, il suo simbolismo sia stato utilizzato con concreta esattezza sul Grande Sigillo degli Stati Uniti, indicando che era compito dell'America ripristinare il dominio di Cristo sulla terra?".

Ora Charles Sotheran, di New York, massone di molti gradi, iniziato della Rosy Cross e di altre società segrete, scrisse a Mme Blavatsky, l'11 gennaio 1877: "Nel secolo scorso gli Stati Uniti sono stati liberati dalla tirannia della Madrepatria grazie all'azione delle società segrete, più di quanto comunemente si immagini". Il Sigillo degli Stati Uniti non fu forse l'ispirazione di queste società segrete?

È curioso trovare lo stesso Sigillo e la Statua della Libertà usati come simboli del "Nuovo Ordine dei Secoli", della Rosacroce e dell'Illuminismo, il cui capo è il dottor Swinburne Clymer, apparentemente sotto la direzione del misterioso Consiglio Segreto Internazionale dei Nove, che si dice sia rosacrociano, con il suo centro in Francia. Il dottor Randolph, fondatore originario del Gruppo nel 1864, riconduce i Rosacroce, una vasta Confraternita segreta, ai Sabei e li definisce fondatori della "civiltà semitica". William Pelley si scontra soprattutto con l'ebreo della finanza internazionale, ma l'insegnamento psichico del Christos-Logos della Luce del suo mentore non rimanda forse al culto primitivo sabeo delle stelle e del serpente, da cui è nata la "civiltà semitica"? Egli non sa nulla dei suoi mentori psichici se non ciò che essi hanno scelto di trasmettergli; il loro scopo non potrebbe essere la scristianizzazione degli Stati Uniti e l'instaurazione di questa "civiltà semitica", una cosiddetta "democrazia cristica" gnostica, governata e diretta da "voci invisibili ma insegnanti viventi"? Come ha sottolineato l'*Enciclopedia Ebraica*, lo gnosticismo "aveva un carattere ebraico molto prima di diventare cristiano".

È stato pubblicato un opuscolo che dà un'idea generale della dottrina di questa proposta "Democrazia di Cristo", di cui riportiamo alcuni estratti:

> "Sapete che ci sono uomini e donne in questa nazione che sono in grado di guardare all'immediato futuro con una visione trascendente e di discernere con precisione una completa metamorfosi delle nostre attuali istituzioni secondo linee più salutari? Ciò significa, in parole povere, che sono in grado di vedere quali miglioramenti nel nostro ordinamento politico ed economico deriveranno dall'attuale periodo di angoscia e turbolenza.

> "Vedono questi miglioramenti cristallizzarsi tra il 31 gennaio 1933 e il 4 marzo 1945, entrambe date scritte in grande nella Grande Profezia della Piramide. Vedono una vera democrazia stabilita negli Stati Uniti, alle condizioni della quale le seguenti innovazioni saranno realizzate senza alterare minimamente la nostra struttura governativa:

> "Una *Democrazia Cristica* in cui l'intera nazione è stata trasformata in una Grande Corporazione con i suoi cittadini votanti che sono gli azionisti comuni.

> "Una *Democrazia Cristica* in cui questi azionisti comuni, come uno dei principi della cittadinanza, ricevono automaticamente e irrevocabilmente un dividendo mensile di 83,33 dollari dalla Corporazione che assicura loro il sostentamento e li preserva per sempre dalla fame legata alla disoccupazione.

> "Una *Democrazia Cristica in* cui grandi quantità di azioni privilegiate della Grande Corporazione, che pagano dividendi, sono emesse ai cittadini in quantità variabili, dalle più basse alle più alte, per fornire loro incentivi all'iniziativa, all'industria, all'ambizione e alla parsimonia - tali azioni pagano dividendi in aggiunta al dividendo da fame delle azioni comuni della cittadinanza, che non possono essere comprate, vendute, scambiate o altrimenti manipolate da gruppi o individui predatori.

"Una *Democrazia Cristica* in cui la produzione annuale è strettamente regolata dalle capacità di consumo dell'intera cittadinanza e non dal suo potere d'acquisto monetario".

"Una *Democrazia Cristica* in cui il denaro in forma di moneta viene scartato come arcaico, e tutti i cittadini fanno affari con una forma di assegno attraverso una Banca Federale, il quale assegno viene usato solo una volta esattamente come i vaglia espressi del presente.

"Una *Democrazia Cristica* in cui tutti i diritti alla proprietà privata e personale sono preservati e protetti dal governo.

"Una *Democrazia Cristica* in cui non ci siano più tasse sui cittadini di qualsiasi tipo, essendo la tassazione arcaica come la moneta. Una *Democrazia Cristica in* cui non ci siano affitti per l'occupazione della proprietà della casa, essendo gli affitti arcaici e predatori come le tasse sulla moneta e gli interessi, ma sostituiti da un sistema in base al quale ogni occupante che paga per vivere in una struttura è impegnato ad acquistare quella proprietà, in tutto o in parte.

"Una *Democrazia Cristiana in* cui i pignoramenti di proprietà di qualsiasi natura sono illegali.

"Una *Democrazia Cristica* in cui tutti i cittadini entrano in un Servizio Civile Federale ricostruito sulla base dell'efficienza e graduato nella retribuzione in base all'industria o al talento del lavoratore.

"Una *Democrazia Cristica in* cui tutte le leggi, indipendentemente dal loro carattere, non possono diventare legge finché non sono state approvate con il voto privato del 51% dei cittadini a cui si applicano.

"Una *democrazia cristologica* in cui i funzionari disonesti o incompetenti possono essere richiamati all'istante con un voto del 51% della cittadinanza in ogni distretto in cui operano.

"Una *Democrazia Cristica* in cui tutte le votazioni, sia a favore che contro i titolari di cariche, avvengono attraverso il servizio postale invece che attraverso il macchinoso e arcaico seggio elettorale".

"Una *democrazia cristiana* in cui tutti i voti espressi, a favore o contro un uomo o una misura, sono conservati come proprietà pubblica e pubblicati integralmente, evitando così un conteggio disonesto dei voti.

"Non si tratta né di socialismo né di comunismo, ma di un principio di governo umano completamente diverso che è durato per 300.000 anni ad Atlantide, per innumerevoli generazioni in Perù prima dell'arrivo degli spagnoli e per 2.500 anni in Cina prima del rovesciamento dei Manciù - i cui dettagli sono rigorosamente soppressi e censurati dalle moderne istituzioni educative sostenute dalle dotazioni dell'attuale elemento predatorio dello Stato barbarico moderno".

Questo è il piano di governo proposto dal "fratello maggiore" di William Pelley, sotto un misterioso "Principe della Pace".

Quello che segue è un ulteriore esempio dei metodi di questi invisibili tiratori di fili che governerebbero il mondo attraverso uomini e donne addestrati e psichicamente sviluppati. In questo sembra essere coinvolta la Psychical Research of America.

Un amico americano ci ha inviato un piccolo libro, *Let us in,* che sostiene di essere una comunicazione ricevuta nel 1931 dal professor William James, morto nel 1910. Tuttavia, secondo una persona che per anni ha vissuto vicino a lui, questo libro non rappresenta James né da vivo né da morto! A giudicare dal contenuto, si può concludere che dietro a quel nome si nasconde in realtà una di queste misteriose menti. In questo caso è stato utilizzato come medium un gruppo di due uomini e una donna (il ricevente), uno dei quali era Bligh Bond, all'epoca redattore della *Ricerca Psichica* per la Società Americana di Ricerca Psichica, ben noto anche agli Spiritisti e agli Illuminati di questo Paese grazie ai suoi libri su Glastonbury, *The Gate of Remembrance* e *The Hill of Vision.* In una nota a questo libro scrive: "Il loro controllo invisibile (William James e il suo gruppo) sulle politiche di *ricerca psichica* mi è stato più volte impresso nel corso del mio lavoro quotidiano qui". Alcuni estratti di *Lasciateci entrare daranno* un'idea di questo comunicatore segreto e dei suoi obiettivi nell'utilizzare questo gruppo, dando insegnamenti che, una volta pubblicati, avrebbero orientato il pubblico psichico, attirando altri nella sua rete.

Il loro Dio è il Dio della massoneria, lo Yahveh degli ebrei: "Il segreto interiore dell'evoluzione è che Dio, il *principio vitale,* sta evolvendo dall'interno della sua creazione ogni sua parte...". Delle forze duali manichee, luce e tenebre, bene e male, si dice:

"È della massima importanza che gli uomini sulla terra si rendano pienamente conto dell'esistenza di questi due campi e si avvalgano dell'aiuto dei Portatori di Luce [Luciferiani] le cui armi sono l'amore e la vita... Anche le forze dell'ignoranza si sono reincarnate, ed è la guerra tra le tenebre e la luce che è ora su di noi... La sostanza che chiamiamo amore è più duratura dell'acciaio... ci sono leggi legate al suo uso".

È il fluido magnetico dei Rosacroce! "È la materia prima dell'universo. È Dio stesso, il Ultimate (forza vitale). È manipolato dal pensiero e dalla volontà".

Per la guarigione mentale:

"Grazie alla vostra fede nell'esistenza di questa grande sostanza primaria, siete in grado di impiegarla e siete liberi di farlo. La vostra parola o il vostro pensiero chiaramente formulato sono, per così dire, il filo che conduce il potere alla persona che ne ha bisogno... Allora chiamateci!". Questa guarigione magnetica, quindi, significa collegare il paziente a queste menti-maestre! E questo deve essere usato per eliminare le cosiddette "entità invasive", ma questi comunicatori devono essere essi stessi inclusi in questo termine, perché dicono: "In realtà non si tratta di farci entrare; noi siamo già dentro e vogliamo che tu lo sappia; già dentro nel bene e nel male!".

Sempre per scopi politici:

"Sedetevi dove siete e rivolgete il potere del vostro pensiero direttamente su quel leader lontano e forse potente, invocando l'aiuto delle vostre forze psichiche speciali (guida) per aiutarvi a portare il potere divino su quella persona o gruppo di persone!...".

di collaborare con i loro schemi o di contraddirli, a seconda di ciò che fa comodo a questi padroni! Anche in questo caso si apre un punto di attacco per questi manipolatori occulti! In modo simile, ai membri della R.R. e della A.C. è stato insegnato a concentrarsi sulla Russia nel 1917-18!

Della Russia si dice:

"Il problema russo è della massima importanza. L'intero universo è costruito sul principio dei punti focali... La Russia è il luogo in cui, per comune consenso di forze al di fuori della vostra comune conoscenza [!], si sta avviando un esperimento che intende coinvolgere l'intera razza umana. Questo è stato previsto da secoli. *Gli eventi che hanno portato a questo esperimento, il seme da cui è scaturito, sono stati gettati secoli fa!*". - Illuminare l'ebraismo!

Ciò che il massone de Luchet disse dell'Illuminismo nel 1789 è altrettanto vero oggi:

> "C'è un certo numero di persone che è arrivato al massimo grado di impostura. Hanno concepito il progetto di regnare sulle... opinioni e di conquistare la mente umana".

Il corrispondente del *Morning Post di* New York, il 13 maggio 1935, riportava:

> "Una difesa editoriale di una relazione del dottor Harold Cummins, pubblicata a Londra, sulle impronte digitali ectoplasmatiche, ha indotto l'American Society of Psychical Research a licenziare Frederick A. Bond, direttore della sua rivista...

> "In seguito al suo licenziamento, il signor Bond ha accusato la politica dei fiduciari di essere stata fissata da un gruppo "più o meno impegnato a sostenere un interesse particolare, cioè la medianità della signora Crandon ["Margery"] e la difesa del suo carattere soprannaturale". È la seconda volta che i circoli psichici americani si dividono su "Margery".

Questo è il valore delle indagini condotte dalla Società di Ricerca Psichica, che spesso si riducono a sedute spiritiche e a giocare con i fenomeni medianici.

CAPITOLO XIII

SOCIETÀ SEGRETE IN AMERICA, TIBET E CINA

L'A.M.O.R.C. - *Antico Ordine Mistico della Croce Rosata o Antiquae Arcanae Ordinis Rosae Rubeae et Aureae Crucis* - la cui Gran Loggia Suprema si trova ora a San José, in California, è stato fondato dal dottor H. Spencer Lewis, già presidente per molti anni dell'Istituto di Ricerca Psichica di New York. Si dice che nel 1909 si sia recato in Francia, dove il Consiglio Supremo della Rosacroce Europea accettò i suoi progetti e autorizzò la Giurisdizione francese a sponsorizzarli. Tornò in America e, dopo molte attività ufficiali, il loro Consiglio Supremo fu organizzato a New York City, nell'aprile del 1915, e nel 1916 si tenne un convegno nazionale a Pittsburgh, in Pennsylvania; fu adottata una costituzione e fu fondato l'Ordine, che ora si dice operi in base a una Carta ricevuta dal Consiglio Internazionale in Europa.

Essi affermano che "negli Stati Uniti, ecc. ci sono sedi di Collegio, Università e Logge, nonché gruppi di studio in ogni città e paese importante"; inoltre, la giurisdizione estera comprende Grandi Logge "in Inghilterra, Danimarca, Olanda, Francia, Germania, Austria, Russia, Cina, Giappone, Indie Orientali, Australia, Svizzera e India". Il Collegio dell'Ordine in Oriente si trova in India". Hanno anche un centro a Londra e, a quanto pare, una sede centrale a Bristol. La loro rivista si chiama *The Rosicrucian Digest.*

Dicono di non essere "affiliati o collegati in alcun modo con altre società, né con alcun culto o movimento", ma è curioso notare la somiglianza del nome con quello dell'Ordine Interiore della

Stella Matutina - Ordinis Rosae Rubeae et Aureae Crucis - che ha anche un centro a Bristol! Inoltre, oltre ad avere, secondo René Guénon, diversi teosofi come aderenti, la signora Ella Wheeler Wilcox, si dice, fu una loro forte collaboratrice, e sappiamo che le sue poesie, ad esempio "New Thought Pastels", sono anche variamente citate a sostegno delle idee sia del Movimento del Nuovo Pensiero che della Cosmo-Concezione Rosacrociana di Max Heindel. Da informazioni ricevute dall'America nel 1930, apprendiamo che l'A.M.O.R.C. aveva il suo tempio in Boylston Street, a Boston, nel Massachusetts; l'Imperatore era Harve Spencer Lewis, Ph.D., F.R.C., che si diceva fosse anche Membro del Supremo Consiglio R.C. del Mondo, Legato dell'Ordine in Francia, Sacerdote Ordinato dell'Ashrama in India, Consolare Onorario della "Corda Fratres" d'Italia, Sri Sabhita, Grande Loggia Bianca, Tibet, Rex Universitatis Illuminati, e Membro del Collegio Rosa-Croce dell'Ordine Rosacroce. Infine, sostengono di essere l'unica organizzazione rosacrociana in America invitata a partecipare a tutte le recenti convenzioni internazionali o sessioni del Consiglio tenutesi in terre straniere.

Considerano l'Egitto come una delle prime scuole arcane della Luce, da cui il loro opuscolo, *La Luce dell'Egitto,* di Sri Ramatherio, 1931, in cui ci dicono che il loro simbolo è la croce con una sola rosa rossa al centro: l'uso di più rose, dicono, non è l'antico emblema. Gli Steineriti e Max Heindel ne usano sette! La R.R. et A.C. ne ha una al centro della croce, che è divisa in dodici, sette e tre petali - lo zodiaco, i pianeti e gli elementi, simbolo dell'universo - e nel suo cuore c'è di nuovo la rosa di rubino e la croce di luce, il tutto a significare l'uomo o il microcosmo crocifisso sulla croce dell'Illuminismo, sacrificato alle ambizioni del Potere dietro l'Ordine. Nell'emblema registrato dell'A.M.O.R.C., sopra la Croce Rossa del sacrificio, si trova il Talismano ebraico del potere, il Sigillo di Salomone, i Triangoli intrecciati - come sopra così sotto.

Negli Stati Uniti pubblicizzano il loro Ordine con convegni nazionali e centinaia di articoli su giornali e riviste che illustrano i vantaggi offerti.

In questo Paese, attraverso pubblicità su riviste a tutta pagina, promettono potere personale, successo, salute e prosperità da raggiungere attraverso "l'espiazione con le forze creative cosmiche e la guida ispirativa". Sostengono di essere non settari, senza limitazioni di razza o sesso, e credono nella fratellanza universale, come la maggior parte degli altri culti di questo tipo. Sostengono inoltre di essere l'unico movimento rosacrociano in tutto il mondo che opera come un'unità.

Uno dei loro metodi per raggiungere questa unità è una forma di insegnamento privato per corrispondenza, per lo studio e gli esperimenti di sviluppo dei centri psichici e dell'aura, e anche metodi per usare la legge del Triangolo, con esercizi di respirazione, vibrazioni, forme di pensiero, ritmo, metodi ed esperimenti per ricevere l'Illuminazione cosmica, tutti da usare e testare negli affari quotidiani! Si suggerisce di riservare una parte di ogni giovedì sera a questi esperimenti e concentrazioni, "poiché questa è la Notte Rosacrociana in tutto il mondo, e significa maggiore potere attraverso le moltitudini che sono così sintonizzate". E in questa unione universale e internazionale, l'A.M.O.R.C. offre ai suoi membri l'associazione con le menti maestre delle leggi della natura - i Fratelli della Croce Rosata.

Parlano dell'impulso della Mente Cosmica, della voce ancora piccola che chiamano intuizione, ma non è piuttosto la voce delle menti padronali internazionali che, con la scusa di "salvare la civiltà", cercano di pervertirla e di dominare il mondo attraverso gli inganni uniti e orientati di tutte queste società illuminate senza fine?

CONFEDERAZIONE DEGLI INIZIATI

Un altro gruppo rosacrociano è la Scuola Segreta, Confederazione degli Iniziati, che si avvale della Philosophical Publishing Company, Beverly Hall, Penn, U.S.A.; si dice che quest'ultima abbia sostituito la Società Umanitaria, fondata nel 1864, con il nome di Rose-Cross Aid, da Dr. Paschal Beverly Randolph - amico di Lincoln - che, si dice, abbia anche fondato il vero Ordine Rosa-Croce americano nel 1852. L'Illuminati Rose-Cross College fu fondato negli Stati Uniti nel 1774.

L'attuale direttore della Philosophical Publishing Company è R. Swinburne Clymer, M.D., discendente di George Clymer, che firmò la Dichiarazione di Indipendenza; esercita a Filadelfia, tiene lezioni in vari istituti di medicina, ha circa cinquantanove anni ed è massone di 32nd grado. Nel 1932 è stato Gran Maestro Supremo dell'Ordine Figli di Iside e Osiride - 38 gradi, sostiene il Collegio del Santo Graal e la Nuova Chiesa dell'Illuminazione. Tutti e tre i movimenti sono inclusi nell'Uomo-Isis, il Nuovo Ordine delle Ere. L'Uomo-Isis insegna lo sviluppo dell'antico fuoco, la scintilla del Cristo cosmico, le doppie forze creative nell'uomo, che portano alla deificazione; accoglie la venuta del Gran Maestro Giovanni come precursore di Apollonio di Tyana, e per loro gli Esseni rappresentano la Grande Loggia Bianca (ebraica!). Essi professano di abbracciare il lato esoterico di tutte le religioni.

Il dottor Clymer ha scritto molti libri sui Rosacroce e sui loro insegnamenti, e alcuni, almeno, sono stati pienamente approvati dal misterioso Consiglio Segreto Internazionale dei Nove, che apparentemente dirige la Confederazione degli Iniziati. Abbiamo il seguente messaggio, che sembra essere stato emesso da questo Consiglio per quanto riguarda l'ammissione degli aspiranti, datato 5 febbraio 1932:

"Questa è la Nuova Dispensazione e il lavoro delle Fraternità Spirituali e Mistiche deve essere ristabilito in tutto il mondo, in modo che tutti i popoli possano insegnare la Legge e quindi essere in grado di applicarla per il miglioramento universale come unico mezzo per salvare l'umanità... Noi, il Consiglio dei Nove, abbiamo scelto la vostra organizzazione, una delle più antiche in America, per aiutare a svolgere questo lavoro. Questo deve essere realizzato in modo tale che non vi sia alcuna questione di interesse personale. Possiamo suggerirvi di scegliere come metodo quello dell'Ordine Esseno precristiano in cui fu formato Gesù [?] ... accettando in buona fede tutti gli studenti che ne fanno richiesta, su base assolutamente gratuita, istruendoli alla maniera antica e permettendo a questi studenti di compensarvi su base di scambio? ..."

(firmato) COMTE M. DE ST. VINCENT, Primo Ministro Plenipotenziario del Consiglio dei Nove delle Confraternite del mondo.

Si dice che gli scritti del dottor Randolph "fissano positivamente la Scuola Segreta in Francia". Inoltre, egli spiega "autorevolmente" i Rosacroce:

"Molti, anche se non tutti, gli alchimisti e i filosofi ermetici erano accoliti della vasta Fratellanza Segreta che ha prosperato fin dai tempi più remoti... i membri di questa unione mistica erano i Magi di un tempo, che fiorirono in Caldea secoli prima che uno di loro lasciasse le pianure native e fondasse in terra straniera la confederazione ebraica. Erano il popolo originario di Saba, i Sabei, che per lunghi anni precedettero i saggi della Caldea. Da questa Grande Fratellanza nacquero Brahma, Buddha, Lotso, Zoroastro, gli Gnostici, gli Esseni, e lì Gesù, che era egli stesso un Esseno, predicò la sacra dottrina della Fonte della Luce... Furono gli uomini che per primi scoprirono il significato del fuoco... Qualunque cosa di luce trascendente illumini ora il mondo, proviene dalle torce che essi accesero alla Fonte, da cui tutta la luce fluì su quella mistica montagna [dell'iniziazione]... Non c'è nulla di originale nella Taumaturgia, nella Teologia, nella Filosofia, nella Psicologia e nell'Ontologia, ma essi lo diedero al mondo...".

I Rosacroce, quindi, sono Illuminati di quella Cabala Magica degli Ebrei, nata dalle acque di Babilonia!

Come cita il dottor Clymer nel suo *Filosofia del fuoco:*

"Esiste in Natura una forza potentissima, per mezzo della quale una singola persona, che ne fosse in possesso e sapesse come dirigerla, potrebbe rivoluzionare e cambiare l'intera faccia del mondo. Questa forza era nota agli antichi e il segreto è posseduto dalle Scuole Segrete dei giorni nostri. È un agente universale, la cui legge suprema è l'equilibrio; per cui, se la scienza riuscirà a imparare a controllarla, sarà possibile inviare un pensiero in un istante in tutto il mondo; guarire o uccidere a distanza; dare alle nostre parole un successo universale e farle riverberare ovunque".

La spiegazione è sempre la stessa;

"Esiste un Principio di Vita, un agente universale, in cui esistono due nature e una doppia corrente di amore e di ira. Questo fluido ambientale pervade ovunque... il Serpente che divora la propria coda.

... Con questo etere elettro-magnetico, questo calorico vitale e luminoso, sviluppabile in ognuno, gli antichi e gli alchimisti avevano familiarità... Quieto, non è apprezzabile da nessun senso umano; disturbato o in movimento, nessuno può spiegare il suo modo di agire se non l'Iniziato, e chiamarlo 'fluido' e parlare delle sue 'correnti' non è che velare un profondo mistero sotto una nuvola di parole".

Come gli ebrei di Alessandria, il dottor Clymer insegna che i libri sacri di tutte le religioni, compresi quelli degli ebrei e dei cristiani, non sono altro che parabole e allegorie delle dottrine segrete del Mistero interiore, la "creazione o evoluzione dei mondi e dell'uomo". Nella Dottrina Segreta non c'era un solo Cristo per tutto il mondo, ma un Cristo potenziale in ogni uomo". Questo è un uomo illuminato, il Pentagramma!

Parlando delle falsificazioni letterarie greco-giudaiche della Scuola ebraica di Alessandria, Silvestre de Sacy annota nel libro di Saint-Croix sui *Misteri del Paganesimo*, 1817:

"Se alcuni scrittori di oggi, nonostante la loro profonda erudizione, sembrano essere ingannati da queste imposture, non bisogna dimenticare che spesso l'indulgenza verso il paganesimo aumenta in proporzione alla diminuzione del rispetto per la religione rivelata, e che coloro che trovano nella mitologia e nelle credenze dei Greci i dogmi fondamentali di una religione illuminata e spirituale, o un sistema di filosofia sottile e trascendente, sono spesso, in realtà, coloro che vedono nell'Antico e nel Nuovo Testamento solo una mitologia fatta per i bambini, i dogmi fondamentali di una religione illuminata e spirituale, o un sistema di filosofia sottile e trascendente, sono spesso, in realtà, coloro che vedono nell'Antico e nel Nuovo Testamento solo una mitologia fatta per l'infanzia della società e adattabile solo a uomini semplici e rudi.'"

JULIA SETON

Un altro di questi gruppi scristianizzanti di Illuminati è "La Chiesa Moderna" e la sua Scuola di Illuminismo, che si dice sia stata fondata nel 1905 dalla dottoressa Julia Seton allo scopo di preparare la strada alla "Nuova Civiltà". Si definisce una docente internazionale di per gli Stati Uniti, l'Europa e l'Australia. Ci dice che la

"La "Nuova Chiesa"... è riscattata da tutte le nazioni, da tutte le razze, da tutti i popoli, da tutti i credi, nell'Unica Vita che è in tutti [forza vitale universale]... che si manifesta nella non resistenza, nell'amore, nel servizio e nell'adorazione... La Scuola degli Illuminati è la moderna scuola di psicologia superiore e di misticismo, dove viene rivelata la saggezza antica e occulta. Insegna nuovi metodi di libertà sociale, etica, industriale, religiosa, internazionale e nazionale. L'insegnamento sta standardizzando il mondo e facendo confluire tutto il pensiero in un unico grande impulso universale".

Scrive ancora: "La mente New Age chiede: "Che cos'è Dio?"" e la risposta è:

"Dio è lo Spirito Cosmico, che si manifesta in tutto e attraverso tutto come un'intelligenza incessante e infallibile; tutta la natura è il corpo di Dio e si manifesta come un perfetto piano di creazione... Tutte le cose nascono dallo Spirito Cosmico, tutte le cose rinascono ad esso. *Lo Spirito cosmico aspetta di essere agito e l'uomo è l'attore...* Non può scegliere se non generare secondo il tipo di intelligenza che lo comanda... L'uomo è la massima espressione dello Spirito cosmico in forma sulla terra. Non è parte di Dio, né una sua creazione; è l'Intelligenza universale o lo Spirito cosmico stesso...".

Che non si tratti di una nuova religione lo riconoscerà qualsiasi studioso di antichi credi panteistici. Come dice M. Flavien Brenier, in *Les Juifs et la Talmud*:

"Ora, la dottrina filosofica dominante tra i dotti caldei... era il panteismo assoluto... identificato come una sorta di soffio della Natura, increato ed eterno; Dio emanava dal mondo, non il mondo da Dio... idee che essi [la Massoneria Ermetica] hanno ereditato dagli alchimisti del Medioevo, che le avevano prese dagli ebrei cabalisti".

Qui abbiamo la mente senza cervello, il Dio cieco della "Chiesa Moderna" della dottoressa Julia Seton, che aspetta di essere agito dall'uomo! Così vediamo in atto la "Nuova Civiltà" illuminata negativamente e standardizzata in un unico grande impulso universale messo in moto dalle menti maestre della "Grande Loggia Bianca", nel nome di Psicologia Superiore e Mistica. È una perversione luciferiana, un'ossessione.

ROERICH

Un altro distruttore della civiltà occidentale è Nicholas Roerich e il suo credo della "Nuova Era".

Nel 1925 Serge Whitman scrisse, nella *Prefazione:*

> "Noi che cerchiamo le vie della comprensione internazionale e la struttura della pace universale, dobbiamo guardare a Roerich come all'apostolo e al precursore del nuovo mondo di tutte le nazioni".

Nicholas Roerich, un russo vissuto per un certo periodo in America, è un pittore, filosofo e scienziato di fama mondiale. Fu segretario della Società per l'Incoraggiamento delle Arti in Russia e direttore della sua scuola, organizzando e coordinando l'impulso nativo e nuovo nella pittura, nella musica, nel teatro e nella danza, e il suo lavoro fu apprezzato da uomini come Andriev, Gorky, Mestrovic, Zuloaga, Tagore e altri che rappresentavano la *novità.* In seguito fu invitato a esporre i suoi dipinti in America e, rimasto lì, continuò il suo lavoro, unendo le arti per unire gli uomini. A questo scopo fondò la Corona Mundi, che nel 1922 assunse la forma del Centro Internazionale d'Arte del Museo Roerich di New York.

Nel 1929 presentò alla nazione americana il Museo Roerich, che conteneva 734 dipinti di sua proprietà. Le altre affiliazioni al Museo Roerich sono: il Master Institute, 1921, per l'insegnamento dei suoi nuovi ideali in tutte le arti; il Roerich Museum Press, 1925, per diffondere gli ideali della Nuova Era attraverso la pubblicazione di libri; inoltre Urusvati, Himalayan Research Institute, 1928, per la ricerca scientifica in medicina, botanica, biologia, geologia, astrofisica, archeologia, ecc. Rami e gruppi della Società Roerich sono stati organizzati in Europa, Asia, Africa, Sud e Centro America e Stati Uniti.

Dal 1924 al 1928 fu a capo di una spedizione che attraversò l'India, il Tibet, il Turkestan e la Siberia. Il suo diario di queste peregrinazioni è riportato nel libro *Altai Himalaya,* illustrato da numerose riproduzioni dei suoi dipinti mistici. Nell'altro suo libro, *Cuore dell'Asia,* Parte II, Shambhala, egli dà un resoconto di ciò che crede significherà questa Nuova Era. È la chiave del suo lavoro, della sua filosofia e della conseguente influenza sul mondo. Alcuni estratti lo chiariranno:

"Nel deserto sconfinato del Gobi mongolo, la parola Shambhala, o il misterioso Kalapa degli indù, suona come il simbolo più realistico del grande Futuro... Nel tempio del monastero di Ghum, non lontano dalla frontiera nepalese, al posto della consueta figura centrale del Buddha si vede un'enorme immagine del Buddha Maitreya, l'imminente Salvatore e Sovrano dell'Umanità [data probabile 1936]... L'insegnamento di Shambhala è un vero insegnamento di Vita. Come negli yoga indù, questo insegnamento indica l'uso delle energie più sottili, che riempiono il macrocosmo [l'universo] e che si manifestano con altrettanta potenza nel nostro microcosmo [l'uomo]... [esprime] non un semplice credo messianico, ma una Nuova Era di potenti energie e possibilità in avvicinamento... l'epoca di Shambhala sarà accompagnata da un grande slancio evolutivo... L'insegnamento della Vita da parte dei Mahatma dell'Himalaya ne parla in modo definitivo... Quello che fino a poco tempo fa era comunemente conosciuto come l'insegnamento della forza di volontà e della concentrazione è stato ora evoluto dall'Agni Yoga in un sistema di padronanza delle energie che ci circondano. Attraverso un'espansione della coscienza e un allenamento dello spirito e del corpo, senza isolarsi dalle condizioni del presente, questo Yoga sintetico costruisce un futuro felice per l'umanità...

"L'Agni Yoga insegna: 'Comprendere il grande significato dell'energia psichica - il pensiero e la coscienza umana - come grandi fattori creativi... La gente ha dimenticato che qualsiasi energia, una volta messa in moto, crea uno slancio. È quasi impossibile fermare questo slancio; perciò ogni manifestazione di energia psichica continua la sua influenza per slancio, a volte per molto tempo. Uno può aver già cambiato il suo pensiero, ma l'effetto della trasmissione precedente permea comunque lo spazio. In questo risiede il potere dell'energia psichica... [per essere ricettivi a questa energia psichica, i centri nervosi dell'uomo devono essere sviluppati]. Il centro del terzo occhio [ghiandola pineale] agisce in coordinazione con il calice [cuore o conoscenza del sentimento] e con la kundalini [forza sessuale]. Questa triade caratterizza nel modo migliore la base dell'attività dell'epoca che si avvicina. (Cioè che perverte la forza sessuale per portare l'illuminazione e indurre una ricettività negativa!]

"Durante lo sviluppo dei centri l'umanità avvertirà sintomi incomprensibili, che la scienza, nell'ignoranza, attribuirà ai disturbi più estranei. Perciò è giunto il momento di scrivere il libro delle osservazioni sui fuochi della Vita... I medici non trascurino!".

Ci si potrebbe chiedere quanti dei mali mentali, morali e corporei attuali siano dovuti alle pratiche psichiche di questi innumerevoli culti esoterici e illuminati che di fatto ossessionano gran parte dell'umanità moderna! È la creazione di un mostruoso robot messo in moto da fanatici e pazzi diabolici ma sconosciuti!

Sebbene Roerich abbia scritto: "L'evoluzione della Nuova Era poggia sulla pietra angolare della Conoscenza e della Bellezza", tuttavia egli dice che si tratta della Conoscenza e dello Splendore di Shambhala! E lo spirito di tutto il lavoro di Roerich è stato descritto da Claude Bragdon nella sua introduzione ad *Altai Himalaya* come la ricerca della "verità nascosta, della bellezza non rivelata, della *Parola perduta*". Questo è *I.N.R.I. - Igne Natura Renovatur integra* - Tutta la natura è rinnovata dal fuoco. Il fuoco della generazione universale! Il potere del Serpente!

Così il nuovo mondo sarà unificato per mezzo di queste energie cosmiche e psichiche, che senza dubbio culmineranno nel dominio e nel controllo del mondo da parte di un gruppo molto potente e positivo, superiore a tutti gli altri per sviluppo della forza di volontà e intensa concentrazione, che avrà una profonda conoscenza delle leggi di queste energie, così come della natura umana e delle sue debolezze, e che userà queste energie per preparare e governare uomini e donne sviluppati negativamente - un futuro davvero felice per l'umanità schiavizzata!

INIZIAZIONE TIBETANA

Scrivendo in *Iside svelata*, Mme Blavatsky disse:

> "La luce astrale e siderale, come spiegano gli alchimisti e Eliphas Levi nel suo *Dogme et Rituel de la Haute Magie*, e sotto il nome di 'Akasa' o principio vitale, questa forza onnipervadente era nota ai gimnosofi, ai maghi indù e agli adepti di di tutti i paesi migliaia di anni fa; è tuttora conosciuta e utilizzata dai Lama tibetani, dai fachiri, dai taumaturghi di tutte le nazionalità e persino da molti "giocolieri" indù.""

Inoltre, tutti i teosofi che derivano le loro dottrine, in parte o in toto, dagli scritti di Mme Blavatsky credono che i loro Maestri abitino in Tibet o siano legati a qualche potente gerarchia di quel luogo.

Nel libro *Tibet's Great Yogi Milarepa,* curato con un'introduzione da W. Y. Evans Wentz, si legge che "in tutto il Tibet e in Nepal, Bhutan, Sikkim, Kashmir e parte della Mongolia esistono tre scuole principali di filosofia buddista". In Tibet gli aderenti a queste scuole sono: (1) I Cappelli Gialli o Gelug-pas, la Chiesa consolidata del Buddismo del Nord, che esercita attraverso il suo capo spirituale, il Dalai Lama, sia il potere spirituale che quello temporale. (2) I Kargyutpa o "seguaci della successione apostolica". Si tratta della trasmissione della "Grazia Divina" dai Buddha attraverso il loro Guru Supremo Dorje-Chang alla linea dei Guru Celesti e quindi al Guru Apostolico sulla terra e da questi a ciascun Guru subordinato e da questi attraverso l'Iniziazione Mistica a ciascun neofita. Si tratta di una vera e propria catena magnetica. (3) I Berretti Rossi o scuola Adi-Yoga, la Chiesa non riformata. I Berretti Gialli riconoscono la superiorità dei Berretti Rossi in tutte le questioni legate più o meno alla magia e alle scienze occulte.

Poi ci sono i Bons, conosciuti come Berretti Neri, ordini monastici sopravvissuti della religione primitiva pre-buddista. Evans Wentz paragona i Kargyutpa ai cosiddetti gnostici cristiani e dice che, secondo alcune scuole gnostiche, "Dio Padre era misticamente l'Uomo Primordiale, l'*Anthropos* o I.A.O. (il principio vitale) paragonabile all'Adi-Buddha dei Kargyutpa e di altre sette del Buddismo del Nord". In entrambe le fedi la liberazione dipende dai propri sforzi; c'è una somiglianza nella cerimonia di iniziazione, ed entrambe usano mantra; entrambe personificano il Principio femminile in natura come "Saggezza", entrambe credono nella rinascita. Per i grandi yogi esiste una sola famiglia, una sola nazione: l'umanità!

Per quanto riguarda l'iniziazione mistica, Mme A. David-Neel, nel suo *Initiations and Initiates in Tibet,* ci fornisce molti dettagli illuminanti che mostrano la stretta somiglianza tra i metodi e le credenze delle sette lamaiste e quelle delle numerose sette gnostiche e cabalistiche di oggi. In Tibet, l'idea di un Dio personale supremo, un Essere eterno e onnipotente, il Creatore del Mondo, non ha mai prevalso; essi non considerano altro che la legge di causa ed effetto, con le sue molteplici combinazioni. Sotto il nome di metodi esoterici o mistici, i lamaisti includono in realtà un addestramento psichico positivo e la salvezza [Liberazione] è un traguardo arduo e scientifico. L'iniziazione tibetana o "angkur" è soprattutto la trasmissione di un potere, di una forza, attraverso una sorta di processo psichico, in modo da comunicare all'iniziato la capacità di compiere qualche atto particolare o di praticare certi esercizi che tendono a sviluppare varie facoltà fisiche o intellettuali. Esistono tre tipi di insegnamenti, metodi e iniziazioni: exoterici, esoterici e mistici.

Esotericamente esistono esseri potenti o "Yidama" che, si dice, proteggono coloro che li venerano. Esotericamente questi "Yidama" sono rappresentati come forze occulte e i mistici li considerano manifestazioni dell'energia insita nel corpo e nella mente. Le iniziazioni mistiche hanno quindi un carattere psichico. La teoria è che l'energia emanata dal Maestro o da altre fonti più occulte possa essere trasmessa al discepolo che è in grado di "attingerla" dalle onde psichiche in cui è immerso durante la celebrazione dei riti angkur. Al discepolo viene offerta l'opportunità di "dotarsi di potere".

Con la meditazione i Maestri sviluppano nei loro allievi alcune facoltà psichiche per mezzo della telepatia o di gesti simbolici, una forte forma di suggestione, che risveglia le idee. Prima di un angkur mistico, il Lama iniziatore rimane per alcuni giorni o alcuni mesi, a seconda del grado da conferire, in uno stato di profonda concentrazione, o come si esprime Mme David-Neel: "Il Lama si accumula di energia psichica come un accumulatore si accumula di elettricità".

Dopo l'iniziazione, l'aspirante si ritira e si prepara mentalmente e fisicamente a ricevere la forza che gli verrà trasferita. Regola le sue pratiche religiose, il cibo e il sonno secondo le indicazioni del suo Maestro. "Si sforza anche di svuotare la sua mente da ogni attività di ragionamento, in modo che nessuna attività mentale o fisica possa avere luogo, costituendo così un ostacolo al flusso di energia che deve essere riversato in lui". Per il successo è necessario un certo grado di abilità nell'esercizio dello Yoga, principalmente la padronanza dell'arte della respirazione. Al candidato del "Sentiero breve", quando chiede di essere ammesso come discepolo, viene ricordato il rischio di incorrere in malattie pericolose, follia e alcuni eventi occulti che possono causare la morte. Considerando le forze utilizzate, ciò può essere compreso. Il discepolo deve avere fede nel suo Maestro iniziatore e nell'efficacia dell'angkur che gli conferisce.

Ci si può quindi rendere conto dei pericoli a cui l'adepto è esposto in queste alte iniziazioni mistiche e psichiche, comuni a tutte le sette gnostiche e cabalistiche, soprattutto se si ricorda che in tutte queste sette moderne l'adepto e maestro iniziatore è egli stesso un mero intermediario, orientato e controllato, che esegue gli ordini di una qualche sconosciuta e ambiziosa Gerarchia di Superuomini che, come racconta Mrs. A. A. Bailey di New York, vorrebbe dominare le nazioni attraverso tali strumenti, plasmati per occupare i vari posti designati, portatori di luce delle tenebre che conducono i popoli a commettere suicidi mentali, religiosi, nazionali e razziali per far posto a una mostruosa Nuova Era, nuova civiltà, nuova religione soggettiva.

SOCIETÀ SEGRETE IN CINA

In *Les Sociétés Secrètes en Chine (Le società segrete in Cina),* 1933, il tenente colonnello B. Favre mostra l'antichità di queste società segrete cinesi e come i loro metodi e le loro organizzazioni siano per molti versi simili a quelli europei e di altri Paesi, e soprattutto come la loro influenza si sia manifestata durante le rivolte del XVIII e XIX secolo. Egli afferma che le scoperte effettuate in poco più di vent'anni nel Turkestan, in Cina, in Mongolia, in Persia e in Afghanistan rivelano un legame più stretto tra i popoli antichi di quanto si sia finora creduto. Il segreto di queste società, dice, nasconde il loro lavoro, e un complicato rituale, pratiche magiche e religiose e cerimonie di iniziazione creano tra i membri, legati da un giuramento, l'atmosfera necessaria per risvegliare un grande entusiasmo. "Guidare il popolo significa mettere le passioni al servizio di un'idea". In Cina queste società segrete politiche si basano principalmente sul taoismo e sul confucianesimo, e l'idea di famiglia e di clan viene utilizzata per legare i membri.

Egli ci dice che la dinastia Han fu una delle più brillanti della storia cinese; immense conquiste misero l'Impero in contatto con popoli lontani, si stabilirono interscambi culturali della massima importanza, e durante questo periodo, in cui le passioni di ogni genere si manifestavano all'estremo, fiorirono le società segrete. Dopo la caduta degli Han, il buddismo raggiunse un notevole sviluppo e, tra le dieci grandi scuole o sette buddiste sorte in Cina, una delle più antiche fu quella del *Loto,* nota come Amidismo, fondata in Cina nel IV secolo. Non si trattava di un buddismo primitivo, che forse ricevette i suoi dei dalla Persia o dalla Siria; in seguito fu chiamato *Loto Bianco* e fu una religione di amore, pietà e devozione ingenua, che conquistò la Cina e il Giappone ed è forte ancora oggi.

Più tardi, con il nome di "Associazione del Fior di Loto", cessò di essere una confraternita religiosa. Nel XIV secolo, ancora buddista, la setta bruciava profumi, praticava la divinazione, usava i pentacoli ed era soprattutto messianica; annunciava l'incarnazione di Maitreya, il futuro Buddha, così spesso atteso in varie date. Qui l'autore nota la probabile connessione tra il nome Maitreya, il persiano Mithra, e il Mi che ho, il Messia manicheo. Il *Lotus Blanc*, avendo collaborato alla caduta delle dinastie Yuan e Ming, dovette assistere al rovesciamento degli Tsing. Il "Nuage Blanc", a volte confuso con il Lotus Blanc, era, secondo Padre Wieger, contaminato dal manicheismo; il suo capo era filantropo, vegetariano, invocava gli spiriti e i suoi adepti, come i manichei, non si sposavano e rifiutavano di procreare. Nel corso del XIX secolo le affiliazioni del Monte Loto esercitarono una notevole influenza sugli eventi storici della Cina, e ancora oggi esistono.

La *Triade* o Hong è un'associazione, conosciuta con vari nomi in Cina e nelle colonie cinesi di Sonde, Insediamenti dello Stretto e Indocina; la sua origine è sconosciuta, ma la sua prima apparizione è certa nel 1787. È probabile, dice l'autore, che la Hong (Triade) si sia formata verso l'inizio del XVIII secolo, dato che se ne parla dal 1749 al 1832 in diversi editti ufficiali, in relazione a movimenti sediziosi a cui ha partecipato. I cinesi credono nell'occultismo e nella magia; per loro è una disciplina scientifica, un sistema filosofico e pratico che permette loro di penetrare al di là del sensibile e di dominare le forze che li circondano; ha le sue leggi e la sua logica. Il loro capo o "Venerabile" era conosciuto come "Fratello Maggiore". Ci sono anche molti legami apparenti tra la Triade e la Massoneria: entrambe praticano la fraternità e mirano al perfezionamento morale dell'umanità. Hanno la stessa concezione dell'Universo che si manifesta nella dualità cinese - Yin e Yang - e nella Massoneria con le Colonne di Jakin e Boaz. Entrambi vedono la "Luce" e un certo numero di simboli e riti sono comuni a entrambi; il segno del Fuoco in Hong è anche massonico. Ci si può chiedere se non siano entrambi di origine sabeista. Secondo Confucio, Chang-ti, il principio universale dell'esistenza, è rappresentato sotto l'emblema generale del firmamento visibile e sotto i simboli particolari di Sole, Luna e Terra.

Le attività politiche della Triade si intensificarono negli anni precedenti la rivoluzione del 1911. Queste società segrete hanno agito per tre secoli alternativamente nel campo rivoluzionario e in varie forme di brigantaggio. Sun Yat-sen spiega così perché i nazionalisti si servirono fin dall'inizio di questa colletta di uomini, vagabondi senza famiglia; i nazionalisti non potevano più confidare le loro idee all'élite, dovevano metterle in un ricettacolo dall'aspetto ripugnante, gli Hong-men, che nessuno si sarebbe sognato di cercare. Queste idee venivano trasmesse oralmente, secondo la tradizione delle società segrete, e venivano tenute segrete. Sun Yatsen si rese conto di non poterle più utilizzare senza pericolo dopo il rovesciamento degli Tsing. La sopravvivenza della Triade deve quindi essere cercata tra le bande, rosse o meno, che, dopo le guerre civili, pullulavano nella maggior parte delle province dedicandosi a imprese oscure.

A proposito di questi banditi e delle loro società, l'autore cita una lettera aperta di un giornale di Tientsin, *Ta pong pao*, del 4 novembre 1930, intitolata "Briganti nella regione di K'ouang p'ing". Vi si legge che dopo la caduta della dinastia Ming, quando la rivolta mirava a rovesciare gli Tsing per ripristinare i Ming, le società segrete riunirono questi vagabondi o banditi nella Società dei Ko-lao houei, i "Vecchi Fratelli". La maggior parte dei padroni di giunche e sampan sono affiliati ai banditi, e i membri affiliati devono essere strettamente uniti, osservare la giustizia, essere soggetti a una disciplina rigorosa; chi è inadempiente deve essere giudicato severamente; tutti sono uguali e non devono darsi alla dissolutezza e alla rapina. Rendono omaggio agli antenati delle dinastie; entrando nelle proprie case devono venerare il Cielo, la Terra, il Sole, la Luna e le Stelle, i santi, i Maestri delle tre dottrine e dei cinque elementi. Usano un linguaggio segreto e si riconoscono l'un l'altro attraverso domande poste e risposte a seconda delle necessità.

Pertanto, aggiunge il colonnello Favre:

> "Questi uomini all'interno di queste associazioni hanno uno statuto, un rituale; ma le abitudini mistiche sono scomparse; il rituale è democratizzato, rimane religioso e morale. Ma c'è qualcosa di paradossale in questo, dato che queste bande vivono di crudeltà e saccheggio".

Lo stesso apparente paradosso si ritrova nelle moderne società segrete in Europa e in America; in apparenza sembrano organismi religiosi e morali, ma sotto tutto scorre l'eterno grido di rivolta:

> "Tutto, sì, tutto deve essere distrutto, poiché tutto deve essere rinnovato".

CAPITOLO XIV

LA SINARCHIA DI AGARTHA

MARCEL LALLEMAND scrive in *Note sull'occultismo:* "Sotto l'influenza della Teosofia, l'occultismo è associato a visioni di biblioteche sepolte nelle grotte dell'Himalaya". Per molti anni si è scritto molto tra alcune di queste società segrete sulla misteriosa gerarchia e sulle biblioteche sotterranee di Agartha. Avendo letto *Mission de l'Inde en Europe, Mission de l'Europe en Asie,* scritto nel 1886 da Saint-Yves d'Alveydre, siamo portati a concludere che si tratta di una realtà più o meno simbolica, che Agartha non è di un solo Paese, di una sola nazione, ma universale; che la gerarchia è, a quanto pare, un gruppo di magi e iniziati cabalistici e gnostici, con legami con la Scuola ebraica di Alessandria, che cercano di unificare, attraverso molte sette giudaico-cristiane, di dominare e governare segretamente il mondo occidentale e infine di unire l'Oriente all'Occidente; che con ogni probabilità le misteriose biblioteche sotterranee consistono semplicemente in ciò che è noto come "Registri Akashici", akasa che significa etere, che secondo questi iniziati ha impresso su di sé tutti gli avvenimenti mondiali passati, presenti e futuri. Per questo sostengono di essere in grado di attingere all'etere e di recuperare la natura e gli inizi dell'uomo preistorico e delle antiche civiltà, come ad esempio i loro resoconti mistici delle epoche Lemuriana e Atlantidea.

Scrivendo di queste antiche epoche di Lemuria e Atlantide, Edouard Schure in *Dalla Sfinge al Cristo* spiega: "Il dottor Rudolf Steiner, dotato di conoscenze esoteriche e di una chiaroveggenza molto sviluppata, ci ha fornito molti scorci inediti e sorprendenti della costituzione fisica e psichica degli

Atlantidei in relazione all'evoluzione umana anteriore e posteriore".

C'è tuttavia motivo di sospettare che la chiaroveggenza di Steiner fosse più o meno la forma-pensiero dei suoi potenti Maestri che lo utilizzavano come strumento per ripristinare i misteri e illuminare il mondo occidentale. Inoltre, i suoi insegnamenti sull'evoluzione del mondo e dell'uomo sono interamente basati su queste visioni delle epoche primordiali, lemuriane e atlantidee, e il risultato è come un incubo orribile, del tutto anticristiano, che puzza di antico sabeismo mescolato con il cristianesimo pervertito degli ebrei ellenizzati di Alessandria.

Schuré, Max Heindel e lo stesso Steiner nel suo *Schema di scienza occulta,* tutti espongono questo mistero mitologico. I primi Lemuriani sono descritti come ermafroditi senza occhi, senza cervello, vaporosi, governati da divinità planetarie, guidati da angeli e aiutati da spiriti luciferiani. In seguito i sessi furono separati, portando un terribile disordine sessuale, e infine Lemuria fu sommersa. Secondo Schure, i sacerdoti dell'Antico Egitto conservarono la tradizione di un vasto continente che in passato occupava gran parte dell'Oceano Atlantico, dall'Africa e dall'Europa fino all'America, e di una potente civiltà che fu inghiottita da una catastrofe preistorica. I sacerdoti sostenevano di averla ricevuta dagli stessi Atlantidei attraverso qualche legame lontano nel tempo; a loro volta raccontarono la tradizione a Solone e Platone, prendendo spunto da lui, ne scrisse nel suo dialogo, il *Timeo.* L'intera tradizione è una vasta leggenda, anche se ci sono prove scientifiche che un tale continente è probabilmente esistito. Alcuni dei Lemuriani, si dice, sopravvissero e si stabilirono ad Atlantide, che, come spiega Schuré, era un Eden tropicale con un'umanità primitiva; poi venne un lungo periodo di guerre, seguito da una Federazione di Re Iniziati, e infine la decadenza e un regno di magia nera, e il Continente fu gradualmente distrutto da incendi sotterranei.

Questi popoli primitivi, secondo Schuré, erano potenti sensitivi: "Il suo occhio scintillante, simile a quello di un serpente, sembrava vedere attraverso il suolo e la corteccia degli alberi e penetrare nell'anima degli animali. Il suo orecchio poteva sentire l'erba che cresceva e le formiche che camminavano";

trascorrevano le loro notti in sogni e visioni astrali, credendo di contattare e conversare con gli dei. Ancora Steiner dice che i re atlantidei avevano spiriti guida in forma umana, "Messaggeri degli dei" (Fratelli Maggiori), che in realtà governavano gli uomini attraverso i re. Come spiega, queste guide erano sotto l'influenza luciferiana, ma la usarono progressivamente per liberarsi dall'errore diventando iniziati dell'Essere Solare-Cristo - divennero *Illuminati!* Hanno trasmesso i misteri ai discepoli e sono diventati di fatto dei Cristo-oracoli. Con l'arrivo della materia sotto forma di Ahriman, nacque l'intelletto e gli dèi si allontanarono dagli uomini. Nella successiva evoluzione atlantidea i misteri, secondo lui, dovevano essere tenuti segreti affinché la conoscenza di come controllare e dirigere le forze della natura non fosse usata per scopi malvagi e sensuali, ma col tempo questi poteri divennero noti, la magia nera si diffuse e Atlantide fu distrutta.

Secondo Steiner, poi, l'Europa, l'Asia, l'Africa, ecc. furono colonizzate dai discendenti di Atlantide e con loro arrivarono gli iniziati agli oracoli-misteri. Yarker nelle sue *Scuole Arcane* afferma che: "Quando l'isola di Atlantide sprofondò, fu recuperato un passo che prosciugava il deserto del Gobi... Il Tibet ha conservato molti dettagli delle guerre di questa Atlantide perduta, attribuendo la causa della sua distruzione alla coltivazione... della magia nera". Inoltre cita il *Popul-Vuk*, o *Libro del Velo Azzurro, dei* messicani, che ci dice che questi Atlantidei erano una razza che "conosceva tutte le cose per intuizione", e ripete l'accusa di magia nera. Yarker aggiunge: "Questo libro allegorizza e personifica le forze della natura". Potremmo quindi concludere che anche gran parte della leggenda di Atlantide è un'allegoria, che personifica le forze segrete e percepibili della natura, come si trova in tutte le mitologie. E su questa rete tessuta dalla luce astrale Steiner ha costruito gran parte della sua Scienza Occulta e dell'Illuminismo cristiano.

A sostegno della nostra opinione sulla natura di Agartha, citiamo il libro di Saint-Yves d'Alveydre. Egli spiega che "il nome Agartha significa impossibile da prendere con la violenza e inaccessibile all'anarchia". In sé, dice, è un'unità trinitaria e una sinarchia di Giudeo-cristiani, in opposizione al "governo generale con la forza bruta, cioè la conquista militare, la tirannia politica, l'intolleranza settaria e la rapacità coloniale". Oggi sembra che ovunque si stia tentando di governare il mondo con una gerarchia sinarchica di uomini, dal punto di vista politico, religioso ed economico.

Continua:

> "Basti sapere che in certe regioni dell'Himalaya, tra ventidue templi che rappresentano i ventidue Arcani di Ermete (le chiavi cabalistiche dei Tarocchi) e le ventidue lettere di alcuni alfabeti sacri (tra cui il greco e l'ebraico), Agartha forma lo *Zero* mistico, l'inconoscibile. Lo Zero, cioè Tutto o Niente, tutto per unità armonica, niente senza, tutto per Sinarchia, niente per Anarchia".

Lo Zero è il *Matto* di questi Arcani Ermetici, il cui simbolo è l'aria, e che si trova su uno dei sentieri che uniscono le Sephiroth della Suprema Triade Creativa al vertice dell'Albero della Vita cabalistico. Rappresenta l'idealismo che ha perso l'appiglio sul mondo materiale; metaforicamente parlando, è nell'aria!

"Il sacro territorio di Agartha è indipendente, organizzato sinarchicamente e composto da una popolazione che raggiunge la cifra di quasi 20 milioni di anime". Si tratta di yogi, adepti e iniziati che, in tutto il mondo, praticano lo Yoga, orientale o occidentale, e sono uniti in astrale dal principio vitale magnetico che penetra tutti i popoli e tutta la natura". Agartha è un'immagine fedele del Verbo eterno in tutta la Creazione". Il suo simbolo è il Triangolo di Fuoco, manifestazione del Principio Creativo". Il cerchio più alto e più vicino al Centro mistico è composto da dodici membri. Questi ultimi rappresentano l'Iniziazione Suprema e corrispondono, tra l'altro, alla Zona Zodiacale. Nella celebrazione dei loro Misteri magici indossano i simboli dei segni dello Zodiaco e anche alcune lettere gerarchiche". Rappresentano anche le dodici tribù di Israele.

> "Queste biblioteche, che contengono la vera sostanza di tutte le antiche arti e scienze risalenti a 556 secoli fa, sono inaccessibili a tutti gli occhi profani e a tutti gli attacchi... Da solo in la sua Suprema Iniziazione, il Sommo Pontefice, con i suoi principali assessori, detiene la conoscenza completa del sacro catalogo di questa biblioteca planetaria".

Solo lui possiede la chiave per aprirlo e la conoscenza del contenuto di questo "Libro cosmico". C'è quindi motivo di considerare queste biblioteche come "Registri Akashici", che si dice possano essere aperti e letti per mezzo di simboli e formule magiche ermetiche e cabalistiche. Inoltre, dice, i sacerdoti e gli uomini colti, entrando in questa Antica Alleanza Universale, ovunque si trovasse la tomba di una civiltà scomparsa, "non solo la terra avrebbe consegnato i suoi segreti", ma questi uomini avrebbero avuto la chiave d'oro d'ingresso e ne avrebbero ottenuto la completa conoscenza. "Sul posto ricostruirebbero con pietà l'antichità dell'Egitto, dell'Etiopia, della Caldea, della Siria, dell'Armenia, della Persia, della Tracia, del Caucaso e persino dell'altopiano dell'Alta Tartaria". Con l'Illuminismo tutto sarebbe stato conosciuto, dal cielo più alto al fuoco centrale della terra. Non ci sarebbe alcun male, intellettuale, morale o fisico, per il quale l'unione dell'uomo con la Divinità non potrebbe portare un rimedio certo. È interamente un'opera di magia, come lo è la stessa Agartha.

> "Infine, per passare dal diritto pubblico di oggi all'Alleanza sinarchica di domani, ci basterà che le circostanze permettano a un Sovrano Pontefice di ergersi a capo di tutto il corpo sociale giudaico-cristiano, di istituire la sua Autorità e il suo spirito sintetico e, sostenuto dalla coscienza di tutti i popoli attenti alla voce della verità, di richiamare i Governi alla legge dell'intelligenza e dell'amore, che deve riunirli e riorganizzarli."

Poi sembra che si arrivi a una Società delle Nazioni:

> "Per la prima volta, gli Stati europei potranno senza pericolo, sotto la garanzia di questa grande Autorità intellettuale e arbitrale, sostenuta dalla coscienza pubblica dell'Europa, procedere all'intronizzazione di un Governo generale di giustizia e non di espedienti diplomatici e di antagonismo militare. Per la prima volta, sotto la doppia garanzia di questi due Supremi Consigli, l'Autorità docente e questo Potere di Giustizia, Imperatori, Re, o Presidenti di Repubbliche che fanno parte integrante di quest'ultimo, potranno chiamare le nazioni giudaico-cristiane a formare una grande assemblea economica. Così la Sinarchia potrà realizzarsi *excathedra sotto* la bandiera del Sovrano Pontefice europeo, e diventare accessibile a tutti i Giudeocristiani senza esclusione di culti, università o popoli. Questa riorganizzazione sovranazionale è la possibile pietra angolare dell'intero Stato sociale europeo.

... Questa autorità santa, pacifica, sinarchica, vecchia di cinquantacinquemila anni, che unisce la Scienza e la religione, che benedice tutti i culti, tutte le università, tutte le nazioni, che abbraccia l'intera Umanità e il Cielo in una sola e medesima intelligenza, in un solo e medesimo amore... Infatti, non è un'opera ordinaria, né alcun secolo può intraprenderla senza l'aiuto di iniziati di altissimo grado, quest'opera sintetica che si è compiuta ad Alessandria sotto il soffio invisibile del Cristo; anche se sotto gli occhi e la mano del cesarismo, gli epopti che, visibili o invisibili, hanno presieduto a quest'opera sintetica hanno dovuto mascherare l'esoterismo sotto l'exoterismo, il cristianesimo israelitico sotto il cristianesimo ellenico... È così che il cristianesimo ellenico comprendeva nominalmente o realmente tutti i gradi corrispondenti alle iniziazioni delle antiche università, della Cabala ebraica, della Caldea, dell'Egitto, della Tracia, ecc.

... In tutta l'antichità la Legge significava la Scienza delle cose naturali, umane e divine".

Parla inoltre di

"I Misteri Cosmici come sono venerati non solo dai cabalisti giudaico-cristiani, come sono praticati in segreto, non solo dagli attuali discepoli di Giovanni Battista e da alcune scuole esoteriche del Cairo, del Sinai, dell'Arabia, ma anche come sono scientificamente professati dai Magi di Agartha".

Spiega ancora: "Questo spirito è sempre quello dell'Alleanza Universale di tutti i membri dell'Umanità, quello dell'Unione indissolubile della Scienza e della Religione in tutta la loro universalità". Ora sappiamo che, secondo lui stesso, la missione di Steiner era: "Collegare insieme Scienza e Religione. Portare Dio nella scienza e la natura nella religione, e così fecondare di nuovo l'arte e la vita". È stato anche Agartha "che, all'inizio dei tempi moderni, ha rinnovato ovunque, attraverso i Giudeocristiani, le migliaia di associazioni che oggi si sviluppano sotto il nome di Massoneria". Come scrive Schuré : "La tradizione del cristianesimo esoterico, propriamente detto, è direttamente e ininterrottamente legata al famoso e misterioso Manes, fondatore del manicheismo, vissuto in Persia nel IV secolo". Questa setta nacque dall'influenza della Scuola ebraica di Alessandria.

Come Mazzini che gridava: Associati! Associati! Associati! Il grido di Saint-Yves d'Alveydre era:

"Sinarchia! Sinarchia! Sinarchia! Salvate così i vostri diademi, le vostre università, le vostre corone, le vostre repubbliche, tutto ciò che è vostro, tutto, compreso ciò che era legittimo nella Rivoluzione del 1789 nelle sue promesse sociali, che la sola Sinarchia Giudeo-Cristiana può mantenere e realizzare. Unitevi in quella Legge, corpi insegnanti, ecclesiastici o laici; corpi giuridici; corpi economici".

Ancora una volta l'insegnamento di Steiner corrisponde, perché il suo "Triplice Stato" è la vita economica; i diritti pubblici; la vita intellettuale e spirituale - religione, insegnamento, arte, eccetera!

In conclusione:

"Questa santa Agartha che vi ho rivelato in questo libro è antisettaria *per eccellenza,* e lungi dall'usare la sua influenza sull'Asia per ostacolare una Sinarchia europea, attende solo un vostro gesto, in questo senso, per darvi gradualmente la comunione fraterna di tutte le scienze, di tutte le arti che essa nasconde sotto il segreto dei Misteri, la cui nomenclatura è contenuta nei testi della nostra ammirevole Religione Giudeocristiana... Così, finalmente uniti di nuovo dalla Legge Sinarchica, i Giudeo-Cristiani della Promessa e con loro le altre comunioni umane vedranno in alto, tra le nuvole, circondato dagli angeli, dagli spiriti e dalle anime dei santi, il corpo glorioso del Cristo e, dietro l'aureola solare della sua testa, il Triangolo di Fuoco con il sacro nome di Yod, He, Vau, He [il Tetragramma degli Ebrei e il Cristo solare gnostico!]."

E oggi non stiamo forse venendo rapidamente sotto la triplice Legge di una tale Sinarchia segreta? *Religioni* - il grido di unificazione delle sette e dei culti sotto la propaganda della teosofa di New York, la signora Alice A. Bailey, sotto il suo Maestro del Tibet e la Gerarchia dei Superuomini Una sola famiglia, una sola umanità, una sola vita? Anche nel precedente "Parlamento delle Religioni", a Chicago. *Economia* - l'insidioso P.E.P. - Pianificazione Economica Politica - di Israel Moses Sieff, che ha preso piede in questo Paese ed è in apparente collaborazione con i Principi di Pianificazione Economica di G. D. H. Cole, apparsi sotto la bandiera del Sionismo e della Massoneria! *Politica internazionale - la* Lega delle Nazioni giudaico-massonica!

Nel 1869 lo Chevalier Gougenot des Mousseaux scrisse nel suo libro *Le Juif, Le Judaïsme et La Judaïsation des Peuples Chrétiens:*

"Gli sforzi antireligiosi, ma soprattutto anticristiani, che contraddistinguono l'epoca attuale, hanno un carattere di concentrazione e di *universalità* che segna l'impronta dell'ebreo, patrono supremo dell'unificazione dei popoli, perché è il popolo cosmopolita *per eccellenza;* perché l'ebreo prepara, con la licenza della *libre-pensée,* l'epoca da lui chiamata messianica - il giorno del suo trionfo universale... Il carattere di *universalità* si noterà ne *L'Alliance-israélite-universelle,* nell'*Associazione Universale della Massoneria...*"

Inoltre, a sostegno di quanto sopra, citiamo, in *Jewish World* del 9 e 16 febbraio 1883:

"La dispersione degli ebrei li ha resi un popolo cosmopolita. Sono l'unico popolo cosmopolita e in questa veste devono agire, e stanno agendo, come solvente delle differenze nazionali e razziali. Il grande ideale dell'Ebraismo non è che gli ebrei possano un giorno riunirsi in un qualche modo di buchi e angoli, se non per scopi tribali, comunque separatisti; ma che il mondo intero sia impregnato degli insegnamenti ebraici e che in una Fratellanza Universale di Nazioni - un Ebraismo più grande, in effetti - tutte le razze e le religioni separate scompaiano.

... La nuova Costituzione del Board of Deputies [ebraico] segna un'epoca nella storia di questa importante istituzione... La vera importanza della nuova Costituzione è... che fornisce un meccanismo per consentire agli ebrei d'Inghilterra di lavorare insieme quando l'occasione lo richiede - che in breve organizza gli ebrei di tutto l'Impero, e rende la loro forza aggregata disponibile in casi di emergenza".

E di queste sette cabalistiche, a est e a ovest, des Mousseaux, nel 1869, ha lanciato una voce di avvertimento, rimasta inascoltata:

"Una bella sera scoppierà una di queste formidabili crisi che scuoteranno la terra e che le società occulte hanno a lungo preparato per la società cristiana, e allora forse appariranno all'improvviso, in tutto il mondo, tutte le milizie, tutte le sette fraterne e sconosciute della Cabala. L'ignoranza, la noncuranza in cui viviamo, della loro sinistra esistenza, delle loro affinità e delle loro immense ramificazioni non impedirà loro di riconoscersi l'un l'altra, e sotto la bandiera di una qualsiasi alleanza universale, dandosi reciprocamente il bacio della Pace, si affretteranno a riunirsi sotto un unico Capo..."

Il libro di Gougenot des Mousseaux, pubblicato nel 1869, fu subito acquistato e, salvo qualche copia, scomparve completamente! Solo dieci anni dopo la sua misteriosa morte, nel 1886 fu autorizzata la pubblicazione di una seconda edizione, che finalmente circolò.

In conclusione, questi sono i risultati delle nostre ulteriori indagini sulle numerose società segrete e occulte di ieri e di oggi, pubblicate nel *Patriot* dal 1930 al 1935. Tutto sembra indicare che l'Ebreo cabalistico e rivoluzionario sia la mente maestra che opera dietro di esse, usandole come pedine nella sua grande scommessa e cospirazione mondiale, che disintegrerebbe e distruggerebbe non solo la Fede cristiana, ma l'intera tradizione della civiltà occidentale. La sua arma di controllo e di attacco è il Triangolo di Fuoco, queste forze magnetiche della Vita che possono sia uccidere che rendere vivi, e con le quali egli professa di liberare e illuminare i popoli, solo più sicuramente per legarli, unificarli e renderli schiavi sotto qualche sovrano sconosciuto e alieno. Inoltre, per portare avanti questa sinistra scommessa, li intrappola e li acceca con le antiche parole d'ordine: "Conosci te stesso" e "Sarete come dei". Questo è l'Illuminismo o la cosiddetta liberazione dell'uomo, libero di non usare la sua libertà per se stesso, ma per realizzare i piani della Grande Cospirazione e del suo Sommo Pontefice!

Altri titoli

OMNIA VERITAS
Omnia Veritas Ltd presente:
LE CRONACHE DI SVALI
LIBERARSI DAL CONTROLLO MENTALE
TESTIMONIANZA DI UN EX ILLUMINATO
Gli Illuminati sono un gruppo di persone che seguono una filosofia nota come "Illuminismo" o "Illuminismo".
LE CRONACHE DI SVALI
Comprendere la programmazione della setta degli Illuminati

OMNIA VERITAS
MK ULTRA
Abuso rituale e controllo mentale
Strumenti di dominazione della religione senza nome
Per la prima volta, un libro tenta di esplorare la complessa questione dell'abuso rituale traumatico e del conseguente controllo mentale....
ALEXANDRE LEBRETON
MK ULTRA
Come è possibile programmare mentalmente un essere umano?

OMNIA VERITAS
OMNIA VERITAS LTD PRESENTA:
John Coleman
LA GERARCHIA DEI COSPIRATORI
STORIA DEL COMITATO DEI 300
JOHN COLEMAN
LA GERARCHIA DEI COSPIRATORI
STORIA DEL COMITATO DEI 300
Questa aperta cospirazione contro Dio e l'uomo include la schiavitù della maggior parte degli esseri umani...

www.ingramcontent.com/pod-product-compliance
Lightning Source LLC
Chambersburg PA
CBHW071638270326
41928CB00010B/1973